U0931096

汽车发动机构造、原理与维修

于增信　徐志军　孙莉　张学艳　编著

机 械 工 业 出 版 社

本书以四冲程水冷发动机为主，介绍了汽车发动机的构造、原理、拆装、检修、调整等知识，主要内容包括：发动机基本工作过程与总体构造，发动机性能与评价，机体组与曲柄连杆机构，换气过程与配气机构，汽油机燃油系统与燃烧，柴油机燃油系统与燃烧，进、排气系统，冷却系统，润滑系统，发动机的装配、磨合及验收。

本书可作为本科和高职高专学校汽车类专业教材，也适合汽车维修、汽车运用、汽车制造等相关领域的技术人员阅读。

图书在版编目（CIP）数据

汽车发动机构造、原理与维修/于增信等编著．—北京：机械工业出版社，2014.2（2017.5 重印）

ISBN 978-7-111-45220-1

Ⅰ.①汽…　Ⅱ.①于…　Ⅲ.①汽车－发动机－构造②汽车－发动机－理论③汽车－发动机－车辆修理　Ⅳ.①U472.43

中国版本图书馆 CIP 数据核字（2013）第 307179 号

机械工业出版社（北京市百万庄大街 22 号　邮政编码 100037）
策划编辑：王华庆　责任编辑：王华庆
版式设计：常天培　责任校对：姜　婷
封面设计：张　静　责任印制：李　飞
北京机工印刷厂印刷（三河市南杨庄国丰装订厂装订）
2017 年 5 月第 1 版第 7 次印刷
184mm×260mm·13.5 印张·329 千字
标准书号：ISBN 978-7-111-45220-1
定价：35.00 元

凡购本书，如有缺页、倒页、脱页，由本社发行部调换

电话服务	网络服务
服务咨询热线：010-88379833	机 工 官 网：www.cmpbook.com
读者购书热线：010-88379649	机 工 官 博：weibo.com/cmp1952
	教育服务网：www.cmpedu.com
封面无防伪标均为盗版	金　书　网：www.golden-book.com

前　言

近几年，汽车工业作为我国国民经济的支柱产业得到了迅猛发展，我国已成为世界第一汽车消费和生产大国，且目前仍以较快的速度发展。与国际接轨、运作高效、功能健全的汽车服务业正蓬勃发展，业务涵盖汽车检修、汽车改装、汽车测试、汽车营销、汽车保险、汽车金融、汽车贸易、汽车文化、汽车救援、二手车评估、汽车回收、汽车租赁、汽车美容等，且新的服务项目不断衍生，创造了约占整个汽车产业链70%的利润，已成为极具规模和吸引力的“黄金产业”，从业人员队伍迅速扩大。另外，现代汽车集各项高新技术于一体，是典型的机电一体化产品。汽车检修技术已成为集经验判断，各总成拆装、调整、修复，先进仪器分析、诊断、排除故障等于一体的综合技术。总之，汽车服务业的快速发展和检修技术的变革，使得我国汽车后市场急需大量的高素质人才。

本书是作者根据汽车后市场对人才素质的要求，结合汽车制造与检修技术的发展，融合多年来的教学、科研经验编写而成的，期望为汽车服务业人才培养及汽车相关领域的技术人员业务提升提供支持。

本书将汽车发动机构造、原理、拆装、检修、调整等知识融为一体，注重理论知识与实践技能相结合，构造、原理和检修与基本故障现象相结合，基本知识与先进技术及其发展趋势相结合，以揭示发动机结构因素、使用因素、技术状况、检修因素等与发动机整机性能和故障现象的内在联系，建立发动机构造、原理等知识与检修和故障诊断等实际应用的关系，为读者构筑持续发展的知识与技能平台。

本书强调知识的实用性、适用性和系统性，内容按循序渐进、理论与实践相结合、继承与发展的原则编排，力求深入浅出、简明扼要、通俗易懂。本书集学习与指导于一体，每章均设有学习目标、本章小结、复习思考题，以便于读者自主学习。

本书由于增信、徐志军、孙莉、张学艳编著。其中，于增信负责第1、3、4、5章以及第6章的6.1～6.7节和6.9节的编写工作，并对全书进行了统稿；徐志军负责第7、10章和第6章的6.8节的编写工作；孙莉负责第8、9章的编写工作；张学艳负责第2章的编写工作，并对全书图表的整理做了大量工作。

在本书的编写过程中参考了大量的文献资料，在此向这些文献资料的作者表示衷心的感谢。

由于编者水平有限，书中难免存在错误和疏漏之处，欢迎广大读者批评指正。

编　者

目录

第1章　发动机基本工作过程与总体构造

【学习目标】

1. 掌握发动机的基本结构参数
2. 掌握四冲程发动机的基本工作过程及总体构造
3. 掌握柴油机与汽油机工作过程及外表的区别
4. 理解内燃机的分类
5. 了解二冲程发动机的基本工作过程
6. 了解内燃机型号的编制规则

1.1　能量转换与发动机的分类

1.1.1　能量转换

能量以不同的形式或状态储存在各种物质或物体中。能量可以从一种形式转换成另一种形式，转换过程中能量的总和保持不变，但转换过程的实现受条件、方向及限度（效率）等因素的约束。

汽车上存在各种形式的能量及能量转换，如燃料燃烧时将燃油中的化学能转变成热能，蓄电池将电解液内的化学能转变成电能，燃料电池则将燃料中的化学能转变成电能，发电机把机械能转变成电能，电动机（如起动电动机、刮水器电动机等）将电能转换成机械能，制动器或其他做相对运动的零部件等通过摩擦将机械能转变成热能，光电传感器将光能转变成电能，灯泡则将电能转变成光能……

1.1.2　发动机的分类

发动机是将其他形式的能量转变为机械能的机器。根据能量转换方式和方法的不同，发动机可分为热力发动机、电动机、核能发动机、水力机、风力机等。其中在汽车上应用的是热力发动机和电动机。

1）热力发动机简称为热机，是将燃料燃烧产生的热能转变为机械能的机器。根据燃烧发生的位置不同，热机分为内燃机和外燃机两种。

2）内燃机就是燃料直接在发动机内部燃烧的热机，包括活塞式内燃机、燃气轮机、喷气式发动机等。活塞式内燃机又分为往复活塞式内燃机和旋转活塞式内燃机两种。

3）外燃机是燃料在发动机外部燃烧的热机，包括活塞式蒸汽机、蒸汽轮机和热气机（斯特林发动机）等。

4）电动机是将电能转换为机械能的机器。其电能来自电网、蓄电池、燃料电池、太阳电池等。

1.1.3 汽车用发动机

迄今为止，用作汽车发动机的主要是内燃机和为数不多的电动机。在各种内燃机中，往复活塞式内燃机的综合性能占优，如热效率高（30% ~46%），经济性好，结构紧凑，体积小，重量轻，移动方便，功率范围（0.59 ~40000kW）和转速范围（90 ~10000r/min）广，起动快，适应性好，维护简单，操作方便，造价低廉，耗水少等，被广泛用作各种车辆和其他机械的动力装置。

转子活塞式内燃机在汽车上也有使用，且其速度、运转平稳性和结构紧凑性优于往复活塞式内燃机。但其结构密封性差，润滑、燃烧室设计、零件布置困难及由此带来的经济性问题等，限制了其在商品汽车上的应用。目前，世界上只有日本的马自达汽车有限公司批量生产转子发动机。

近几年，由于对汽车节能、环保方面的要求越来越严，因此电动汽车、混合动力（电动机+内燃机）汽车等凸显出优越性，其产品的研制如火如荼，成型产品也有面世。但由于电池等技术原因，其短期内不会取代往复活塞式内燃机在汽车发动机中的主导地位。本书所讲的汽车发动机均为往复活塞式内燃机。

1.2 发动机的基本结构

图1-1和图1-2为发动机的基本结构简图。发动机主要零部件包括气缸体、气缸盖、活塞、连杆、曲轴、飞轮、气门、凸轮轴等。

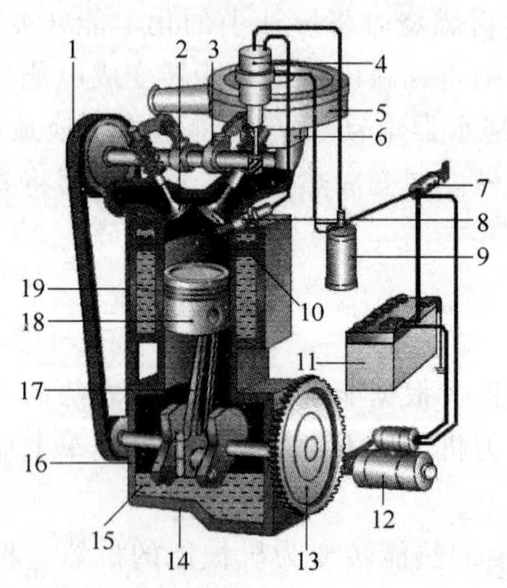

图1-1　往复活塞式汽油机结构示意图

1—正时带　2—排气门　3—凸轮轴　4—分电器　5—空气滤清器　6—化油器　7—点火开关　8—火花塞　9—点火线圈　10—进气门　11—蓄电池　12—起动机　13—飞轮兼起动齿轮　14—油底壳　15—机油　16—曲轴　17—连杆　18—活塞　19—冷却液

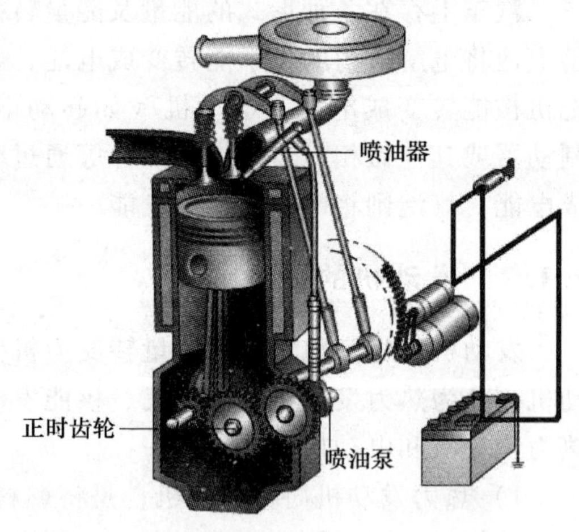

图1-2　往复活塞式柴油机结构示意图

气缸体内的圆筒形孔腔称为气缸孔，其中装有往复运动的活塞，封闭其下部。气缸体上端装有气缸盖，用于封闭气缸顶部。气缸孔、活塞和气缸盖构成的孔腔称为气缸，其容积称为气缸容积。每个气缸至少有一个进气门和一个排气门，由凸轮轴控制其开启和关闭。凸轮轴由曲轴驱动，曲轴的另一端与飞轮连接。连杆的一端（小头）通过活塞销与气缸内的活塞相连接，随着活塞做往复运动。连杆的另一端（大头）滑套在曲轴的曲柄销上，与曲轴相连并随着其做圆周运动。活塞、连杆、曲轴构成曲柄连杆机构，用于实现往复运动与旋转运动的相互转换。当活塞在气缸内做往复运动时，通过连杆推动曲轴做旋转运动；与此同时，装在气缸盖上的进气门和排气门，在凸轮轴的控制下适时地开启和关闭，以向气缸内充入新鲜的空气与燃油的混合气和向气缸外排出燃烧后的废气。上述机构和零部件与其他的系统、零部件配合共同完成发动机吸气、压缩、做功（燃烧-膨胀）和排气的工作循环，通过飞轮向外输出动力。

1.3　发动机的基本结构参数

图 1-3 为发动机基本术语示意图。

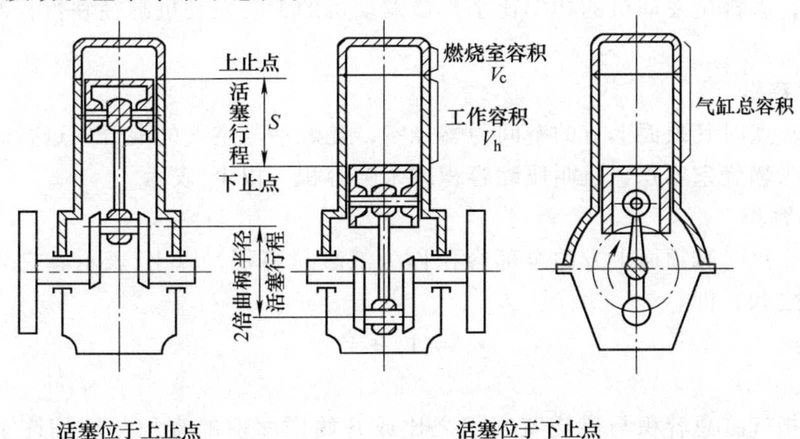

图 1-3　发动机基本术语示意图

1. 曲柄半径

曲柄销中心线到曲轴旋转中心的距离称为曲柄半径，即曲轴的旋转半径，以 R 表示。

2. 上、下止点

活塞在气缸内做往复运动时，其离曲轴旋转中心最远的位置称为上止点，离曲轴旋转中心最近的位置称为下止点。

在上、下止点时，活塞的运动方向发生改变，其速度为零。此时，活塞、连杆的中心线与曲柄在一条直线上。

3. 缸径与行程

缸径即气缸的直径，以 D 表示。活塞行程是指活塞上、下止点间的距离，以 S 表示。气缸直径和活塞行程代表了发动机气缸的尺寸，是重要的结构参数，决定了发动机的基本特点，均用“毫米（mm）”计量。

显然，曲轴每旋转半圈（即 180°），活塞运动一个行程。所以发动机活塞行程是曲柄半径的2倍，即 $S=2R$。

通常在叙述发动机气缸尺寸时，直径和行程两个参数总是同时出现，缸径在前，行程在后，表示为 $D\times S$。例如“100×88”的气缸，即表示缸径为100mm，行程为88mm。

4. 单缸排量（气缸工作容积）

一个气缸中，活塞从一个止点移动到另一个止点所扫过的容积称为气缸工作容积，即上、下止点间的气缸容积，以 V_s 表示，用“升（L）”计量。可以想象，这个容积空间是个圆柱体，其直径是气缸直径 D，高是活塞行程 S。因此，

$$V_s=\frac{\pi D^2}{4}\times S\times10^{-6} \tag{1-1}$$

式（1-1）中，D 和 S 均以毫米为单位。

5. 发动机排量（发动机工作容积）

多缸发动机所有气缸工作容积的总和称为发动机工作容积，又称为发动机排量，以 V_L 表示。若缸数为 i，则

$$V_L=iV_s \tag{1-2}$$

一般说来，大排量发动机的功率比小排量发动机的大。发动机缸径和行程改变，其排量即改变。

6. 燃烧室容积

活塞在上止点时其顶面上方的空间为燃烧室，是燃油与空气的混合气进行燃烧的封闭空间。其容积称为燃烧室容积，也叫压缩容积或余隙容积，以 V_c 表示。

7. 气缸总容积

活塞在下止点时其顶面上方的全部容积称为气缸总容积，以 V_a 表示。它等于燃烧室容积与活塞排量之和，即

$$V_a=V_c+V_s \tag{1-3}$$

8. 压缩比

压缩比是指气缸总容积与燃烧室容积之比或开始压缩前的容积与压缩终了时的容积之比，以 ε 表示。

$$\varepsilon=\frac{V_a}{V_c}=1+\frac{V_s}{V_c} \tag{1-4}$$

压缩比表明活塞从下止点移动到上止点时气缸内气体受压缩的程度。如果气缸总容积为0.9L，而燃烧室容积为0.09L，那么压缩比为0.9/0.09=10，说明在压缩过程中，气体的容积从0.9L被压缩到0.09L，为原来容积的1/10。

压缩比越大，压缩终了时缸内气体压力和温度就越高，气缸内的最高压力和温度就越大，推动活塞做功的能力就越强，发动机的功率也就越大。

使用过程中，气缸磨损，气缸及燃烧室壁面形成积炭，会使燃烧室容积和气缸容积发生变化，从而导致压缩比改变。同样，在发动机修理过程中，气缸尺寸的变化也会引起压缩比的改变。

1.4　往复活塞式内燃机的分类

1. 按所用的燃料分类

根据所用燃料的不同，往复活塞式内燃机可分为柴油机、汽油机、气体燃料（天然气、液化石油气等）发动机等。

2. 按行程数分类

按完成一个工作循环所需行程数的不同，往复活塞式内燃机可分为四冲程内燃机和二冲程内燃机两种。由四个行程完成一个工作循环的内燃机称为四冲程内燃机；由两个行程完成一个工作循环的内燃机称为二冲程内燃机。

3. 按着火方式分类

按着火方式的不同，往复活塞式内燃机分为压燃式（或自燃式）和点燃式两种。压燃式内燃机是将气缸内的空气压缩升温至高于燃料的着火温度，使燃料自行着火燃烧。点燃式内燃机是利用火花塞发出的电火花强制点火燃烧。柴油自燃点温度低，点燃温度高，因此柴油机采用压燃式着火。汽油的自燃温度较柴油的高，但点燃温度较低，所以汽油机采用点燃式着火。煤气机、气体燃料发动机等则采用点燃式着火。

4. 按冷却方式分类

按冷却方式的不同，往复活塞式内燃机分为水（液）冷式和风（空）冷式两种。以水或其他冷却液为冷却介质的为水冷式内燃机，以空气为冷却介质的为风冷式内燃机。

5. 按进气方式分类

按进气方式的不同，往复活塞式内燃机分为增压和非增压两类。增压内燃机利用增压器来提高进气压力，增大进气密度，增加进气量，提高内燃机功率。非增压内燃机不装增压器，在大气状态下靠活塞的下行自然吸气。

6. 按气缸数分类

按气缸数的不同，往复活塞式内燃机分为单缸内燃机和多缸内燃机（有 2 个以上气缸数）。多缸内燃机有 3 缸、4 缸、5 缸、6 缸、8 缸、10 缸、12 缸等。

7. 按气缸排列形式分类

车用多缸内燃机的气缸排列方式主要有直列式、V 型和对置式等。

另外，现代车用发动机还可按配气机构的形式、燃料供给控制方式、排量是否可变、压缩比是否可变等进行分类，这些将在后续章节中介绍。

各种类型的内燃机中，目前广泛用作汽车动力源的是水冷四冲程内燃机。它是本书的主要讨论对象。

1.5　四冲程发动机的工作过程

1.5.1　四冲程汽油机的工作过程

下面对照图 1-4 介绍四冲程汽油机的工作过程。

1. 吸（进）气行程

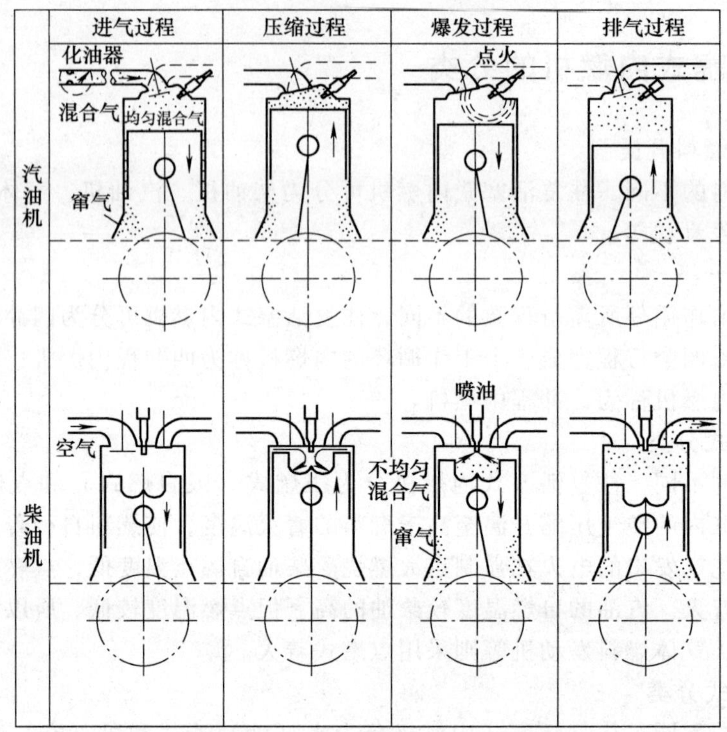

图 1-4 四冲程发动机工作原理示意图

该行程中，进气门处于开启状态，排气门处于关闭状态，曲轴带动活塞从上止点向下止点移动，气缸容积逐渐增大，使气缸内压力降低，产生真空度（又称为“负压”，即真实压力低于大气压力的值），空气和汽油的可燃混合气由进气管道经进气门被吸入气缸内，直至进气门关闭，停止进气。

由于进气系统存在阻力，进气终了时气缸内的压力低于大气压力，为 0.075～0.09MPa。而气门、活塞顶、气缸壁等高温零件与上一循环残留在气缸内的高温废气对新鲜混合气加热，进气终了时气缸内的温度升高至 340～380K。

2. 压缩行程

进气过程结束后，进、排气门均关闭，从而将气缸封闭，曲轴继续旋转，带动活塞由下止点向上止点移动，气缸容积逐渐减小，可燃混合气被压缩，压力和温度同时升高。与此同时，燃油和空气在缸内运动空气和高温的作用下进一步混合均匀，直至活塞到达上止点，压缩过程结束。此时气缸内温度达到 600～750K，压力达到 0.8～1.5MPa，为可靠、迅速地着火燃烧和做功做好了准备。

3. 做功（燃烧膨胀）行程

进、排气门仍都保持关闭。在压缩行程接近上止点时，火花塞产生电火花，点燃可燃混合气，形成火焰并迅速烧遍整个燃烧室，放出大量热，生成高温高压的燃气，直接作用在活塞顶面，推动活塞由上止点迅速向下止点移动，并通过连杆驱动曲轴旋转而对外做功。

做功行程初始，在上止点附近，气缸内最高压力可达 3.0～6.5MPa，最高温度高达 2200～2800K。膨胀终了时压力降至 0.35～0.50MPa，温度为 1200～1500K。

4. 排气行程

排气门处于开启状态，进气门仍关闭着，曲轴通过连杆带动活塞由下止点向上止点移动。膨胀做功后的燃气（称之为废气）在其自身压力和活塞的推动下经排气门从排气管道排出气缸，直至排气门关闭。

由于燃烧室容积的存在，排气终了时废气不可能完全被排除干净，气缸内还存留少量废气，称其为残余废气，其压力为0.105~0.12MPa，温度为900~1100K。

至此，四冲程汽油机曲轴旋转2圈，活塞上下往复运动4个行程，完成吸气、压缩、做功、排气过程组成的工作循环，活塞又回到进气行程上止点，进气门再次开启，曲轴继续旋转，开始下一个新的工作循环。如此周而复始，汽油机就连续不断地运转。

1.5.2　四冲程柴油机的工作过程

四冲程柴油机与四冲程汽油机的工作循环类似，也是在曲轴转2圈，活塞运行4个行程内完成吸气、压缩、做功、排气四个过程。所不同的是柴油机吸入纯空气进行压缩。由于柴油机采用较大的压缩比，因此在压缩行程末期，气缸内的压力高达3.0~5.0MPa，温度高达750~1000K，远高于柴油的自燃点。此时，柴油通过喷油泵和喷油器在很高的压力下以雾状喷入燃烧室内，快速与高温空气混合并自燃着火。气缸内最高压力可达6~9MPa，最高温度可达1800~2200K。膨胀终了时缸内压力为0.2~0.5MPa，温度为1000~1200K。排气终了时缸内压力为0.105~0.12MPa，温度为700~900K。

柴油机进气阻力小，新鲜空气受热少，进气终了时气缸内压力较高，为0.085~0.095MPa，温度较低，为310~340K。

1.5.3　工作循环中的几个重要参数

（1）压缩压力　压缩终了时的压力简称为压缩压力，俗称为“缸压”，是表征发动机技术状况的重要参数。若压缩压力低于标准值，则说明发动机气缸密封性不良，可能是气缸壁、活塞组件、气门密封不严等使发动机性能恶化；若压缩压力高于标准值，则说明发动机压缩比由于某种原因（如积炭）而增大，引起发动机不正常燃烧。

（2）气缸内最高压力与最高温度　气缸内最高压力用来评价发动机机械负荷的大小，最高温度可用来评价发动机热负荷温度的高低。气缸内最高压力越高，说明其机械负荷越大；最高温度越高，说明其热负荷越大。

（3）排气温度　排气终了时的温度也是表征发动机热负荷高低和工作状况的一个重要参数。若排气温度低，则说明燃料燃烧及时、完全，热转换效率高；若排气温度偏高，则说明燃烧恶化，应查明原因并排除。

1.5.4　发动机运转的平稳性

四冲程发动机的每一个工作循环只有一个做功行程，其余三个行程为辅助行程，均消耗能量。显然，做功行程中曲轴的转速较其他三个行程大得多，因此一个工作循环中曲轴转速是非均匀的。减小曲轴转速波动，保证运转平稳的基本措施如下：

1）在曲轴的输出端安装旋转质量很大的飞轮，利用其惯性在做功行程储存能量，在辅助行程释放能量。

2）增加气缸数，让每个气缸在一个工作循环的曲轴转角（四行程为720°，二行程为

360°）内均匀交替地做功一次，这就是多缸发动机均匀间隔地发火（工作）的原则。

3）对于多缸发动机，除要求其各缸几何参数相同外，还要求每循环进入各个气缸的混合气数量和浓度必须相同，各缸气门开启和关闭的时刻及点火或喷油时刻也必须相同。

为保证运转平稳，气缸数越少的发动机，需要的飞轮越大，所以单缸发动机的飞轮一般都很大。

1.5.5 柴油机与汽油机的比较

从工作过程来看，汽油机和柴油机的根本区别在于：由于汽油的挥发性好，因此汽油机的可燃混合气是从进气管中开始形成的，直至延续到压缩行程末期，时间长，混合均匀，属于均质混合气燃烧；由于柴油挥发性差，因此柴油机必须在压缩终了时将柴油在高压下喷入高温、高压的气缸内，可燃混合气仅在压缩行程和膨胀行程上止点附近很短的时间内形成。所以，在进气过程中，汽油机吸入汽油与空气的混合气，柴油机则吸入纯空气；汽油机靠火花塞点燃可燃混合气，柴油机靠压缩终了时缸内的高温使可燃混合气自燃。

工作过程的差异，导致了柴油机与汽油机在结构、性能、使用等方面的不同。柴油机压缩比大，突出优点是经济性好、动力性好，且坚固耐用，故障少（无点火系），工作可靠，但其冷起动困难，转速低，笨重，平稳性差，噪声大。汽油机则具有转速高，重量轻，起动容易，噪声小，结构紧凑等优点，但其经济性差。汽车用柴油机与汽油机的比较见表 1-1。表 1-1 中的某些参数或比较项目将在后续章节中介绍。

表 1-1 汽车用汽油机与柴油机的比较

比较项目		汽油机	柴油机
压缩比		6～11	12～25
平均空燃比		12～18	17～31
空气与燃油的混合		缸外开始，均匀混合	压缩末期缸内混合，不均匀
着火方式		火花塞点火	自燃（压燃）
燃烧方式		火焰传播燃烧	以扩散燃烧为主
振动、噪声		小	大
最高温度与排气温度（热负荷）		高	低
最高压力（机械负荷）		低	高
有效热效率（经济性）		低（差）	高（好）
负荷调节	原理	改变混合气量－量调节	改变喷油量（混合气浓度）-质调节
	方法	控制节气门开度	控制供油机构
最大转速		高	低
气缸直径		小	大
冷起动性		好	差
排放有害物质		CO、HC、NO_x	NO_x、碳烟
使用寿命		短	长

近年来，汽车节能、环保、安全发展的要求，使得柴油机的优点更显突出，其技术也得以迅速发展，在保持原有优势的基础上，固有的弱点已经或正在被改进，甚至可与汽油机媲美，越来越受到青睐。因此，柴油汽车的比例正在逐年增大。

1.6　二冲程发动机的工作过程

二冲程发动机在两个活塞行程内完成吸气、压缩、做功、排气四个过程，即曲轴转一圈，发动机就对外做一次功。

1.6.1　二冲程汽油机的工作过程

图 1-5 是一种曲轴箱扫气的二冲程汽油机工作过程示意图。在气缸壁下部开有三个气孔（进气孔、排气孔和扫气孔），通过活塞的移动控制其开、闭，完成充量（新鲜空气或可燃混合气数量）的更换。

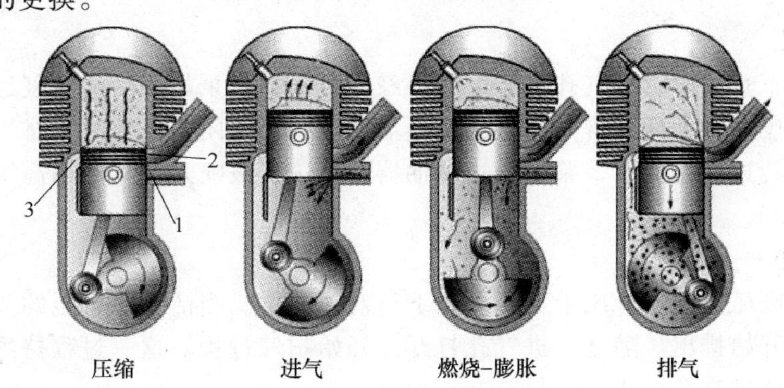

图 1-5　二冲程汽油机工作过程示意图
1—进气孔　2—排气孔　3—扫气孔

1. 第一行程

当活塞在下止点时，进气孔被关闭，排气孔和扫气孔都开启，曲轴箱内受到预压的可燃混合气经扫气孔进入气缸，在凸起的活塞顶的配合下，将气缸内的废气从排气孔扫出。随着活塞的上行，其头部先将扫气孔遮闭，扫气终止。随后活塞遮闭排气孔，气缸被封闭。活塞继续上行，在压缩可燃混合气的同时，其下方封闭的曲轴箱内容积增大，产生真空度。当进气孔露出时，新鲜可燃混合气进入曲轴箱。

2. 第二行程

当活塞行近上止点时，火花塞产生电火花，点燃已经被压缩的可燃混合气，燃烧产生的高温高压气体推动活塞下行，并通过连杆使曲轴转动。当活塞下行至将进气孔关闭时，开始压缩进入曲轴箱内的混合气。活塞接近下止点时，首先打开气缸壁上的排气孔，废气开始从排气孔冲出，接着扫气孔被打开，又开始扫气。换气过程一直进行到活塞越过下止点并上行至再次遮闭扫气孔和排气孔为止，接着开始下一循环。

二冲程汽油机经济性较差，因为在其换气过程中有部分可燃混合气在扫气时随着废气流失，且排气不充分。

1.6.2　二冲程柴油机的工作过程

图 1-6 是带扫气泵的二冲程柴油机工作过程示意图。

这种发动机的气缸盖上装有排气门，气缸壁中部周围开有进气孔。

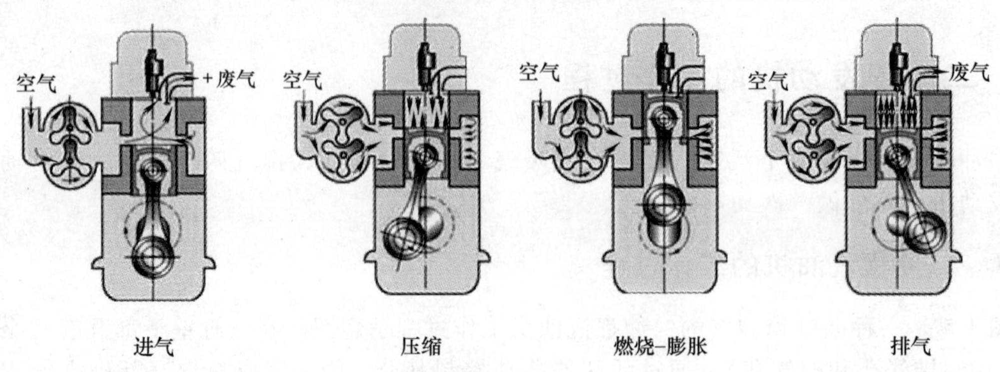

图 1-6　二冲程柴油机工作过程示意图

1. 第一行程

当活塞位于下止点时，进气孔和排气门已经开启，扫气泵加压后的空气经进气孔进入气缸，将气缸内的废气从顶部的排气门扫除。当活塞上行至关闭进气孔时，排气门关闭，空气被压缩。当活塞行近上止点时，柴油通过喷油器在高压下被喷入气缸，遇高温空气自行着火燃烧。

2. 第二行程

活塞在高温高压燃气的作用下自上止点下行对外做功。当活塞下行至约 2/3 行程时，排气门开启，废气开始排出。随之，进气孔打开，开始扫气过程。这一过程持续到活塞越过下止点上行再次遮闭进气孔为止。

二冲程柴油机用纯空气扫气，不存在燃料短路损失，其经济性和排放特性均比二冲程汽油机好。

1.6.3　二冲程发动机与四冲程发动机的比较

四冲程发动机曲轴转两圈完成一个工作循环，四个行程中只有一个做功行程，其余三个行程为辅助行程，均消耗能量。

与四冲程发动机比较，二冲程发动机具有以下特点：曲轴每转一圈完成一个工作循环，做功一次，运转平稳；因多采用气孔换气，无需或有较少的气门机构，结构简单，体积小，重量轻，制造、维修、使用方便，成本低；但因换气时间短，排气不易干净，且换气时损失部分做功行程，加之汽油机中总有部分混合气在扫气时随着废气流失，柴油机扫气泵消耗能量，加之掺混润滑的方式，造成其经济性较差，排气污染严重；同时由于燃烧做功频率高，因此热负荷高，噪声大。

由于以上原因，二冲程汽油机广泛应用于摩托车、摩托艇和一些便携式的小型机具上，二冲程柴油机多用于船舶上。

目前，二冲程发动机很少用于汽车上。但随着电控缸内直接喷射技术及气动燃油喷射技术（利用压缩空气将充分雾化的燃油直接供入燃烧室）的发展，二冲程发动机的排放和经济性问题有望解决，使传统的二冲程技术焕发生机，有可能用在未来的汽车上。

1.7　发动机的总体构造

现代发动机是极为复杂的机器，由许多机构和系统组成，它们协同完成吸气、压缩、做功、排气四个过程，实现能量的有效转换和发动机的可靠、持久运行。虽然发动机类型、结构、性能、用途千差万别，但是就其总体构成而言，按功能不外乎一个骨架、两大机构、五或四大系统。

1. 机体组

机体组由气缸体、气缸盖、曲轴箱等主要零件组成，它们构成了发动机的骨架。发动机所有其他的零部件都安装在它们上面，或与之配合，组成其他的机构和系统。

2. 曲柄连杆机构

曲柄连杆机构主要由活塞组、连杆组、曲轴飞轮组等组成，是发动机的基本机构和重要的运动件。其主要作用是实现活塞的往复运动和曲轴旋转运动间的互相转变，并对外输出功。

3. 配气机构

配气机构主要由气门组、凸轮轴、正时齿轮及传动组（挺柱、推杆、摇臂）等组成。其主要作用是按要求控制气门的开启和关闭，完成发动机的进气和排气过程。

4. 燃料供给系统

柴油机和汽油机由于所用燃料和混合气形成方法不同，因此其燃料供给系统在结构上有较大差别。

柴油机燃料供给系统主要由油箱、输油泵、燃油滤清器、喷油泵、喷油器及调速器等组成。其作用是根据工况需求，定时、定量、定压地向燃烧室喷入燃料。

汽油机燃油供给系统的作用是按工况要求均匀地供给各缸适量的、一定浓度的可燃混合气。传统的化油器式汽油机燃料供给系统主要由油箱、输油泵、燃油滤清器、化油器等组成。电控喷射式汽油机燃料供给系统主要由油箱、输油泵、燃油滤清器、燃油压力调节器、各种传感器、电控喷油器、电控单元等组成。

5. 润滑系统

润滑系统的作用是将机油（润滑油）及时地输送到相对运动件的摩擦表面，以减少摩擦阻力和表面磨损，并起到冷却、清洗等作用。润滑系统主要由机油泵、机油滤清器、机油冷却器、机油油道和各种阀门等组成。

6. 冷却系统

冷却系统的作用是将受热零件吸收的多余热量带走，以保证发动机正常的工作温度，防止出现过冷和过热现象。汽车发动机多采用水冷系统，主要由风扇、散热器（水箱）、水泵、节温器、气缸体，以及气缸盖内的水套、水管等组成。

7. 点火系统

点火系统是汽油机、煤气机特有的系统，其主要作用是保证在规定的时刻及时、可靠地产生火花，点燃缸内的可燃混合气。点火系统主要由火花塞、点火线圈、蓄电池等组成。

8. 起动系统

起动系统的作用是使发动机由静止状态进入自行运转状态。主要由起动机和附属设备组成。

9. 进、排气系统

在传统发动机上，进、排气系统中只有空气滤清器、进气管、排气管、消声器等，人们将其与燃油供给系统归入供给系统。但随着发动机技术的发展，进、排气系统中的新技术、新装置等越来越多，有必要将其单独划入一个系统。

进、排气系统的主要作用是把尽可能多且清洁的新鲜充量或废气迅速地导入或导出气缸。它主要由空气滤清器、进气管、排气管、消声器、废气净化装置和增压装置、气道、进气预热装置、空气流量计、怠速阀等组成。

由上述可知，柴油机和汽油机在总体构成上的主要差别是：其一，汽油机有点火系统，而柴油机没有；其二，柴油机燃油供给系统中有高压油泵、喷油器，而汽油机没有。这两点也是从外表上区分柴油机和汽油机的主要依据。

机体组、曲柄连杆机构、配气机构是发动机的基本机械机构，配以燃油供给系统和进、排气系统便可实现热与功的转换。而工作良好的冷却系统、润滑系统却是发动机高效、安全、可靠、耐久地运行的重要保证，也是日常维护保养的重点对象。如果发动机得不到充分的润滑和适当的冷却，很快就会损坏。

发动机的纵剖示意图如图1-7和图1-8所示。

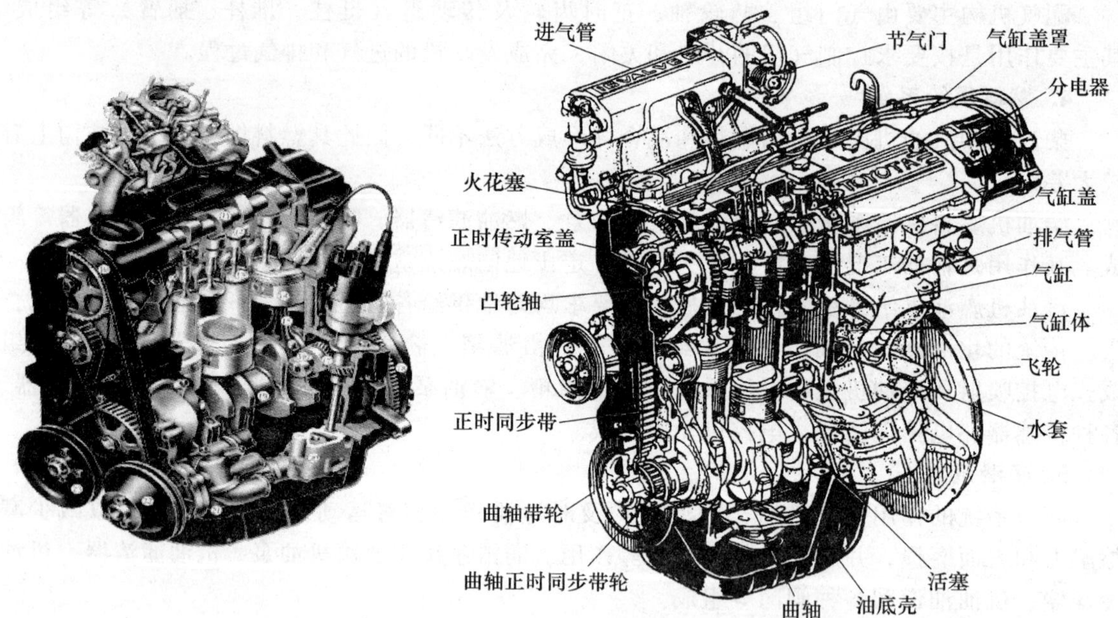

图1-7　轿车汽油机纵剖示意图　　图1-8　丰田4E-FE四气门电控喷射式汽油机纵剖示意图

1.8　内燃机产品名称和型号编制规则

为便于内燃机的生产管理和使用，我国于2008年对内燃机名称和型号编制方法重新审定并颁布了国家标准《内燃机产品名称和型号编制规则》（GB/T 725—2008）。该标准规定：

内燃机产品名称均按所采用的燃料命名，如柴油机、汽油机、煤气机、沼气及双（多种）燃料发动机。

内燃机型号由阿拉伯数字和汉语拼音字母组成。

内燃机型号由四部分组成：

（1）第一部分　包括产品系列符号、换代标志符号和企业代号，由制造厂根据需要自选相应的字母表示，但需主管部门核准备案。

（2）第二部分　由缸数符号、行程符号、气缸排列形式符号和缸径符号组成。

（3）第三部分　结构特征和用途特征符号，以字母表示。

（4）第四部分　区分符号。同一系列产品因改进等原因需要区分时，由制造厂选用适当的符号表示。

发动机型号表示方法如下：

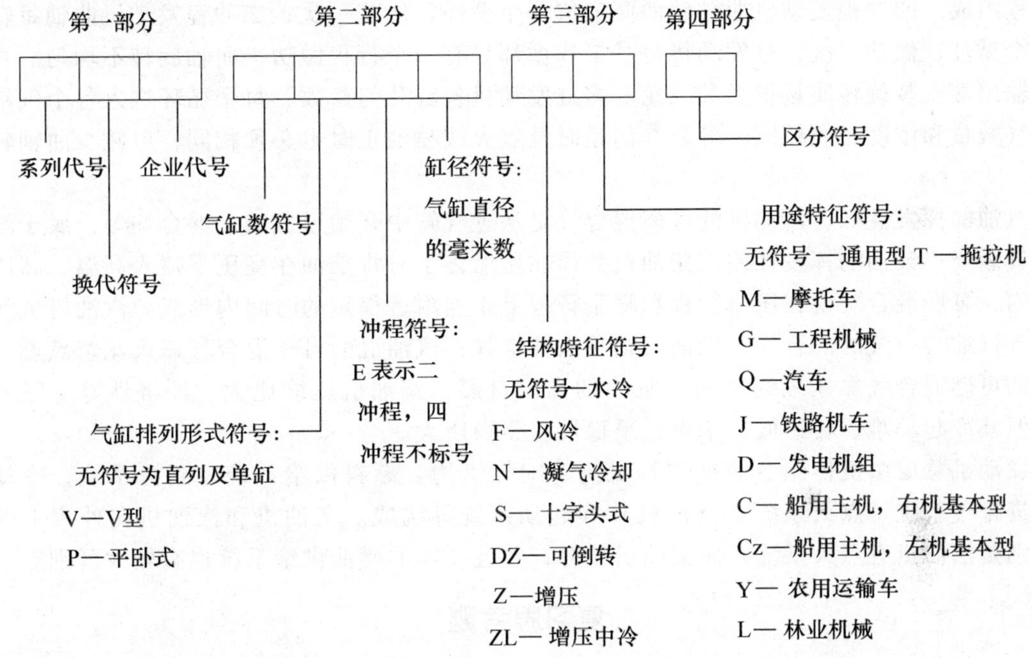

型号编制实例：

1）6135 柴油机——6 缸、直列、四冲程、缸径为 135mm、水冷、通用柴油机。

2）12E230C 柴油机——12 缸、直列、二冲程、缸径为 230mm、水冷、船用柴油机。

3）12V135Z 柴油机——12 缸、V 型、四冲程、缸径为 135mm、水冷、增压柴油机。

4）1E65F 汽油机——单缸、二冲程、缸径为 65mm、风冷汽油机。

5）BJ492QA 汽油机——4 缸、直列、四冲程、缸径为 92mm、水冷汽车用汽油机，A 为产品变型符号，BJ 为北京汽车制造厂代号。

6）EQ6100-1 汽油机——6 缸、直列、四冲程、缸径为 100mm、水冷汽油机，第一种变型产品，EQ 为东风汽车集团代号。

本章小结

现代汽车的动力装置仍以往复活塞式内燃机为主。按所用燃料、每循环行程数、冷却方式和吸气方式等的不同，内燃机可分为柴油机和汽油机及气体燃料发动机、四冲程和二冲程发动机、水冷式和风冷式发动机、增压和非增压发动机等。

活塞在气缸内做往复运动时，其离曲轴旋转中心最远和最近的点称为上止点和下止点，活塞从一个止点运行到另一个止点走过的距离称为行程。活塞从下止点到上止点扫过的容积称为气缸工作容积，又称为单缸排量。发动机排量是各缸排量之和，行程和缸径决定了排量。活塞在上止点时其上部的气缸容积称为燃烧室容积，活塞在下止点时顶面上部总的容积称为气缸总容积。压缩比是气缸总容积与燃烧室容积之比。压缩比越大，发动机的动力性和经济性越好。

不管是二冲程发动机还是四冲程发动机，每个工作循环都由吸气、压缩、做功、排气四个过程组成。四冲程发动机曲轴转两圈完成一个循环，做功一次；二冲程发动机曲轴每转完成一个循环，做功一次，且发动机每个工作循环只有一个行程做功，曲轴旋转不均匀。在曲轴的输出端安装旋转质量很大的飞轮。多缸发动机各缸几何参数、每个循环进入各个气缸的混合气数量和浓度必须相同，各缸气门正时及点火或喷油正时也必须相同，以减少曲轴转速波动。

汽油的挥发性好，汽油机的可燃混合气是从进气管中开始形成的，混合均匀，属于均质混合气燃烧；柴油的挥发性差，柴油机必须在压缩终了时将柴油在高压下喷入高温、高压的气缸内，可燃混合气仅在压缩行程和膨胀行程上止点附近很短的时间内形成。汽油机进气过程吸入汽油与空气的混合气，柴油机则吸入纯空气；汽油机的可燃混合气靠火花塞点燃，柴油机的可燃混合气靠压缩终了时气缸内的高温自燃。柴油机压缩比大、经济性好、坚固耐用，但其冷起动难、转速低、笨重、平稳性差、噪声大。

发动机总成由机体组、曲柄连杆机构、配气机构、燃料供给系统、润滑系统、冷却系统、进排气系统、点火系统（汽油机）和起动系统等构成。柴油机和汽油机在外表上的主要差别是汽油机有点火系统，而柴油机没有，并且二者的燃油供给系统也有较大区别。

复习思考题

1. 解释发动机基本结构参数：活塞排量、压缩比、燃烧室容积。
2. 在使用过程中，发动机的压缩比会发生变化吗？
3. 一台 CA488 型汽油机，其气缸为 87.5 × 92，压缩比为 8.1。问发动机排量和燃烧室容积分别是多大？
4. 往复活塞式发动机是如何分类的？
5. 四冲程柴油机与四冲程汽油机在工作过程上有什么不同？
6. 何为发动机“缸压”？
7. 如何根据排气温度的高低判断发动机工作状况的好坏？
8. 发动机转速波动的原因有哪些？
9. 汽油机较柴油机的热负荷高，对吗？为什么？
10. 发动机由哪些机构和系统组成？
11. 如何从外形上区分柴油机与汽油机？
12. 说明汽油机型号 12V230ZC 的含义。

第2章　发动机性能与评价

【学习目标】

1. 掌握发动机动力性、经济性指标
2. 理解发动机速度特性及意义
3. 理解发动机负荷特性及意义

2.1　发动机性能指标

内燃机性能的好坏，通常以性能指标来描述。发动机性能指标主要是动力性指标、经济性指标、排放性指标等。

2.1.1　动力性指标

动力性指标用来评价发动机做功能力的大小。通常用发动机有效功率、有效转矩、转速、平均有效压力等评价发动机的动力性。

1. 有效转矩

转矩等于回转中心到力作用线的垂直距离与力的积。发动机曲轴对外输出的转矩称为有效转矩，以 T_{tq} 表示，单位为 N · m。

在实验室里，有效转矩可由测功器直接测得。

2. 发动机转速

发动机曲轴每分钟的旋转次数称为发动机转速，以 n 表示，单位为 r/min，可由转速仪直接测得。

3. 有效功率

发动机曲轴单位时间内输出的有效功称为有效功率，以 P_e 表示，单位为 kW。

发动机的功率和转矩随着发动机转速的变化而变化，三者之间的关系为

$$P_e = \frac{T_{tq} n}{9550} \tag{2-1}$$

式中　P_e——有效功率（kW）；

T_{tq}——有效转矩（N · m）；

n——转速（r/min）。

在说明发动机功率和转矩的大小时，必须同时指明其相应的转速。例如，200N · m/4400r/min 指发动机转速在 4400r/min 时，输出转矩为 200N · m。发动机出厂标牌规定的有效功率和转速分别称为标定功率和标定转速。

实验室里，在测得有效转矩和转速后，可根据式（2-1）计算出有效功率。

4. 平均有效压力

单位气缸工作容积发出的有效功称为平均有效压力，以 p_{me} 表示，单位为 MPa。平均有

效压力可用来评价不同排量发动机的动力性。它与其他动力性指标间的关系为

$$P_e = \frac{p_{me} V_s n i}{30\tau} \times 10^{-3} \tag{2-2}$$

式中 P_e——有效功率（kW）；

p_{me}——平均有效压力（MPa）；

i——气缸数；

V_s——气缸工作容积（L）；

τ——冲程数，四冲程 $\tau=4$，二冲程 $\tau=2$。

由式（2-2）可见：转速增加，平均有效压力增大，均使有效功率增大；排量越大，气缸数越多，发出的功率越大。

2.1.2 经济性指标

表征发动机经济性的重要指标是有效燃油消耗率和有效热效率。

1. 有效燃油消耗率

发动机每输出 1kW·h 的单位有效功所消耗的燃料量，称为有效燃油消耗率，以 b_e 表示，单位为 g/（kW·h）。可按下式计算：

$$b_e = \frac{G_T}{P_e} \times 10^3 \tag{2-3}$$

式中 G_T——每小时耗油量（kg/h），可在实验室中测得；

P_e——有效功率（kW）。

2. 有效热效率

每循环获得的有效功与消耗的燃料完全燃烧放出的热量之比称为有效热效率，以 η_e 表示。它考虑到了各种热损失和机械损失的影响，说明了发动机气缸内热变功及其输出的整个过程的完善程度。

热效率与燃油消耗率成反比。燃油消耗率越小，热效率越高，则经济性越好。

柴油机：$\eta_e=0.30\sim0.40$，$b_e=218\sim285$g/（kW·h）。

汽油机：$\eta_e=0.20\sim0.30$，$b_e=270\sim380$g/（kW·h）。

2.2 机械损失与机械效率

2.2.1 机械损失

气缸内的工作介质对活塞做出的功或功率在向外传递时，有一部分被发动机本身消耗掉，不能被输出。这部分功率叫机械损失功率，用来克服下列三项损失：

1）各运动件之间的摩擦（如活塞组件与气缸壁间的摩擦、主轴承与主轴颈间的摩擦、凸轮轴轴承与轴颈间的摩擦、配气机构中的摩擦等）、运动件与流体（空气、燃气、飞溅的机油）间的摩擦（如曲轴搅动机油等）。

2）驱动燃油泵、机油泵、风扇、发电机、水泵等附件。

3）泵气损失。

有效热效率中考虑到了上述机械损失。在各项机械损失中，各运动件之间摩擦损失的份额最大，为 50% ~80%，驱动附件消耗不超过 10%，泵气损失占 5% ~40%。

2.2.2　机械效率

1. 机械效率

发动机机械效率就是实际输出有效功率与没有机械损失时可能输出的功率（即气缸内气体作用于活塞上的功率）之比。

$$\eta_m = \frac{P_e}{P_m + P_e} \tag{2-4}$$

式中　η_m——机械效率；

P_e——有效功率；

P_m——机械损失功率。

2. 机械效率的影响因素

（1）转速　随着发动机转速的升高，各运动零部件载荷增大，各运动副相对速度增大，摩擦损失增大。与此同时，泵气损失和驱动附件功耗也增大，机械效率降低。

（2）负荷　当转速一定时，随着负荷的减小，有效功率减小，机械效率下降，直到负荷为零。即怠速时，发动机空转，气缸内的气体对活塞做的功全部用来克服内部的机械损失，输出功率为零，$\eta_m = 0$。

负荷变化对柴油机机械效率的影响较小，对汽油机的影响较大。汽油机在低负荷时，节气门开度小，泵气损失大，机械效率降低较明显。

（3）机油与温度　机油粘度对摩擦损失有重要影响。机油粘度适当时，具有良好的流动性和承载能力，易于形成机油膜。当机油粘度过大时，内摩擦力大，机械损失增多；当机油粘度过小时，不易形成机油膜，摩擦严重，磨损量增大。机油中的任何杂质或沉积物都使摩擦、磨损加剧。

发动机在冷起动和低温下工作时，由于机油粘度大，因此摩擦损失大，机械效率降低。

发动机机油选用的原则是：在保证各种环境和工况能可靠润滑的前提下，尽量选用粘度较小的机油，以减少摩擦损失，改善起动性。长期在高温环境下工作，或机械载荷较大，或低转速运行，或磨损严重的旧发动机，宜选用粘度较大的机油；新发动机和长期在低温下工作的发动机宜选用粘度较小的机油。

（4）技术状况　各相对运动零件间的配合间隙失准以及表面磨损等都使发动机的摩擦、磨损加剧，机械效率降低。

发动机冷却系统与润滑系统工作状况对机械损失的影响很大。发动机过冷或过热都使机械效率下降，磨损加剧（详见第 8 章）。机油老化、稀释，形成油泥，造成油压不足等状况，会使润滑条件恶化，加剧摩擦、磨损（详见第 9 章）。

2.3　发动机使用性能特性

当发动机的负荷、车速、道路状况等发生变化时，发动机性能指标参数也将随之变化，以适应外界的需要。发动机主要性能指标因其工况变化而变化的关系称为发动机使用性能特性，表示这些变化关系的曲线称为发动机特性曲线。

发动机使用性能特性中最常用的是速度特性和负荷特性。

2.3.1 发动机工况

1. 工况参数

发动机工况就是发动机的运行状况，简称工况。转速和有效功率、有效转矩可表征其所处的工况，称之为工况参数。转速说明了发动机工作频率的快慢，有效功率和有效转矩说明了发动机承受负荷的能力。据式（2-1），三个参数只有两个是相互独立的，第三个参数可由另两个参数表示。常用发动机功率或与其成单一正比关系的参数（如节气门开度、进气歧管压力、进气流量、循环油量等）与转速表示工况。

发动机工况可能是稳定的，也可能是不稳定的。在稳定工况下，其性能指标参数如转速、功率、转矩等不随时间变化；若随着时间变化，则说明工况不稳定。负荷或负载是指发动机配套机构施加给曲轴的阻力矩或消耗功率。发动机只有在发出的功率或转矩与负载消耗的功率或施加于曲轴上的阻力矩相等时，才能稳定运转。所以，常以功率等表示发动机的负荷。表示负荷的参数称为负荷参数，即功率或与功率成单一正比关系的参数称为负荷参数，如汽油机节气门开度、平均有效压力、进气歧管压力、进气流量，柴油机循环油量等。

注意，勿将功率和负荷的概念混淆。

2. 工况的分类

发动机用途很广，不同的应用场合，其工况不同。

汽车发动机能在较大的转速、功率（或转矩）变化范围下可靠工作。如图 2-1 所示，在以转速为横坐标，功率或转矩为纵坐标的坐标系中，发动机全部可能的工况点都在由最高转速 n_{max} 和最低转速 n_{min} 所对应的两条竖线、横坐标轴及最大油门时功率（或转矩）随转速变化的曲线 3 所限定的面积内。所以，汽车发动机工况在一个面内变化，称为面工况。

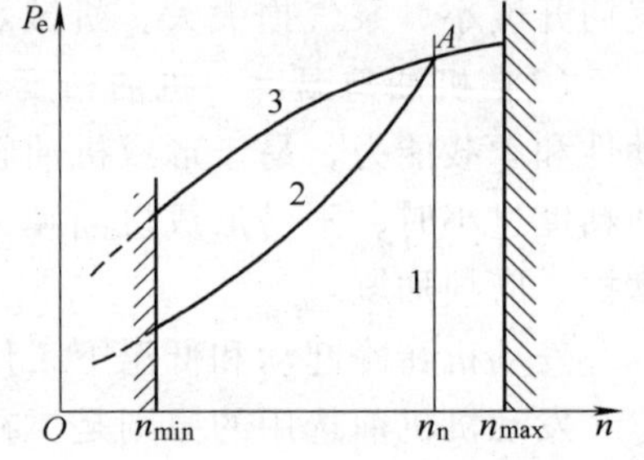

图 2-1 发动机工况

发电用发动机，要求无论外界负荷如何变化，发动机转速都保持不变，以保证电压和频率保持不变，称为恒速工况。在图 2-1 上它们表现为垂直线 1。

灌溉用发动机，不仅转速不变，而且功率也因扬程不变而恒定，此为点工况，如图 2-1 中的 *A* 点。

发动机作为船用主机时，其发出的功率必须符合螺旋桨吸收的功率与转速三次方成正比的关系，既 $P_e \propto n^3$，此为螺旋桨工况，如图 2-1 中的曲线 2 所示。

2.3.2 速度特性

1. 速度特性曲线

当气油机节气门（或柴油机供油拉杆）位置不变时，主要性能指标（功率、转矩、燃油消耗率、排气温度等）随着转速变化的关系称为速度特性。当汽车沿阻力变化的道路行驶（如上坡、下坡），而节气门的位置保持不变时，发动机转速会因路况的变化而变化（上坡时速度下降，下坡时速度增加)，这时发动机即按速度特性工作。

速度特性分为外特性、部分特性。油门开启位置最大（汽油机节气门开度最大或柴油机供油拉杆在最大供油位置）时的速度特性为全负荷速度特性，又称为外特性。油门在部分开启位置时的速度特性为部分负荷速度特性，简称为部分特性。图 2-2 所示为柴油机和汽油机的速度特性曲线。其横坐标为转速，纵坐标是其他性能指标参数。图 2-1 中 A 点为标定工况点。

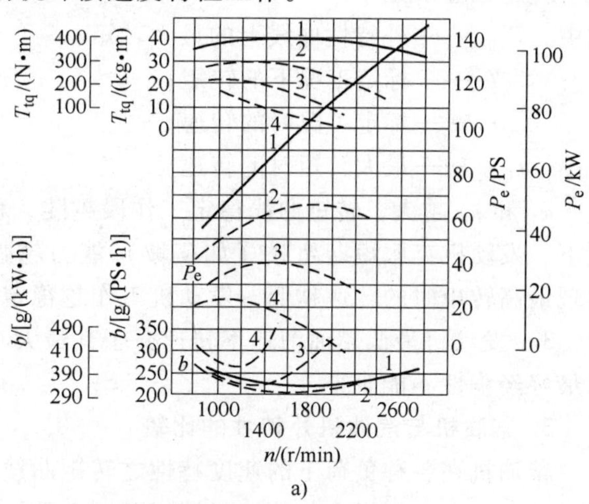

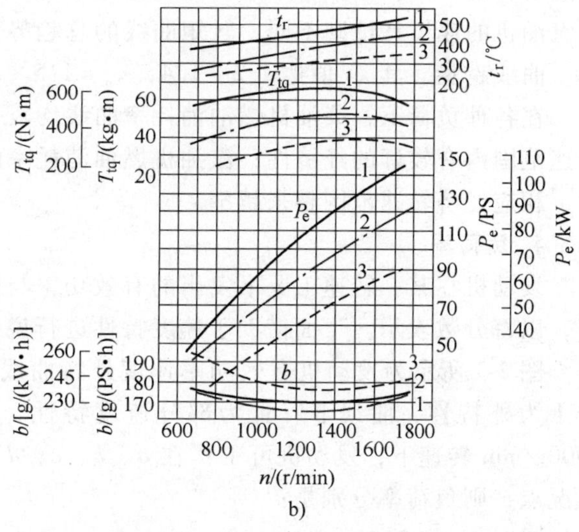

图 2-2　发动机速度特性曲线

a）汽油机速度特性曲线　b）柴油机速度特性曲线

速度特性是在发动机试验台架上测出的。测量时，使油量调节机构位置固定不动，调整测功器的负荷，改变发动机的转速，记录每个转速下的有关数据，并整理绘制出曲线（以转速为横坐标）。

由图 2-2 可知，随着转速的升高，有效功率稳步增长。这主要是因为随着转速的升高，单位时间内做功的次数增多。但对于汽油机，在最高转速附近，转速再升高时，由于摩擦功率迅速增大，进气流动阻力大，燃烧恶化等，功率反而下降。

发动机转矩外特性曲线比较平坦，在中间某转速达到最大值。对采用变配气技术或变进气歧管技术的发动机，转矩曲线会出现 2 个以上的峰值点。

油耗速度特性曲线也较平坦，在中等转速时有一个最低油耗率点，过低或过高的转速均使油耗增加。

2. 外特性的意义

1）外特性表明了发动机在各转速下能够发出的最大功率和转矩，代表了发动机使用中的最高动力性能，直接关系到汽车、拖拉机的动力性。

2）发动机外特性表明了其对外界载荷变化的适应性。当外界阻力增大时，发动机转速会降低，其输出转矩只有随之提高，才能平衡负载阻力矩。由转矩外特性曲线可见，只有在最高转速 n_{max} 和最大转矩转速 n_{Ttqmax} 之间，发动机转矩才随着转速的降低而升高，其工作才是稳定的，此转速范围即为稳定转速区域。这段曲线的变化趋势决定了发动机工作稳定性，为此引入转矩储备系数和转速适应系数来说明。

转矩适应系数

$$\kappa_T = \frac{T_{tqmax}}{T_{tq}} \tag{2-5}$$

转速适应系数 $$\kappa_n = n_H / n_{T_{tqmax}} \tag{2-6}$$

式中 T_{tqmax}——外特性曲线上的最大转矩；

T_{tq}——标定工况下的转矩；

n_H——标定工况时的转速；

$n_{T_{tqmax}}$——最大转矩时的转速。

κ_T 和 κ_n 越大，转矩曲线稳定工作段越陡，稳定工作转速范围越宽，说明在不换挡的情况下，发动机克服短期超载（如爬坡）能力越强，转速波动较小。显然，最高转矩越大且出现最高转矩时的转速越低，发动机工作越稳定或适应负载变化能力越强。

3）发动机最低燃油消耗率转速介于其最大功率转速和最大转矩转速之间，最高动力性与最好经济性不能兼得。

3. 柴油机与汽油机外特性的比较

柴油机在各种负荷下的速度特性之转矩曲线均较汽油机的平坦，在中小负荷区，转矩甚至随着转速升高而增大。柴油机转矩适应系数 κ_T 约为1.05，转速适应系数 κ_n 为1.4～2.0；而汽油机的速度特性则不同，转矩曲线的总趋势是随着转速升高转矩减小，且节气门开度越小，曲线越陡。其 κ_T 值达1.2～1.4，κ_n =1.5～3.8。所以汽油机对外界负荷的适应性好。

在各种负荷下，柴油机燃油消耗率曲线均较平坦，仅在两端略有翘起，说明其在较大的转速范围内有较好的经济性；汽油机燃油消耗率曲线的翘曲度随着节气门开度减小而剧烈增大，相应经济转速范围越来越窄。

4. 负荷率

发动机在某一转速工况下发出的有效功率与同一转速下能发出的最大功率之比称为负荷率，以百分数表示。下面借助于速度特性进行说明。

图2-3所示为发动机有效功率速度外特曲线。曲线Ⅰ为外特性，曲线Ⅱ、Ⅲ为部分速度特性。若在3500r/min转速下，发动机可工作在 *a*、*b*、*c*、*d* 四个工况点，则负荷率分别是：

工况a：负荷率 =0。

工况b：负荷率 =20/45×100% =44.4%。

工况c：负荷率 =32/45×100% =71.1%。

工况d：负荷率 =45/45×100% =100%。

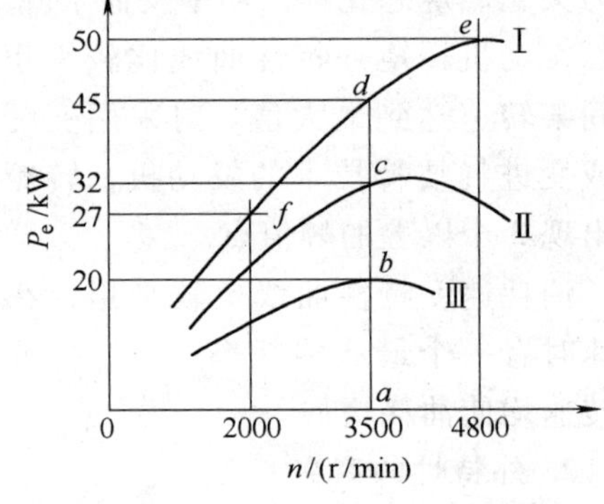

图2-3 发动机有效功率速度外特曲线

2.3.3 负荷特性

1. 负荷特性曲线

发动机转速不变时，其性能指标（主要指燃油消耗率、小时耗油量、排气温度等）随着负荷变化而变化的关系称为负荷特性。当汽车不换挡，等速沿阻力变化的道路行驶时，即是这种情况。此时，必须改变发动机的油门，以调整有效转矩或功率，适应外界阻力的变化，来保持发动机转速不变。

图2-4所示为发动机负荷特性曲线。在发动机的负荷范围内，存在一最低燃油消耗率负荷。当负荷为零时（怠速工况），发动机发出的功率全部用于克服内部损失，输出功率为零，热效率为零，有效燃油消耗率 $b_e \to \infty$。随着负荷的增大，输出有效功率增大，热效率增

大，有效燃油消耗率迅速下降。当负荷增大到较大时（如汽油机为 80% 左右，柴油机为 90% 左右），有效燃油消耗率达到最低值 b_{emin}。负荷再继续增大时，混合气浓度增大，燃烧不完全，使得热效率降低，有效燃油消耗率又上升。

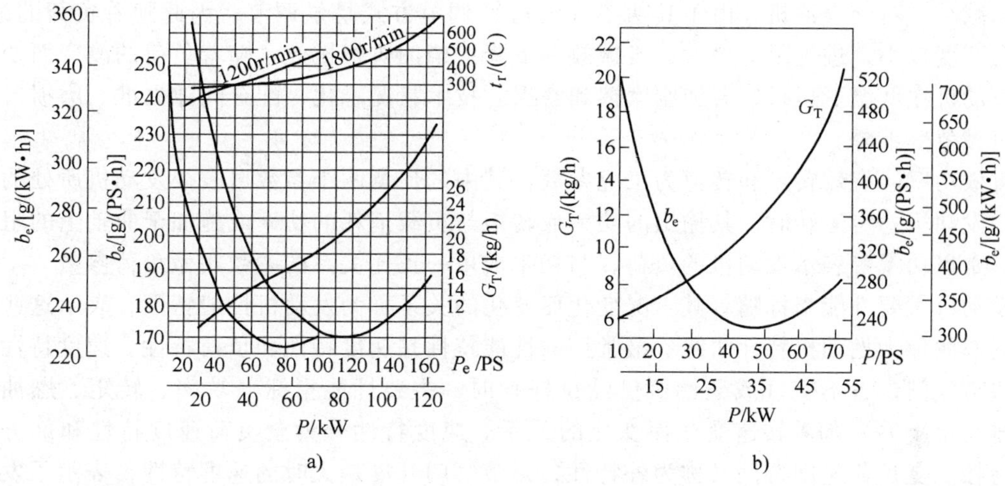

图 2-4　发动机负荷特性曲线

a）柴油机负荷特性　b）汽油机负荷特性

2. 负荷特性的意义

（1）选用发动机的依据　发动机在大、中负荷下工作时，燃油消耗率最低，经济性最好。当负荷率过高或过低时，发动机有效燃油消耗率都升高。据此可根据运输任务或配套机构合理选用汽车或发动机，使其常运行在最经济区，避免出现大马拉小车和小马拉大车的现象。

（2）比较不同发动机的经济性　最低有效燃油消耗率 b_{emin} 越低，b_{emin} 附近燃油消耗率曲线越平坦，经济性越好。柴油机的 b_{emin} 比汽油机的小，且 b_{emin} 附近曲线平坦，因此柴油机的经济性优于汽油机。在小负荷段，随着负荷的增大，汽油机燃油消耗率缓慢下降。

汽油机的压缩比小，且在小负荷时节气门开度小，导致较大的泵气损失和较多的残余废气，加之汽油机的过量空气较少，是造成上述差异的主要原因。

（3）汽车节能技术的理论依据　如多缸发动机断缸节油技术，即在大负荷时全部气缸参与工作，在小负荷时停掉部分气缸，只让几个气缸在大负荷下工作，以提高经济性。

本章小结

有效功率、有效转矩、转速和平均有效压力是评价发动机动力性能的指标。曲轴输出的功率、转矩为有效功率和有效转矩，曲轴转速就是发动机的转速。平均有效压力是指单位气缸工作发出的有效功，用来评价不同排量发动机的做功能力。发动机的转速越高、排量越大、平均有效压力越大，发出的功率就越大。

有效燃油消耗率和有效热效率是发动机的经济性指标。有效燃油消耗率是发动机发出 1kW·h 的功所消耗的燃油量，单位是 g/（kW·h）。有效燃油消耗率越低，则热效率越高，经济性越好。

机械效率就是实际输出有效功率与没有机械损失时可能输出的功率之比。机械损失用来克服发动机内部各运动件之间的摩擦损失、泵气损失、驱动附件损失。机械效率随着转速的升高而减小。对于汽油机，由于其功率（负荷）调节方式是量调节，因此随着负荷的减小，节气门开度减小，进气阻力增大，机械效率下降；柴油机机械效率随着负荷的改变而变化不大。发动机在低温下运行，会加剧摩擦和磨损。技术状况恶化，配合间隙失准、磨损等，都会使机械效率下降。

有效功率、有效转矩和转速为工况参数，其中的任意两个参数可表征发动机所处的运行工况。发动机稳定运转时，其输出的功率或转矩与负载消耗的功率或施加于曲轴上的阻力矩相等。常以功率等表示发动机的负荷，与功率成单一正比关系的参数叫做负荷参数。

发动机主要性能指标随着其工况变化而变化的关系称为发动机性能特性，表示这些变化关系的曲线称为发动机特性曲线。最常用的性能特性是速度特性和负荷特性。速度特性是指汽油机节气门位置不变（或柴油机供油拉杆）时，主要性能指标（功率、转矩、燃油消耗率、排气温度等）随着转速变化而变化的关系。速度特性分为全负荷速度特性和部分负荷速度特性。全负荷速度特性又称为外特性，是节气门开度最大时的速度特性，表示了发动机最高使用动力性能。负荷特性是指发动机转速不变时，其性能指标随着负荷变化而变化的关系，表示了发动机的经济性。发动机性能特性曲线对正确选用、使用发动机具有指导意义。

复习思考题

1. 发动机动力性指标主要有哪些？其经济性指标有哪些？
2. 发动机转速越高，有效功率越大，对吗？
3. 何为平均有效压力？它有何意义？
4. 何为有效燃油消耗率？它有何意义？
5. 小时耗油量越多的发动机，其经济性就越差，对吗？为什么？
6. 何为机械效率？随着发动机转速的升高，机械效率如何变化？
7. 为什么长期在低温下工作的发动机会加速磨损？
8. 随着负荷的减小，汽油机的机械效率如何变化？
9. 何为“怠速”？怠速时气缸内的热变功去哪儿了？
10. 表示发动机工况的参数有几个？哪几个参数可以描述发动机的工况？
11. 发动机的负荷就是其有效功率，对吗？
12. 何为发动机外特性？它有何意义？画出汽油机外特性曲线。
13. 何为转矩储备系数和转速适应性系数？
14. 何为发动机负荷特性？它有何意义？画出发动机负荷特性曲线。
15. 完成某一运输任务时，选用小排量发动机的汽车能省油，对吗？为什么？
16. 多缸发动机断缸技术为什么能节油？
17. 比较汽油机和柴油机经济性的好坏，说明原因。
18. 当不换挡、不改变节气门位置时，搭载汽油机的车辆较搭载柴油机的车辆爬坡能力强，对吗？为什么？

第3章　机体组与曲柄连杆机构

【学习目标】

1. 掌握机体组与曲柄连杆机构的作用与组成

2. 掌握机体组、活塞组、连杆组、曲轴飞轮组主要零部件的作用、结构、工作原理与装配关系

3. 理解多缸发动机曲拐布置形式与气缸工作顺序的关系

4. 掌握主要零部件损伤的形式、危害及检修方法

5. 掌握机体组、曲柄连杆机构的拆装与调整方法

6. 了解机体组与曲柄连杆机构主要零件的材料

7. 了解曲柄连杆机构各种异响的特征，理解其成因及诊断方法

3.1　机体组

3.1.1　机体组的组成及作用

1. 基本组成

机体组是发动机的基本骨架，是其他所有零部件的安装基础，主要由气缸体（又称为机体）、气缸盖、气缸垫、曲轴箱、气缸盖罩等组成。

形成圆筒形气缸的部分叫气缸体，对多缸水冷发动机，各气缸体通常铸成一个整体。

气缸盖置于气缸体的顶部，它们之间装有气缸垫，三者通过螺栓紧固在一起。

气缸体下部安放并封闭曲轴的部分叫曲轴箱。曲轴箱分上曲轴箱和下曲轴箱。下曲轴箱又叫油底壳。

对于水冷式发动机，通常将其气缸体与上曲轴箱做成一体，简称为机体或气缸体。图3-1所示为水冷式发动机机体组的组成。

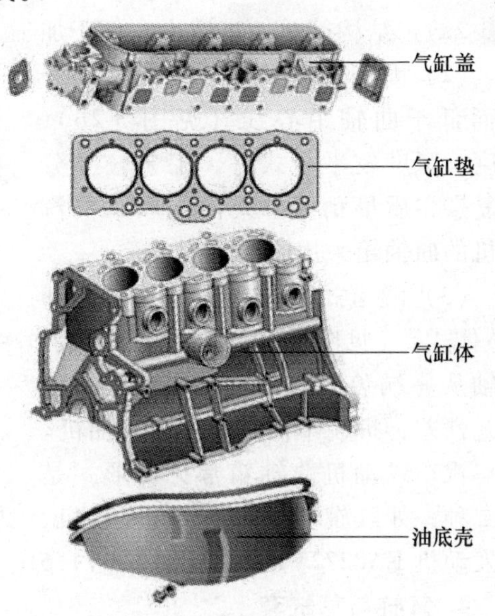

图3-1　水冷式发动机机体组组成

对于风冷式发动机，通常将其气缸体与上曲轴箱分别制造，气缸体多采用单体式结构，以便于其外表面布置散热片。

2. 作用

1）支撑发动机的主要运动件，保持运动件相互位置的正确性。

2）安装各机构和系统的附件（如水泵、机油泵、燃油泵、喷油器、滤清器、散热器等），汽油机还有点火系统各附件。

3）承受发动机工作时产生的各种力。

4）设置发动机安装在基座上的支承。

3.1.2 气缸体

1. 气缸体的特点与要求

气缸体是发动机中体积、质量最大，结构最复杂的部件之一。气缸体内除了有各零件安装孔外，还设有机油油道及环绕在气缸周围的冷却液腔或水套。它们通过气缸体顶面及气缸盖底面的孔与气缸盖内相通。

气缸体的顶面和底面必须非常平整，以便能安装气缸盖和油底壳，并实现很好的密封。气缸体下部有同心的主轴承孔，以安放主轴承和曲轴。

气缸体承受很大的交变机械负荷和热负荷，所以要求其具有足够的刚度、强度、耐磨性、耐热性，以将变形量保持在限定范围内，不致破坏各零件间准确的位置关系，以及引起异常磨损、裂损和漏水、漏气、漏油等故障。各种形式的机体，为减小重量又不影响刚度、强度，在机体外部均有加强肋。

2. 气缸体材料

气缸体多由优质灰铸铁或铝合金铸成。现代轿车多采用铝合金材料机体。它不但适应轻量化的发展趋势，而且散热性好，但成本较高。

3. 曲轴箱的结构

曲轴箱的结构分为以下三种：

（1）平分式　又称为一般式，其上、下曲轴箱结合面与曲轴中心线在一个平面上（见图3-2a），结构简单，高度小，便于加工、拆装，质量小，刚度较差，多用于汽油机。

（2）龙门式　其上、下曲轴箱分界面低于曲轴中心线（见图3-2b），刚度、强度较平分式好，工艺较平分式复杂，质量稍大。柴油机和某些汽油机的曲轴箱采用此形式。

（3）隧道式　其主轴承孔不分开（整体式）（见图3-2c），轴承孔较大，曲轴从一端装入，刚度、强度高，但工艺性差，拆装不便，多用于柴油机。

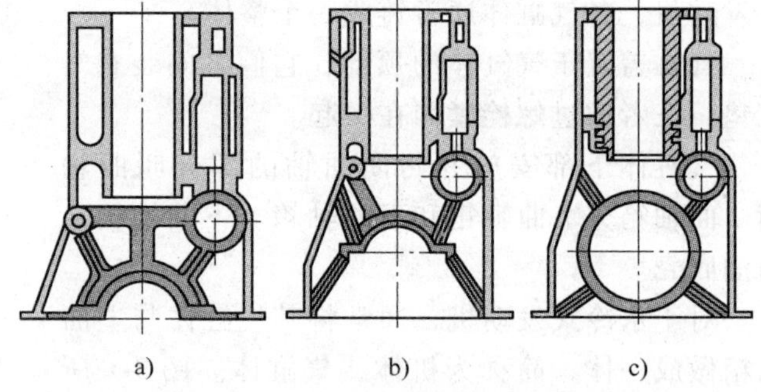

图3-2　曲轴箱的结构

汽车发动机曲轴箱常见的形式是前二种，如红旗轿车CA488-3发动机、夏利轿车发动机TJ736等的曲轴箱为平分式，捷达轿车发动机EA8272V1.6L、EA1135V1.6L，富康轿车发动机TU3、TU5采用龙门式。

4. 气缸与气缸套

气缸表面直接与高温高压的燃气接触，且有活塞组件在其中高速相对滑动，故要求其必须坚硬、耐热、耐磨、耐蚀。为此，气缸表面均采用优质合金材料，并同时做特殊的珩磨或多孔电镀的表面处理，以形成微观上的网纹状或多孔的油膜化结构，可以储存机油，改善活塞组与气缸壁之间的润滑。

根据形成气缸方法的不同，气缸体又分为整体式和气缸套式。

（1）整体式　整体式气缸体又叫无缸套式气缸体。它是在气缸体上直接加工出气缸孔。其结构紧凑（气缸中心距小），质量轻，机体刚度大，但要求整个气缸体都要采用优质材料，造成浪费，多见于铸铁气缸体或负荷较小、缸径不大的汽油机气缸体。例如，红旗CA108、跃进NJ70、红旗CA488-3、捷达EA827、上海桑塔纳JV、富康TU、夏利TJ376Q等均采用整体式气缸体。某些价格昂贵的轿车的发动机也采用了整体式铝合金气缸体。

（2）气缸套式　即圆筒形的气缸套采用优质合金铸铁或合金钢单独制造后镶装到气缸体内形成气缸，而气缸体采用普通铝合金或铸铁制造。这样既降低成本，又便于维修时拆卸和更换损坏的气缸，延长气缸体的使用寿命。现在发动机上广泛采用气缸套式机体，尤其是铝合金的气缸体。

根据气缸套是否与冷却液接触，将其分为干式和湿式两种，如图3-3所示。

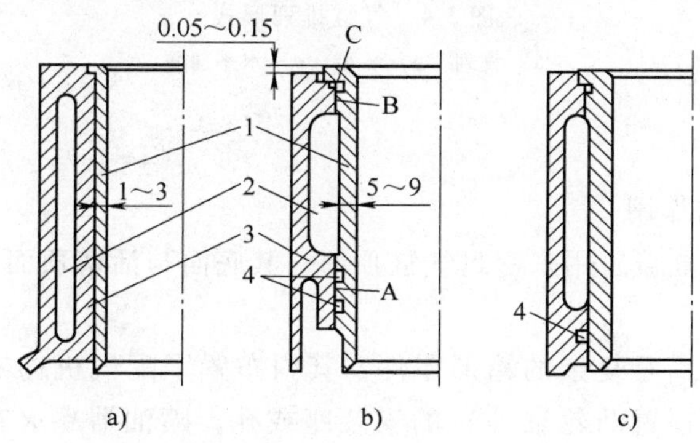

图3-3　气缸套

a）干式　b）、c）湿式

1—气缸套　2—水套　3—气缸体　4—橡胶密封圈

A—下支承密封带　B—上支承密封带　C—气缸套凸缘平面

1）干式气缸套。其外表面不与冷却液直接接触，直接装入并支撑在气缸体上镗好的缸套孔内，其壁厚仅为1~3mm。其特点是机体刚度大，缸心距短，但散热不良，拆装不方便。

干式气缸套装入气缸体后，其上端面应与气缸体上平面平齐。

2）湿式气缸套。其外表面直接与冷却液接触，仅靠外表面上、下凸出的圆环带和上部的凸缘下平面与机体配合面进行径向和轴向的支撑定位，壁厚为5~9mm。湿式气缸套下部外表面径向定位环带有1~3道，上部有1道耐热、耐油的橡胶密封圈以防漏水。湿式气缸套散热性好，拆装方便，但刚度、强度稍差，易漏水。湿式气缸套多见于大型柴油机上。

注意：大多数湿式气缸套装入气缸体后其上端面应比机体上平面略高0.05~0.15mm，在拧紧气缸盖螺栓时，使其与气缸垫贴合得更紧密，以保证密封性。

5. 气缸排列形式

车用发动机常见的气缸排列形式有直列、V型、水平对置三种，如图3-4所示。

（1）直列　发动机的所有气缸排成一列，结构简单、宽度小，但高度和长度较大，多见于6缸以下的发动机。

（2）V 型　即相同数量的两列气缸的中心线成一定夹角，宽度较大，长度、高度小，紧凑，刚度好。V 型气缸发动机两列气缸的夹角多为 90°或 60°。

（3）水平对置　当 V 型气缸发动机两列气缸的夹角为 180°时，便成为水平对置发动机。此种发动机重心较低，运转平稳。保时捷汽车和斯巴鲁汽车采用这种发动机。

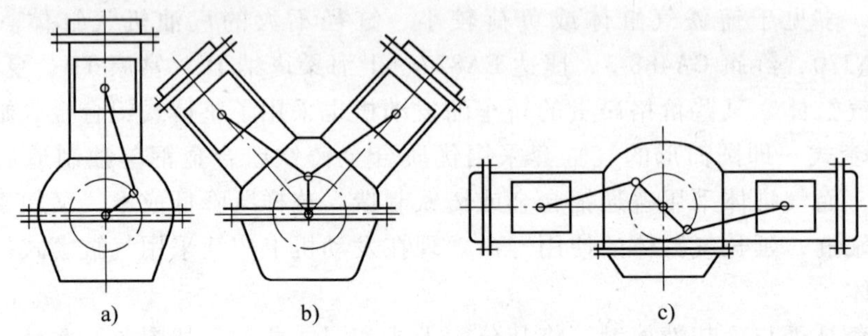

图 3-4　气缸排列形式

a）直列　b）V 型　c）水平对置

3.1.3　气缸盖

1. 气缸盖的结构与作用

除前述作用外，气缸盖还用来密封气缸顶部，其底面与活塞顶面、气缸壁一起构成发动机的燃烧室。

气缸盖（见图 3-1）是复杂的箱形零件，其内布置了配气机构零件（如气门、气门导管、气门弹簧、摇臂、顶置凸轮轴等）的安装座或孔，喷油器、火花塞等的安装孔。气缸盖内设有冷却水套、机油油路，通过底端面处的孔与气缸体内相通。气缸盖内还有连接进、排气管和燃烧室的进、排气道，侧面有进、排气道孔。

气缸盖的底部形状与燃烧室有关。为此，不管是柴油机还是汽油机，气缸盖底面都有不同形状和深浅各异的凹坑，以达到理想的燃烧室形状（见本书第 5、6 章）。

气缸盖的结构有整体式、分块式两种。整体式气缸盖即整列气缸共用一个气缸盖。车用发动机的气缸盖多为此种形式。其结构紧凑，散热效果好，但受力不均，刚性差，易变形，维修更换不经济。大型发动机多采用分块式气缸盖，即三缸一盖、二缸一盖或一缸一盖。此种类型的气缸盖刚性好，变形量小，加工维修方便，更换经济。

气缸盖上部装有气缸盖罩，主要起到防止灰尘进入气缸盖顶部和阻隔噪声的作用。

2. 气缸盖材料

气缸盖多由铸铁和铝合金制成。汽车发动机气缸盖多由铝合金制成。

3. 气缸盖的拆装

气缸体和气缸盖通过气缸盖螺栓紧固在一起。每个气缸周围通常有 4 个以上的气缸盖螺栓。气缸盖螺栓的拆装方法对气缸体和气缸盖的变形至关重要。为使变形量减到最小，拆装气缸盖时应注意以下事项：

1）安装时，必须用指示式扭力扳手按照由中间对称地向四周扩展的顺序交替着分两次或三次拧紧，最后一次应达到规定的拧紧力矩。若气缸盖螺栓的预紧力过小，则易造成密封不严、撞击振动等现象。若其预紧力过大，则造成气缸体、气缸盖变形，螺栓破坏等，同样造成密封不严现象；对铸铁气缸盖，冷态下拧紧一次，热态下需再拧紧一次，因为铸铁气缸盖的膨胀系数小于螺栓的膨胀系数；对铝合金缸盖，冷态下拧紧一次即可，因为铝合金气缸盖的膨胀系数大于螺栓的膨胀系数。

2）拆卸必须在冷态下进行，按照由四周向中间的顺序均匀交替着分两次或三次将气缸盖螺栓拧松。

3.1.4 气缸垫

1. 气缸垫的作用

气缸垫安装在气缸盖与气缸体的结合面之间，起密封和缓冲作用，防止漏气、漏水、漏油。气缸垫的厚度影响压缩比。气缸垫厚度增大时，压缩比减小；反之，压缩比增大。

2. 气缸垫材料及结构

气缸垫接触高温、高压气体以及冷却液和机油，使用中容易被烧蚀，尤其是气缸孔周围。所以气缸垫都采用耐热、耐蚀、耐压、有一定弹性的高强度材料制成。

以前气缸垫多是石棉制品，因发现其有致癌作用，现大多数采用多层金属片气缸垫，少部分采用金属-石棉气缸垫。

气缸垫的形状、尺寸及其上的孔完全与气缸体上平面上的相对应，如图 3-1 所示。

（1）金属-石棉气缸垫　一种由夹有金属丝或金属屑的石棉外包钢皮或铜皮组成，另一种以编织的钢丝或轧孔钢板为骨架，外覆石棉及粘结剂压成。金属-石棉气缸垫在冷却液孔、机油孔、气缸孔周围用金属包边强化。

（2）金属气缸垫　用铜、铝或低碳钢片制成的一叠薄钢片。在各冷却液孔、机油孔、气缸孔周围有橡胶环或其他弹性的凸肋，以加强密封。

近年来，国外生产的一些发动机开始采用耐热密封胶代替传统的气缸垫。

3. 气缸垫的安装

气缸垫常见的损伤是烧蚀。破损的气缸垫只能更换，不能修复。安装气缸垫时要注意如下事项：

1）检查气缸垫是否完好无损。

2）旧的气缸垫不可再用。

3）气缸垫的安装方向

① 若气缸垫上有安装标记，则按标记安装。

② 有卷边的面要朝向易修整的或较硬的接触面。例如，气缸体、气缸盖同是铸铁的，卷边面朝向气缸盖；气缸体为铸铁，气缸盖为铝合金的，则卷边面应朝向气缸体；气缸体、气缸盖同是铝合金的，卷边则朝向湿式气缸套的边缘。

③ 将气缸垫上的各孔与气缸体上的孔对正后装合气缸盖。

3.1.5 油底壳

油底壳一般装在气缸底部，通过螺栓紧固到气缸体下端面。其主要作用是封闭曲轴箱，收集并储存机油。

油底壳多由薄钢板冲压或用铝合金铸造而成。油底壳侧面通常有油标尺孔，以插入油标尺检查机油油位的高低。

车用发动机油底壳多做成前浅后深的楔形状，其内设有挡油板，防止在汽车颠簸或转弯时油面波动、激溅和起泡沫等引起供油不畅，同时起到增大刚度，减小振动噪声的作用。在最低处装有带磁性的放油塞，以便吸附机油中的金属屑并放出机油。

3.1.6 机体组的常见损伤

机体组的主要损伤形式是磨损、变形和裂纹。

1. 磨损

气缸体的磨损主要发生在气缸、主轴承孔和后端面，其中气缸的磨损程度是决定发动机寿命和是否需要大修的主要因素。气缸内侧与高温高压燃气直接接触、活塞组在其中高速相对滑动、润滑不良及气缸内杂质等是磨损的主要原因。随着气缸磨损程度的增加，活塞与气缸配合间隙增大，漏气、窜机油、异响等加重，引起气缸压力不足、机油消耗增多等，导致发动机动力性、经济性下降，排放恶化，起动困难等故障。当气缸磨损到一定程度时，发动机综合性能明显下降，需进行大修作业。

气缸的磨损是不均匀的，呈现以下特点：

1）沿气缸轴线方向呈上大下小的锥形，磨损最大的部位是活塞在上止点时第一道活塞环对应的气缸壁处，而其上方活塞环行程之外的部位几乎没有磨损，形成了所谓的“缸肩”。因为第一道活塞环上止点处：

① 活塞环受到的气体压力最高，且机油膜不易建立。

② 温度最高，易烧蚀，易形成积炭。

③ 附着的进气中的灰尘较多，磨料磨损严重。

④ 燃气中的酸性腐蚀物质对气缸壁的腐蚀作用最强，尤其长期在低温下工作及频繁冷起动，加剧了腐蚀磨损。

2）气缸沿圆周方向的磨损呈不规则的椭圆形，其最大磨损部位因使用条件的不同而不同。一般由于侧压力和曲轴轴向移动的原因，气缸在发动机的纵向或横向磨损最严重。由于受进气流冲刷，油膜易遭到破坏，且易聚集杂质，因此进气门对面的气缸壁磨损较严重。

3）就整台发动机而言，各缸的磨损情况也不一致。通常是位于发动机两端的气缸因冷却强度大，磨损量往往比中部的略大。

2. 变形

在使用过程中，气缸体和气缸盖的结合平面发生翘曲变形和螺纹孔口周围凸起的现象是普遍存在的。其主要原因是：

1）发动机的高低温变化、制造加工中存在的缺陷等造成的应力不均。

2）装配前未将螺纹孔和结合面上的污物清除干净。

3）拆装时不按次序和规定的拧紧力矩操作或在高温下拆卸气缸盖。

4）承受冲击载荷等。

气缸体和气缸盖结合面的翘曲变形和螺纹孔口周围凸起现象，将导致气缸顶部密封不严而漏气、漏水、漏机油，影响发动机的正常工作。

3. 裂纹

气缸盖裂纹多发生在气门座或火花塞座孔附近，气缸体裂纹多发生在水套薄壁处。产生裂纹的主要原因是：

1）在发动机工作时机体组承受拉、压、弯曲和扭转等交变载荷而导致裂纹。

2）严寒的冬季未使用防冻液，停机后忘记放出冷却液，冷却液套被冻裂。

3）发动机处于高温状态时突然加入大量低温冷却液，或因水垢积聚过多而散热不良，使水套产生裂纹。

4）镶装气缸套工艺不当。

5）制造加工中存在缺陷。

3.1.7　机体组的检修

1. 机体组变形的检修

（1）机体组变形的检查　气缸体和气缸盖结合平面的平面度误差反映了其变形程度，用标准直尺和塞尺检查。

检查前，彻底清除结合面上的各种异物、杂质。检查时，把直尺放在待测气缸盖或气缸体的结合平面上，将塞尺插入平面与直尺间，能够插入塞尺的最大厚度即为平面度误差。

不同的发动机对气缸体和气缸盖结合平面的平面度有不同的要求。通常，气缸体上平面的任意位置，每 50mm × 50mm 范围内的平面度误差应不大于 0.05mm；全长小于 600mm 的气缸体平面，平面度误差应不大于 0.15mm；全长大于或等于 600mm 的铸铁气缸体，平面度误差应不大于 0.25mm，铝合金缸体平面度误差应不大于 0.35mm。对于气缸盖，长度小于 300mm 的，平面度误差应不大于 0.05mm；长度大于 300mm 的，平面度误差应不大于 0.03mm。

用高度规检查气缸体两端的高度，以确定气缸体上下平面的平行度误差；检查气缸体下平面至主轴承孔的距离，以确定两者间的平行度误差。这些平行度误差应符合原厂技术要求。

（2）机体组变形的修理　若平面度误差超过限定值，则应予以修理。当平面度误差较小或局部凸起时，可采用刮削法、研磨法修复；当平面度误差较大时，可采用平面磨床进行磨削加工。对 V 型发动机，必须将两侧气缸体的上平面修复到相同高度，以保证压缩比相等及歧管对正。

注意，气缸盖的总切削量不易过大，一般不得大于 0.50mm，否则会带来以下问题：

1）燃烧室容积减小，使压缩比增大。

2）顶置凸轮轴与曲轴间的距离减小，使气门正时（见第 4 章）发生改变。

3）活塞顶与气门发生碰撞。

所以，在将气缸体和气缸盖平面修复后，应注意恢复与发动机高度方向相关的尺寸参数及与气缸盖有装配关系的配气机构零部件的几何参数。

当气缸盖厚度比标准厚度小 2mm 时，应换气缸盖或加一气缸垫。

2. 机体组裂纹的检修

（1）机体组裂纹的检查　在机体组检修过程中，对细微的裂纹常用水压试验法检查。检查时，将气缸盖、气缸垫装在气缸体上，并用专用盖板封住气缸体前壁进水口，将水管与水压机相连，使其他水口封闭，然后用水压机将水压入气缸体和气缸盖水套内。要求在水压为 0.3 ~ 0.4MPa 时保持 5min 而不出现任何渗漏现象，若有水珠出现，则表明该处有裂损，应予修复。

在镶换气缸套（干式）或对气缸体进行焊接修理后，都应进行一次水压试验。

（2）机体组裂纹的修理　气缸体裂纹的修理方法有焊接法、补板法、螺钉填补法、黏结法等，应根据裂纹的程度、部位、设备条件等选用。

焊接法一般用于裂纹部位受力较大或温度较高且距水道较近的地方。焊前应首先在裂纹两端钻止裂孔，并沿裂纹开 V 形口，再进行清洁等处理。此方法，焊接质量较高，变形量小，成本低，易于操作；补板法适于受力不大且裂纹较长或有破洞的部位；环氧树脂黏结法一般用于受力和受热不大且距水道较远的部位；螺钉填补法适于某些受力不大，强度要求小，裂纹短的平面部位。

气缸盖出现裂纹时一般应予以更换。

3. 气缸体磨损的检修

（1）气缸磨损的检验　测量气缸圆度误差和圆柱度误差，以确定磨损程度，判断发动机是否需要进行大修及确定修理尺寸。

圆度误差是指同一横截面上不同方向测得的最大与最小直径差值的 1/2。圆柱度误差是指被测气缸表面任意方向所测得的最大与最小直径差值的 1/2。

测量气缸的磨损量通常用量缸表（又称内径百分表），方法如下：

1）根据气缸尺寸，选择合适的接杆及固定螺母，装在量缸表的下端。

2）校正量缸表的尺寸。将外径千分尺校准到被测气缸的标准尺寸，再将量缸表的测杆伸入到标准缸径的千分尺开口内，观察表针，使伸缩杆压缩 1～2mm 为止，然后将连接杆上的固定螺母拧紧，旋转表盘使表针对准“0”刻度。

3）将量缸表的测杆伸入到气缸上部第一道活塞环在上止点时对应的气缸壁处，分别测量纵横两个方向的气缸直径。

4）将量缸表下移，用同样的方法测量气缸中部和下部的磨损量。气缸下部为活塞行程下止点处，距离气缸下边缘 10～20mm 处。气缸中部为上、下止点中间的位置。

注意：测量时应使测杆与气缸轴线保持垂直，以确保测量的准确性。稍微摆动量缸表，当指针指示到最小读数时，即表示测杆已垂直于气缸轴线，方可记录读数。

5）计算圆度误差和圆柱度误差。

（2）气缸的修理　当气缸磨损到规定的圆度误差和圆柱度误差限值或有拉缸现象时，必须对气缸进行修理。通常，汽油机和柴油机圆度误差的限值分别是 0. 05mm 和 0. 065mm，圆柱度误差的限值分别是 0. 20mm 和 0. 25mm。

所谓的修理尺寸，即扩缸修理后的气缸直径。

气缸的修理就是通过镗削、磨削和镶换气缸套等修复方法，恢复气缸尺寸和正确的几何形状与配合性质的过程。

1）气缸的镗削、磨削

① 确定气缸的修理尺寸。气缸修理尺寸以标准气缸直径每增加 0. 25mm 为一级，一般分为 4～6 级，每次气缸大修时都要超过一级修理尺寸。其中常用的是 +0. 5mm、+1. 0mm、+1. 5mm 三级，0. 75mm、1. 25mm 为辅助级。

气缸修理尺寸就是测量得到的磨损气缸最大直径加上镗、磨余量得到的值，与各级修理尺寸相对照，其相符的修理等级尺寸或相近的稍大一级的尺寸。

注意：同一台发动机各气缸应采用同一级修理尺寸。

② 气缸镗削量的确定。根据已确定的气缸修理尺寸，选配同级修理尺寸中同一分组的活塞和活塞环，根据选定活塞的裙部最大直径和活塞与气缸壁的标准配合间隙确定气缸的镗削量。

镗削量 = 活塞裙部最大直径 + 活塞与气缸标准间隙 - 加工余量 - 气缸最小直径

加工余量一般取 0.10 ~ 0.20mm，且尽可能取小值。

③ 气缸的镗削（镗缸）。镗削应在专用镗床上进行，镗削后的气缸圆度误差不应超过 0.005mm，圆柱度误差不应超过 0.001mm，表面粗糙度值不应超过 *Ra*1.6μm，并留有 0.03 ~ 0.05 mm的磨削余量。

④ 气缸的磨削。镗缸后进行珩磨，以消除气缸壁上的刀痕，达到表面粗糙度要求。气缸珩磨质量要求：圆度误差不应超过 0.005mm，圆柱度误差不应超过 0.0075mm，表面粗糙度值不大于 *Ra*0.6μm，与活塞配合间隙符合原厂规定。使用证明，如果活塞与气缸壁的间隙偏大 0.01mm，就等于这辆汽车至少少行驶 10000km 而提早大修。

注意：为防止气缸体变形，气缸体的镗削和磨削应在气缸体的修补和气门导管等相关件镶配完成后进行，且应隔缸进行镗削和磨削。

2）气缸套的镶换。发动机经过多次镗缸修理后，当直径超过最大修理尺寸或气缸套壁上出现特殊损伤时，应更换新气缸套。其方法如下：

① 用专用气缸套拆装工具拉出旧气缸套。对湿式气缸套，可轻轻敲击气缸套底部，用手或专用工具拉出旧缸套；对干式气缸套，若拉出旧的气缸套有困难，则可用镗床将其镗掉。

② 选择新气缸套。气缸套外径的修理尺寸一般分四级，相邻两级直径差为 0.25mm。第一次应选用标准尺寸的气缸套，而对镗去旧缸套的气缸体，应选用大一级修理尺寸的气缸套。

③ 检修气缸套承孔。气缸套承孔应镗为与气缸套同一级修理尺寸，并留有适当的过盈量。一般有凸缘的气缸套过盈量为 0.05 ~ 0.07mm，无凸缘的气缸套过盈量为 0.07 ~ 0.10mm，凸缘部分与气缸体上端凸缘槽的配合间隙应不小于 0.05mm。

④ 镶装气缸套

a. 镶装干式气缸套。先将气缸套和承孔的配合面涂上机油，然后利用专用工具将气缸套插入承孔中并放正，再缓慢平稳地将其压入承孔中，压力应不大于 59kN。在每压入承孔 20 ~ 30mm 的过程中，应放松压力两次，以便气缸套自动校正轴线的同轴度，同时用直角尺检查气缸套是否歪斜。若在压装过程中感到压力急剧增大，则应立即停止操作，找出原因（一般是气缸套歪斜或过盈量太大所致）。

注意：干式缸套镶装后，其上端面应与气缸体上平面平齐，压装时要按隔缸镶装的顺序进行。

b. 镶装湿式气缸套。先将气缸承孔接合面清理干净，再将未装密封圈的气缸套装入承孔内，压紧后检查其是否高出气缸体上平面 0.05 ~ 0.15mm。各气缸套高出误差不得大于 0.04mm，若不符合要求，则可在气缸套台肩下加、减纯铜垫片（铝合金气缸体加铁垫片）或修整气缸套下止口。在承孔和镗磨好的气缸套上装密封圈的部位及密封圈上涂上密封胶，在将密封圈装入后连同气缸套一起压入承孔。密封圈应高出气缸套外圆柱面 0.5 ~ 1.5mm，其侧面应有 0.5 ~ 1.0mm 的间隙。

⑤ 进行水压试验。镶装完气缸套后的气缸体应进行水压试验，若发现漏水现象，则表明干式气缸套的气缸体因装配应力过大而产生了裂纹，湿式气缸套则多为密封圈处密封不严所致。

(3) 气缸的激光淬火。近年来，许多进口汽车发动机的气缸已不再镶气缸套而进行激光淬火。采用激光淬火等表面强化技术的气缸壁的耐磨性大大提高，磨损率不大于0.01mm/10000km，气缸使用寿命可达到15万km以上。注意：应在气缸粗磨之后进行激光淬火，淬火后再进行精磨，因为激光淬火会使直径缩小0.01mm左右。

4. 气缸盖的燃烧室容积测量方法

在气缸盖与气缸体结合面经过镗削或磨削修理并更换气缸垫后，燃烧室容积必然发生变化，使压缩比改变。因此，对修理过的气缸盖的燃烧室容积要进行认真的测量。测量方法为：清除燃烧室表面上的积炭和污垢后，将进、排气门和火花塞或喷油器按规定装配好，确保不泄漏，然后用量杯配制煤油体积占80%、机油体积占20%的混合油液，用其注满燃烧室，量杯中液位变化的差值即为燃烧室容积。

要求：维修后燃烧室容积不得小于公称容积的95%；同一台发动机各燃烧室容积的公差应为公称容积的1%~2%。

3.2 活塞组

活塞组主要由活塞、活塞环、活塞销等零件组成。

3.2.1 活塞

1. 活塞的作用

活塞顶面与气缸盖、气缸壁一起构成燃烧室，并承受高温燃气压力，通过活塞销座和活塞销传给连杆。

2. 活塞要求及材料

活塞与高温、高压燃气直接接触，在润滑、冷却散热均不良的情况下剧烈高速往复滑动。所以要求活塞必须要耐磨、耐热，热膨胀系数小，导热性好，具有足够的刚度和强度，质量轻，且多缸发动机各缸活塞的质量均匀平衡。

汽车发动机活塞广泛采用高强度铝合金材料，少数低速增压柴油机活塞有时采用合金铸铁或耐热合金钢。

3. 活塞基本构造

活塞由顶部、头部和裙部三部分组成，如图3-5所示。

(1) 活塞顶部　活塞顶部是燃烧室的一部分，其形状取决于燃烧室的类型。常见的活塞有平顶、凹顶和凸顶等结构，如图3-6所示。

平顶活塞结构简单，受热面积小，多见于汽油机。有的汽油机也采用浅凹顶活塞。

凸顶活塞强度大，多见于二冲程汽油机，有利于扫气导流。

柴油机活塞顶有不同形状、深度的凹坑，以配合混合气的形成与燃烧，如W形、盆形、球形等。

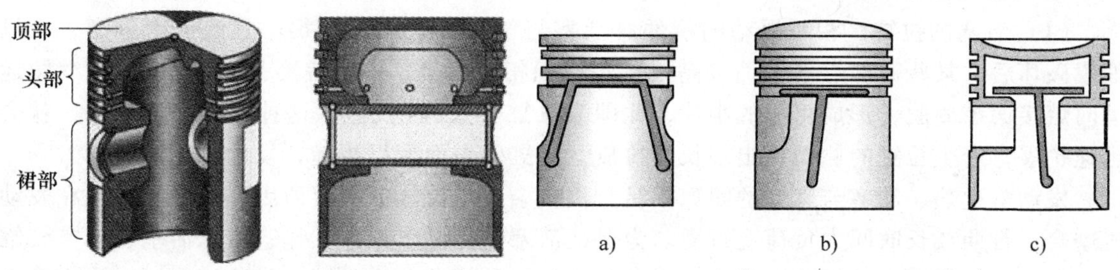

图 3-5 活塞的基本结构

图 3-6 活塞顶部形状

a）平顶 b）凸顶 c）凹顶

在气门升程较大的发动机中，活塞顶部还加工有气门凹坑，以防止活塞在进气上止点时与气门发生干涉。

改变活塞顶面的形状、尺寸，可调节发动机压缩比。

活塞顶部标有安装记号，如三角、箭头、缺口等，以指示活塞朝向发动机前端。

（2）活塞头部 从活塞顶到活塞销孔上方最后一道环槽下端面的部分为活塞头部。其上切有若干道环槽，用以安装活塞环。上面的环槽用来安装气环，下面的环槽用来安装油环，以防止高温高压燃气漏入曲轴箱，并阻止机油窜入燃烧室，所以又称其为环槽部或防漏部。活塞顶部所吸收的热量大部分也要通过活塞头部和活塞环传给气缸壁，再由冷却液带走。

现代车用汽油机一般有3道环槽，上面的2道用于安装气环，下面的1道用于安装油环。柴油机压缩比大，气缸内压力高，一般有2道或3道气环槽，1道或2道油环槽。赛车用高速发动机为减少磨损，一般有2道环槽，1道气环槽，1道油环槽。

第一道活塞环槽至活塞顶面的距离称为活塞环岸。某些活塞在第一道环槽上方切有一道较窄的隔热槽，用来减少传到第一环槽和环的热量，如图3-7所示。有的活塞在第一道环槽内镶嵌耐热护圈。

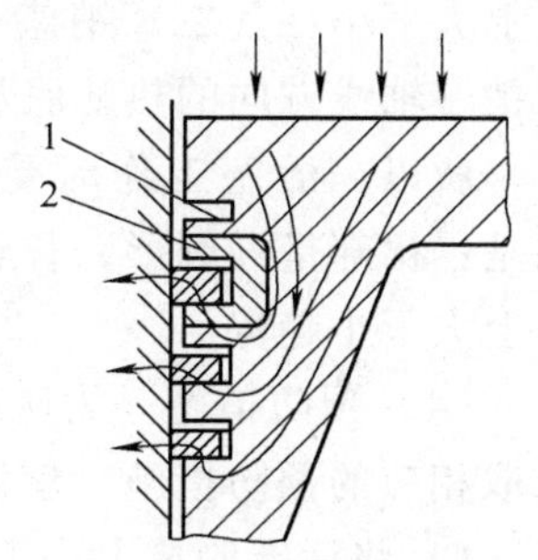

图 3-7 环槽护圈和隔热槽

1—隔热槽 2—活塞环护槽

油环槽底面加工有穿透活塞壁的回油孔或槽，使油环从气缸壁上刮下的多余机油流回油底壳，所以油环槽高度较气环槽高度大。

（3）活塞裙部 活塞销上方最后一道环槽下端面以下的部分称为活塞裙部。其作用是为活塞在气缸内做往复运动导向，承受侧压力并向连杆传递气体压力。

活塞裙部加工有活塞销座孔，用以安装活塞销，将活塞受到的气体作用力传给连杆，所以销座孔部分必须加厚。销座孔的两端有用于安装活塞销挡环的挡环槽，用于防止活塞销在工作中发生轴向移动。销座与顶部内壁之间还有加强肋，用于增强刚度。在某些高强化柴油机中，将活塞销座制成上宽下窄的楔形或梯形，以减小销座上的侧面压力。

活塞裙部垂直于活塞销的两侧区域称为推力面。承受做功行程中侧压力的一侧为主推力面，承受压缩行程中侧压力的一侧为次推力面。

4. 活塞的变形、拉缸及预防

（1）活塞的拉缸　相对滑动的零件（活塞与气缸）表面间隙很小且温度十分高，在机油膜破坏后，某些局部点（表面较高处）小面积相互接触，发生熔接（黏着）。活塞继续运动时熔接面被撕脱，形成粗糙的小片，此即为拉缸（又称刮伤）。这种现象一旦出现，就会迅速扩展，产生拉缸的侧面将出现长的拉痕，气缸壁表面变得粗糙，发动机迅速损坏。

发动机过热、活塞与气缸的间隙不足、机械杂质是拉缸的主要原因。拉缸易发生在发动机磨合运行期或长时间大负荷运行后。为保证活塞在高温下正常工作，要求活塞各部与气缸壁之间必须保持一定的间隙，其中，裙部与气缸壁的间隙尤为重要。间隙过小时，将会因活塞膨胀而出现拉缸、卡死等故障。

（2）敲缸　又称拍缸，即活塞在越过上下止点与另一侧气缸壁接触时产生的拍击声。其产生的主要原因是活塞与气缸壁的间隙过大。敲缸声通常在活塞与气缸壁磨损较严重的旧发动机上能听到，尤其是发动机在冷态或较大负荷时较明显。当发动机出现敲缸现象时，往往伴随着漏气、窜机油等故障，甚至起动困难。

（3）活塞的变形　活塞工作时变形的主要原因有两个，即热变形和挤压变形。活塞裙部变形如图 3-8 所示。

1）活塞受侧向力挤压变形。当活塞往复运动时，在连杆的作用下其两个推力面交替与气缸壁接触，受到气缸壁侧压力的挤压，使该方向的尺寸趋向缩短，而沿销座轴线方向的尺寸增大。

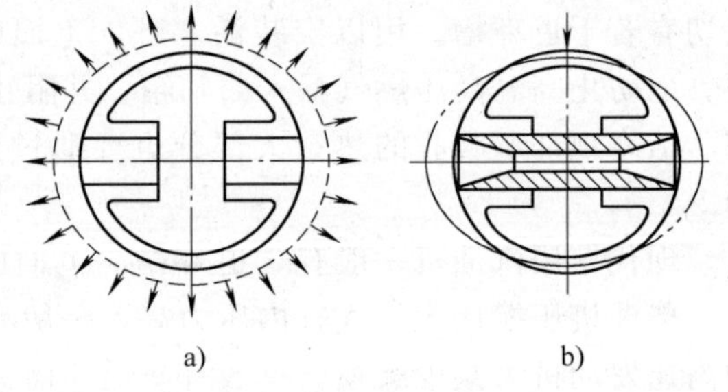

图 3-8　活塞裙部变形
a）热变形　b）挤压变形

2）活塞受热膨胀不均匀。其一，活塞工作时，自顶部向下的温度由高到低，热膨胀量上大下小；其二，销座孔附近的金属较厚，沿销座轴线方向的热膨胀量较大。

所以，活塞工作时受热、受力变形的结果是：裙部呈椭圆形，长轴沿销座轴线方向，短轴垂直于销座轴线方向；横截面沿轴线方向呈上大下小趋势。

（4）预防措施　为避免因活塞受热、受力变形而引起的“冷敲热拉”，活塞在结构上要采取相应的预防措施，使活塞工作时在不同截面及方向上与气缸壁的间隙较合理且均匀。

1）将活塞制成上小下大的锥形或阶梯形的非正圆柱体，但工作（热态）时则近似于正圆柱体。

2）将活塞裙部横截面加工成椭圆形，其短轴沿销座孔轴线方向。当活塞达到工作温度时，其裙部接近圆形，并与气缸之间保持适当的间隙。

3）双金属活塞。某些汽油机活塞在销座孔处镶入热膨胀系数小的“恒范钢片”，限止裙部的膨胀，如图 3-9 所示。有些柴油机活塞在裙部镶铸圆筒式钢片来限制热膨胀，如图 3-10 所示。

4）拖板式活塞，如图 3-11 所示。将活塞裙部不受侧压力作用的两底边切去一部分或全部去掉，即为半拖板式或拖板式活塞。此种活塞因材料的减少，既减轻了质量，减小了惯性力，又减少了裙部的受热膨胀量，同时可避免活塞在下止点时与曲轴平衡重相撞，在现代汽车发动机上被广泛采用。

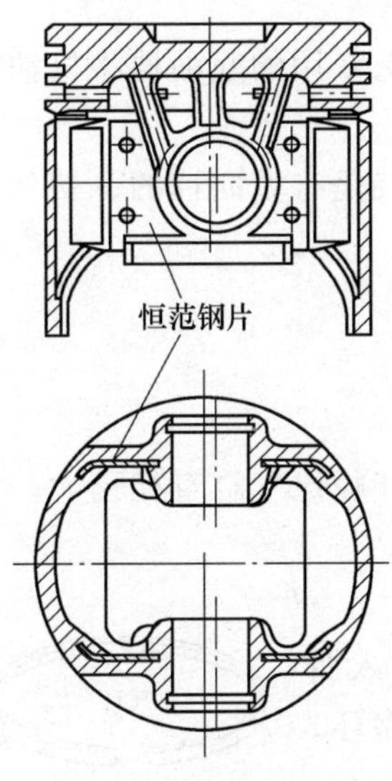

图 3-9　恒范钢片活塞

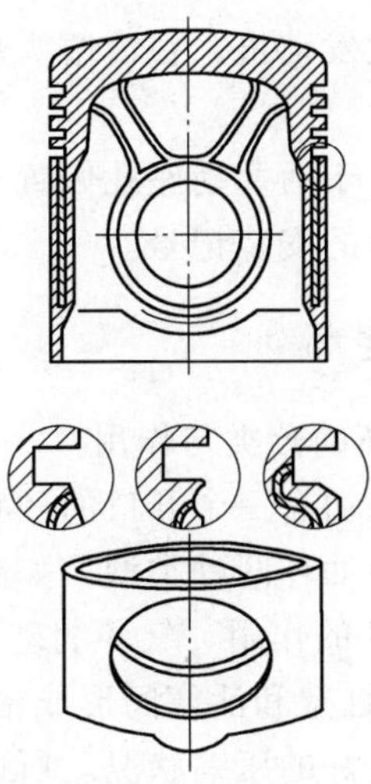

图 3-10　镶铸圆筒式钢片活塞

5）裙部开槽。较早的汽油机活塞在裙部上部切有“T”形或“Π”形槽。横向槽为隔热槽，可减少传到裙部的热量；纵向槽使裙部具有弹性，允许其横向膨胀而不增大尺寸，称为膨胀槽。但开槽降低了活塞强度，在现有发动机活塞上已很少见到。柴油机活塞受力大，裙部不开槽，其装配间隙较汽油机大。

6）活塞销座孔偏置，如图 3-12 所示。一般发动机活塞销座孔轴线与活塞中心线垂直相交，当活塞越过上止点时，侧向力方向瞬间改变，活塞与气缸壁的接触面突然变换，发生活塞与缸壁的拍击（敲缸）现象。若将活塞销座孔轴线向主推力面偏移 1 ~ 2mm，则活塞在尚未到达压缩上止点之前会因其顶面两侧气体压力的不平衡而发生倾斜，使主推力面底部先与气缸壁接触，越过上止点后主推力面才与气缸壁全面接触，实现平顺过渡，减轻了敲缸和磨损等。

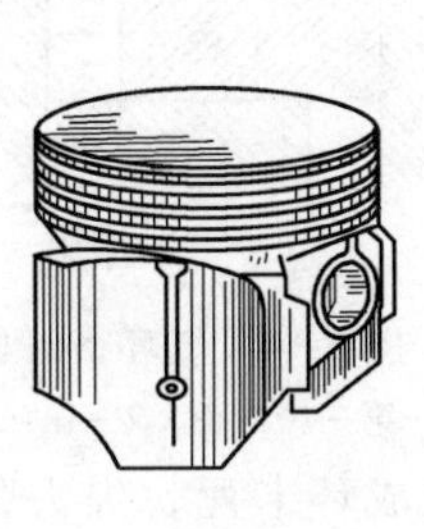

图 3-11　拖板式活塞

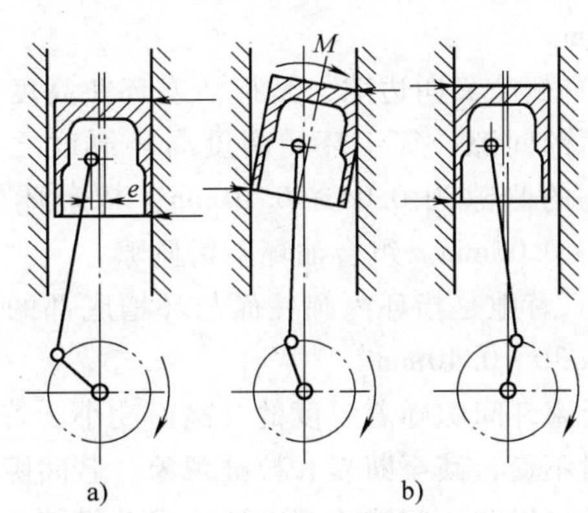

图 3-12　活塞销位置与活塞的换向过程

a）活塞销对中布置　b）活塞销偏移布置

7）活塞的冷却。有些发动机，为减轻活塞顶部和头部的热负荷，采用油冷措施。最常用的油冷措施是从连杆中心油道小头上的喷油孔或从机体上油道处专设的喷油嘴向活塞顶部内侧喷射机油。

对高强化发动机，在活塞头部铸出冷却油道，用机体上专用的喷油器将机油喷入，进行强制冷却。

注意，对于活塞销座孔偏置和裙部开槽的活塞，其安装是有方向性的，切勿装反，应注意活塞顶部标的安装记号。

3.2.2 活塞环

1. 活塞环的分类与作用

活塞环是切有一个开口的环状零件，在自由状态下其外径比气缸直径稍大。活塞环按作用分为气环和油环两种类型，如图 3-13 所示。

（1）气环的作用　气环的基本作用是：

1）在气缸壁和活塞间形成密封，防止气缸内的气体漏入曲轴箱，维持良好的压缩状况。所以，气环又叫密封环或压缩环。

2）将活塞顶接收的大部分热量传给气缸壁。

常说的“窜气”就是指气缸内的气体通过活塞与气缸壁的间隙进入曲轴箱的现象。窜气不仅会造成压缩压力降低、起动困难、功率损失、燃油消耗量增大，而且高温高压燃气会污染油底壳内的机油。

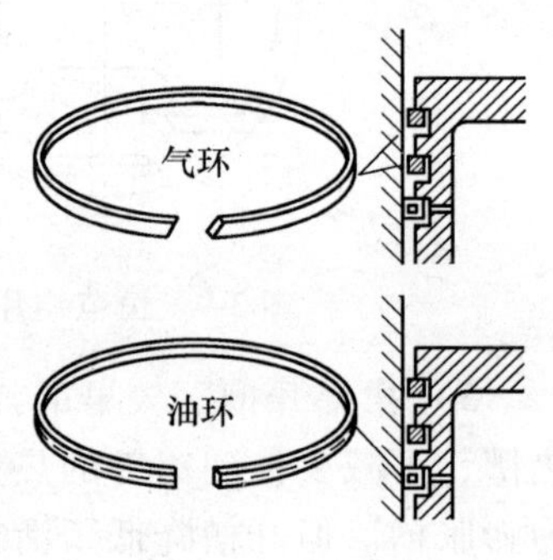

图 3-13　活塞环

（2）油环的作用　油环的主要作用是在气缸壁上涂布一层均匀的油膜，并将多余的机油刮下并集中起来，通过油环槽底部的回油孔流回油底壳，防止机油向上窜入燃烧室，同时起到密封的辅助作用。

2. 活塞环间隙

活塞环在装入活塞环槽及气缸后，要预留热膨胀间隙，即端隙、侧隙与背隙，如图 3-14 所示。

1）端隙是指开口处的开口间隙，一般为 0.25～0.50mm。

2）侧隙又叫边隙，是指活塞环在高度方向与环槽侧面的间隙，等于环槽高度与环厚度之差。一般第一环的侧隙为 0.04～0.10mm，其余环的侧隙为 0.025～0.07mm。组合油环不留侧隙。

3）背隙是指环内圆柱面与环槽底部的间隙，一般为 0.30～0.40mm。

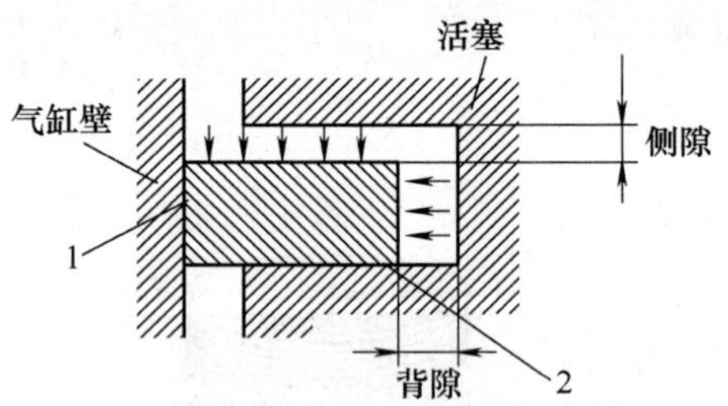

图 3-14　气环密封机理
1—第一密封面　2—第二密封面

活塞环间隙随着温度的升高而变小。若间隙过小，则易造成环卡死，失去弹性，从而产生密封不良，甚至断裂、拉缸现象；若间隙过大，将导致漏气、环与环槽撞击、烧机油、积炭严重。因此，间隙不当会造成发动机综合性能下降。

3. 活塞环工作条件与材料

活塞环在高温、高压、冷却不良、润滑不利的条件下相对于气缸壁高速滑动，并伴有径向缩张及与环槽上下侧面撞击的现象，是发动机中最易磨损、折断的零件之一。故要求其弹性好、耐磨、耐热、强度高、有韧性等。活塞环常用优质灰铸铁、合金铸铁、合金球墨铸铁、钢带等制成，并对第一道环镀铬，其余环镀锡或磷化。

4. 气环结构与工作机理

(1) 气环开口形状 多数气环为直开口，结构简单，但密封性差。一些强化发动机上用斜切口、阶梯切口，改善了密封性，但工艺复杂，如图3-15所示。

(2) 气环密封机理（参见图3-14）

1）活塞环在自由状态下的外径比气缸直径稍大，在将其装入活塞环槽并一起装进气缸后，在自身的弹力作用下其外表面始终紧压在气缸壁上，形成第一密封面，而进入活塞环背隙的气体产生的背压又增强了其密封性。

2）进入侧隙内的高压气体和活塞环运动中受到的摩擦力、惯性力将活塞环压在环槽的上（吸气行程中）、下（压缩、做功、排气行程中）侧面，形成第二密封面，这样只有少量气体从环切口处通过。

3）2道或3道气环的切口相互错开，并且第一道环的开口位置避开主推力面，窜气量很少。

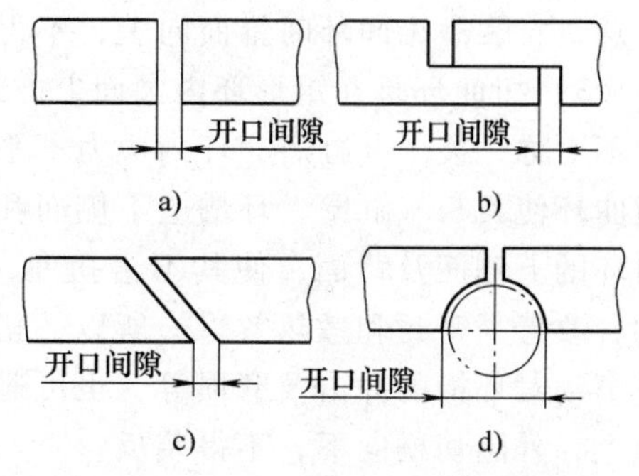

图3-15 气环开口形式

a）直切口 b）阶梯切口 c）斜切口 d）带防转销钉

(3) 气环的泵油现象 如图3-16所示，气环随着活塞做往复运动，把气缸壁上的机油不断送入气缸的现象，称为气环泵油现象。在工作过程中，气环在气压力、惯性力、摩擦力的作用下，交替地靠在环槽的上下侧面。当其与环槽上侧面靠紧时，从气缸壁上刮下的机油充满环背隙及下方侧隙。当环靠向环槽下侧面时，背隙中的机油被挤到环槽上方，最后进入燃烧室内。

机油窜入燃烧室并燃烧，不仅冒蓝烟，机油耗量大，而且会形成积炭，影响火花塞、气门、活塞环等的正常工作。若在火花塞处形成积炭，则会造成点火不可靠；当气门头部形成积炭时，会造成气门关闭不严等；若在环槽中形成积炭，则会造成环被卡死，失去密封作用，甚至折断，拉伤气缸壁，损伤活塞等。

(4) 气环断面形状 气环断面形状很多，如图3-17所示。

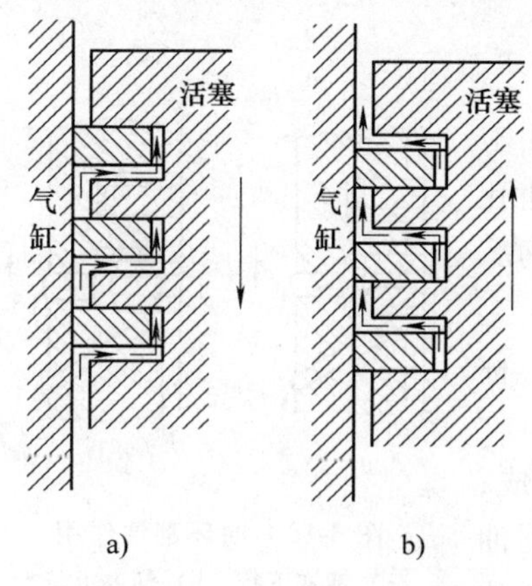

图3-16 活塞环泵油现象

a）活塞下行 b）活塞上行

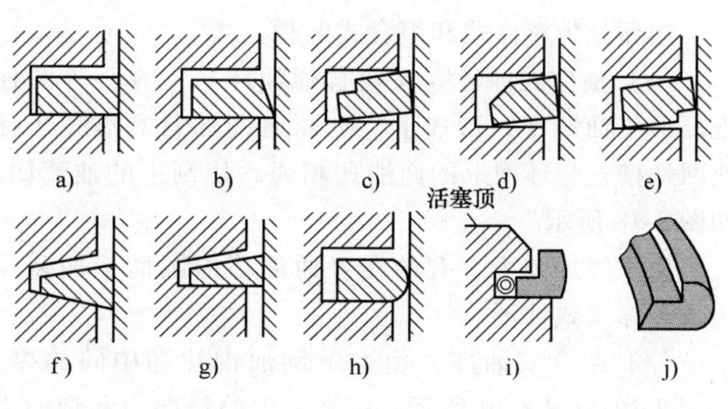

图3-17 气环断面形状

a）矩形环 b）微锥面环 c）、d）上侧内切扭曲环 e）下侧外切扭曲环 f）、g）梯形环 h）桶面环 i）、j）L形环

1）矩形环的断面为矩形，结构简单，制造方便，与气缸壁面接触，导热效果好，但磨合性、密封性差，泵油严重。

2）微锥面环的断面为微锥形，与气缸壁线接触，利于磨合、密封。当活塞下行时，微锥面环向下刮油；当活塞上行时，形成油楔，减小磨损。但其导热性差，不宜用作第一环。注意，安装微锥面环时锥面向上，不得装反。

3）扭曲环是在矩形环内圆面上方或外圆面下边缘切掉一部分而形成的。由于其断面形状不对称，装入气缸后，环内应力不平衡，会发生扭曲现象。在吸气、压缩、排气行程中，扭曲环使其与气缸壁、环槽上下侧面和端面都呈线接触。在做功行程中，燃气压力作用在扭曲环的上侧面及背面，使其不再扭曲，整个外圆面与气缸壁接触，下侧面与环槽下侧面接触，改善了密封和散热效果。所以，扭曲环兼有微锥面环和矩形环的优点，既减轻环的上、下窜动对环槽的冲击及磨损等，也可避免泵油现象。注意，安装扭曲环时有方向，内圆切槽向上，外圆切槽向下，不得装反。

4）梯形环的断面为梯形，抗结胶性好。这种环与环槽的间隙可随着活塞的移动及横向摆动而变化，能将槽中的积炭碾碎或将结胶物挤出，不易卡环、断环，多用作柴油机第一道环。

5）桶面环的外表面为凸圆弧形，易磨合，密封性好，润滑性好，对气缸表面及活塞的摆动等适应性强，多用作第一道环。

6）顶岸环具有“L”形的断面，其外表面为凸圆弧形，又称为“L”形环。顶岸环第一个优点是离活塞顶面很近（只有1.5mm左右，仅是普通环的1/8左右），活塞顶岸间隙（第一道气环以上，活塞、气缸壁之间的间隙）及其中的气体量减少，从而减少了未燃碳氢化合物的排放；第二个优点是对燃烧压力反应快。燃烧开始后，气缸内的压力迅速作用在其上侧面和内侧面，使顶岸环迅速伸张，与气缸壁和环槽下侧面贴紧，形成好的密封条件，减少窜气量。

现代汽车发动机有方向性要求的活塞环侧面一般都标有记号，在安装时有记号的一面朝向活塞顶部。若将其装反，则会使机油窜入燃烧室，既增加机油消耗量，又促使积炭的形成。

5. 油环结构

油环分为整体式和组合式两种。

（1）整体式油环（又叫普通油环）　在环外圆柱面加工出环形集油凹槽，形成上、下两道刮油唇，槽底开有回油孔或回油槽，与环槽上的回油孔相通，使刮下的油流回油底壳，如图3-18所示。

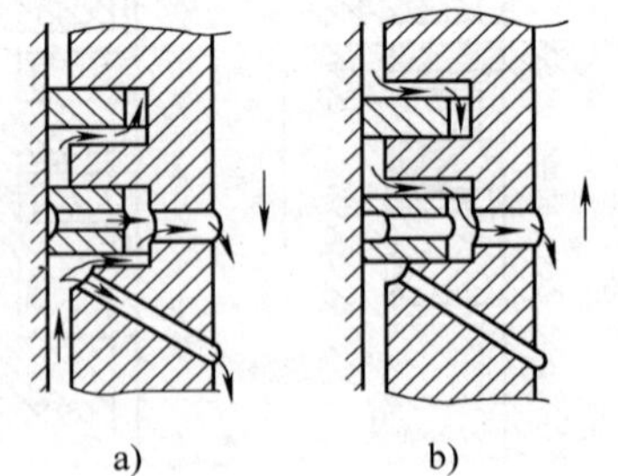

图3-18　油环刮油作用

a）活塞下行　b）活塞上行

为了增加弹力，有的在普通油环内圆面上加装撑簧，称为槽孔撑簧式油环。

（2）组合式油环　由上下刮油钢片和中间的撑簧组成，如图3-19和图3-20所示。撑簧产生的径向力和轴向力使刮油片与气缸壁接触压力增大，并紧贴在环槽上、下两侧，刮油效果好，且上、下两个刮片分别动作，对气缸适应性好，且能防止窜机油。

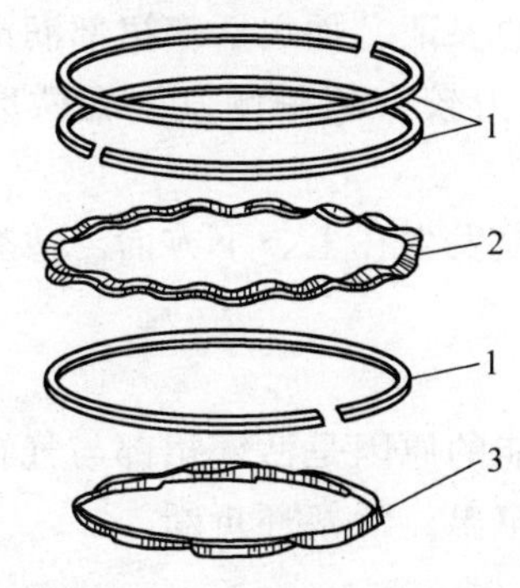

图 3-19　组合油环

1—刮油片　2—轴向撑簧　3—径向撑簧

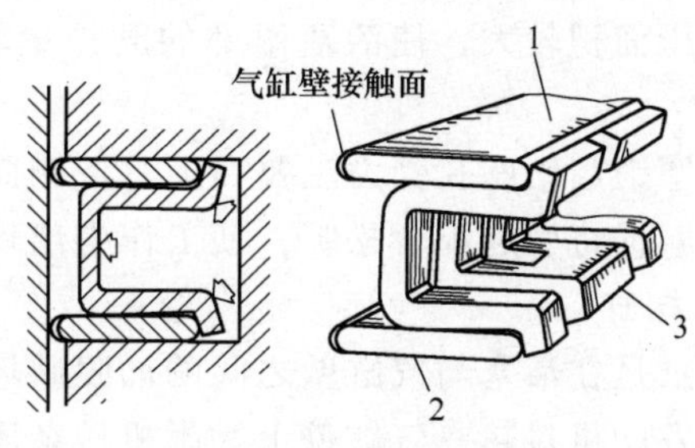

图 3-20　钢带组合油环

1—上刮油片　2—下刮油片　3—轨形撑簧

3.2.3　活塞销

1. 活塞销的作用

活塞销连接活塞和连杆小头，将活塞承受的气体压力传给连杆，或反向传递。

2. 活塞销的工作条件与材料

活塞销在高温、润滑不良的条件下承受交变的冲击载荷，要求有足够的刚度和强度，且质量要轻。活塞销多由低碳钢或低碳合金钢制成。

3. 活塞销的结构

活塞销一般做成中空圆柱形，内孔形状有三种，如图 3-21 所示。

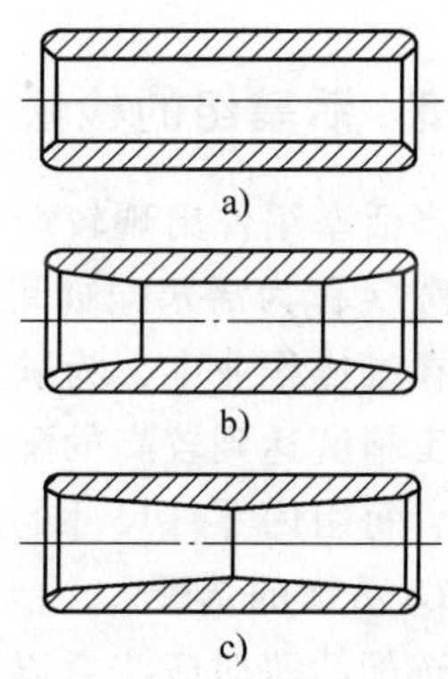

图 3-21　活塞销内孔形状

a）形状一　b）形状二　c）形状三

4. 活塞销的连接方式

活塞销与销座孔及连杆小头衬套的连接方式有全浮式与半浮式两种。

（1）全浮式　即发动机工作时，活塞销在连杆小头衬套和销座孔内都能自由转动，磨损均匀。为防止活塞销轴向窜动而刮伤气缸，活塞销两端用活塞销挡圈限位。

（2）半浮式　即活塞销与连杆小头衬套和销座孔一处固定，另一处浮动。多数采用销与小头衬套固定的方式。此种连接方式无需活塞销挡环，连杆小头无需衬套。

3.2.4　活塞组的损伤

活塞组件的工作条件恶劣，属于易损件。其主要损伤形式是磨损、活塞环折断、活塞顶烧蚀、脱顶（活塞头部与裙部分离）、拉缸等异常损坏以及活塞销弯曲变形等。

1. 磨损

活塞环与环槽是磨损量最大和磨损速度最快的部位，第一道环与环槽尤为严重，由上而下逐渐减轻。因为工作中活塞环大部分时间作用在环槽下面，所以环与环槽的磨损部位主要是下平面及环的外圆柱面。在环与环槽磨损后，活塞环侧隙增大，弹性减弱，密封性减弱，使气缸漏气、窜机油倾向加重。

现代发动机的活塞，由于结构及新的材料、工艺技术的保证，加之活塞裙部润滑条件稍好，承压面积较大，使活塞裙部的磨损量较小，只在侧压力较大的一侧发生轻微磨损和擦伤。

活塞销与销座孔受力主要在上、下侧面，其最大的磨损发生在上、下方向。活塞销与销座孔的磨损将引起配合松旷，使工作中出现异常的敲击声。

2. 拉缸

拉缸是在活塞与气缸壁之间的油膜破坏时发生的。可能的原因是活塞裙部与气缸壁间隙过小，发动机过热，气缸壁上黏附机械杂质，活塞销卡环窜出，活塞环折断。

通常活塞环比活塞更易发生拉缸，尤其是第一道环。

3. 活塞顶烧蚀

活塞顶部烧蚀由发动机长期在大负荷、不正常燃烧条件下工作产生的过高温度所致，表现为活塞顶面有麻坑。

4. 脱顶与活塞环折断

"脱顶"即活塞头部与裙部分离。若活塞环间隙过小，而发动机又长期在高温、高负荷下工作，则活塞环易卡死在气缸中，活塞裙部又被连杆向下拖动，将导致活塞脱顶或活塞环折断。

活塞环折断的原因除了间隙过小外，活塞环槽和活塞环上积炭，使环失去弹性也是原因之一。

3.2.5 活塞组的检修

当活塞组件出现较严重的拉缸、顶部烧蚀、脱顶现象以及磨损引起的活塞裙部与气缸配合间隙（称为活塞配缸间隙）过大时，应予以更换，在发动机大修时要更换全部活塞组件。

在维修作业中，为满足发动机各缸配合间隙、平衡性、工作一致性的要求，以及以较低的加工精度达到较高的配合精度，必须对活塞组件进行选配，即按实际零件的尺寸进行分组选用，每组内零件尺寸的差别较小时将得到较高的配合精度。

1. 活塞的选配

选配活塞时应注意以下几点：

1）按气缸的修理尺寸选配，即选用与气缸同一修理尺寸级别的活塞。有些汽车发动机的气缸套、活塞、活塞环、活塞销等维修配件常采用厂商已选配好的"三组合"或"四组合"套件。

2）同一台发动机必须选用同一品牌的活塞，以保证材质、性能的一致性。

3）在选配的同一组活塞中，质量差应不大于8g，活塞直径尺寸差应在0.02～0.025mm内。

4）活塞裙部的圆度误差和圆柱度误差应符合规定的要求。

5）活塞配缸间隙（气缸直径与活塞裙部直径之差）应符合规定值。

6）若维修时气缸套仍可使用，只需更换活塞，则应选用同一级别的活塞中直径较大的活塞。若只更换个别气缸活塞，则要求新活塞的重量与原活塞的重量相同。

活塞也有与气缸修理尺寸对应的4～6级修理尺寸，每个修理尺寸级别通常又分为3～6组不等，相邻两组的直径差为0.01～0.015mm。活塞的修理尺寸级别和分组尺寸代号常打印在活塞的顶部。

2. 活塞环的选配与检验

（1）活塞环的选配　活塞环除有标准尺寸外，也与气缸、活塞一样有 4 ~ 6 级加大的修理尺寸，但不因气缸、活塞尺寸的分组而具有分组尺寸。在发动机大修时，应按气缸的修理尺寸选配与气缸、活塞修理尺寸等级相同的活塞环。若气缸磨损未达到大修标准，仅需更换活塞环，则其尺寸等级与原活塞环一致，严禁选择加大一级修理尺寸的活塞环锉端隙后使用。进口汽车发动机活塞环应按原厂规定进行更换。

（2）活塞环的检验　为保证活塞环工作可靠，其“三隙”及弹力、透光度等都要达到原厂的规定。

1）活塞环“三隙”的检验

① 端隙的检验。检验时，用倒置的活塞将活塞环平推入其在气缸内相应的上止点位置，用塞尺测量。若端隙大于规定值，则应另选活塞环；若端隙小于规定值，则可用细平锉对环口的一端（只能锉一端）加以锉修。注意环口要平整，边锉边量，锉后去掉毛刺。

② 侧隙的检验。将环放入洁净的相应环槽内，转动一周，将塞尺插入环与环槽之间测量。若间隙过小，则用车削法加宽环槽，而不宜采用在平板细砂布上研磨环上、下平面的方法，以免破坏环表面的强化层。

③ 背隙的检验。为测量方便，通常将活塞环装入活塞环槽内，以环槽深度与环径向厚度的差值来衡量。测量时，将环落入环槽底，再用深度游标尺测出环外圆柱面低于环岸的数值。若背隙过小，则应更换活塞环或车深环槽底部。

在实际操作中，多以经验法来判断环的侧隙和背隙，即将活塞环置入环槽内，使环低于环岸，且能滑动自如，以无明显的松旷感觉为宜。

2）活塞环弹力的检验。活塞环弹力是指使活塞端隙为规定值时作用在活塞环上的径向力。弹力过大时会使环的摩擦、磨损加剧；弹力过小时气密性差，窜机油，漏气严重。

活塞环弹力的检验可在专用弹力检验仪上进行，如图 3-22 所示。检验时，将活塞环放在检验仪底板的凹槽里，使环的开口近于水平，移动秤杆上的量块，使环端口间隙压缩至规定值，此时量块在秤杆上的读数即为活塞环的弹力值。

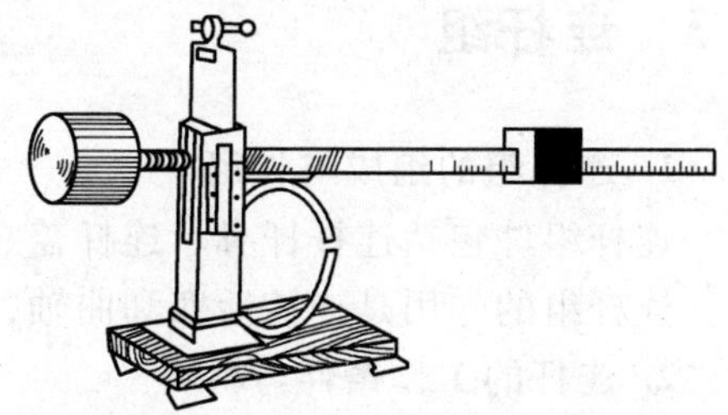

图 3-22　活塞环弹力的检验

在实际使用中，活塞环弹力的检验还可用简易的对比法进行：将旧活塞环和新活塞环并立在一起，使环的端口朝向同一侧，用手从上面施加同样的压力，观察两环端隙，若旧环端隙比新环端隙小，则表明旧活塞环的弹力已减弱。

3）活塞环漏光度的检验。活塞环与气缸壁贴合的好坏通过漏光度的检验来测定。常用的简易方法是：将活塞环平放在其在气缸内相应的上止点位置，在气缸下部放一个灯泡，用一块比活塞环外径略小的圆板盖在环上，观察环与气缸壁间的漏光缝隙，用量角器和塞尺进行测量。

要求：活塞环端口左右 30°圆心角范围内不应有漏光；任意处的漏光缝隙应不超过 0.03mm；同一活塞环上的漏光不得多于两处，每处漏光弧长的圆心角不得超过 25°，漏光弧长圆心角的总和不得超过 45°；若漏光缝隙小于 0.015mm，则其弧长对应的圆心角总和可放宽至 120°。

3. 活塞销的选配

在发动机大修时，活塞销必须随着活塞一起更换。

活塞销同其他活塞组件一样，除具有标准尺寸外，还有四级加大的修理尺寸，即在标准尺寸（直径）的基础上分别加大 0.08mm、0.12mm、0.16mm、0.20mm，以适应小修的需要。

活塞销选配的原则：同一台发动机应选用同一品牌、同一修理尺寸级别和同一分组尺寸的活塞销；表面应无锈蚀、斑点；活塞销质量差不大于 10g，圆柱度误差不超过 0.0025mm；发动机大修时，则应选择标准尺寸的活塞销，为小修留有更换的余地。

全浮式活塞销的配合要求：对于汽油机，常温下活塞销与销座孔应有轻微过盈，过盈量为 0.0025 ~ 0.0075mm；当活塞处于 80℃左右的环境中时，应有微量的间隙，活塞销能在座孔中转动；销与连杆衬套的配合间隙为 0.005 ~ 0.01mm，且销与销座孔及衬套的接触面积应在 75% 以上；柴油机在常温下活塞销与销座孔的过盈量一般为 0.02 ~ 0.05mm，与连杆衬套的间隙为 0.03 ~ 0.05mm。这些配合要求通常通过活塞销的选配或销座孔的手工铰配来实现。若活塞销与销座孔的过盈量太大，则会引起活塞销两个端口左右 45°处拉缸。

新活塞的销座孔都是标准尺寸，应选用与其标记相同的活塞销进行装配。同时，更换活塞和活塞销时应进行组内选配。

由于制造工艺的不断改进，活塞销与销座孔及连杆衬套的耐磨程度得到了很大提高。进口汽车行驶 30 万 km 时，活塞销仅有轻微的磨损，仍可继续使用。当销座孔磨损超限时，只需更换活塞。即使更换活塞销，也不再提倡采用铰削等方法对销座孔和连杆衬套进行扩孔修复，再配以加大的活塞销的修理方法，而采用对活塞销、销座孔和连杆衬套进行分组选配的方法，并标涂颜色予以识别。装配时注意三者的涂色标记应相同。

3.3 连杆组

1. 连杆组的组成与作用

连杆组件包括连杆杆身、连杆盖、连杆螺栓、连杆衬套等，如图 3-23 所示。

连杆组的作用是连接活塞和曲轴，将活塞承受的力传给曲轴或将曲轴驱动力传给活塞。

2. 连杆的工作条件与材料

连杆在高速摆动中承受拉、压、弯等交变载荷作用，要求其有足够的强度和刚度。若其强度不足，则会造成杆身或连杆螺栓断裂；若其刚度不足，则会造成杆身变形及连杆大头孔失圆，导致活塞、气缸、轴承、曲柄销偏磨，进而造成气缸漏气、窜机油等。

连杆体和连杆盖由优质高强度中碳钢或中碳合金钢模锻或辊锻而成。

3. 连杆结构

连杆体由连杆杆身、连杆小头和连杆大头三部分组成，参见图 3-23。

（1）连杆杆身　通常做成“I”字形断面，以在较轻的质量下获得最大的刚度、强度。有些发动机连杆杆身内钻有连通大头和小头的中心油道孔，通过中心油道孔可将连杆大头处的机油送入小头润滑活塞销衬套中，再由小头顶部的油孔喷向活塞顶底部，以强制冷却活塞。

（2）连杆小头　与活塞销相连的部位称为连杆小头，多为薄壁短圆筒形式。全浮式连接的活塞销的小头孔内压入耐磨的青铜衬套，在小头和衬套顶部钻有集油孔或槽，以收集飞溅来的机油，用于润滑活塞销和衬套的配合面。有的发动机通过连杆杆身上的油道引来的机油润滑连杆小头。

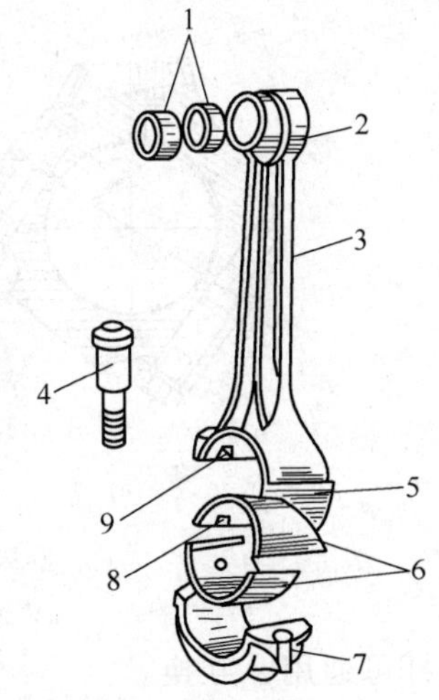

图 3-23　连杆组件

1—连杆衬套　2—连杆小头　3—连杆杆身　4—连杆螺栓　5—连杆大头　6—连杆轴瓦　7—连杆盖　8—连杆轴瓦凸键　9—凹槽

（3）连杆大头　与曲柄销（连杆轴颈）相连的部位。为便于拆装，连杆大头一般都是分开式的，被分开的连杆大头的下半部分称为连杆盖。上、下连杆大头孔内分别安装半圆形的滑动轴承（也称为轴瓦或瓦片），并在两片轴瓦结合面处制有“定位唇”（定位凸缘）。装配时，将它们分别嵌入连杆大头和连杆盖上相应的凹槽中，以防工作中轴瓦转动和轴向移动。

连杆大头的横向尺寸应小于气缸直径，以便拆装时能穿过气缸而不划伤气缸壁。

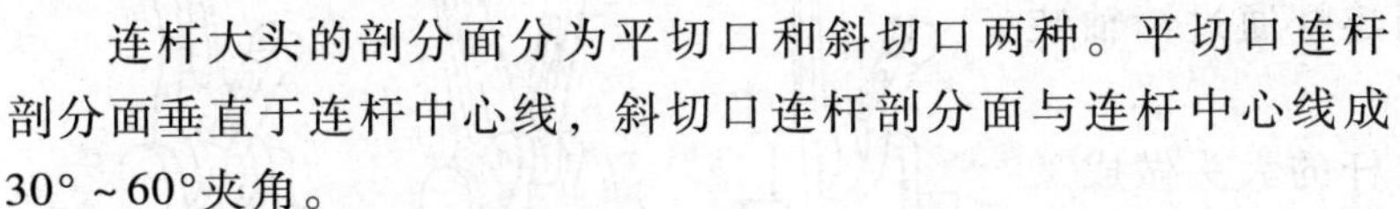

连杆大头的剖分面分为平切口和斜切口两种。平切口连杆剖分面垂直于连杆中心线，斜切口连杆剖分面与连杆中心线成 30°～60°夹角。

一般汽油机连杆大头尺寸小于气缸直径，拆装时可通过气缸，多采用平切口。柴油机连杆大头横向尺寸较大，往往大于气缸直径，要在拆装时通过气缸，必须采用斜切口。

有的连杆大头钻有喷油孔，当曲轴旋转时，在曲柄销上的油孔与喷油孔相对的瞬间，机油从喷油孔喷向气缸壁主承压面一侧。

（4）连杆大头的装合　连杆螺栓和螺母将连杆大头的两部分连接到曲柄销上，在安装拧紧时必须用扭力扳手，分两次或三次逐步拧紧，以达到原厂规定的拧紧力矩要求，并采取防松动措施。

连杆螺栓由优质合金钢精加工而成，损坏后绝不能用其他相同规格的螺栓代替。

连杆大头盖与连杆大头是组合后整体加工的，需成对装配，没用互换性，有方向性，以保证内孔不失圆。为防止装配时配对错误，连杆和连杆盖上同一侧都有配对和朝前的记号，应与活塞的安装方向相配。同时，为防止连杆盖横向移动，要对其严格定位。

（5）连杆大头的定位　连杆大头及其定位方式如图 3-24 所示。

1）连杆螺栓定位：利用连杆螺栓上精加工的圆柱凸台定位带与精加工的螺栓孔来实现，用于平切口连杆。

2）止口定位：工艺简单，但止口受力易变形，定位不可靠。

3）套筒定位或销定位：在连杆盖上的螺栓孔中同心压入定位套筒，与连杆体上的定位孔精密配合；四螺栓联接的连杆大头用定位销定位。

4）锯齿定位：依靠接合面精制的锯齿定位，定位可靠，结构紧凑，贴合紧密，应用广泛。

4. V 型发动机的连杆

V 型发动机左右相对应气缸的连杆共用一个曲柄销，有三种结构，如图 3-25 所示。

（1）并列连杆　左、右两个气缸采用完全相同的连杆，并排安装在同一曲柄销上，两

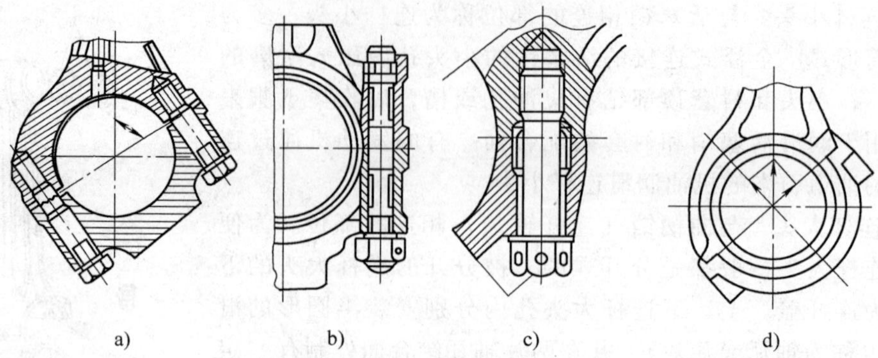

图 3-24　连杆大头及其定位方式

a）锯齿定位　b）圆销定位　c）套筒定位　d）止口定位

连杆可通用、互换。

（2）主副连杆（关节式连杆）　主连杆大头直接装在曲柄销上，副连杆通过销轴装在主连杆大头的凸耳上。

（3）叉形连杆　一个连杆的大头做成叉形，另一个连杆大头插在叉形连杆的开叉处。

目前，并列连杆应用最多，叉形连杆和主副连杆只在大功率 V 型发动机和特殊用途的 V 型发动机上应用。

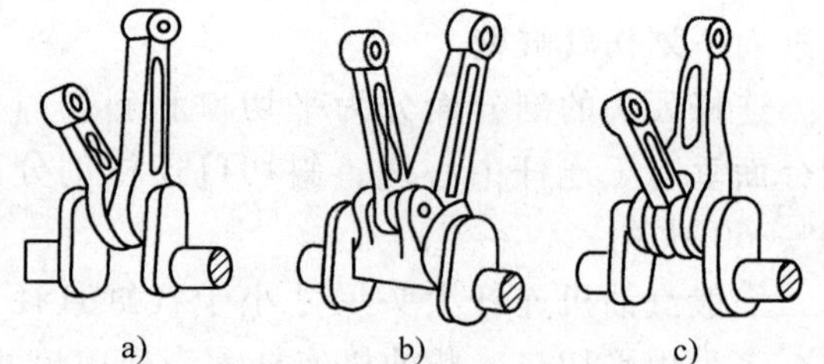

图 3-25　V 型发动机连杆的结构

a）并列连杆　b）主副连杆　c）叉形连杆

5. 连杆的损伤形式

制造过程中产生的缺陷及工作中受到复杂的交变载荷作用、曲轴轴向间隙过大、连杆螺栓拆装不当（过紧、过松或不均匀）、连杆各配合处不符合要求，或气缸垫密封不好、冷却液进入气缸等，会使连杆产生弯扭变形、大头端面磨损、连杆轴承磨损或烧瓦、螺栓损坏甚至连杆断裂等现象。

连杆一旦产生弯扭变形，将会加剧大头端面磨损，连杆轴承与轴颈的偏磨、烧瓦，以及活塞歪斜在气缸内导致活塞与气缸的偏磨、敲缸、拉缸等不正常损伤。

连杆弯曲是指小头孔轴线对大头孔轴线在轴线平面内的平行度误差超限。扭曲则是指小头孔轴线在轴线平面法向上的平面度误差超限。根据汽车修理技术标准规定，连杆每 100mm 长度内弯曲度值不得大于 0.03mm，扭曲度值不得大于 0.06mm。

连杆大头端面磨损会改变其与曲柄之间的间隙。此间隙值一般为 0.10 ~ 0.35mm，上限为 0.50mm。

6. 连杆变形的检验

连杆变形的检验是在连杆检验仪上进行的，如图 3-26 所示。测量工具是一个 V 形架三点规，三点规上三个测点构成的平面与 V 形槽的对称平面垂直，下面两个测点的距离为 100mm，上测点到两个下测点连线的距离也是 100mm。检测时按下列步骤进行：

1）取下连杆轴承和衬套，清洁轴承孔，装上连杆盖，然后按规定力矩拧紧连杆螺栓。

2）将心轴装入小头孔中（无专用心轴时可用已选配好的活塞销代替）。

3）把连杆大头套装在检验仪的可调支承轴上，旋动调整螺钉，使半圆键扩张，将连杆固定，以保证大头轴承孔轴线与检验平板垂直。

4）将三点规的 V 形槽放在连杆小头的心轴上，并推向检验平板，观测并测量三点规与检验平板、心轴或活塞销的接触情况，判断连杆的变形情况。

① 连杆正直：三测点都与平板接触。

② 连杆弯曲：上测点（或两个下测点）与平板接触，两下测点（或上测点）不与平面接触但与平面的间隙一致，用塞尺量出平板与测点的间隙，就是连杆在 100mm 长度上的弯曲度值。

③ 连杆扭曲：若只有一个下测点接触平板，另一个不接触，且与平板的间隙等于上测点与平板间隙的两倍，则下测点与平板的间隙就是连杆在 100mm 长度上的扭曲度值。

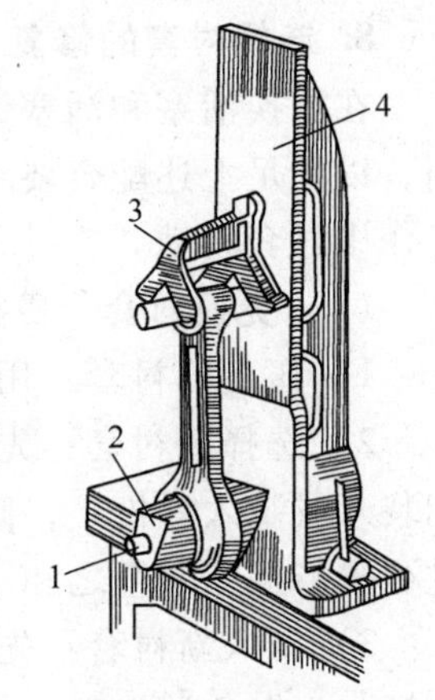

图 3-26　连杆检验仪

1—调整螺钉　2—菱形支承轴　3—量规　4—检验平板

④ 弯曲、扭曲并存：若一个下测点与平板接触，但另一个下测点与平板间隙不等于上测点与平板间隙的两倍，则下测点与平板的间隙即为连杆的扭曲度，上测点与平板的间隙和下测点与平板间隙 1/2 的差值即为连杆的弯曲度。仅上测点接触平面而两个下测点与平板的间隙不等，也说明弯扭并存。

7. 连杆变形的校正

当连杆每 100mm 长度内弯曲度值超过 0.03mm，扭曲度值超过 0.06mm 时，应进行校正。当弯扭并存时，应先校正扭曲，后校正弯曲，避免反复校正。

校正扭曲时，先将连杆盖按规定装配和拧紧，然后把连杆大端端面夹在钳口垫有软金属片的台虎钳上，用专用扳钳卡装在连杆杆身的上下部位，如图 3-27 所示。

校正弯曲时，把连杆放入专用的压器内（见图 3-28），使凸起的部位朝上并加入垫块，扳转丝杠，使连杆产生原弯曲部位变形量几倍到几十倍的反向变形，并停留一段时间后再卸下，检查校正是否合格，反复校正，直至校正合格为止。

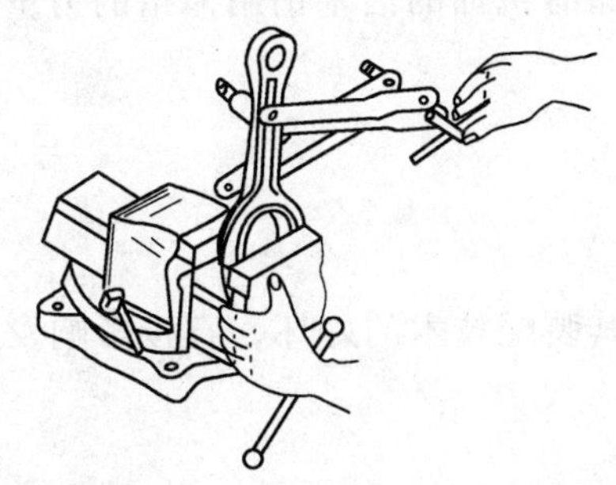
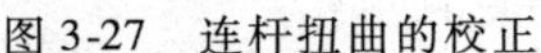
图 3-27　连杆扭曲的校正

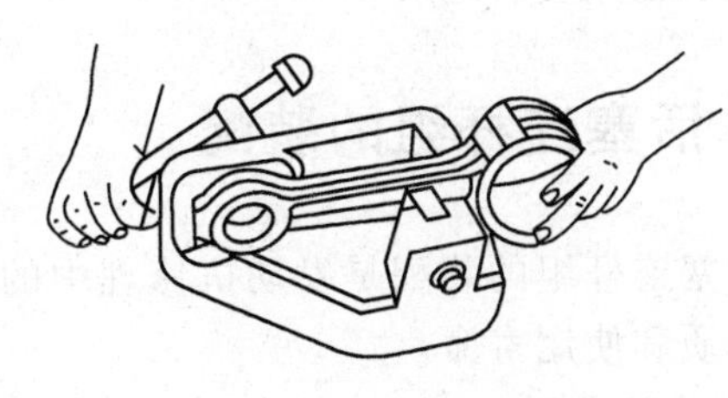
图 3-28　连杆弯曲的校正

常温下校正连杆时，卸载后连杆有恢复变形而成为原状的趋势。因此，在校正弯、扭变形量较大的连杆时，校正后需进行稳定（时效）处理，即将校正后的连杆加热（可用喷灯）至 300℃左右，保温约 1h。校正变形量较小的连杆时，只需在校正载荷下保持一定时间即可。

连杆经弯、扭校正后，两端孔轴线的距离变化应不大于 0.15mm，否则会影响压缩比。

8. 连杆衬套的修复

在更换活塞和活塞销时，必须同时更换连杆小头衬套，并按活塞销的修理尺寸进行铰削，以满足上述配合要求。连杆小头孔与衬套为过盈配合，过盈量为0.1～0.2mm，以防止工作中衬套转动。

（1）更换衬套　更换连杆衬套必须在连杆变形校正后进行。

1）压出旧衬套：用锤子和专用冲头将旧衬套压出（已在检验变形时完成）。

2）选择新衬套：先将衬套与已选配好的活塞销试配，以能勉强套入活塞销为宜，若不能装入或装入后松旷，则应重新选用。测量连杆小端轴承孔内径和新衬套外径，其差值就是过盈量与加工余量之和。

3）压入新衬套：先检查轴承孔内是否有毛刺等不洁物，然后将衬套有倒角的一端对着连杆小头倒角端放正，并使衬套油孔与小头油孔对正，在台虎钳或压床上缓缓压入直至与端面平齐。

（2）铰削衬套　按下列步骤进行：

1）选择铰刀。根据活塞销实际尺寸选择铰刀，并将刀把垂直地夹装在台虎钳上。

2）调整铰刀。把连杆小端衬套孔平稳地套入铰刀，使切削刃露出衬套上端3～5mm，并将切削刃调整到与衬套相接触，此为第一刀铰削量，以后各刀将调整螺母转过60°～90°为宜，当尺寸接近要求时每次的调整量要小一些。

3）铰削。铰削时，应用一只手扶持连杆小头并向下略施加压力，用另一只手托住大头均匀用力扳转。当衬套下平面与切削刃下方平齐时停止铰削，将连杆小端下压，使衬套退出铰刀。在保持铰刀不变动的情况下，反转连杆重铰一次。

4）试配。铰削过程中应经常用活塞销试配，以免铰削过量。当用手能将活塞销推入衬套1/3～2/3时，应停止铰削。用木锤将活塞销打入衬套内，并使其两端夹持在台虎钳上，来回转动后将活塞销敲出。

5）修刮。根据衬套上接触压痕的情况和松紧度，用刮刀微量地加以修刮。修刮时应遵循从里到外、刮大留小、刮重留轻的原则，直到能将涂有机油的活塞销用拇指的力量推入衬套，说明松紧度合适。

3.4　活塞连杆组的装配

活塞连杆组的装配是发动机修理中的重要环节。其装配技术的好坏，直接影响发动机的运行品质和使用寿命。

1. 装配步骤

1）再一次检验已校正、修配好的活塞连杆组各零件是否合格。

2）彻底清洗各零件。用铁丝仔细疏通连杆上的油道孔，用汽油或煤油将孔中污物清洗干净，并用压缩空气吹干。

3）加热活塞。将活塞置入水中加热至80～100℃（或将活塞销进行冷缩），取出后迅速擦净。

4）装活塞销。在活塞销座孔、连杆小头衬套孔、活塞销上涂一层薄薄的机油，将连杆小头放入活塞内腔，使衬套孔对准销座孔，随即将活塞销推入活塞销座孔和连杆衬套中。

5）用尖嘴钳将活塞销卡环装入卡环槽中。两卡环装入环槽内的深度应不小于钢丝直径的 2/3，应能在环槽中拨转，且与活塞销两端留有 0.10～0.25mm 的间隙。

6）检验活塞轴线对连杆大头孔轴线的垂直度。在活塞冷却后，将连杆大头端套装在连杆检验仪的支承轴上，使活塞裙部贴在检验仪平板上。用塞尺测量活塞顶部边缘与平板间的间隙，然后翻转 180°，测量另一侧的间隙。两间隙之差即为垂直度误差，其数值应不大于 0.08mm。

7）检查活塞连杆装合后活塞裙部的圆度。用千分尺测量裙部直径，应不出现反椭圆或较大的圆度变动量，否则，可能会出现活塞销与座孔配合过紧或装配工艺不良的情况，此时应压出活塞销，重新铰削座孔。

8）检查连杆小头端面和销座之间的间隙。

9）安装活塞环。应使用活塞环拆装钳将活塞环装入相应的环槽内。安装组合油环时，先安装内撑簧，方法是将撑簧的锁口接头拉开，将弹簧装到油环槽内，再插入锁口钢丝，使两端结合好，最后将刮油片装到弹簧上，并使锁口结合部位于环片开口的对面。

10）将活塞连杆组装入气缸。在活塞连杆组各零件上涂抹机油，使连杆从气缸体上端穿过气缸，摆正活塞及环开口位置，用锤子木柄或木块轻轻敲击活塞顶，直至活塞完全进入气缸，连杆大头露出气缸下端，再将连杆大头连接到曲柄销上，并可靠锁止连杆螺栓或螺母。

2. 注意事项

因结构、配合间隙、发动机平衡性、孔精度及工作特性的要求，在安装活塞连杆组时应特别注意各组件的方向、序号等，不得错乱。

（1）非互换性

1）各缸活塞、活塞环、活塞销均无互换性。

2）各缸连杆、连杆盖均无互换性，连杆体、连杆盖上有配对标记及缸序标记。

3）各缸活塞连杆组均无互换性。

4）同一气缸的各道活塞环没有互换性。

（2）安装方向性

1）活塞方向性。按照活塞顶部标记（如箭头、原点、三角等）或标记指向安装，一般有标记的一侧或标记指向应朝向发动机前端。

2）活塞环方向性。前面已介绍，活塞环开口的布置、微锥面环和扭曲环侧面都有方向性要求。微锥面环的锥面朝向活塞顶部，扭曲环的内圆切槽向上、外圆切槽向下，不得装反。为方便和防止出错，活塞环上都有安装方向的标记（如“O”“TOP”等），有标记的一面应朝向活塞顶部。

第一道环开口应避开主推力面一侧。以第一道环的开口为始点，其他环（包括油环）依次间隔 90°～180°。各道环开口一般都不要布置在与活塞销轴线呈 ±45°圆心夹角的区域内，因为活塞销两端的裙部圆柱面下凹，机油存量较多，容易从环口向上窜入燃烧室。对于设有膨胀槽的活塞，各道环口还应避开膨胀槽位置。

油环刮油片、撑簧的开口也要交错排列，两个刮油片的油环开口间隔 180°，三个刮油片的油环开口互隔 120°。

3）连杆、连杆盖的方向性。连杆杆身、连杆盖上有朝向发动机前端的标记（如凸圆点）。大头上身有喷油孔的连杆，喷油孔的方向应朝向气缸壁主承压面一侧或朝向凸轮轴一方。

3.5 曲轴飞轮组

曲轴飞轮组由曲轴总成和飞轮组成，如图 3-29 所示。曲轴总成主要包括曲轴、主轴承、主轴承盖、止推片、油封、正时齿轮、带轮、链轮、扭转减振器等零件。

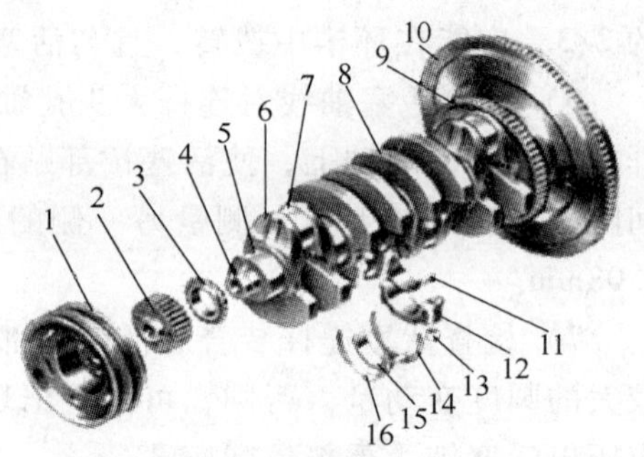

图 3-29 曲轴飞轮组

1—带轮 2—正时齿轮 3—链轮 4—前端轴 5—主轴颈 6—曲柄臂 7—连杆轴颈 8—平衡重 9—转速传感器脉冲轮 10—飞轮 11、15—主轴瓦 12—主轴承盖 13—螺母 14、16—止推片

3.5.1 曲轴

1. 曲轴的作用及材料

曲轴由螺栓和主轴承盖紧固，倒挂在机体的下部。它有三个基本作用：承传活塞连杆组传来的力，并将其转变为转矩输出；驱动配气机构和其他系统附件工作；当发动机起动时，输入驱动力。

曲轴一般用优质中碳钢或中碳合金钢模锻而成。

2. 曲轴的基本结构

曲轴主要由主轴颈、曲柄臂、曲柄销、平衡重、前端、后端等部分组成，如图 3-30 所示。

主轴颈是曲轴通过主轴承支承在机体上的部分，其中心为曲轴的旋转中心。

图 3-30 曲轴的基本结构

1—前端轴 2—曲柄臂 3—主轴颈 4—平衡重 5—连杆轴颈 6—凸缘盘

曲柄销偏置于曲轴旋转中心线，是连接曲轴和连杆的部位，与连杆大头装配在一起，又称为连杆轴颈。

主轴颈和曲柄销一般是实心的，有的发动机上也将其制成空心圆柱形，尤其是曲柄销。

曲柄臂又叫曲柄，是主轴颈和曲柄销的连接部分，多数为椭圆盘形状或圆盘形状。

平衡重在曲柄销的对面，用于平衡发动机运转时往复运动、旋转运动的不平衡惯性力，减轻振动及噪声。平衡重为扇形，与曲柄可做成一体，也可单独制成零件，再用螺钉紧固在曲柄上，形成装配式平衡块。同一台发动机上并非每个曲柄上都配平衡重，配平衡重的发动机也并非能够完全平衡。直列 6 缸发动机平衡性最好，几乎不振动。

一个曲柄销和它左右两个曲柄臂及主轴颈构成一个曲拐。直列发动机曲轴的曲拐数目等于气缸数，V 型发动机曲轴的曲拐数等于气缸数的 1/2，单缸发动机的曲轴则只有一个曲拐。

曲轴主轴颈、曲柄臂和曲柄销中钻有互通的油孔，如图 3-31 所示。机油经机体内的油道进入主轴承润滑主轴颈，再由主轴颈上的径向油孔经曲柄臂内斜油道流入曲柄销表面，或进入曲柄销中空中，在离心力的作用下杂质被甩到空腔壁面上，洁净的机油通过插在孔中的油管进入曲柄销表面。

曲轴前端伸出机体外，为阶梯式的轴段，又称为正时机构驱动端或自由端，加工有键槽

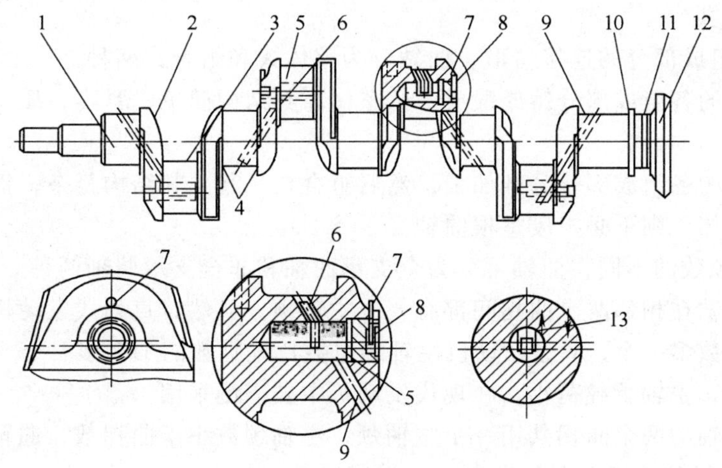

图 3-31　曲轴油道

1—主轴颈　2—曲柄臂　3—连杆轴颈　4—过渡圆角　5—积污腔　6—油管　7—开口销　8—螺塞　9—斜油道　10—挡油盘　11—回油螺纹　12—凸缘盘　13—沉积物

和螺纹或螺纹孔，以安装正时齿轮、链轮、扭转减振器，以及驱动风扇、水泵或压气机及其他装置的带轮等，如图 3-32 所示。在中小功率发动机的曲轴前端还装有用于人力起动的起动爪。

曲轴后端伸出机体外，端部有用于安装飞轮的法兰盘，又称为飞轮端或动力输出端。在后端主轴颈与法兰盘之间制有挡油凸缘、回油螺纹或卸压槽等，如图 3-33 所示。

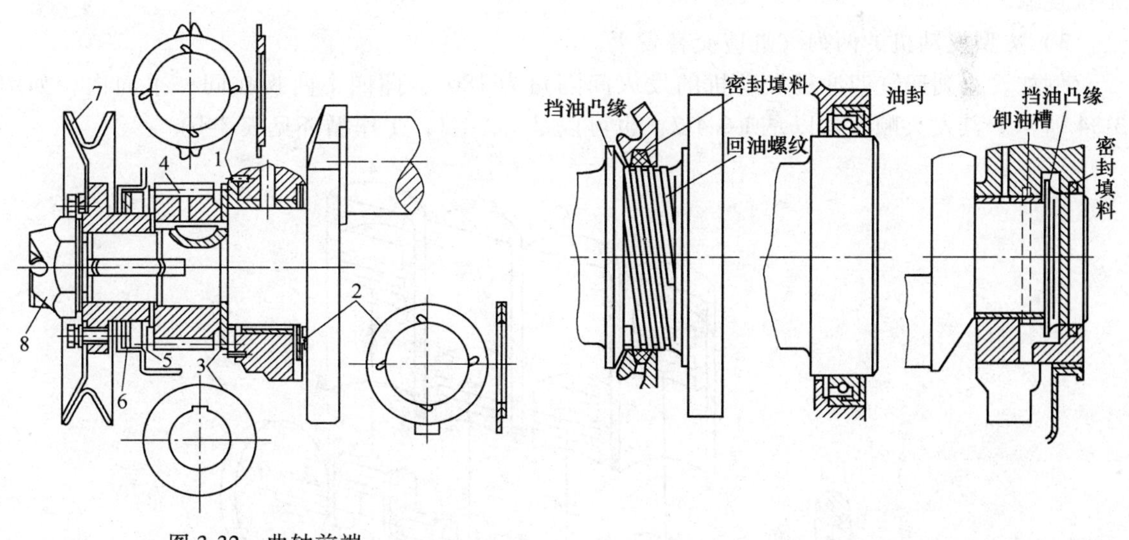

图 3-32　曲轴前端

1、2—滑动轴承　3—止推片　4—正时齿轮　5—甩油盘　6—油封　7—带轮　8—起动爪

图 3-33　曲轴后端

为防止机油沿主轴颈外漏，曲轴前后端都装有油封和甩油盘或挡油圈，如图 3-32 和图 3-33 所示。甩油盘随着曲轴转动，抛落在它上面的机油被甩到齿轮室盖内壁上，回流到油底壳中。

3. 曲轴的分类

1）按其各组成部分的连接情形，曲轴分为整体式和组合式两种。

整体式曲轴的各组成部分铸或锻成一个整体。其结构简单、紧凑，质量轻，在车用发动机上广泛应用。

组合式曲轴的各组成部分分开加工，然后组合在一起。其结构复杂，拆装不便，但若使用中某一单元损坏，则不必报废整根曲轴。

2）按主轴颈数的不同，曲轴可分为全支承曲轴和非全支承曲轴两种。

全支承的曲轴在相邻两个曲拐间都有一个主轴颈。显然，直列式发动机全支承曲轴的主轴颈总数比气缸数多一个，V 型发动机主轴颈总数比气缸数的 1/2 多一个。这种曲轴的优点是刚度和强度大，主轴承载荷小，在现代发动机中被广泛采用。

非全支承曲轴的两个曲拐共用一个主轴颈，主轴颈数小于曲拐数，曲轴长度缩短。

4. 多缸发动机的曲拐布置与发火（工作）顺序

发火顺序是指各缸活塞到达工作循环中压缩行程上止点的顺序。

各曲拐间的相对位置（或空间夹角）取决于发动机气缸数、冲程数、气缸排列方式和各缸发火工作顺序。在气缸数、冲程数、气缸排列方式确定后，曲拐的布置仅与发火顺序有关。

各缸发火顺序遵循以下原则：

1）发动机在完成一个工作循环的曲轴转角内，各个气缸应均匀间隔地发火一次，以保证发动机运转平稳。若气缸数以 i 表示，冲程数以 τ 表示，则发火间隔角为 $180°\tau/i$。

2）尽可能避免相邻两缸连续发火，以减轻主轴承载荷，避免可能发生的进、排气相互干扰现象。

3）V 型发动机的两列气缸应交替发火。

例如，直列四缸四冲程发动机的发火间隔角为 180°，即四个曲拐在同一平面内，如图 3-34 所示。其发火顺序可以是 1-3-4-2，也可以是 1-2-4-3，工作循环见表 3-1。

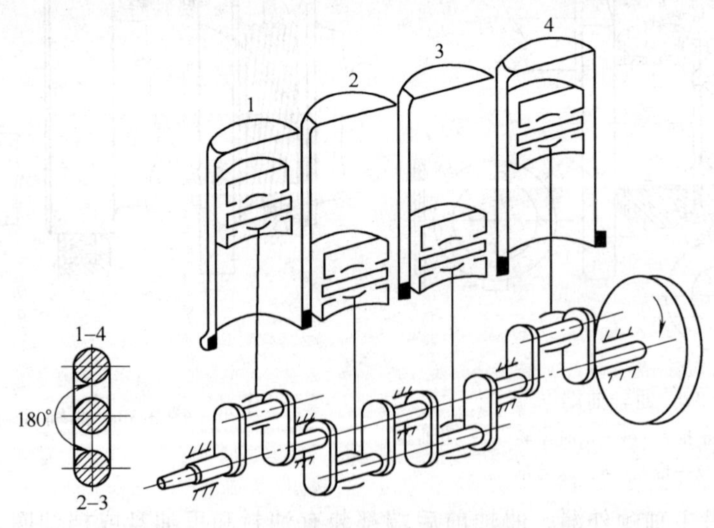

图 3-34 直列四冲程四缸发动机曲轴曲拐的布置

表 3-1　直列四冲程四缸发动机工作循环表（发火顺序为 1-3-4-2）

曲轴转角/（°）	第一缸	第二缸	第三缸	第四缸
0～180	做功	排气	压缩	进气
180～360	排气	进气	做功	压缩
360～540	进气	压缩	排气	做功
540～720	压缩	做功	进气	排气

又如，直列四冲程六缸发动机的发火间隔角为 120°，六个曲拐在互成 120°夹角的三个平面内，如图 3-35 所示。其发火顺序为 1-5-3-6-2-4 或 1-4-2-6-3-5。国产发动机的发火顺序均采用前者，工作循环见表 3-2。

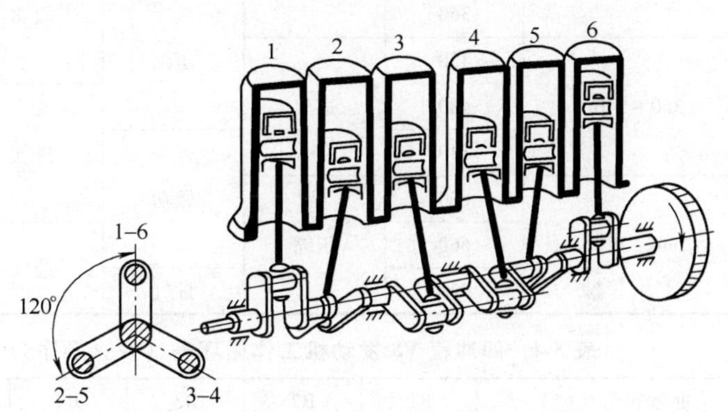

图 3-35　直列四冲程六缸发动机曲轴曲拐的布置

四冲程 V6 发动机的发火间隔角为 120°，三个曲拐在互成 120°夹角的三个平面内，工作顺序为 R1-L3-R3-L2-R2-L1，工作循环表见表 3-3。

四冲程 V8 发动机的发火间隔角为 90°，四个曲拐可以在同一平面内，也可互成 90°。其发火顺序为 R1-L1-R4-L4-L2-R3-L3-R2 或 L1-R4-L4-L2-R3-R2-L3-R1，工作循环见表 3-4。

表 3-2　国产直列四冲程六缸发动机工作循环表（发火顺序为 1-5-3-6-2-4）

<table>
<tr><th colspan="2">曲轴转角/（°）</th><th>第一缸</th><th>第二缸</th><th>第三缸</th><th>第四缸</th><th>第五缸</th><th>第六缸</th></tr>
<tr><td rowspan="3">0～180</td><td>60</td><td rowspan="3">做功</td><td rowspan="2">排气</td><td>进气</td><td>做功</td><td rowspan="2">压缩</td><td rowspan="3">进气</td></tr>
<tr><td>120</td><td rowspan="3">压缩</td><td rowspan="3">排气</td></tr>
<tr><td>180</td><td rowspan="3">进气</td><td rowspan="3">做功</td></tr>
<tr><td rowspan="3">180～360</td><td>240</td><td rowspan="3">排气</td><td rowspan="3">压缩</td></tr>
<tr><td>300</td><td rowspan="3">做功</td><td rowspan="3">进气</td></tr>
<tr><td>360</td><td rowspan="3">压缩</td><td rowspan="3">排气</td></tr>
<tr><td rowspan="3">360～540</td><td>420</td><td rowspan="3">进气</td><td rowspan="3">做功</td></tr>
<tr><td>480</td><td rowspan="3">排气</td><td rowspan="3">压缩</td></tr>
<tr><td>540</td><td rowspan="3">做功</td><td rowspan="3">进气</td></tr>
<tr><td rowspan="3">540～720</td><td>600</td><td rowspan="3">压缩</td><td rowspan="3">排气</td></tr>
<tr><td>660</td><td rowspan="2">进气</td><td rowspan="2">做功</td></tr>
<tr><td>720</td><td>排气</td><td>压缩</td></tr>
</table>

表 3-3　四冲程 V6 发动机工作循环表（发火顺序为 R1-L3-R3-L2-R2-L1）

<table>
<tr><th colspan="2">曲轴转角/（°）</th><th>R1</th><th>R2</th><th>R3</th><th>L1</th><th>L2</th><th>L3</th></tr>
<tr><td rowspan="3">0 ~ 180</td><td>60</td><td rowspan="3">做功</td><td rowspan="2">排气</td><td>进气</td><td>做功</td><td rowspan="3">进气</td><td rowspan="2">压缩</td></tr>
<tr><td>120</td><td rowspan="3">压缩</td><td rowspan="3">排气</td></tr>
<tr><td>180</td><td rowspan="3">进气</td><td rowspan="3">做功</td></tr>
<tr><td rowspan="3">180 ~ 360</td><td>240</td><td rowspan="3">排气</td><td rowspan="3">压缩</td></tr>
<tr><td>300</td><td rowspan="3">做功</td><td rowspan="3">进气</td></tr>
<tr><td>360</td><td rowspan="3">压缩</td><td rowspan="3">排气</td></tr>
<tr><td rowspan="3">360 ~ 540</td><td>420</td><td rowspan="3">进气</td><td rowspan="3">做功</td></tr>
<tr><td>480</td><td rowspan="3">排气</td><td rowspan="3">压缩</td></tr>
<tr><td>540</td><td rowspan="3">做功</td><td rowspan="3">进气</td></tr>
<tr><td rowspan="3">540 ~ 720</td><td>600</td><td rowspan="3">压缩</td><td rowspan="3">排气</td></tr>
<tr><td>660</td><td rowspan="2">进气</td><td rowspan="2">做功</td></tr>
<tr><td>720</td><td>排气</td><td>压缩</td></tr>
</table>

表 3-4　四冲程 V8 发动机工作循环表（发火顺序为 R1-L1-R4-L4-L2- R3-L3-R2）

<table>
<tr><th colspan="2">曲轴转角/（°）</th><th>R1</th><th>R2</th><th>R3</th><th>R4</th><th>L1</th><th>L2</th><th>L3</th><th>L4</th></tr>
<tr><td rowspan="2">0 ~ 180</td><td>90</td><td rowspan="2">做功</td><td>做功</td><td>排气</td><td rowspan="2">压缩</td><td>压缩</td><td rowspan="2">进气</td><td rowspan="2">排气</td><td>进气</td></tr>
<tr><td>180</td><td rowspan="2">排气</td><td rowspan="2">进气</td><td rowspan="2">做功</td><td rowspan="2">压缩</td></tr>
<tr><td rowspan="2">180 ~ 360</td><td>270</td><td rowspan="2">排气</td><td rowspan="2">做功</td><td rowspan="2">压缩</td><td rowspan="2">进气</td></tr>
<tr><td>360</td><td rowspan="2">进气</td><td rowspan="2">压缩</td><td rowspan="2">排气</td><td rowspan="2">做功</td></tr>
<tr><td rowspan="2">360 ~ 540</td><td>450</td><td rowspan="2">排气</td><td rowspan="2">排气</td><td rowspan="2">做功</td><td rowspan="2">压缩</td></tr>
<tr><td>540</td><td rowspan="2">压缩</td><td rowspan="2">做功</td><td rowspan="2">进气</td><td rowspan="2">排气</td></tr>
<tr><td rowspan="2">540 ~ 720</td><td>630</td><td rowspan="2">压缩</td><td rowspan="2">进气</td><td rowspan="2">排气</td><td rowspan="2">做功</td></tr>
<tr><td>720</td><td>做功</td><td>排气</td><td>压缩</td><td>进气</td></tr>
</table>

3.5.2　曲轴主轴承与轴向定位

1. 轴承材料及结构

主轴承是将曲轴支承在发动机机体上的零件。绝大多数发动机上的轴承均是滑动轴承。曲轴主轴承和曲柄销轴承（连杆大头轴承）都是剖分式的，即由上、下两个半圆柱面状的瓦片对合而成，上半片安装在机体或连杆轴承座孔内，下半片装在轴承盖里。

轴瓦大都采用钢背式，在钢背内表面覆盖薄的减摩合金层。钢背的材料多是青铜或钢，以增加轴承的刚度和强度。表面覆盖层则相对较软，一旦表面油膜破坏就会发生烧结，从而减轻轴颈的损坏。

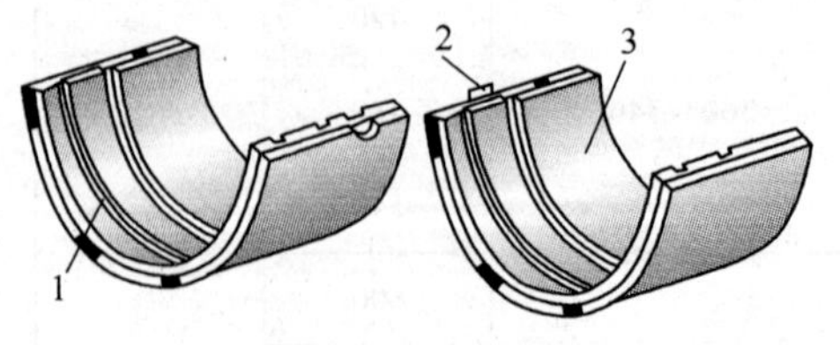

图 3-36　轴瓦

1—环形油槽　2—定位唇　3—减摩合金层

主轴瓦内壁设有周向油槽和穿透壁厚的机油孔，如图 3-36 所示。它们与机体上的主油道相通。有的发动机仅在上轴瓦片上开油槽和油孔，安装时应注意。连杆大头瓦片则不开油槽。

主轴瓦在轴承孔内需要定位，防止其转动或轴向移动。薄壁轴瓦在结合端背面有凸起的定位唇与轴承座孔内的定位沟槽配合定位。厚壁轴瓦则多用背面定位销和座孔内的定位孔定位。

注意，安装时轴承盖无互换性，但有方向性要求。

2. 曲轴轴向定位

当发动机工作时，曲轴经常受到离合器等配套机构施加的轴向作用力而发生轴向窜动，影响曲柄连杆机构的正确位置，所以必须对其进行轴向定位，这就是在主轴承中设置止推轴承。注意，只能在一处设置止推轴承，可以设在前端主轴颈上，也可以设在后端主轴颈上，或设在中部某一主轴颈上。

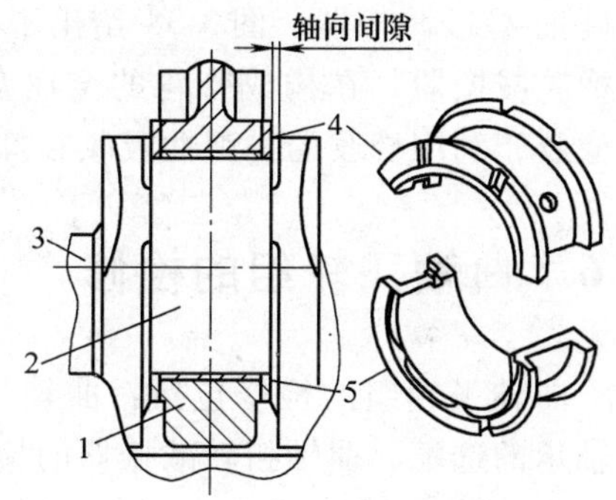

图 3-37　止推轴承

1—主轴承盖　2—主轴颈　3—连杆轴颈　4—止推面　5—翻边轴瓦

止推轴承有翻边轴瓦式、半圆止推片式和圆环止推片式等，如图 3-37、图 3-32 所示。圆环止推片用于曲轴前端第一主轴承处。

轴瓦止推面与曲轴止推面之间应留有一定的轴向间隙，以允许机油流入及曲轴等零件受热膨胀时可自由伸长，防止轴向卡咬。此间隙叫做曲轴轴向间隙或端隙，一般为 0. 06 ~0. 20mm。

曲轴轴向间隙可通过止推片厚度来调整。曲轴在使用中磨损后，间隙增大，可更换或修复。

3. 5. 3　飞轮

1. 飞轮的作用

飞轮的主要作用是储存做功行程中的部分能量，并在其他行程中释放出来，使活塞顺利地越过上、下止点，以保持曲轴旋转平稳。另外，飞轮也是动力输出、输入的传递部件，是离合器的主动盘。

2. 飞轮的结构

飞轮是一个外缘做得宽而厚，具有很大转动惯量的圆盘，由铸铁制造，用螺栓固定在曲轴后端，如图 3-29 所示。

飞轮外缘过盈套装一个齿圈，可与起动机的驱动齿轮啮合。汽车离合器装在飞轮外端面上，飞轮是摩擦式离合器的主动盘。

飞轮外缘有各种定时记号（刻线或孔），如第一缸压缩上止点记号、供油和点火提前角记号等，以便调整和检验相关的正时相位和气门间隙等。

有的电控喷射式汽油机飞轮上还要装上止点信号和转速信号发生器等。

飞轮与曲轴要一起做动平衡试验。为了在拆装时不破坏原有的平衡状态，应严格按定位销或不对称螺栓限定的位置安装飞轮。

3.5.4 曲轴扭转减振器

当发动机稳定工作时，各缸的燃气压力和往复惯性力周期性地冲击在曲拐上，使各曲拐间产生相对扭转的现象称为扭转振动，简称扭振。扭振会消耗能量，引起曲轴变形和噪声，破坏配气正时，严重时甚至发生曲轴断裂现象。所以现代发动机多在扭振较大的曲轴前端装设扭转减振器，以吸收曲轴扭转振动的能量。

汽车发动机多采用橡胶扭转减振器、硅油减振器和硅油-橡胶减振器。图 3-38 给出了与带轮组合在一起的橡胶减振器，在构成带轮的金属盘之间的夹缝中镶入橡胶，利用橡胶的黏弹性吸收和抑制振动。

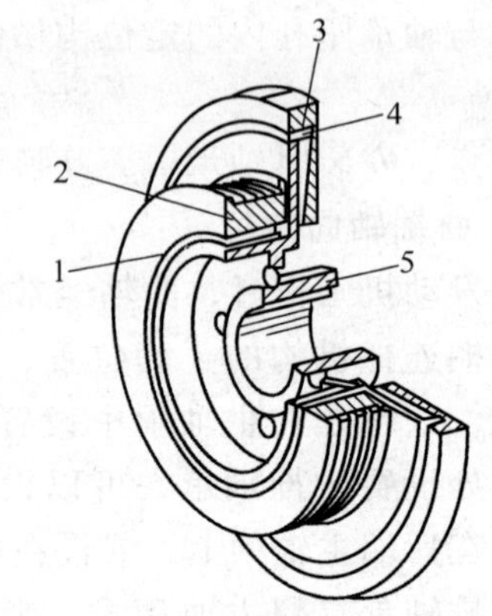

图 3-38 橡胶扭转减振器

1—橡胶层 2—惯性盘（兼作带轮） 3—惯性盘 4—橡胶 5—带轮毂

3.6 曲轴飞轮组的检修

曲轴飞轮组的检修包括：曲轴、飞轮的检修，曲轴轴承的选配，曲轴扭转减振器的检查、更换等内容。

3.6.1 曲轴常见损伤形式

曲轴常见的损伤形式主要是各轴颈的磨损，曲轴弯曲和扭曲变形、裂纹甚至断裂等。

1. 轴颈的磨损

由于轴颈表面受力的不同及作用时间的差异，其磨损是不均匀的，表现为轴颈失圆并呈锥形。主轴颈的磨损主要是失圆，最大磨损部位是靠近连杆轴颈的一侧。连杆轴颈的磨损比主轴颈的磨损严重，其失圆磨损的最大部位是靠近曲轴中心线的一侧，呈锥形磨损的最大部位是背离油道倾斜方向的一端。

磨损使轴颈与轴承间隙过大，机油压力显著下降，并出现异响。

2. 曲轴弯曲与扭曲变形

主轴颈的同轴度误差大于 0.05mm，称为弯曲。连杆轴颈的分配角误差大于 30′，称为扭曲。

引起曲轴弯扭变形的主要原因是：个别气缸工作不良或不工作，各主轴承松紧度不一致、间隙过大，主轴承孔同轴度误差增大，发动机超负荷或在爆燃条件下工作，烧瓦、抱轴，活塞卡缸，拖带挂车时起步过猛或急制动时未踩下离合器，超速超载等。曲轴弯曲变形后，会加剧活塞连杆组与气缸的磨损、曲轴轴颈和轴承的磨损，严重时会导致曲轴疲劳折断。曲柄夹角因扭曲变形而发生改变，会直接影响配气正时和点火或喷油正时。

3. 曲轴的断裂

曲柄臂与轴颈之间的过渡圆角处及油孔处是裂纹极易发生的部位。前者是横向裂纹，严重时会使曲轴断裂；后者是纵向裂纹，沿斜置油孔的锐边轴向发展。曲轴的裂纹主要是因应力集中而引起的。磨轴时，过渡圆角磨得太小或曲轴变形，都会使曲柄与轴颈过渡区的应力剧增，加剧曲轴的疲劳断裂倾向。

3.6.2　曲轴裂纹的检修

清洗曲轴后，应首先检查有无裂纹，可用目测、磁力探伤法、浸油敲击法等检查。

浸油敲击法简单易行，具体做法是：将曲轴浸入煤油中，取出后擦拭干净，在其表面撒上白粉，然后用锤子沿轴向分段敲击非配合面，若白粉有明显的裂纹状油迹出现，则表明该处有裂纹。

一经发现横向裂纹，曲轴就应报废。轴颈出现的表面细微纵向裂纹，可在曲轴的磨削过程中予以消除。

3.6.3　曲轴弯曲的检验与校正

1. 曲轴弯曲的检验

因为曲轴中间主轴颈的负荷大，弯曲变形量最大，所以应以两端主轴颈的公共轴线为基准检查中间主轴颈的径向圆跳动误差。

检验时，将曲轴两端主轴颈置于检验平台的 V 形架上，将百分表的触头垂直抵在中间主轴颈上，用手慢慢将曲轴转动一圈，百分表指针所指示的最大摆差即为中间轴颈的径向圆跳动误差值，如图 3-39 所示。此值若大于一定值（轿车为 0.06mm，中型车为 0.15mm），则应进行压力校正；若低于此值，则可结合磨削主轴予以修正。

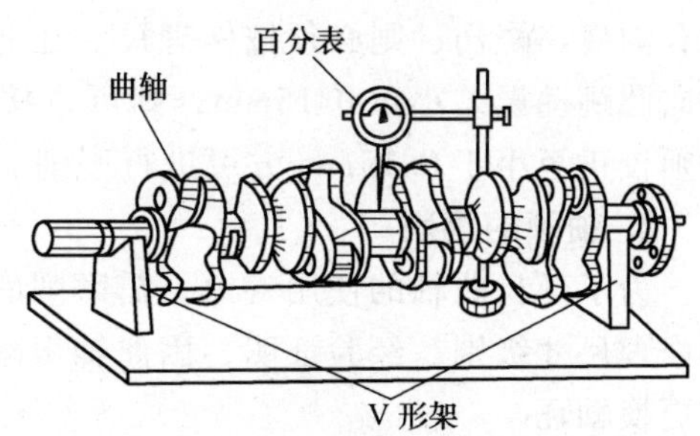

图 3-39　曲轴弯曲的检验

2. 曲轴弯曲的校正

冷压校正法和表面敲击法是曲轴弯曲校正通常采用的方法。

（1）冷压校正　一般在压床上进行。将曲轴两端的主轴颈放在工作平台上的两个 V 形块上（见图 3-40），两被压主轴颈正下方抵着百分表头（指针指向“0”），用压床的压头对准曲轴弯曲的反方向逐渐增压，使其反向弯曲变形，压弯量为曲轴弯曲量的 10～15 倍（球墨铸铁曲轴压弯量不大于弯曲量的 10 倍），保持压力一定时间后卸压，然后检查弯曲度值，直至校正合格为止。对变形量较大的曲轴，可分几次校正，以免一次压弯量过大，造成曲轴折断。将冷压后的曲轴加热至 300～500℃，保温 0.5～1h，以消除冷压造成的内应力引起的变形反弹。

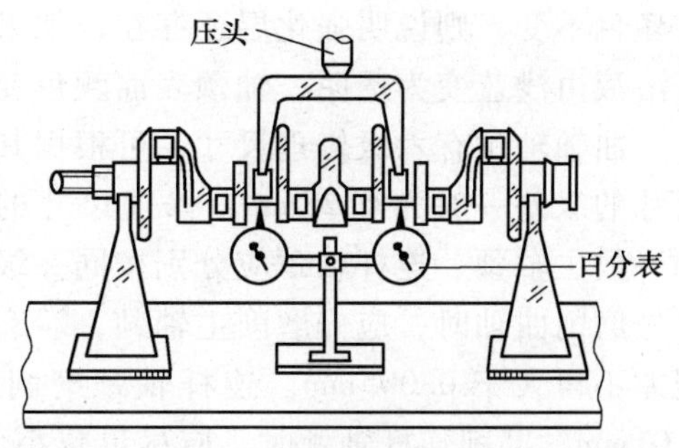

图 3-40　曲轴弯曲的校正

（2）表面敲击法校正　对弯曲变形量不大的曲轴，可用锤敲击曲柄臂的两侧，使曲柄变形，轴线发生位移，从而达到校正目的。当敲击曲柄臂的外侧时，曲柄臂外侧延伸，内侧收缩，曲柄臂下方并拢，主轴颈远端向下移动，近端向上移动；若敲击曲柄臂内侧，则主轴颈的远端就会向上移动，近端向下移动。

3.6.4 曲轴扭曲的检验与校正

曲轴扭曲变形的检验方法是：将连杆轴径转到水平位置上，用百分表分别确定在同一方位上连杆轴颈至平板的距离差值，这个差值即为扭曲变形量。

曲轴扭曲的校正较困难。曲轴扭曲严重时，应报废；扭曲轻微时，可结合连杆轴径的磨削予以修理。

3.6.5 轴颈磨损的检修

1. 轴颈磨损的检验

清洗后，对经过探伤检查而允许修复的曲轴，首先检视轴颈表面有无划痕和损伤，然后再用千分尺认真测量主轴颈和连杆轴颈不同截面、不同方向的直径，计算各轴颈的圆度误差和圆柱度误差。若圆度误差、圆柱度误差小于 0.025mm，表面无损伤，且径向圆跳动误差小于 0.15mm 时可继续使用，不需磨修；若轴颈圆度误差、圆柱度误差大于 0.025mm，或表面有沟痕、烧伤，则必须按修理尺寸在专用曲轴磨床上进行磨轴修理。若曲轴中间主轴颈的径向圆跳动误差小于 0.15mm，则可直接通过磨轴来修正其弯曲变形；若大于 0.15mm，则必须校正至小于 0.15mm 方可进行磨削。

2. 轴颈的磨削

为了延长曲轴的使用寿命，需磨削的曲轴应在保证加工余量的前提下，尽量选用最接近的修理尺寸级别。经验证明，因曲轴很耐磨，一般的维修乃至第一次大修都不需要磨轴，只需更换轴瓦。

有些进口车的曲轴是一次性曲轴，即曲轴的强化层磨尽后即可报废，更换新曲轴。此种曲轴的轴承间隙一般不得大于 0.08mm，其使用极限不得大于 0.12mm。强化层检验方法为：将曲轴清洗干净，把质量分数为 5% ~10% 的氯化铜喷洒在曲轴的表面，经过 30 ~40s 后，若颜色不变，则说明强化层还存在；如果轴颈的圆度误差未超限，那么曲轴就可继续使用；若溶液由浅蓝变为透明，轴颈表面颜色变为铜色，则表明强化层已磨尽。

曲轴轴颈有六级修理尺寸，可根据其变形、磨损、现有尺寸以及磨削余量来确定。修理尺寸的级差一般为 0.25mm，修理尺寸的级数因机型不同而异。因曲轴的轴瓦是成套供应的，故主轴颈、连杆轴颈应分别按同一级别的修理尺寸磨削，以便于选配轴瓦。

磨削曲轴时，应先磨削主轴颈，后磨削连杆轴颈。磨削后，各轴颈的圆度误差、圆柱度误差不得大于 0.005mm。连杆轴颈磨削后，其轴线与主轴颈轴线的平行度误差不应大于 0.01mm。磨削连杆轴颈时，应尽量减小曲柄半径的增加量，以保证同向位连杆轴颈轴心线的同轴度误差不大于 0.10mm，以利于曲轴的动平衡。

3.6.6 轴承（瓦）的选配与修理

轴承是发动机中的主要磨损零件。径向间隙不当、难以有效建立机油膜是轴承磨损的主要原因。曲轴、连杆的变形等与轴承磨损也相互影响并且加重磨损。曲轴其他的损伤形式还有减摩层疲劳脱落和烧熔等。

1. 轴承间隙的检验

曲轴轴承间隙是指径向间隙和轴向间隙。

（1）径向间隙的检验　主轴瓦、连杆轴瓦径向间隙可用下述两种方法检查：

1）量具检查法。将轴承装入轴承孔，按原厂规定的力矩紧固轴承盖，用百分表、千分尺分别测出轴瓦内孔径和轴颈外径，二者之差即为径向间隙。

2）塑料线规法。将曲轴放入主轴承中，把一小段专用的塑料线规顺轴向放入轴承、轴颈间，将装好轴承的轴承盖按正确的次序、方向、规定力矩拧紧（紧固过程中不得使曲轴转动），拆下轴承盖，取出压扁的塑料线规，将其与带有不同宽度刻线（或色标）的线规标尺对比，线规标尺上与被压扁的塑料线规宽度相等的刻线（或色标）所标示的值，就是轴承径向间隙值。

3）经验法。技术熟练的工人常用手感来检查轴瓦的径向间隙。当各主轴瓦间隙及其他形位公差符合要求时，曲轴的转动力矩应不大于10N·m；当连杆轴瓦间隙符合标准间隙要求时，将连杆按规定装在轴颈上，用力甩动连杆小头，连杆应能连续转动1.25～1.75圈。

当径向间隙接近限值时，要更换轴瓦，否则将使发动机丧失工作能力。其径向间隙限值，货车一般为0.20mm，轿车为0.15mm，使用极限为0.35mm。发动机大修时，应更换全部轴瓦。

（2）轴向间隙的检验。用撬杠将曲轴拨向后端或前端，然后用塞尺测量止推轴承和曲轴止推面间的间隙，或将百分表触杆顶在曲轴一端或某一平衡快上，前后撬动曲轴使其前后窜动，表针最大摆动值即为轴向间隙。轴向间隙一般为0.06～0.20mm，极限值为0.35mm。当发现其超过规定值时，应更换止推轴承或止推片、止推环。用同样的方法可测量连杆大头的轴向间隙。

2. 轴瓦的选配

现代发动机的轴瓦在制造时为适应选配的实际需要，按内径已制成一个尺寸系列，维修时可根据曲轴的轴颈尺寸和规定的径向间隙选择合适内径的轴瓦。轴瓦背面一般标有标准尺寸或缩小的尺寸级别，如“-0.25”“-0.75”等。

为使轴瓦在安装时正确就位，并紧密地与轴承座孔贴合，同时保证良好的散热效果，所选轴瓦应满足下列要求：

1）背面要光滑无损，其定位凸键完好且与轴承孔定位槽能严密配合。

2）一定的弹开量。轴瓦在自由状态下的开口尺寸应比轴承孔直径略大，二者的差值称为轴瓦弹开量。一般汽油机轴瓦的弹开量为0.8～1.5mm，柴油机的为1.5～2.5mm。

3）一定的高出量。在将每片轴瓦压入轴承座孔后，轴瓦的开口端应伸出轴承座平面，伸出的部分称为高出量。汽油机轴瓦的高出量一般为0.03～0.06mm，而柴油机的高出量略大于汽油机。

3.6.7　飞轮的检修

飞轮常见的损伤为齿圈磨损、断齿，以及与离合器接触的工作面磨损。

（1）飞轮齿圈的修理　齿圈齿单面磨损后，可将其翻面使用；若齿圈双面严重磨损，或断齿三个以上，或有两个连续断齿，则应更换新齿圈。齿圈应在加热至300～350℃时热压于飞轮上，其配合过盈量为0.3～0.6mm。

（2）飞轮工作面的修理　飞轮工作面有烧伤或磨损沟槽深度超过0.5mm时，应采用精车或磨削进行修正。修平后的飞轮厚度不得小于标准尺寸1mm，平面度误差必须小于

0.10mm，装到曲轴上后，轴向圆跳动误差不得大于0.15mm。

（3）曲轴、飞轮、离合器总成组装后的动平衡试验　组件中任一机件在更换和修整后都应重新进行动平衡试验，特别是不能单独进行曲轴的动平衡试验，只有将其与一起运转的离合器总成等部件同时进行动平衡试验才是正确有效的。

3.7 曲柄连杆机构常见故障的诊断与排除

曲柄连杆机构的故障主要是由磨损、连接松动、装配不当、配合间隙不当等导致的各种异响。借助于异响的特征及机油压力等其他信号判断异响发生部位成为故障诊断与排除的关键。

3.7.1 曲轴主轴承异响

1. 特征

1）连续的“咚、咚、咚”响声，钝重而沉闷，怠速时突然加大油门开度响声更明显。

2）转速越高，声响越大；负荷增大，声响加剧。

3）单缸断火时，响声变化不大；相邻两缸同时断火时，响声明显减弱。

4）声响与发动机温度无关，但机油压力明显下降，发动机振抖。

2. 原因及诊断

1）主轴承松旷。使发动机低速运转，用手轻微抖动油门，若有明显沉闷的响声，且在油门增大的瞬间响声明显，则为主轴颈与轴承间隙过大或轴承盖紧固螺栓松动所致。也可通过断火试验判断：若单缸断火时响声变化不大，相邻两缸同时断火时响声明显减弱，则为两缸间主轴承响；若第一缸或最后一缸分别断火后响声明显减弱，则分别为第一主轴承或最后一缸主轴承响。

2）轴瓦减摩合金层烧毁或脱落。若高速运转时机体有较大振动，机油压力显著下降，则为主轴承松旷或轴瓦减摩合金烧毁脱落所致。

3）曲轴轴向间隙过大时轴向窜动，产生沉重的“咯噔、咯噔”响声；踩下离合器踏板并保持不动，响声明显减弱或消失。

4）其他：曲轴弯曲、机油压力过低。怠速或低速运转时响声明显，高速时很杂乱，可能是由曲轴弯曲所致。

3.7.2 连杆轴承异响

1. 特征

1）比曲轴主轴承异响轻、短，为连续、短促、坚实的“铛、铛、铛”敲击声。

2）转速越高，声响越大；负荷增大，声响加剧。

3）单缸断火时，响声明显减弱或消失，但复火时即出现。

4）轴承松旷严重时，发动机怠速或中速以下运转，响声就很明显。

2. 原因及诊断

连杆轴承异响的原因主要是连杆轴承盖螺栓松动或折断，轴瓦合金烧毁脱落或磨损致使轴承与轴颈间隙过大。

1）变换车速，先使发动机怠速运转，然后由怠速向低速、中速、高速运行，随着油门的增大和转速的升高，响声增大，在增大油门的瞬间响声突出。

2）进行逐一单缸断火，若某缸断火后响声明显减弱或消失，而复火的瞬间响声立即出现，则为此缸连杆轴承响。

3.7.3　活塞敲缸响

1. 特征

1）怠速或低速运转时，气缸上部发出“嗒、嗒、嗒”有节奏且清脆的金属敲击声。

2）冷车响声明显，温度升高后响声减弱或消失。

3）单缸断火时，响声明显减弱或消失。

2. 原因及诊断

活塞敲缸响的主要原因是活塞与气缸壁间隙过大、气缸壁润滑不良、连杆变形。根据特征 1）和 2），结合下列方法诊断：

1）使发动机低速运转，逐缸断火，若某缸断火后响声减弱或消失，复火后又恢复响声，则为该缸活塞敲缸响。

2）将发动机熄火，卸下火花塞，从火花塞孔向气缸内注入少量机油，再装回火花塞后起动发动机。若敲缸声减弱或消失，但短时间后又出现，则为该缸活塞与气缸壁间隙过大导致敲缸。

3）用听诊器或螺钉旋具触及发动机机体一侧中上部听诊，若响声明显，并略有振动感，则为活塞敲缸响。

3.7.4　活塞销响

1. 特征

1）发动机怠速或低速运转时，气缸上部发出有节奏、较尖锐、清脆的“嗒、嗒”金属敲击声。

2）转速升高，响声增大，加速时响声更大。

2. 原因及诊断

活塞销响的主要原因是活塞销与连杆小头松旷或活塞销与活塞销座孔配合松旷。

1）怠速时急速抖动油门，每抖动油门加速 1 次，尖脆的“嗒、嗒”声随之增大并加快。

2）将发动机稳定在响声最明显的转速下，逐缸断火，若某缸断火后响声减弱或消失，复火后又恢复响声，则为该缸活塞销响。

3）用听诊器或螺钉旋具触及气缸体一侧，气缸上部声响较下部明显。

本章小结

机体组由气缸体、气缸盖和油底壳构成，是发动机的基本骨架，是其他所有零部件的安装基础。气缸体和气缸盖多采用铝合金和合金铸铁制造。气缸体按曲轴箱的形式分为平分式、龙门式和隧道式三种，前两者在车用发动机上常见。气缸可以直列、V 型、对置等形式布置，有无缸套式和镶装缸套式。气缸套分为干式、湿式两种。

气缸盖与气缸体用螺栓紧固，之间用气缸垫密封。拆装时应注意螺栓拧紧（或松开）时的次序及拧紧力矩的大小，注意气缸垫的安装方向。

机体组的主要损伤形式是磨损、裂纹和变形。气缸体和气缸盖结合平面的翘曲变形可用直尺、塞规检查，若平面度误差超过规定值，则可采用刮削法、研磨法、磨削法予以修复。裂纹常用水压试验法检查，修理方法有焊接法、黏结法等。气缸盖出现裂纹时一般应予以更换。磨损使气缸呈现上大下小的锥形和失圆，以圆度误差和圆柱度误差衡量其磨损程度，判断是否需要大修。按修理尺寸进行镗磨或换装新缸套修复后的气缸，其直径、圆度和圆柱度必须符合要求。

活塞组、连杆组、曲轴飞轮组构成曲柄连杆机构，实现往复运动与旋转运动的相互转换。

活塞由顶部、头部、裙部三部分组成。其顶部是燃烧室的一部分，头部开有活塞环槽，裙部起导向作用，并承受侧压力。活塞多采用铝合金制造。为控制工作状态下活塞与气缸壁的间隙，避免“冷敲热拉”现象发生，活塞被预制成直径上小下大，裙部呈椭圆形的形状。活塞销偏置、拖板式或半拖板式活塞也被广泛采用，有的则采用活塞销座安装“恒范钢片”、裙部镶圆筒式钢片的双金属活塞。安装时必须注意各缸活塞无互换性，但有方向性要求。

活塞销用来连接活塞和连杆，分为全浮式和半浮式两种。

活塞环有气环和油环两种类型。气环在活塞和气缸壁之间靠第一密封面、第二密封面和各环呈“迷宫式”布置形成密封，同时起着导热作用。气环有矩形环、扭曲环、锥面环、梯形环、桶面环。气环泵油是机油进入燃烧室的方式之一。油环有整体式和组合式。油环刮下过多的机油并使其均布在气缸壁上。安装活塞环时要特别注意各道活塞环的类型、顺序和安装方向及开口位置。

活塞组件属于易损件，常见的损伤是磨损、环折断、顶烧蚀、脱顶、拉缸、销弯曲变形等，采用选配、更换的方法修复。应根据气缸的修理尺寸进行选配活塞组件，并注意各气缸组件的材质、质量、几何公差一致性要求，以满足发动机各缸配合间隙、平衡性、工作均匀性的要求。对活塞环应进行“三隙”、弹力和透光度检验。

连杆铰接在活塞和曲轴之间，杆身断面呈“I”字形，大、小头孔内装置轴瓦。为拆装方便，连杆大头多为分开式，有平分式和斜分式两种形式。连杆大头和大头盖之间采用定位措施。连杆的主要损伤形式是弯扭变形、大头端面磨损、连杆轴承磨损、烧瓦、螺栓损坏甚至连杆断裂等。修理连杆时，应先利用专用工具进行弯曲、扭曲检验和校正，再修复衬套。各缸连杆和连杆盖都没有互换性，安装时注意配对记号和朝向记号。

曲轴由前端、后端、主轴颈、连杆轴颈、曲柄、平衡重组成。一个曲柄销和它左右两个曲柄臂及主轴颈构成一个曲拐。对于气缸数、冲程数、气缸排列方式一定的发动机，其曲拐的布置仅与发火顺序有关。曲轴前端为自由端，用于安装配气正时传动机构。曲轴后端安装飞轮，以保证发动机运转平稳，输出、输入动力。飞轮也是离合器的主动盘。曲轴利用止推轴承进行轴向定位，防止工作中过多的窜动。

曲轴常见的损伤主要有主轴颈和连杆轴颈的磨损、弯曲和扭曲变形、裂纹甚至断裂等。其磨损和变形往往与连杆的变形、大头端面磨损，以及活塞气缸偏磨、敲缸、拉缸等形成互相加重的影响。

曲轴的弯曲变形可采用冷压法或锤击法进行校正。其扭转变形则不易校正，严重时应予以更换。对轴颈磨损超限，或表面有沟痕、烧伤的曲轴，可视情况按修理尺寸进行磨削修复或更换，使其圆度、圆柱度符合要求。曲轴若出现裂纹，则应予以更换。当曲轴轴向间隙达到极限值时，要更换止推轴承。当轴承径向间隙达到极限值时，应按轴颈尺寸和径向间隙选换瓦背光滑、定位键完好、高出量和弹开量符合要求的新轴瓦。曲轴飞轮组中的任何一零件在更换和修整后，必须做动平衡试验，以达到原厂要求。

各缸活塞连杆总成无互换性，但有方向性要求，安装时应注意观察各种安装标记，确保安装正确。

曲柄连杆机构常见故障主要是轴承间隙过大、紧固螺栓松动、轴瓦减摩合金层烧毁或脱落，以及活塞-气缸、活塞销-销座孔、活塞销-连杆小头间隙过大或润滑不良所导致的各种异响。借助于异响的特征、随着速度的变化规律、机油压力信号、断火试验等可辨别发声部位。

复习思考题

1. 简述机体组的组成及作用。
2. 发动机缸体有哪几种结构？各有何特点？
3. 为何要镶入气缸套？何为干式气缸套、湿式气缸套？如何防止湿气缸套漏水？
4. 镶装干式气缸套和湿式气缸套时应分别注意什么？
5. 气缸垫有何作用？装配时应注意什么？
6. 气缸盖变形有何害处？为减小气缸盖变形，拆装时应如何操作？
7. 简述曲柄连杆机构的组成和作用。
8. 简述活塞组的组成及各零件的作用。
9. 何为“拉缸”？有何危害？其产生的主要原因是什么？
10. 何为“冷敲”？其产生的主要原因是什么？
11. 为控制活塞的“冷敲、热拉”，在活塞结构上可采取哪些措施？
12. 装配时，各缸活塞有无互换性和方向性要求？为什么？
13. 简述气环的密封机理。
14. 简述气环的泵油现象。气环泵油有何危害？
15. 常见气环的断面形状有哪几种？各有什么特点？装配时应注意什么？
16. 活塞销与连杆小头、活塞销孔有几种配合方式？活塞销如何进行轴向定位？
17. 简述活塞连杆组的组装工艺及注意事项。
18. 连杆大头为什么要采用剖分式？为何有平分式和斜分式？
19. 连杆大头盖的定位方式有哪几种？
20. 装配连杆大头时应注意些什么？
21. 曲轴为何要有轴向定位？如何定位？
22. 何为曲轴轴向间隙？如何检查和调整？
23. 曲轴的前后端有何不同？如何防漏？
24. 飞轮的主要作用是什么？其上的刻度或其他记号有何作用？
25. 曲轴扭转减振器有何作用？通常装在曲轴的哪一端？
26. V型发动机连杆有哪几种形式？

27. 曲轴的曲拐数与气缸数有何关系？

28. 已知某 6 缸发动机的发火顺序是 1-4-2-6-3-5，请计算其发火间隔角，并列表分析当第一缸做功时，其他各缸的工作情况。

29. 气缸体和气缸盖平面磨削修复后，可能带来什么问题？

30. 说明气缸磨损的特点。

31. 如何表示气缸的磨损程度？如何检验气缸的磨损情况？

32. 在气缸使用和维修过程中压缩比有无变化？为什么？

33. 选配活塞和活塞环时，应分别注意哪些事项？

34. 如何检验和校正连杆的弯曲变形和扭曲变形？

35. 如何检验活塞环“三隙”、弹力和透光度？

36. 活塞环端隙太小有何危害？

37. 列举出几种连杆变形的原因。

38. 如何检查轴承的径向间隙？

39. 选配轴瓦时，对其有哪些要求？

40. 简述曲柄连杆机构各部位异响的特征。

41. 列出机体组及曲柄连杆机构中，在安装时有方向性和无互换性要求的零部件。

第4章　换气过程与配气机构

【学习目标】

1. 了解发动机换气过程。
2. 掌握配气相位、气门间隙的概念。
3. 理解充气效率的概念及结构和使用因素对充气效率的影响。
4. 掌握配气机构的组成、作用，主要零部件的构造、工作原理、传动关系。
5. 理解可变配气技术。
6. 掌握配气机构的调整方法。
7. 掌握主要零部件的损伤形式、危害及检修方法。
8. 了解配气机构异响特征，理解其成因及诊断方法。

换气过程是排气过程和进气过程的总和，即从排气门开始开启到进气门完全关闭的全过程。在该过程中，膨胀做功终了的燃气（称为废气）排出气缸，下一工作循环所需的新鲜充量进入气缸。

所谓充量，是指在一个工作循环内，进入气缸内的新鲜空气或可燃混合气数量。对柴油机和缸内直接喷射式的汽油机而言，新鲜充量是指新鲜空气量，而对缸外喷射式的汽油机和传统的化油器式汽油机而言，则是指燃料和空气的新鲜混合气量。

配气机构的作用是：按发动机工作的要求，定时开启和关闭进、排气门，实现发动机充量的更换。其工作过程直接影响发动机换气过程的质量和整机性能。

对发动机换气过程和配气机构的要求是：在保证排气完善、进气充分，消耗功少，工作可靠，振动、噪声小的前提下，结构尽可能简单。

4.1　发动机换气过程

4.1.1　发动机换气过程与配气相位

理论上，四冲程发动机排气门在膨胀行程下止点开启，在排气行程上止点关闭；进气门在进气行程上止点开启，在进气行程下止点关闭。进、排气过程各占180°曲轴转角。实际上发动机转速很高，一个活塞行程经历的时间很短，只有百分之几甚至千分之几秒。另一方面，受结构、运动惯性的限制，进、排气门从开始开启到完全打开或从开始关闭到完全关闭都需要一定的时间。这段时间气门处于部分开启状态，流通面积小，进、排气流阻力人。为使进气充分，排气干净，实际发动机均采用进、排气门提前开启，延迟关闭，延长进、排气时间的方法。所以，实际换气过程的曲轴转角为410°～480°。

1. 排气过程

在做功行程末期，活塞到达下止点前，排气门开始开启，直至活塞经历完整个排气行程，继续运行到上止点后关闭的整个过程为排气过程。

从排气门开启至活塞行至下止点时曲轴转过的角度称为排气提前角，一般为30°~80°曲轴转角，以γ表示。从排气行程上止点至排气门在上止点之后完全关闭时曲轴转过的角度称为排气迟闭角，一般为10°~35°曲轴转角，以δ表示。整个排气过程持续$180°+\gamma+\delta$曲轴转角。

排气门提前开启，使气缸内远高于排气管内压力的废气在压力差的作用下迅速冲出气缸。当活塞越过下止点开始排气行程时，缸内压力已大大下降，加之排气门开度已较大，使活塞上行阻力减小，强制推出废气所消耗的功减少；排气门迟后关闭，既可减少排气行程末期强行排气消耗功，又可利用排气气流的惯性进一步排出废气。

2. 进气过程

排气行程末期，在活塞到达上止点之前，进气门开始开启，直到活塞经历完进气行程至下止点后时关闭的整个过程为排气过程。

进气门开启至活塞行至上止点时曲轴转过的角度称为进气提前角，一般为0°~40°曲轴转角，以α表示。进气行程下止点至进气门在下止点之后完全关闭时曲轴转过的角度称为进气延迟角，一般为40°~80°曲轴转角，以β表示。整个进气过程持续$180°+\alpha+\beta$曲轴转角。

进气门提前开启，保证了活塞下行时进气门已有足够的开度，使新鲜充量能够顺利进入气缸，且减小了活塞下行的阻力。当活塞到达下止点时，气缸内压力仍低于进气管内压力，进气门延迟关闭，可以利用气流的惯性实现过后充气，增加进气量。

3. 气门叠开

由于进气门提前开，排气门迟后关，致使进、排气行程上止点附近出现进、排气门同时开启的现象，称为气门重叠。在气门重叠开启期间曲轴转过的角度称为气门重叠角。显然，气门重叠角等于进气门提前角与排气门晚关角之和。

在气门叠开期间，进气管、燃烧室、排气管三者连通，可能会出现废气倒流入进气管道或新鲜充量直接由排气门流出的现象。这取决于进气管、排气管之间的压差和气流惯性。由于进气流和排气流都有较大的流动惯性，在短时间内突然改变流动方向较难。若气门叠开角适当，进气门开启时进气管内的平均压力高于排气背压，新鲜气体即进入气缸，扫除气缸内废气后进入排气管，这种现象称为扫气。扫气不仅可减少残余废气，提高充气量，而且可降低气缸盖、排气门等高温零件的温度和排气温度。当气门叠开角过大时，排气管、气缸内的压力高于进气管内的压力，将产生高温废气倒灌现象，还易使活塞、气门相撞。

对汽油机来说，节气门的存在使进气管内的压力较低，若气门重叠角过大，则高温废气倒流入进气管，对缸外形成混合气的汽油机来说易产生进气管“回火”现象，尤其在小负荷运转时。所以汽油机气门叠开角较小。

增压发动机进气管内的平均压力高于排气背压，可适当增大气门重叠角，组织扫气。

一般情况下，自然吸气式汽油机气门叠开角小于40°曲轴转角，自然吸气式柴油机气门叠开角不超过60°曲轴转角，增压柴油机气门叠开角为80°~160°曲轴转角。

4. 配气相位及配气相位图

以曲轴转角表示的进、排气门实际开、闭时刻和持续时间称为配气相位。将其表示为相对于上止点或下止点的，以角度计量的曲柄角度坐标，并标明气门开启、关闭时刻，以及其持续期、曲柄旋转方向、上下止点位置的环形图，称为配气相位图，如图 4-1 所示。

4.1.2　充气效率

换气过程进行得是否完善，决定着每一循环留在气缸内的新鲜充量的多少，直接影响发动机的动力性、经济性、排放等。传统上，从改善发动机动力性和经济性视角出发，配气机构和换气过程的基本要求是尽可能达到排气干净、进气充分、换气损失功少的目的。

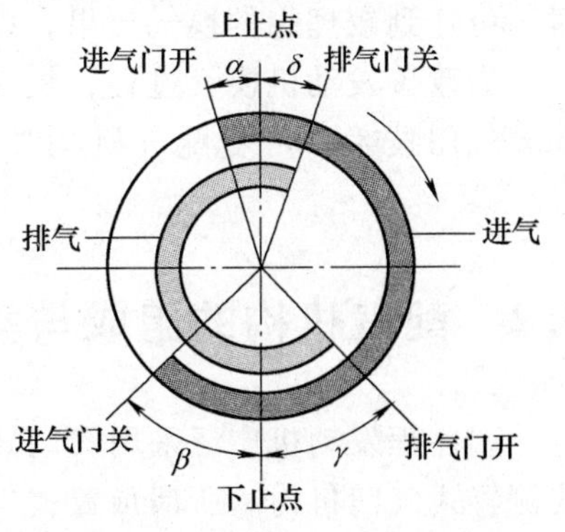

图 4-1　四冲程发动机配气相位图

但换气质量不用新鲜充量的绝对值评价，因为它与气缸尺寸及进气管内状态有关，而用相对量——充气效率 η_v 来评价。

1. 充气效率

充气效率是每循环实际进入气缸内的新鲜充量与进气状态下可能充满气缸工作容积的最大充量之比，或每循环实际进入气缸内的新鲜充量与不考虑实际进气阻力和进气受热时充满气缸工作容积的最大充量之比。

可见，充气效率不受气缸工作容积的影响，能够评价不同排量发动机换气过程的完善程度。充气效率越大，进入气缸内的新鲜充量越多，气缸的做功能力越强，发动机发出的功率或转矩就越大。

由于进气行程终了时气缸内的压力总是小于进气管内的压力，且新鲜充量进入气缸时受到高温零件的加热而膨胀，加之进气持续期又短，因此发动机不会达到“完满”充气。这就是所谓的“呼吸”困难。发动机转速越快，其“呼吸”越困难。对于高速运转的发动机，如何在极短的时间和有限的气缸工作容积内实现多进气，一直是人们关注的重点。

2. 充气效率的影响因素

显然，凡是减小进排气阻力，提高进气终了时气缸内压力的因素或措施，或减少进气受热，降低进气终了温度的所有因素和措施均使充气效率提高。

汽油机由于节气门的存在，进气阻力较大，且随着负荷减小，节气门开度减小，进气阻力增大，进气终了时缸内压力减小，充气效率下降。汽油机温度较柴油机高，新鲜充量进入气缸时受热较严重，进气终了时气缸内温度较高，所以汽油机的充气效率（0.70～0.85）较柴油机的充气效率（0.75～0.90）低。

使用中，维护空气滤清器，清洗进、排气管道内积垢以及气门头与气门杆过渡圆弧处的积炭等的目的也在于降低进气阻力，提高充气效率，改善发动机性能。

配气相位对充气效率影响很大，尤其是进气门迟闭角和气门叠开角。为充分利用进、排气流的惯性，发动机理想的配气相位应随着工况的变化而改变，不应是固定不变的。高转速时，气流速度大，需采用较大的进气门迟闭角和排气门迟闭角（或气门叠开角），以充分利用惯性充气和排气。同时，为及时使排气初期缸内压力下降，减少推出废气的耗功，要适当增大排气提前角；低转速时，为防止气缸内混合气回流以及进气歧管和排气管内废气倒流回气缸，应采用较小的进、排气门迟闭角。汽油机小负荷运转时，节气门开度小，进气管内压力低，宜采用较小的气门叠开角，同时为使燃气充分膨胀做功，应采用较小的排气门开启提前角。目前，已有越来越多的发动机采用了可变配气定时机构，根据工况适时调整配气定时，可达到较理想的换气效果，提高了发动机性能。

为改善发动机换气过程，提高充气效率，配气机构和进、排气系统的新技术层出不穷，如多气门技术、可变配气机构技术、可变进气歧管技术、增压技术、控制进气预热技术等。

4.2 配气机构的组成与类型

四冲程发动机广泛采用气门式配气机构。现代汽车发动机中，顶置气门式配气机构已取代侧置式气门机构。所谓顶置式气门，即进、排气门置于气缸盖内和燃烧室上面，倒挂在气缸顶上。

4.2.1 配气机构的组成

顶置气门式配气机构按各缸气门数、凸轮轴布置形式及其驱动方式等分为多种类型。它们都是由气门组及气门传动组零件组成的。各种配气机构中的气门组件基本相同，包括气门、气门座、气门导管、气门弹簧、气门弹簧座、气门锁夹、气门油封 7 个基本零件。有的发动机气门组件中还有气门旋转机构。但不同类型的配气机构中气门传动组的组成有所不同，是凸轮轴、正时机构、挺柱、推杆、气门间隙调整螺钉、摇臂组件等零件的不同组合，其中凸轮轴、正时机构和挺柱是基本的零件。

4.2.2 凸轮轴的布置形式

根据凸轮轴位置的不同，配气机构分为凸轮轴下置式、凸轮轴中置式和凸轮轴顶置式三种，如图 4-2 所示。

1. 下置凸轮轴配气机构

如图 4-2a 和图 4-3 所示，凸轮轴位于曲轴箱内，离曲轴较近，只由一对齿轮驱动。但凸轮轴至气门的传动路线长，零件多，机构刚性差，噪声大，不适宜于高速发动机，多见于载货车和大中型客车的较低速发动机。气门传动组件有凸轮轴、挺柱、推杆、气门间隙调整螺钉、摇臂、摇臂轴、正时齿轮等。

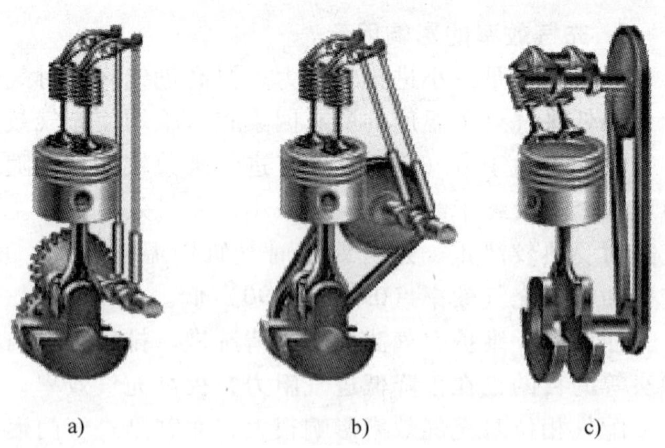

图 4-2 凸轮轴布置形式

a）下置凸轮轴 b）中置凸轮轴 c）顶置凸轮轴

2. 中置凸轮轴配气机构

凸轮轴位于机体上部，如图 4-2b 所示。与下置凸轮轴配气机构相比，其省去了推杆或缩短了推杆，传动路线有所缩短，机构刚度增大，更适于较高转速的发动机。

3. 顶置凸轮轴配气机构

如图 4-2c 和图 4-4 所示，凸轮轴置于气缸盖上，凸轮直接作用于摇臂（或摆臂）或挺柱上，机构传动零件少，质量小，刚度大，非常适合于高速发动机。先进的轿车发动机几乎都采用了这一布置形式。

依据顶置凸轮轴的个数，其又分为单顶置凸轮轴式和双顶置凸轮轴式。

单顶置凸轮轴式配气机构只有一个凸轮轴来控制进、排气门的开闭。当每缸有四个气门时，同名气门由一根凸轮轴通过 T 形杆同时驱动。

双顶置凸轮轴式配气机构各缸的进、排气门分别排成一列，分别由各自的凸轮轴控制。由于进、排气凸轮轴彼此相互独立，增大了气门配置的自由度，因此大多数多气门发动机采用双凸轮轴顶置式配气机构。但其结构复杂，制造成本高。

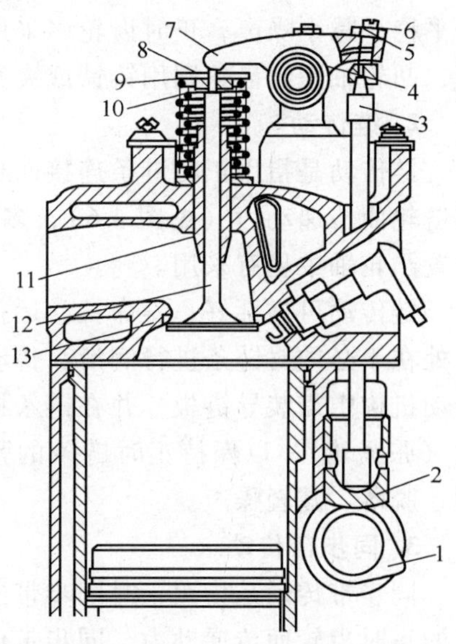

图 4-3　顶置气门下置凸轮轴配气机构
1—凸轮　2—挺柱　3—推杆　4—摇臂轴　5—锁紧螺母　6—调节螺钉　7—摇臂　8—气门锁夹　9—气门弹簧座　10—气门弹簧　11—气门导管　12—气门　13—气门座

4.2.3　凸轮轴驱动（正时机构）方式

凸轮轴的旋转由曲轴通过正时机构驱动，有齿轮传动、链条传动、同步带传动三种方式。

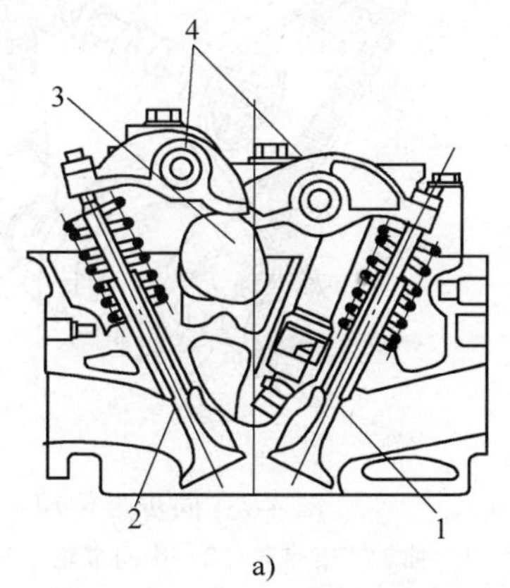

a)

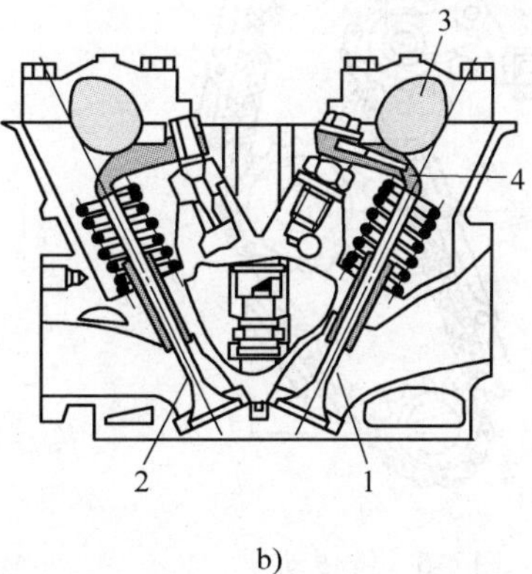

b)

图 4-4　顶置凸轮轴配气机构
a）单顶置凸轮轴　b）双顶置凸轮轴
1—进气门　2—排气门　3—凸轮轴　4—摇臂

1. 齿轮传动

曲轴前端的正时齿轮与凸轮轴上的正时齿轮啮合实现传动，如图 4-5 所示。凸轮轴下置和中置的配气机构，由于凸轮轴与曲轴距离小，大多采用齿轮传动。汽油机一般只需一对正时齿轮（曲轴定时齿轮和凸轮轴定时齿轮）。对于柴油机而言，需要同时驱动喷油泵，要增加一个中间齿轮。

齿轮传动准确可靠，但结构复杂且噪声大，质量大，制造精度要求高，成本高。为了啮合平稳，减小噪声，正时齿轮多采用斜齿轮，并用不同的材料制成，如曲轴正时齿轮用钢制造，凸轮轴正时齿轮则用铸铁或夹布胶木制造。

2. 链传动

链传动是指用正时链条连接曲轴和凸轮轴上的正时链轮而传递动力（见图4-6），多见于顶置凸轮轴，中置凸轮轴中也有采用。

链传动可靠性好，寿命长，运行阻力小。其不足之处在于必须对链条进行润滑，传动噪声较大。这种传动机构中需装导链板，并在链条松的一边装张紧装置（张紧轮），以保持正时链条的张紧度，并防止抖动、脱落，减轻噪声。

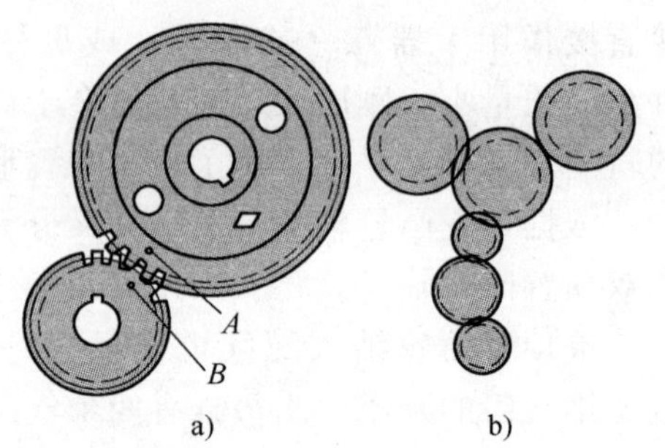

图4-5　齿轮传动

a）汽油机正时齿轮　b）柴油机正时齿轮

A、B—正时记号

3. 同步带传动

同步带传动是指用正时同步带连接曲轴和凸轮轴上的正时齿轮而传递动力。同步带传动与链传动相似，为确保传动准确、可靠，也需设置由张紧轮与张紧弹簧组成的自张紧器，便于随时调整，如图4-7所示。

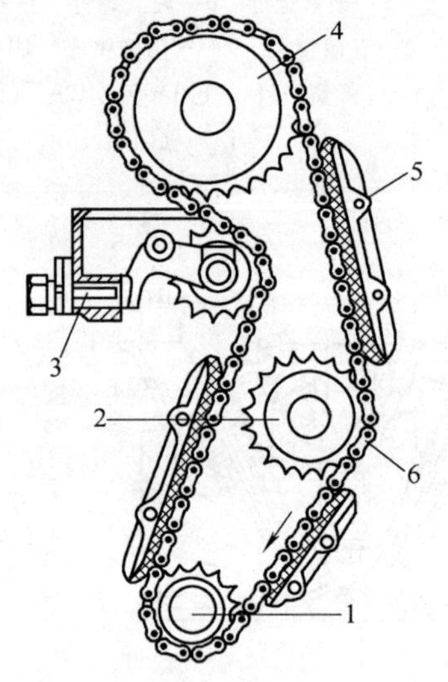

图4-6　链传动

1—曲轴正时链轮　2—油泵驱动链轮　3—液力张紧器　4—凸轮轴正时链轮　5—导链板　6—链条

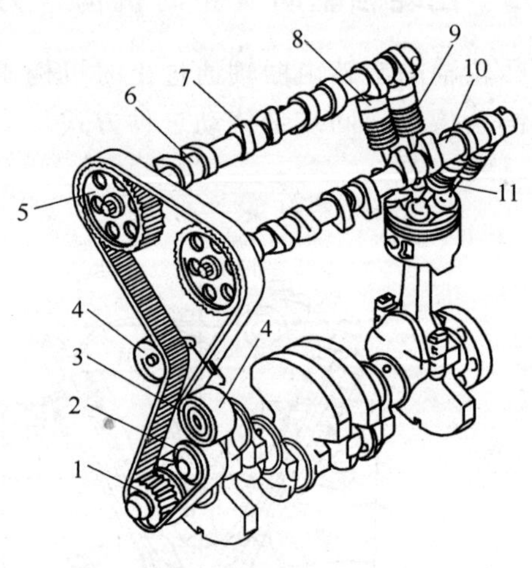

图4-7　同步带传动

1—曲轴正时带轮　2—中间带轮　3—同步带　4—张紧轮　5—凸轮轴正时带轮　6—进气凸轮轴　7—凸轮　8—液力挺柱　9—进气门组件　10—排气凸轮轴　11—排气门组件

与链传动相比，同步带传动无需润滑，噪声小、质量轻、成本低，但耐久性差，寿命短，必须定期更换。否则，若发动机工作过程中同步带突然断裂，则凸轮轴就会立即停止运转。若此时某缸凸轮正好处于将气门顶进气缸的开启状态，而曲轴仍然在转动，可能会导致气门与活塞发生猛烈碰撞，造成配气机构、活塞、气缸的损坏。在使用、检修过程中，禁止同步带接触或沾有各种油液、油脂和水。

4.2.4　配气机构工作过程与气门间隙

1. 配气机构工作过程

配气机构工作时，曲轴通过正时机构带动凸轮轴旋转。当凸轮转至凸起部分与其相邻的传动件（如挺柱）接触时，与气门相邻的传动件顶压气门杆，推动气门向燃烧室内运动，气门开启，与此同时气门弹簧受压缩。当凸轮转至最高点时，气门达到最大升程，之后在气门弹簧力的作用下回落，气门开度逐渐减小，直至凸轮凸起部分转过，气门落座、关闭。

对四冲程发动机而言，每个工作循环曲轴转 2 圈，各缸进、排气门分别开启和关闭 1 次，凸轮轴只需转 1 圈，所以曲轴与凸轮轴的转速比或传动比是 2∶1。

2. 气门间隙

在发动机冷态下，气门关闭时，气门与其相邻的传动件间或顶置凸轮基圆与摇臂或挺柱间的间隙称为气门间隙，如图 4-8 所示。

若冷态时气门与其传动件之间不留间隙，则工作时气门及其各传动件因受热膨胀而伸长，会顶开气门，造成气缸漏气，使发动机动力性、经济性下降，热起动困难，甚至不能正常工作。漏气易造成气门烧坏，排气管烧红。所以，为补偿气门及其传动件受热膨胀的伸长量，机械挺柱配气机构的发动机装配时必须留有适当的气门间隙。

若气门间隙过小，则不足以消除上述危害；若气门间隙过大，则将造成气门与气门座以及各传动件间的撞击、响声，并加剧磨损，同时使气门最大开度减小，开启持续时间缩短，换气情况恶化，使动力性、经济性下降。

发动机制造厂根据试验确定气门间隙的大小，一般进气门间隙为 0.25 ~0.30mm，排气门间隙为 0.30 ~0.35mm。

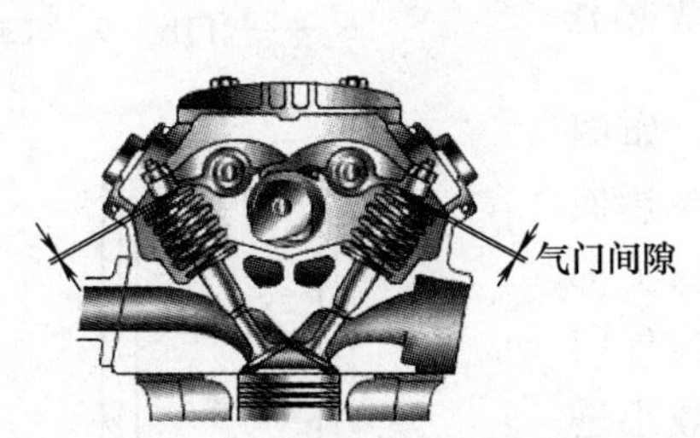

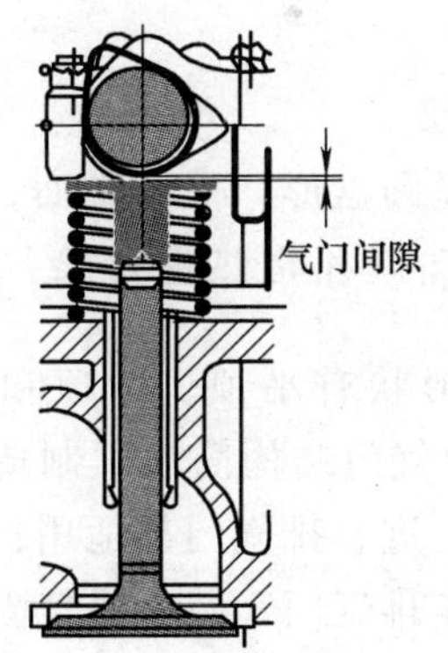

图 4-8　气门间隙

4.2.5　每缸气门数

按每缸气门数，配气机构分为双气门式和多气门式。

传统的发动机都采用双气门式，即每个气缸一个进气门，一个排气门。自 20 世纪 80 年代后半期开始，高速发动机普遍采用多气门机构，一个气缸 3 ~5 个气门，最常见的是每个气缸 4 个气门。

多气门结构能增加进、排气口流通截面积，同时小而多的气口流速更快，从而增大充气效率，使排气干净，提高发动机的动力性和经济性等。除此之外，多气门机构的单个气门头部直径减小，质量减轻，对气门弹簧的要求降低，可采用软一点的弹簧，减少气门驱动损失，并有利于提高发动机转速，但结构较复杂。

多气门发动机气门的布置方式有两种：一种是将各气缸的同名气门分别布置在发动机的两侧，这样进、排气凸轮轴就分别位于两侧驱动进、排气门；另一种是将每个气缸的同名凸轮分别布置在发动机的两侧，所有气门由一根凸轮轴驱动。

4.3 气门组件

气门组件由气门、气门导管、气门座、气门弹簧、气门弹簧座、气门锁夹、气门油封、气门旋转机构等组成，如图4-9所示。气门、气门弹簧和气门弹簧座通过放入气门弹簧座内和气门杆尾部的气门锁夹或锁销而被固定，气门杆插入到气门导管中做间歇性的往复运动。

4.3.1 气门

气门由气门头部和气门杆部组成，形状像蘑菇，称之为菌形气门。其作用是关闭燃烧室进、排气口。气门直接承受高温、高压燃气的作用和落座时的巨大冲击力，其工作温度高，机械载荷大，润滑困难，冷却条件很差，必须采用耐热、耐磨、耐蚀、高强度、导热性好的合金钢材料制造。进气门多采用中碳合金钢制造，排气门则多采用耐热合金钢制造。

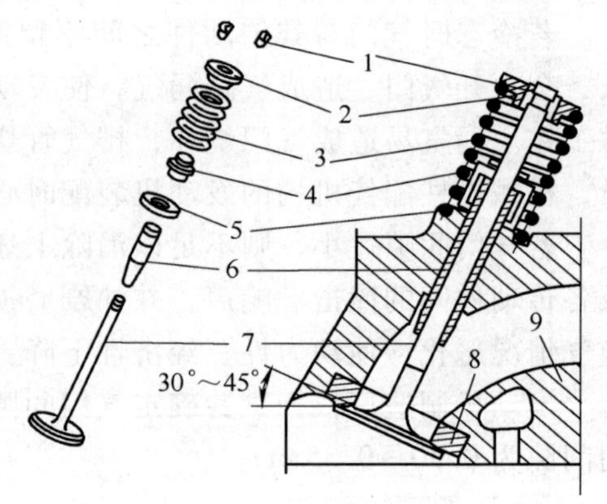

图4-9 气门组件

1—气门锁夹 2、5—气门弹簧座 3—气门弹簧 4—气门油封 6—气门导管 7—气门 8—气门座 9—气缸盖

1. 气门头部

气门头部呈圆盘形，带有锥面，与气门座配合起密封进、排气口和将热量传给气门座的散热作用。

气门头部形状有平顶、凹顶和凸顶等，如图4-10所示。平顶气门结构简单，制造方便，受热面积小，质量轻，进、排气门都适用；凸顶气门头部刚度大，适于作排气门，减小排气阻力；凹顶气门头部与杆部呈流线形过渡，适于作进气门，减小进气阻力。

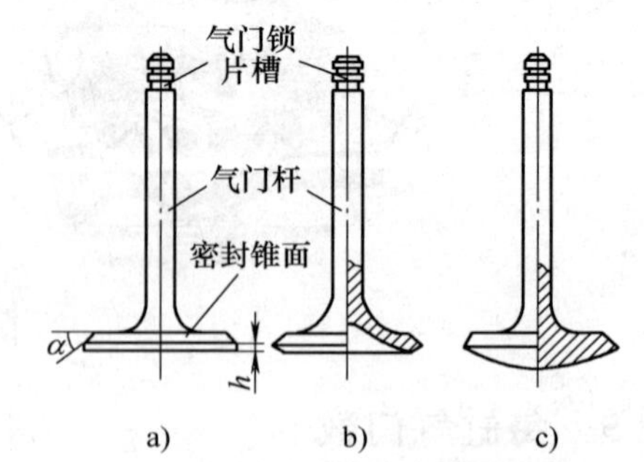

图4-10 气门头部形状

a）平顶 b）凹顶 c）凸顶

气门头部与气门座相配合的锥面称为密封锥面（又称为工作面），起密封和导热作用。密封锥面与顶平面间的夹角称为气门锥角，一般为45°，有的进气门锥角为30°。为保证气门与气门座良好的密封和导热性能，每个气门在安装前，都要与气门座配对研磨，直至密封锥面中部出现进气门1～2mm宽、排气门1.5～2.5mm宽的紧密接触环带。注意，研磨好后，各缸气门不能互换，即使是同名气门也不能互换。

气门锥面与顶面之间的圆柱面高度称为气门头部厚度（或气门边缘厚度），一般为 1～3mm。随着气门的使用或修磨，气门厚度就会减小。若气门厚度太小，则容易造成气门烧损和冲击损坏，并使燃烧室容积增大。

气门头部直径叫气门直径。在进、排气门数量相同的发动机中，一般进气门直径略大于排气门直径，以增加进气量，提高充气效率。凡是进气门数较排气门数多的发动机（如二进一排，三进二排），排气门直径总比进气门直径大。

2. 气门杆部

气门杆身呈圆柱形，与气门导管配合，起到定位导向、导出热量以及气门导管的冷却作用。

气门杆身与气门头部采用圆弧过渡连接，既可提高强度，又可减小气流阻力。

气门杆尾部的形状取决于气门弹簧座的固定方式。气门弹簧座常用剖分成两半的锥形锁夹（锁片或卡块）和气门杆尾部加工出的槽来固定，如图 4-11a 所示；另一种固定方式是锁销式，在气门杆尾端加工有一个用来安装圆柱锁销的径向孔，如图 4-11b 所示。

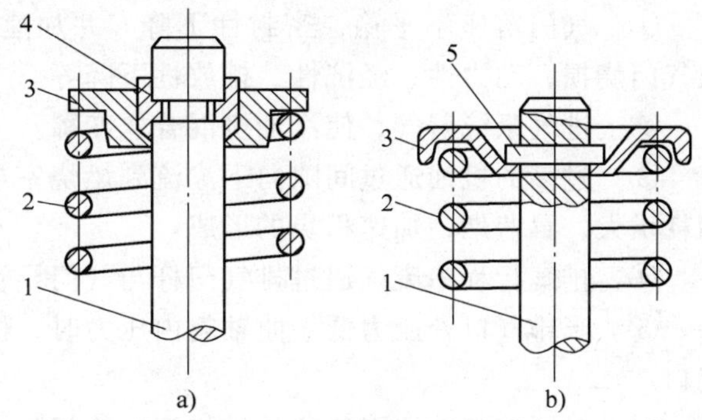

图 4-11　气门弹簧座的固定方式
a）锁夹（片）式固定　b）锁销式固定
1—气门杆　2—气门弹簧　3—气门弹簧座
4—气门锁夹　5—气门锁销

有的发动机排气门杆部制成中空的，其内一半的空腔充入熔点为 97℃ 的金属钠。在气门工作时，钠处于液态，随着气门往复运动强烈晃动，使气门头部吸收的热量更快地传到杆部，再经导管传给冷却液。

注意，切不可使充钠气门断裂，因为钠遇水后会发生剧烈的燃烧反应。

4.3.2　气门座与气门座圈

气门座是气缸盖上锥面形的进、排气孔口。其作用是与气门锥面紧密贴合封闭燃烧室并传出气门头部的热量。其工作条件与气门一样恶劣，必须耐热、耐磨、耐冲击、易散热。

气门座可以在气缸盖上直接镗出（整体式），也可以单独制作耐热座圈镶入气缸盖内（镶嵌式），称为气门座圈。现代发动机大多采用后者。铝合金气缸盖必须镶装气门座圈。

气门座圈是一个环状零件，由耐热合金钢或合金铸铁制成。为防止在工作中松脱，它以一定的过盈量与座圈孔配合，镶装时冷缩座圈或加热座圈孔部位后压入。

气门座锥角与气门锥角相适应。有的发动机气门座锥角较气门锥角大 0.5°～1°，称为干涉角，以利于初期磨合。

4.3.3　气门导管与气门油封

气门导管对在其内做往复运动的气门起支撑导向作用，保证气门与气门座能正确贴合，并起导热作用。

气门导管有整体式和镶入式两种。整体式气门导管在气缸盖中直接加工出气门杆孔。镶入式气门导管在气缸盖内的导管孔内过盈压入一根圆柱形管，过盈量为 0.015～0.065mm。

有些气门导管外圆柱面加工有环槽，镶入卡环进行定位，限制下端深入气道中的深度，并防止松落，如图 4-12 所示。

气门杆与气门导管之间一般留有 0.05 ~ 0.12mm 的配合间隙。它们之间靠气门传动件飞溅出来的机油进行润滑。

若气门杆与气门导管间隙太小，则易导致气门杆卡咬、密封不良，会引起气门烧损，使动力性、经济性、排放性下降等。

若气门杆和气门导管间隙过大，则会引起下列不正常现象：

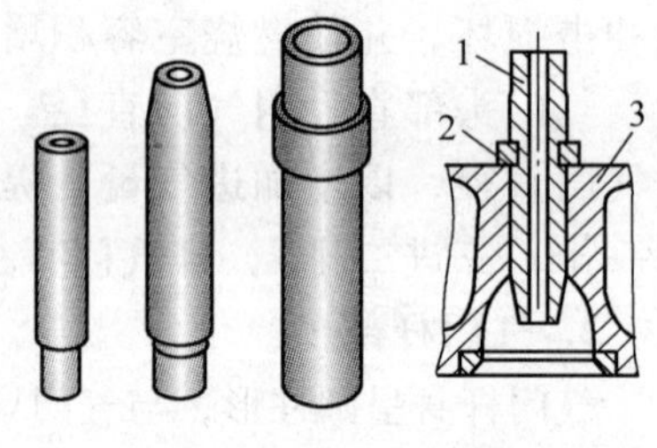

图 4-12 气门导管

1—气门导管 2—卡环 3—气缸盖

① 气门落座不平稳，密封性下降，并加速磨损，导致气门烧损，动力性、经济性、排放性下降等。

② 进气系统漏气，使汽油机混合气变稀。

③ 过多的机油通过间隙向下渗流到燃烧室或气道中（尤其在进气过程中），导致机油消耗增大，冒蓝烟，加速积炭的形成。

④ 排气行程中废气通过排气门杆与气门导管间隙进入曲轴箱。

⑤ 当排气口处压力低于曲轴箱内压力时，机油通过排气门杆与气门导管间隙泄漏到排气口。

起动时冒蓝烟的原因往往是排气门导管间隙太大，停机时机油通过排气门导管间隙渗漏下去进入燃烧室和黏附在排气歧管上，起动时被烧掉。这种现象会随着发动机温度的升高而减轻或消失。

气门油封的作用就是防止过多的机油通过气门导管和气门杆的间隙渗流到燃烧室或进、排气道内。它是一只橡胶密封圈，安装在气门导管上端。若气门油封损坏，则将有过多的机油通过气门与气门导管间隙向下渗流入燃烧室或气道，导致机油消耗量增大，伴随着排气冒蓝烟，加速气门及燃烧室内积炭的形成。

4.3.4 气门弹簧与弹簧座

气门弹簧用来保证气门及时落座并紧密关闭，防止气门在开闭过程中各传动件因惯性力而相互脱离（产生间隙）。因此，气门弹簧应有足够的刚度和安装预紧力。

气门弹簧一端支撑在气缸盖的相应凹槽内，另一端压靠在气门尾端的弹簧座上。弹簧座靠气门锁夹或锁销与气门杆固定在一起。

气门弹簧有等螺距的圆柱螺旋弹簧、不等螺距的圆柱弹簧、锥形螺旋弹簧等，常见的是每个气门均使用等螺距的圆柱螺旋弹簧。为防止共振、气门反跳等，有些发动机采用双等螺距的圆柱螺旋弹簧、不等螺距的圆柱弹簧、锥形螺旋弹簧。采用双等螺距的圆柱螺旋弹簧时，应注意内外弹簧同心且旋向相反安装，以防一根弹簧折断时卡入另一个弹簧圈内；采用不等螺距的圆柱弹簧和锥形螺旋弹簧时，应注意将螺距较小的一端和直径较大的一端朝向气缸盖安装。

4.3.5 气门旋转机构

气门旋转机构在发动机工作过程中，可使气门相对气门座缓慢旋转，使气门头部温度沿圆周方向均匀分布，减小气门头部的热变形，并能清除密封锥面上的积炭等，改善气门、气门座密封面的工作条件。

气门旋转机构如图 4-13 所示。气门旋转机构的壳体或支承盘上有 6 个变深度（弧形凹槽中间深、两端浅）的凹槽，槽内装有带回位弹簧的钢球，碟形弹簧套装在壳体上，外缘支承在气门弹簧座上。当气门关闭时，碟形弹簧并没有压紧在钢球上，这时钢球在复位弹簧的作用下位于凹槽最浅处（端点处）；当气门开启时，碟形弹簧被压平，对钢球施加压紧力，迫使其沿凹槽的斜面滚动，推动旋转机构壳体、气门锁夹和气门转过一定角度。这样，气门每开启一次，就沿同一方向旋转一个角度。

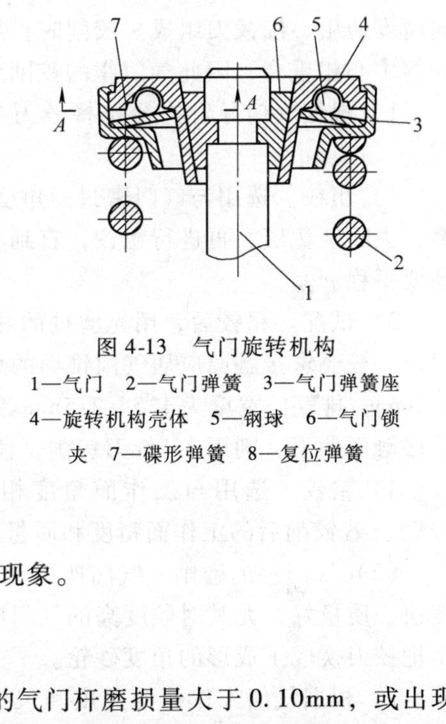

图 4-13　气门旋转机构

1—气门　2—气门弹簧　3—气门弹簧座　4—旋转机构壳体　5—钢球　6—气门锁夹　7—碟形弹簧　8—复位弹簧

4.3.6　气门组的检修

气门组零件受到交变的冲击性载荷和高温作用，常见的异常是气门杆弯曲、磨损、卡住，气门头部和气门座变形、磨损、起槽、烧蚀出斑点和凹陷，气门弹簧弹性减弱、折断等。

1. 气门的检修

（1）应更换气门的情形

1）气门头部产生裂纹，出现严重烧蚀或严重歪斜现象。

2）气门头部圆柱面的厚度小于 1.0mm。

3）气门尾部的磨损量大于 0.5mm。

4）轿车的气门杆磨损量大于 0.05mm，载货汽车的气门杆磨损量大于 0.10mm，或出现明显的台阶型磨损。用外径千分尺测量气门杆上、中、下三个部位互相垂直的两个方向的直径，获得磨损量。

5）气门杆的直线度误差大于 0.05mm，或将气门杆放在平板上滚动观察到有弯曲现象。

6）气门头部歪斜度值超过 0.005mm。

（2）气门弯曲变形的检验　如图 4-14 所示，将清洗干净的气门放在检测台的 V 形架上，将两块百分表的触头分别抵在气门杆部和头部。检查时，转动气门杆一圈，杆部百分表最大读数与最小读数之差即为气门杆直线度误差，头部百分表最大读数与最小读数之差的 1/2 为气门头部的歪斜度值。当气门杆的直线度误差大于 0.05mm，以及气门头部歪斜度值超过 0.005mm 时，应更换气门或用压力机予以校直，校直后的直线度误差不得大于 0.02mm。

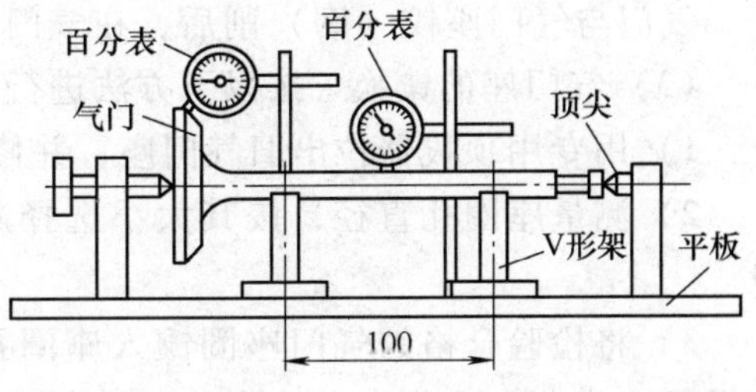

图 4-14　气门弯曲变形的检验

（3）气门密封面的修理　气门密封面磨损起槽、变宽或烧蚀出现斑点和凹陷时，应在光磨机上进行光磨。光磨后进气门头部圆柱面的厚度不得小于1.0mm，排气门不得小于1.3mm，气门密封面径向圆跳动误差应不大于0.01mm，表面粗糙度值小于$Ra1.25\mu m$。

注意：光磨前应先对气门进行校直。

2. 气门座的修理

当气门座密封面磨损得过宽（超过2mm），烧蚀出现斑点、凹陷时，应进行铰削或修磨。当气门座圈有裂纹、松动、严重烧蚀，或经多次修理，装入新气门后，气门头顶面仍比气缸盖底面低2mm时，应更换气门座圈。

（1）气门座圈的铰削　通常使用专用成套铰刀手工铰削。铰刀由导杆和不同直径、不同角度的粗、细铰刀组成。铰削时，导杆插入气门导管内定中心，以保证气门座中心与气门导管中心相重合，因此气门座的铰削要在气门导管镶配好后进行。铰削步骤如下：

1）根据气门导管内径选择铰刀导杆，导杆插入气门导管内以能滑动自如、无松旷为宜。

2）粗铰。选用与气门密封面角度相同的铰刀装在导杆上，先用砂布垫在铰刀下进行砂磨，去除硬化层，再进行粗铰，直到将斑点、凹陷全部铰去。铰削时，两手用力要均衡，转动要平稳。

3）试配。粗铰后，用光磨过的相配气门涂色试配，检查气门座与气门头接触面的位置。一般要求接触面应居气门锥面的中部略偏向锥面小端（中下部），进气门宽度为1.0～2.0mm，排气门宽度为1.5～2.5mm。若接触面偏上，则换用75°铰刀铰削，使接触面下移；若接触面偏下，则用15°铰刀铰削，使接触面上移。

4）精铰。选用与工作面角度相同的细铰刀精铰，或在铰刀下面垫细砂布进行修铰（磨）。若铰削后的工作面精度和质量较高，则可省去研磨工艺。

（2）气门座的磨削　气门座除铰削外，还可用光磨机的砂轮进行磨削。此方法磨削速度快，质量好，尤其对硬度高的气门座工作面而言，效果更佳。其操作方法与铰削相仿，只是把铰刀换成了成形的角度砂轮。

1）根据气门工作面的角度和尺寸选择合适的砂轮，并在砂轮修整器上修整砂轮工作面，达到平整且与轴孔同轴度误差在±0.025mm以内。

2）选择合适的定心导杆装在气门导管内，并滴上少许机油，再把选修后的砂轮装在光磨机上进行磨削。磨削时，光磨机要保持正直，向下轻微施压。光磨时间不宜太长，要边磨边检查。

气门与气门座铰（磨）削后，在气门上做出记号，以免错乱。

（3）气门座的镶换　按以下方法进行操作：

1）用专用顶拔器拉出旧气门座，并修整座圈孔。

2）测量座圈孔直径，按其大小选择新座圈。座圈与座孔应有0.07～0.125mm的过盈量。

3）将检验合格的气门座圈镶入座圈孔内：把气门座圈放入冰箱冷冻，或用干冰冷却，之后迅速装入座圈孔；也可用喷灯加热座圈孔至100℃左右，在座圈外涂一层密封胶，对准座孔，并垫以软金属，迅速压入座圈孔，但此方法易使座圈孔变形，座圈易脱落。

3. 气门与气门座的研磨

为使气门和气门座工作面密合，还需互相研磨。研磨的方法有手工和机动两种。

（1）手工研磨

1）先将气门、气门座、气门导管用汽油清洗干净。注意，气门应按顺序排列或在气门头部打上记号，以免错乱。

2）在气门工作面上涂上一层粗研磨砂，在气门杆上涂上机油，然后插入导管内。

3）使用气门橡胶研磨捻子吸住与气门座圈贴合的气门头顶面，提起、放下，使其不断地做往复运动，并同时左右旋转。当气门与气门座工作面上磨出一条完整且无斑痕的接触环带时，将粗研磨砂洗去，换用细研磨砂继续研磨。当工作面出现一条整齐的灰色环带时，再洗去研磨砂，涂上机油继续研磨几分钟即可。

注意，研磨过程中千万不要使研磨砂流入导管孔内，以免损伤气门杆、气门导管配合面；也不应提起气门用力撞击气门座，否则会将气门工作面磨宽或磨出凹形槽。

（2）机器研磨　将清洗干净的气缸盖置于气门研磨机工作台上，同样在已选配好的气门工作面上涂一层研磨砂，在气门杆上涂上机油，然后装入导管内，调整各转轴，对正气门座孔，连接好研磨装置，调整好气门升程，进行研磨，10～15min 即可。

4. 气门密封性检验

气门与气门座工作面研磨后，应做密封性检查。常用方法如下：

（1）画线法　用软铅笔在气门工作面上每隔 4mm 顺着锥面母线方向均匀地画若干道线条，然后落入与其相配的气门座，略压紧并转动 45°～90°，取出后若铅笔线条均被切断，则说明密封良好，否则需重新研磨。

（2）涂抹法　在气门工作面上涂抹一层薄红丹油或轴承蓝，将气门压在气门座上，用气门捻子吸住气门顶面，往复旋转数次后取出，若红丹油或轴承蓝布满气门座一周而无间断，又十分整齐，则说明密封良好。

（3）渗油法　在将气门安装好后，使气缸盖倒置，将煤油或汽油浇在气门顶面上，5min 内查看气门与气门座接触处是否有渗漏现象。若无渗漏现象，则说明密封良好。

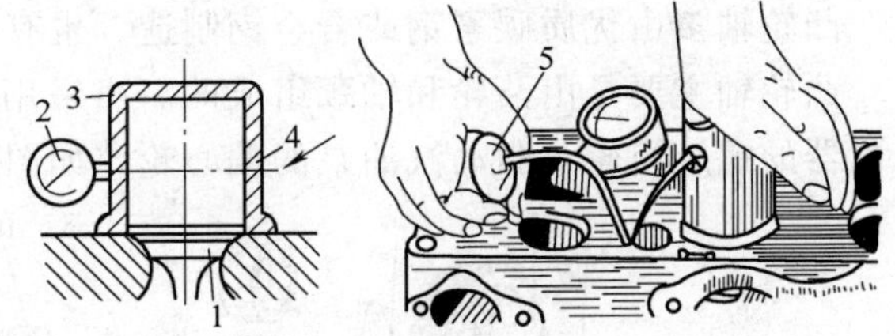

图 4-15　气门密封性的检验

1—气门　2—气压表　3—空气容筒　4—与橡胶球相通的气孔　5—橡胶球

（4）检验器法　用带有气压表的专门检验气门密封性的检验器检验，如图 4-15 所示。检验时，先把空气容筒紧贴在气门头部周围的气缸盖底面上，再用手反复压缩橡胶球，使空气筒内具有 60～70kPa 的压力，若 0.5min 内压力不下降，则说明密封良好。

5. 气门导管的检修

气门导管的主要问题是与气门杆的配合间隙失准，可用以下方法检查：

1）用内径百分表测量气门导管内径，用外径千分尺测量气门杆外径，两者之差即为配合间隙。

2）先将气门装入气门导管中，再将其提起至距气缸盖底平面 15～20mm，使百分表触头抵住气门头部边缘，来回推动气门，用百分表测得的气门最大摆动量指示导管的磨损情况。

当气门与气门导管间隙未超限时，可通过铰削和使用加大尺寸的气门修复；当气门与气门导管间隙超过规定值时，应更换气门导管。

6. 气门弹簧的检验与更换

1）检查气门弹簧有无折断现象或裂痕，若有则应更换气门弹簧。

2）检查气门弹簧自由长度。用游标卡尺测量，若气门弹簧自由长度的缩短量超过2mm，则应更换气门弹簧。

3）检查气门弹簧弹力。在弹簧检验仪上检查气门弹簧在规定压缩长度内的相应压力（或在一定压力下的长度）是否符合原厂规定。当气门弹簧弹力的减少值大于原厂规定的10%时，应予以更换。若气门弹簧弹力不足，则易导致气门跳动，使配气正时错乱，气门和活塞相撞，气门磨损、变形和折断；若气门弹簧弹力过大，则将引起配气机构零件的过早磨损、变形和驱动耗功。

4）检查气门弹簧垂直度。将气门弹簧一端放在平台上，用直角尺和塞尺检查。当气门弹簧端面与中心线的垂直度误差超过2°，气门弹簧的外圆柱面在全长上对底面的垂直度误差大于1.5mm时，即应更换气门弹簧。

4.4 气门传动组件

气门传动组件主要由凸轮轴、挺柱、推杆、气门间隙调节螺钉、摇臂、摇臂轴等组成。

4.4.1 凸轮轴

凸轮轴的作用是将旋转运动转变成往复运动，按照发动机的工作顺序、配气相位、气门升程规律控制气门的开与关。

凸轮轴多由优质碳素钢或合金钢制造，也有的采用合金铸铁和球墨铸铁制造。

凸轮轴主要是由凸轮和轴颈组成的。当采用下置凸轮轴时，凸轮轴上还有驱动机油泵、分电器的螺旋齿轮及驱动汽油泵的偏心轮，如图4-16所示。

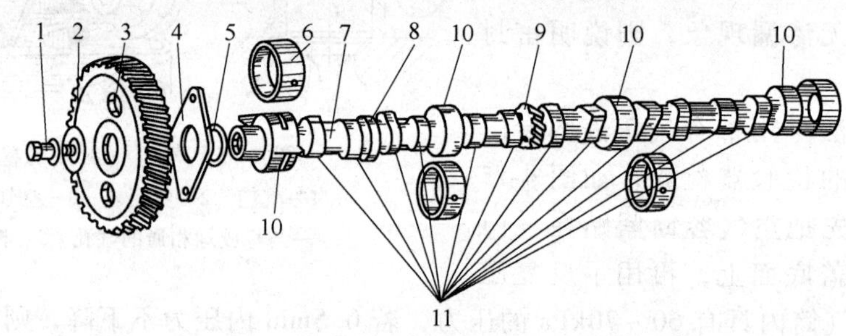

图4-16 凸轮轴组件

1—螺栓 2—垫圈 3—正时齿轮 4—止推板 5—隔圈 6—凸轮轴衬套 7—凸轮轴 8—驱动汽油泵的偏心轮 9—驱动分电器的螺旋齿轮 10—凸轮轴轴颈 11—凸轮

凸轮轴的结构有两种：一种是凸轮和凸轮轴制成一体的整体式凸轮轴，另一种是凸轮和凸轮轴可以拆装的组合式凸轮轴。车用高速发动机通常采用整体式凸轮轴。

凸轮的形线决定了气门开启与关闭时刻、气门持续开启的时间、气门的最大开度。

凸轮轴上各缸进、排气凸轮的相对位置是与发动机既定的点火次序、气缸数、点火间隔角、配气相位相适应的。根据各缸同名凸轮的相对位置和凸轮轴的旋转方向，可以判断发动机的点火次序。例如，对于四冲程四缸发动机的凸轮轴，从发动机前端看其旋转方向为逆时针（见图 4-17a），则发火顺序为 1-3-4-2；对于四冲程六缸发动机的凸轮轴，则发火顺序为 1-5-3-6-2-4，如图 4-17b 所示。相继发火的两缸，其同名凸轮的夹角为发火间隔角的 1/2；同一气缸上的进、排气凸轮相对位置，即异名凸轮相对位置，取决于配气正时及凸轮旋转方向。

凸轮轴通过轴颈支承在凸轮轴轴承上。顶置式凸轮轴轴承多由上、下两片轴瓦对合而成，各凸轮轴轴颈直径相等；下置式凸轮轴通过轴颈支承在机体内的整体式轴承内，凸轮轴是从机体的一端插入轴承孔的，各轴颈的直径要大于凸轮的最高点，且各轴颈的直径从前端向后依次减小，以便安装。

为限制凸轮轴工作时前后窜动，需对其进行轴向定位。常用的方法是在正时齿轮和凸轮轴第一轴颈之间装止推板和隔圈，如图 4-18 所示。由于隔圈的厚度大于止推板的厚度，在轴向留有一定间隙（0.08～0.2mm），因此改变止推片或隔圈厚度即可调整轴向间隙；也可利用凸轮轴轴颈两侧的凸肩与轴承盖两端面来定位；另外一种轴向定位方法是止推调节螺钉法，即在正时传动室盖上与凸轮轴前端相对应的位置拧入止推螺钉，其端部与正时齿轮紧固螺栓端面留有 0.1～0.2mm 的间隙。

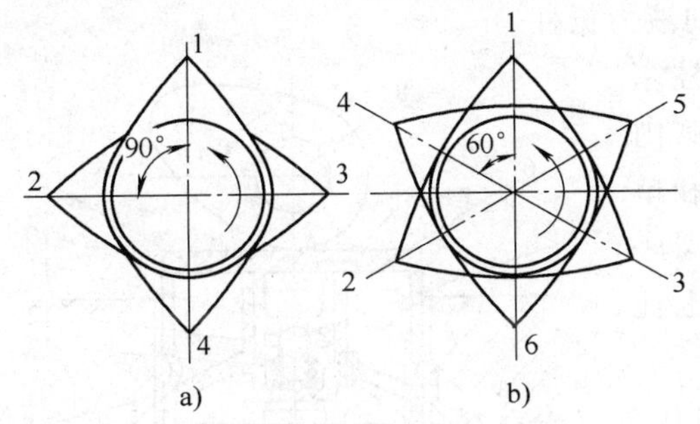

图 4-17　同名凸轮的相对角位置

a）四冲程四缸发动机凸轮

b）四冲程六缸发动机凸轮

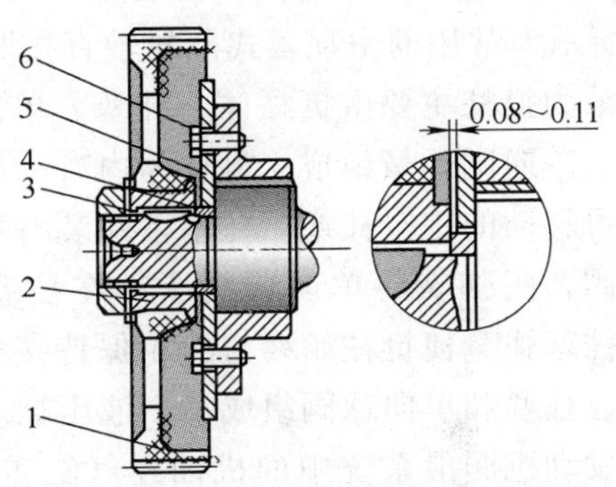

图 4-18　凸轮轴轴向定位

1—正时齿轮　2—正时齿轮轮毂　3—螺母

4—隔圈　5—止推板　6—螺钉

前已叙及，凸轮轴由曲轴驱动，为保证气门开启和关闭时刻正确，要求凸轮轴和曲轴之间必须有正确的相对位置关系，所以，正时机构零部件之间应具有正确的原始位置。装配时应特别注意，正时齿轮、链条或同步带上的正时标记必须与机体、气缸盖或正时传动室盖上相应的记号对准，否则将严重影响发动机的性能，甚至无法工作。

4.4.2　挺柱

挺柱（或挺杆）安装在气缸盖或气缸体中的导向孔内，随着凸轮的旋转做往复运动。其作用就是将凸轮的推力传给与其相邻的零件，或者推杆、或者摇臂、或者气门。挺柱分为机械式、液力式两大类。

1. 机械挺柱

图 4-19 所示为三种机械挺柱。根据挺柱底面或与凸轮接触部位的不同，机械挺柱分为平面挺柱、球面铤柱和滚子挺柱等。平面挺柱的中心线与凸轮中心线有一定的偏心距，球面挺柱的凸轮型面略带锥度，两者均使工作中挺柱被凸轮顶起时具有微小转动，使底面和导向

面磨损均匀。滚子挺柱的摩擦和磨损较小，但结构复杂。

挺柱内部或顶部有球窝形推杆支座，其半径略大于推杆球头半径，以利于形成机油膜。

机械式挺柱为凸轮轴和气门之间提供刚性连接。此种配气机构必须要有气门间隙及调整措施，以允许零件工作时受热膨胀，保证气门关闭严密。

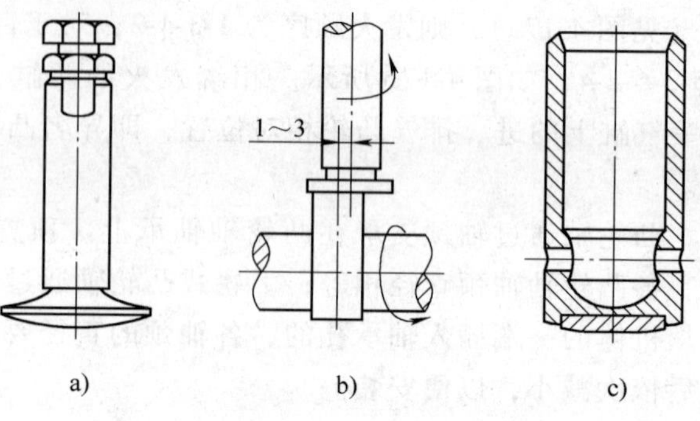

图 4-19　机械挺柱

a）菌形挺柱　b）平面挺柱　c）桶式挺柱

2. 液力挺柱

机械挺柱配气机构中的气门间隙，将使其工作时产生撞击噪声、磨损，影响气门正时及相关零件的寿命。液力挺柱既能在气门开启过程中提供刚性连接，又能在气门关闭时提供弹性连接，并能吸收配气机构工作时产生的冲击，所以越来越多的发动机上采用液力挺柱。液力挺柱可以自动补偿配气机构零部件的伸缩和磨损，自动维持配气机构零部件间的直接接触，实现零气门间隙。图4-20所示为常用的由顶置式凸轮轴直接驱动气门的液力挺柱。

液力挺柱主要由挺柱体、柱塞、单向球阀、柱塞弹簧、单向阀弹簧组成。挺柱体内有一柱塞孔，其内装有可移动的中空柱塞。柱塞下端装有柱塞弹簧和单向球阀，阀弹簧将单向球阀压靠在柱塞下端的阀座上，柱塞弹簧使挺柱始终与凸轮保持接触。实际上柱塞孔、柱塞和单向球阀组成一个液压缸。

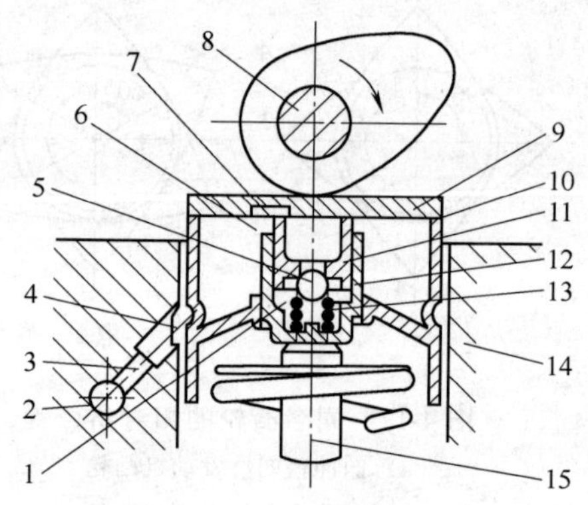

图 4-20　液力挺柱

1—高压油腔　2—气缸盖油道　3—油量孔　4—斜油孔　5—球阀　6—低压油腔　7—键形槽　8—凸轮轴　9—挺柱体　10—挺柱体焊缝　11—柱塞　12—套筒　13—补偿弹簧　14—气缸盖　15—气门杆

发动机润滑系统中的机油经气缸盖上的斜油孔、挺柱体上的环形油槽和键形槽进入低压腔。当凸轮的工作段顶压挺柱时，挺柱体和柱塞下移，高压油腔容积减小，压力升高，加之阀弹簧的作用，单向阀关闭，将低压腔和高压腔隔开。因液体的不可压缩性，整个挺柱如同一个刚体一样下移使气门打开。此时，挺柱体上的环形油槽也与斜油孔错开，停止进油。当油压过高或气门等零件膨胀时，将有少量的油液经配合间隙漏出。

当气门关闭时，柱塞弹簧使柱塞上移，高压油腔容积增大，压力下降。与此同时，液压油又经气缸盖斜油孔进入低压油腔，并推开单向球阀，使高、低压油腔连通，补充油液。在整个过程中，机构中各零件保持接触，且柱塞在挺柱体中的移动抵消了受热膨胀的伸长，所以液力挺柱又叫气门间隙自动调整机构。

4.4.3　推杆

推杆是顶置气门、下置式凸轮轴的配气机构所特有的。其作用是将挺柱传来的推力和运动传给摇臂。推杆是细长的杆件，最易弯曲，多为中空式的，两端焊有与摇臂调整螺钉和挺柱凹槽相配合的不同形状的球头，如图 4-21 所示。

4.4.4　摇臂组

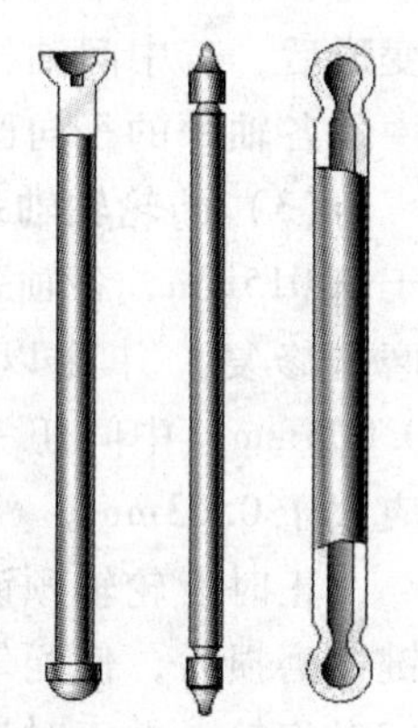
图 4-21　推杆

摇臂组的作用是改变推杆或凸轮传来的推力方向和放大凸轮升程，驱动气门的开启。

摇臂组由摇臂、摇臂轴、摇臂轴支座、定位弹簧、气门间隙调整螺钉等组成，如图 4-22 所示。

摇臂是一个以摇臂轴为支点的不等长双臂杠杆。长臂一端加工成圆弧形的工作面，与气门尾端接触，推动气门。摇臂的一端制有螺纹孔，用于安装气门间隙调整螺钉及锁紧螺母。

摇臂中心孔内压有青铜衬套，套装在空心的摇臂轴上。摇臂轴固定在气缸盖上的摇臂支座上。摇臂侧面由弹簧压紧或挡圈限定，以保证其轴向位置。摇臂轴中心孔通过支座上的油道与发动机机体、气缸盖上的机油道相通，轴上有径向油孔与摇臂上的机油孔连通。机油经摇臂轴通向摇臂两端的摩擦面。

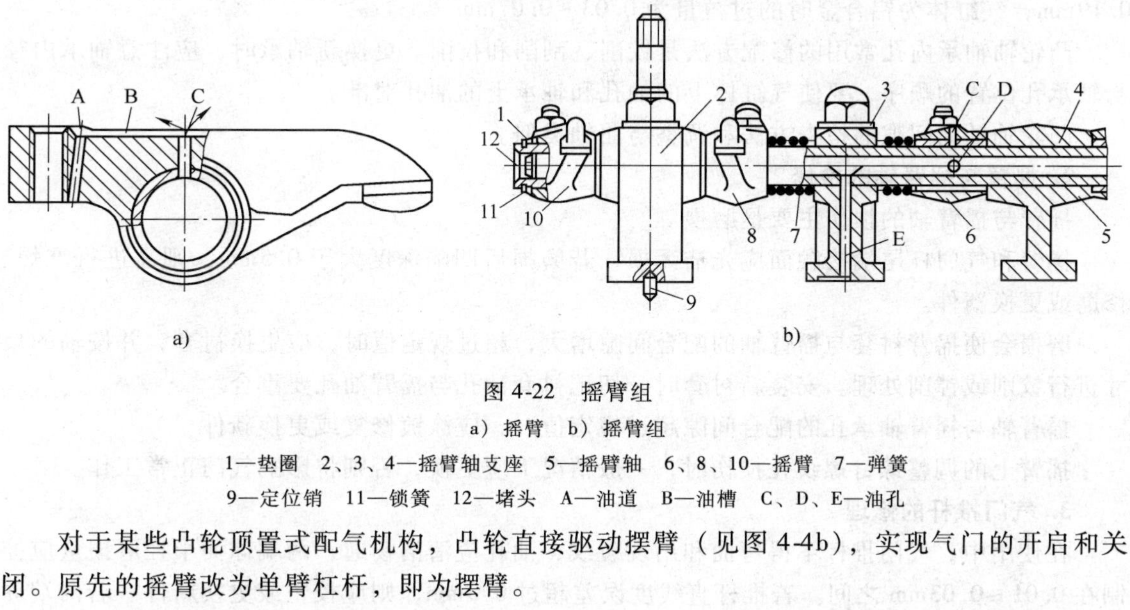

a)　b)

图 4-22　摇臂组

a）摇臂　b）摇臂组

1—垫圈　2、3、4—摇臂轴支座　5—摇臂轴　6、8、10—摇臂　7—弹簧　9—定位销　11—锁簧　12—堵头　A—油道　B—油槽　C、D、E—油孔

对于某些凸轮顶置式配气机构，凸轮直接驱动摆臂（见图 4-4b），实现气门的开启和关闭。原先的摇臂改为单臂杠杆，即为摆臂。

4.4.5　气门传动组零件的检修

1. 凸轮轴及轴承的检修

凸轮轴的损坏主要是凸轮轴的弯曲变形、凸轮表面磨损和擦伤、轴颈磨损、正时齿轮轴颈键槽磨损等，且弯曲和磨损又相互影响而加重，使配气相位、气门升程、配合状态失准等，进而使发动机整机性能下降，噪声增大。

（1）凸轮的检修　当磨损使凸轮最大升程低于标准值 0.40mm 或凸轮表面有严重擦伤、麻坑等异常磨损时，应更换新凸轮轴。当凸轮磨损未超限，表面有轻微擦痕时，可打磨后继续使用。

用外径千分尺测量凸轮高度和凸轮基圆直径，两者之差即为凸轮升程。

（2）凸轮轴弯曲的检修　凸轮轴弯曲变形的检查和校正方法与曲轴相仿。凸轮轴弯曲变形后，若中间轴径的径向圆跳动误差大于0.10mm，则应进行冷压校正。凸轮轴校正后，中间各轴颈的径向圆跳动误差不应大于0.03mm。

（3）凸轮轴轴颈的检修　用千分尺检查轴颈的圆度和圆柱度，当圆度和圆柱度误差大于0.015mm，各轴颈的同轴度误差超过0.05mm时，应按修理尺寸在专用凸轮轴磨床上进行磨削修复，并配以相应修理尺寸的凸轮轴轴承。磨修后轴颈的圆柱度误差不应大于0.005mm，中间任一轴颈的径向圆跳动公差为0.025mm。正时齿轮轴颈和轴向圆跳动误差不应大于0.03mm。

正时齿轮轴颈键槽的对称平面一般应与第一缸进、排气凸轮最大升程的对称平面重合。键槽磨损后，使配气相位发生改变，可在新的位置另开新键槽进行修复，但需重新在凸轮轴正时齿轮上做正时记号。

（4）凸轮轴轴承的检修　凸轮轴轴承与轴颈的配合间隙一般为0.05~0.10mm，最大不得超过0.15mm（轿车）或0.20mm（载货车），否则需更换新轴承。凸轮轴轴承与气缸体或气缸盖轴承孔之间应有过盈量，整体式轴承为0.05~0.13mm，剖分式轴承为0.07~0.19mm，气缸体为铝合金时的过盈量为0.03~0.07mm。

凸轮轴轴承内孔常用的修配方法是铰削、刮削和拉削。更换新轴承时，应注意轴承内径与轴承孔位置的顺序，要使气缸体上的油孔和轴承上的油孔对准。

凸轮轴轴向间隙的检查方法和调整与曲轴类似。

2. 摇臂与摇臂轴的检修

摇臂与摇臂轴的损伤主要是磨损。

摇臂和气门杆尾端接触面应光洁无损，若磨损后凹陷深度大于0.5mm，则需进行堆焊、修磨或更换新件。

磨损会使摇臂衬套与摇臂轴的配合间隙增大，超过规定值时，应更换衬套，并按轴的尺寸进行铰削或镗削处理。安装新衬套时，切记衬套油孔与摇臂油孔要重合。

摇臂轴与摇臂轴承孔的配合间隙超过规定值时，应涂镀修复或更换新件。

摇臂上的调整螺钉螺纹孔损伤时，一般情况下应更换，否则将影响气门正常工作。

3. 气门推杆的修理

在使用中，气门推杆不得弯曲和出现裂纹，油孔应清洁畅通，两端球面半径磨损量应控制在0.01~0.03mm之间。若推杆直线度误差超过0.3mm，则应校正或更换新件。若两端球面有裂纹、起槽等，则应更换新件。

4. 气门挺柱的修理

（1）液力挺柱的检修　发动机进行总成大修或气门开启高度不足时，一般应更换气门挺柱。当条件允许时，可按照原厂的规定在液压试验台上向液力挺柱上方施加规定的压力，检查液力挺柱柱塞向下滑移规定的距离所需的时间。若此时间过短，即说明液力挺柱内部有泄漏现象，应予以报废。

液力挺柱与导向孔配合间隙的标准值一般为0.01~0.04mm，使用极限为0.10mm。

（2）普通挺柱的检修　主要损伤是挺柱与凸轮接触面的磨损、挺柱与导向孔的磨损、挺柱出现裂纹等。

检修中应特别注意挺柱在导孔中及其底面的技术状态。当挺柱在运动中卡滞在导孔中，不能自如移动和转动时，不仅会加速底部磨损，而且会使凸轮的磨损加剧，凸轮轴弯曲，甚至在不长的行驶里程内使凸轮早期磨损而报废。挺柱与导向孔的配合间隙一般为 0.03 ~ 0.10mm，当超过 0.12mm 时，应更换挺柱。当挺柱出现裂纹，或底面出现擦伤划痕、疲劳剥落、不均匀磨损的环形光环时，应更换挺柱。

5. 正时机构的检查

使用中，正时机构的磨损将使配合松弛，噪声增大，配气相位失准。检查正时机构的磨损情况以判断其是否需要更换，是维修中的主要工作。

(1) 正时齿轮的检查　各种正时齿轮的齿面应光洁，无刻痕、破损、毛刺，各牙齿均匀一致。如果出现啮合间隙超限、轮齿磨出台阶、轮齿出现裂纹、断齿、轮齿不一致、表面损伤等现象时，均应更换新齿轮。

对于齿轮传动的正时机构，钢制齿轮啮合间隙一般为 0.03 ~ 0.30mm，使用极限为 0.40mm，非金属齿轮啮合间隙应不超过 0.50mm。同一对齿轮应检查沿圆周相隔 120°的三点齿隙之差，钢制齿轮应不超过 0.10mm，非金属齿轮应不超过 0.15mm，否则，应更换齿轮，并且相啮合的钢制齿轮应成对更换。

(2) 正时链轮-链条的检查　主要通过检查链条伸展长度、链轮直径及张紧器来判断其磨损情况。

1) 测量链条长度。按规定拆下链条后，用弹簧秤钩拉链条，当拉力达到 49N 时，测量链条长度，如图 4-23 所示。若长度超过限值，则应更换链条。

2) 测量链轮直径。使用拆下的链条分别将凸轮轴正时链轮和曲轴正时链轮整周啮合包住后，用游标卡尺测量其直径。若链轮磨损严重，直径小于最小限值，则应更换新件。

3) 检察张紧器。用游标卡尺测量张紧器厚度，若厚度低于最小限值，则应更换张紧器。

(3) 正时带轮-正时同步带的检查

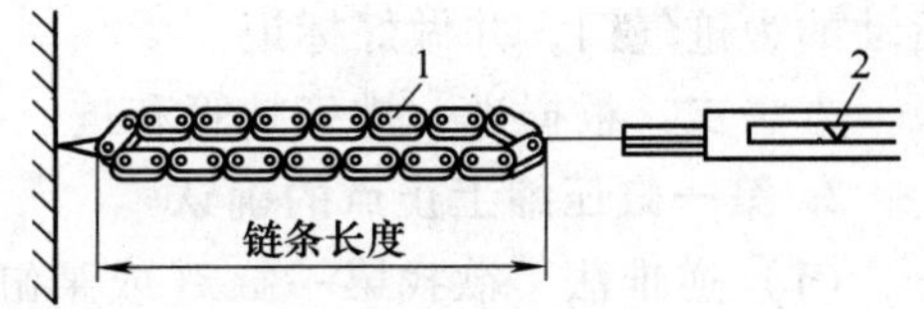

图 4-23　正时链条长度的测量
1—链条　2—弹簧秤

1) 检查同步带是否有开裂、剥落现象，齿数、齿形是否残缺，若有则应更换。同步带的上述损伤往往是由于张紧不足、带轮及张紧轮磨损、超期限使用、操作粗暴等所致。

2) 检查带轮、惰轮及张紧轮直径。用游标卡尺测量各轮的直径，带轮磨损极限为 0.10mm，惰轮及张紧轮磨损极限为 0.20mm。

3) 检查张紧度。拆下正时室护罩，用拇指和食指捏住正时带轮和中间带轮之间同步带的中间部位，用力翻转，以刚好能转 90°为宜。若不合适，则调整张紧轮固定螺母，使曲轴转 2 圈或 3 圈后复查一遍，予以确认。

(4) 正时机构的拆装

1) 曲轴、凸轮轴正时齿轮上的正时标记应对准。

2) 同步带（或链）传动机构的拆装

①　拆装同步带前，必须擦掉工具和手上的油污，防止带轮、张紧轮、同步带接触油脂、油液和水。尤其是同步带，凡沾上油脂、油液的，均应更换。

②　拆装时，不得挤压、扭转同步带，同步带表面不得被锐物划破。

③ 拆卸前注意观察同步带背面（或链条）的旋向箭头标记，若已看不清，则应重新做标记，以备安装时保证与原方向一致。

④ 拆装同步带（或链条）时，必须先使第一缸活塞处于压缩行程上止点，曲轴正时带轮、凸轮轴正时带轮上的正时标记与正时室罩或底板上的正时标记对正，且不能再转动曲轴及凸轮轴。

⑤ 拆下正时室罩、衬垫后，注意识别正时室内部的正时标记，同步带（或链条）上有与凸轮轴正时带轮、曲轴正时带轮、喷油泵正时带轮上对齐的正时标记。

⑥ 松开张紧轮的张紧弹簧后，即可取下同步带（或链条）。注意，在拆下同步带（或链条）后、拆下凸轮轴前，不可转动曲轴或凸轮轴，以免气门与活塞相撞。

4.5 配气机构的检查与调整

在使用过程中，配气机构各零件的变形、磨损等会使配气相位、气门间隙等产生异常，导致气门关闭不严，产生各种异响等，使发动机的性能下降。维修中必须通过检查、调整来消除上述不正常现象。

4.5.1 气门间隙的调整

对机械挺柱式的配气机构，气门间隙的检查和调整是发动机维修中必须进行的项目。检查、调整应在气门完全关闭且挺柱或摇臂落在最低（凸轮基圆）位置时进行，通常在压缩行程终了时调整各缸进、排气门间隙。

1. 进气门和排气门的识别

方法一：当转动曲轴时，依次观察发动机各缸的进、排气门。先动的为排气门，紧接着后动的为进气门，并做好标记。

方法二：根据进、排气歧管和进、排气道与进、排气门的对应关系确定。

2. 第一缸压缩上止点的确认

（1）逆推法 欲找第一缸（或某缸）的压缩上止点，可转动曲轴，观察与该缸曲拐在同一个方向上的另一气缸的排气门，在其打开又逐渐关闭的过程中进气门动作的瞬间，即为此缸的排气上止点，第一缸（或某缸）则在压缩上止点。对直列六缸发动机来说，即所谓的调一看六、调二看五、调三看四。

（2）分火头判断法 对有分电器的发动机，将分电器盖打开，并转动曲轴，当分火头转到与第一缸分高压线位置相对时，表示第一缸在压缩上止点前。

（3）正时记号法 按发动机上第一缸上止点记号确定第一缸压缩上止点。一般在飞轮与飞轮壳上以及正时齿轮与正时齿轮室上都制有确定第一缸上止点的记号。在确定第一缸进入压缩行程后，慢慢摇转曲轴，使第一缸上止点记号对齐，此时第一缸活塞处在压缩行程上止点。

（4）检查第一缸两气门摇臂能否绕轴微摆 若第一缸进、排气门均能摆动，则第一缸处于压缩行程上止点。

3. 气门间隙的检查与调整

（1）检查调整顺序

1）逐缸调整法。先找到第一缸压缩行程上止点，调整其进、排气门间隙，然后摇转曲轴，按照工作顺序依次调整其他各缸气门。

2）二次调整法。先运用上述方法找到第一缸活塞的压缩上止点，调整半数气门的间隙，再将曲轴转动一周，调整另半数的气门间隙。这样一台发动机只需摇转两次，就可将全部气门调整完毕。按照气缸发火顺序以“双排不进”的原则检查、调整气门间隙。

以四冲程六缸发动机为例，其工作顺序是 1-5-3-6-2-4。当第一缸正处于压缩上止点位置时，该缸的进、排气门间隙均可调（即所谓的“双”）；第五缸正处于压缩行程初期，进气门刚关，排气门间隙可调（即所谓的“排”）；第三缸正处于进气行程，排气门可调；第 6 缸正处于排气上止点，进、排气门处于叠开状态，均不可调（即所谓的“不”）；第二缸正处于排气行程，第四缸在做功行程后期，此两缸进气门均可调（即所谓的“进”）。当将曲轴摇转 1 圈后，使第六缸处于压缩上止点，从第六缸起按工作顺序，可调气门也正好是双（第六缸）、排（第二、四缸）、不（第一缸）、进（第五、三缸），见表 4-1。四缸、三缸发动机的可调气门排列表见表 4-2 和表 4-3。

表 4-1　六缸发动机可调气门排列表

气缸工作顺序	1	5	3	6	2	4
	1	4	2	6	3	5
第一遍（第一缸在压缩上止点）	双	排		不	进	
第二遍（第六缸在压缩上止点）	不	进		双	排	

表 4-2　四缸发动机的可调气门排列表

气缸工作顺序	1	3	4	2
	1	2	4	3
第一遍（第一缸在压缩上止点）	双	排	不	进
第二遍（第四缸在压缩上止点）	不	进	双	排

表 4-3　三缸发动机的可调气门排列表

气缸工作顺序	1	2	3
第一遍（第一缸在压缩上止点）	双	排	进
第二遍（第一缸在进、排气上止点）	不	进	排

（2）检查与调整方法　拆下摇臂室罩盖，先用螺钉旋具固定住调整螺钉，拧松调整螺钉的锁紧螺母，随即将符合规定间隙的塞尺插入气门间隙处，然后拧动调整螺钉，使摇臂（或摆臂）端头将塞尺轻轻压住，来回拉动塞尺，以略感发涩为宜。之后使调整螺钉保持不动，拧紧锁紧螺母。最后复查一次气门间隙，若拧紧锁紧螺母时间隙发生了变化，尚需重新调整。

对于顶置凸轮直接驱动气门挺柱的发动机，气门间隙的调整通过更换气门间隙调整垫片的方法来实现。

4.5.2　配气相位的检查与调整

1. 配气相位的检查

配气相位的检查要在气门间隙调整好后进行。先进、快速的发动机综合测试仪检测法能自动地将配气相位偏离标准值的度数迅速显示出来，因此被采用得较多。传统的气门叠开法、刻度盘法仍运用于实际维修中。

（1）刻度盘法　先在曲轴前端装一个与其同轴转动的且具有360°刻线的圆盘，再装一个可调节的刻度盘指针，然后转动曲轴，使飞轮壳检视孔上的指针对准飞轮上的0°线。此时使刻度盘指针指0，并固定，同时在气门弹簧座上安装一只百分表，顺时针转动曲轴，观察百分表指针和刻度盘指针。百分表指针开始摆动的瞬间，即为气门开始开启的时刻，此时刻度盘指针指示的角度即为气门开启角；百分表指针越过最大值后停止摆动的瞬间即为气门关闭时刻，刻度盘指针指示的角度即为气门关闭角。

（2）气门重叠法　通过测量进、排气门升程间接获得配气相位。步骤如下：

1）先将气门间隙调整为零。

2）安装检测仪百分表。转动曲轴，使第一缸活塞处于排气行程上止点前进气门未开启位置；在火花塞处安装一个百分表，使其触头深入到气缸内活塞上止点稍微偏下的位置，以检测上止点，如图4-24所示。在进气门弹簧座上安装另一只百分表，使其触针平行于气门杆，并使表针指“0”，以检测气门升程。

3）顺时针缓慢转动曲轴，上止点百分表读数最大时即为活塞上止点。在活塞到达上止点前0.01mm和越过上止点后0.01mm时读数，分别记下气门升程百分表读数 h_1 和 h_2，将二者的平均值作为排气行程上止点时进气门的升程 h_i。

4）根据进气门平均升程 h_i 找准上止点后，再使气门升程百分表触及排气门弹簧座，指针指“0”。顺时针转动曲轴，至排气门完全落座，由百分表读出排气门落座前的高度 h_e。

5）将进、排气门上止点的升程及其相对升程的差值与标准值进行比较，即可确定配气相位的情况。

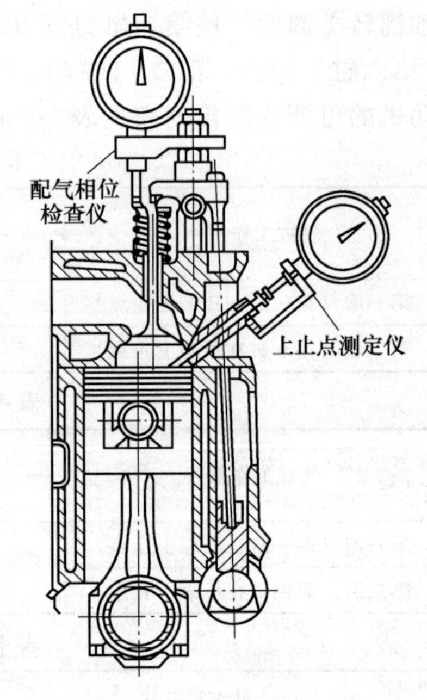

图4-24　配气相位的测量

2. 配气相位的调整

配气相位的调整方法可视具体情况而定。若各缸气门正时迟早不一，一般是由于凸轮磨损严重所致，应修磨或更换凸轮轴。对于机械挺柱发动机，若个别气门的配气相位偏早或偏迟不太大时，可通过调整气门间隙的方法予以解决。当各缸进、排气门的配气相位均提前或均延迟时，可将凸轮轴或正时轮转动一个角度。

（1）凸轮轴正时齿轮作轴向位移法　对于采用斜齿圆柱正时齿轮啮合传动的配气机构，将凸轮轴正时齿轮作轴向位移，使凸轮轴同时相对于曲轴正时齿轮转过一个角度，达到微调配气相位的目的。此方法通常用增加止推凸缘和隔圈厚度或从内侧减小正时齿轮轮毂厚度的方法使正时齿轮获得轴向位移量。

（2）凸轮轴偏位键法　通过改变正时齿轮和凸轮轴的联接键断面来实现配气相位的调整。把矩形键改制成阶梯形键，使露出轴颈的部分左右偏移，从而使正时齿轮相对于凸轮轴偏移相应角度。键偏移量的计算公式为

$$S = \pi d\psi/720$$

式中 S——键的偏移量（mm）；

d——凸轮轴键槽处的断面半径（mm）；

ψ——需调整的配气相位角（°）。

安装偏位键时，不得装反，否则，将引起配气相位成倍地改变。

对于采用液力挺柱凸轮轴上置的发动机，一般只能通过更换已磨损的零部件来恢复配气相位。

4.6 可变配气技术

4.6.1 概述

在传统发动机工作时，配气相位及气门升程是不能随着工况的变化而改变的，仅能保证在某一预期工况附近有高的充气效率和动力输出。适合发动机高转速运转的配气相位，在低速时转矩输出小，怠速不稳；适合发动机低转速运转的配气相位，高转速时转矩输出小。为达到高、低转速时都具有良好的充气效果，改善高、低转速转矩输出的矛盾，理想的配气机构应随着转速的升高而适当增大进、排气门早开角和迟闭角及气门升程，尤其是进气迟闭角、气门叠开角和气门升程。结合电子、液压控制技术，现代先进的发动机已配置了随着转速变化自动调节气门正时和气门升程的机构。

气门正时和升程取决于凸轮形线、凸轮轴相位（凸轮轴与曲轴的相对位置）、摇臂、液力挺柱。

就功能而言，可变配气机构分为单气门正时可变式（许多发动机只有进气门正时可变）、双气门正时可变式（进气门和排气门正时都可变）、气门正时与升程全可变式。

就可起作用的速度范围而言，可变配气机构又可分为分段可变式和连续可变式。

就调整方式而言，可变配气机构可归纳为凸轮轴相位可变式、凸轮可变式、液力挺柱可变式、摇臂可变式、电磁气门式等。

4.6.2 几种可变配气机构

1. 凸轮轴相位可变式

凸轮轴相位可变式即仅在高速和低速时将凸轮轴转动一个角度，使气门开启和关闭时刻同时提前或延后，不改变气门升程和气门开启持续期。许多发动机只有进气正时是可变的，如奥迪、帕萨特牌轿车就采用了此种可变配气正时技术。如图 4-25 所示，排气凸轮轴由曲轴驱动，相位不调整。排气凸轮轴通过链条驱动进气凸轮轴，链条中间有电控液压张紧调整器。工作时，发动机 ECU 根据发动机转速控制液压缸的油压，使调节器上升或下降，改变链条与链轮的啮合位置，调整进气凸轮轴相对于曲轴的位置。

2. 凸轮可变式

凸轮可变式即随着转速的变化变换驱动凸轮，同时改变配气相位和气门升程。此种可变配气机构的典型代表是本田 V-TEC 机构，如图 4-26 所示。该机构中，在进、排气凸轮轴上每缸分别设有三个不同的同名凸轮。中间的高速凸轮具有最大升程和气门持续开启期，其两

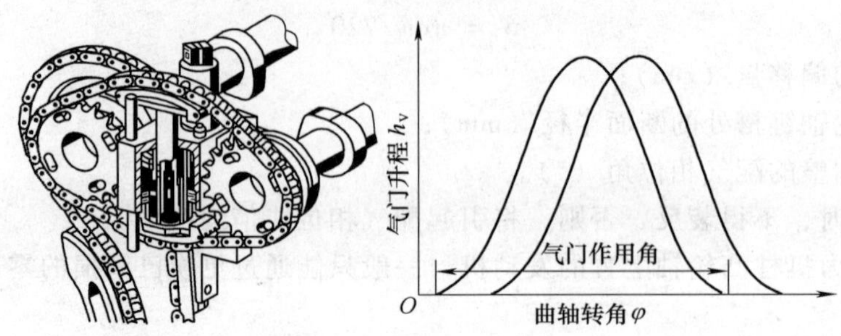

图 4-25 进气正时可变配气

侧是两个低速凸轮。具有较大的升程和提前角的为低速主凸轮，具有最小升程和提前角的则为副凸轮。主、副凸轮分别驱动主、副摇臂和主、副气门。中间摇臂由高速凸轮驱动，但它不与任何气门直接接触。三个摇臂内均有一个液压缸，内部装有可以往复移动的液压活塞。

低转速时，无液压作用，各活塞在弹簧的作用下处在各自对应的摇臂液压缸内，各摇臂独立工作，低速凸轮分别推动主、副摇臂开闭主、副气门。虽然高速凸轮也顶压中间摇臂，但是由于它与主、次摇臂没有互相连接，因此处于闲置状态；高转速时，液压活塞受到液压油的推动，使三个摇臂结合成一体，此时，中间高速凸轮通过中间摇臂驱动气门工作。

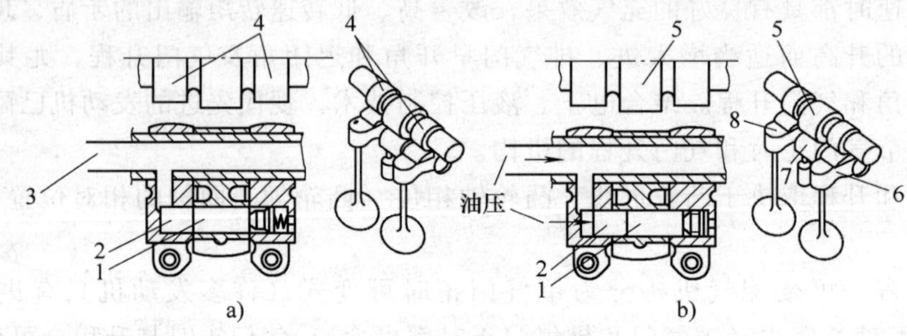

图 4-26 本田 V-TEC 机构

a) 低速状态 b) 高速状态

1、2—同步活塞 3—摇臂轴中心油道 4—低速主、副凸轮 5—中间高速凸轮

6—副摇臂 7—中间摇臂 8—主摇臂

3. 液力挺柱可变式

液力挺柱可变式即利用电磁阀控制液力挺柱的油压，调整挺柱的高度，以调整气门开启时刻、气门持续开启时间，甚至使气门不开启，实现停缸控制。发动机转速低时，释放挺柱内的压力，不将凸轮全部升程传给气门；发动机转速高时，将液压油压入挺柱，使凸轮全部升程传给气门，进而使气门升程增大，开启持续时间延长，如图 4-27 所示。

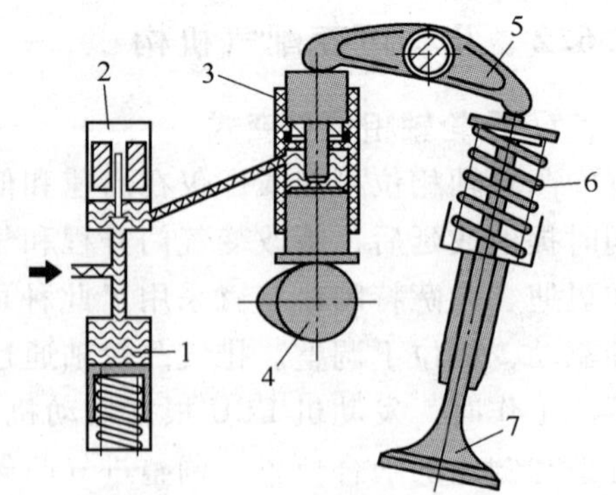

图 4-27 液力挺柱

1—蓄压室 2—电磁阀 3—液力挺柱

4—凸轮 5—摇臂 6—气门弹簧

7—进气门

4. 电控全可变气门机构

这种配气机构能够实现进、排气门正时和升程的无级可变，而且可以取消节气门，利用控制进气门正时及升程来控制进气量，可大大降低泵气损失，减轻进气迟滞现象，提升发动机动力性，降低油耗

和排放。这种机构的典型代表是宝马的 Valvetronic 机构和英菲尼迪的 VVEL 机构。

图 4-28 所示为宝马的 Valvetronic 机构，主要包括偏心轴驱动电动机、偏心轴驱动齿轮、偏心轴、凸轮轴、中间杠杆、摇臂、扭转弹簧。当系统工作时，电动机驱动偏心轴齿轮改变相位，带动中间杠杆改变角度，与此同时凸轮轴驱动中间杠杆顶压摇臂，完成气门的开启和关闭。此系统中间联动件多，惯性大，不适于高转速发动机。

5. 电磁气门

或许将来的发动机不再需要凸轮机构控制气门的开、闭，而采用电磁控制。发动机 ECU 根据接收到的工况信号控制安装在每个气门上的电磁阀通电时间来调整气门正时和升程。采用此种技术的汽油机，将不必再使用节气门调节进气量，直接控制气门开启时间及升程即可调节进入气缸的混合气量，而且同时可实现废气的内部再循环。图 4-29 所示为德国发明的电磁控制全可变气门机构。该机构中有上下两个电磁线圈，一块衔铁固定在气门杆上，置于两电磁线圈之间。当下面的电磁线圈通电时，气门开到最大升程；当上面的电磁线圈通电时，气门关闭。下面的电磁线圈是可移动的，以此调整气门最大升程。当电磁线圈都不通电时，气门在弹簧作用下，处于中间开启位置。

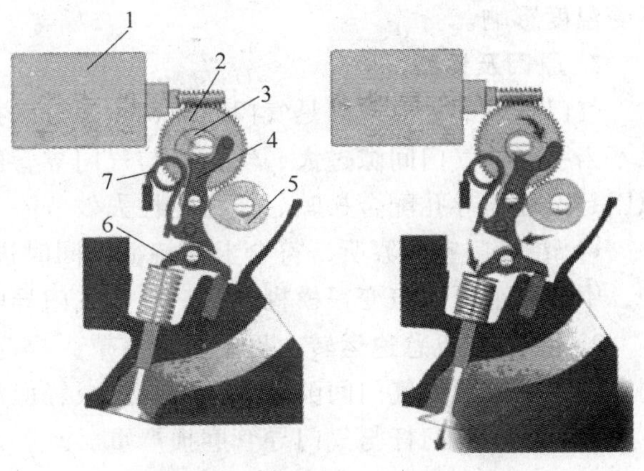

图 4-28　宝马的 Valvetronic 机构

1—驱动电动机　2—驱动齿轮　3—偏心轴　4—中间杠杆　5—凸轮轴　6—摇臂　7—扭转弹簧

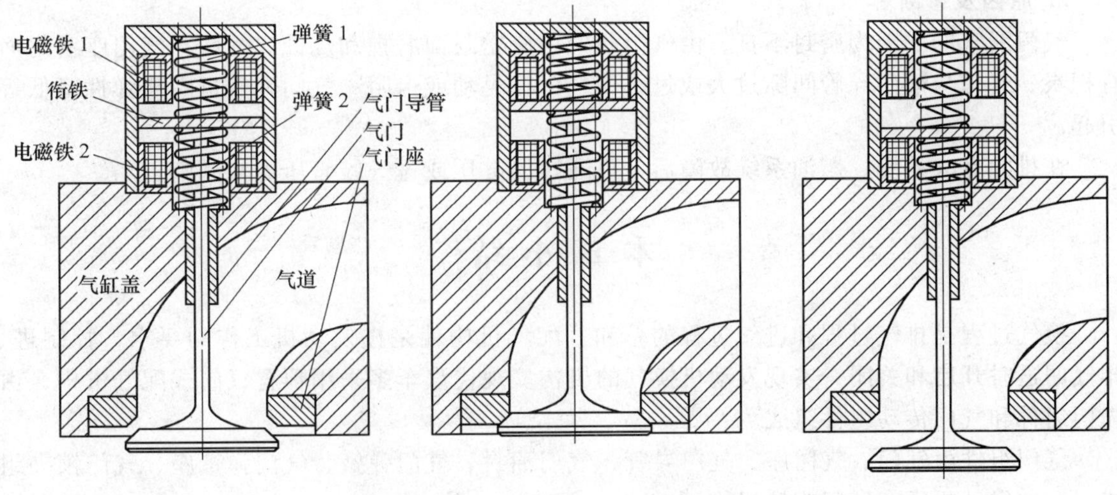

图 4-29　电磁控制全可变气门机构

4.7　配气机构故障的诊断

配气机构的故障主要是由于磨损、连接松动、装配不当、配合间隙不当等导致的各种异响。借助于异响的特征及机油压力等其他信号判断异响发生部位成为关键。

4.7.1 气门和挺柱异响

1. 特征

气门和挺柱异响是有节奏的、清脆的“嗒、嗒”金属敲击声，怠速、低速时较明显，不受温度影响。

2. 原因及诊断

气门异响的主要原因是气门间隙调整螺钉磨损、凸轮磨损、气门杆尾部接触面不平或调整不当引起的气门间隙过大、气门杆与气门导管磨损严重、凸轮轴弯曲等；挺柱异响的主要原因是挺柱与导孔配合松旷、液力挺柱失效。

1）在气门室侧察听，符合上述特征，同时进行断火试验，或发动机温度变化时响声不变，中速以上时响声变得模糊杂乱，则为气门异响。

2）使发动机怠速运转，拆下气门室罩，提起挺柱或将塞尺插入可疑气门脚上部，若声响消失，则说明该气门间隙过大；若响声减轻但没有消除，则用螺钉旋具撬气门杆，如果响声消除，说明气门杆与气门导管磨损严重。

3）在气门室侧察听，符合上述特征，同时进行断火试验，或发动机温度变化时响声不变，转速升高时响声减弱或消失，则为挺柱异响。

4.7.2 气门漏气

1. 特征

起动困难，进气管回火，排气管放炮、冒黑烟，油耗增加，动力不足，温度升高。

2. 原因及诊断

气门漏气的原因为密封不良，由气门与气门座密封面磨损和烧蚀、气门与气门座密封面有积炭、气门与气门导管间隙过大或过小使气门杆晃动或卡阻、气门弹簧折断或弹性降低等引起。

在排除点火系统、燃油系统故障后，可通过测缸压或进气歧管压力来判断。

本章小结

换气过程是排气过程和进气过程的总和。配气机构就是按发动机工作的要求，控制进、排气门适时开启和关闭，实现发动机换气的机构。现代汽车多采用顶置气门式配气机构，由气门组件和气门传动组件组成。

气门组件由气门、气门座、气门导管、气门油封、气门弹簧、气门弹簧座、气门锁夹组成，有的发动机还有气门旋转机构。

气门和气门弹簧座通过放入气门弹簧座内和气门杆尾部的气门锁夹或锁销在气门弹簧力的作用下而被固定。气门杆插入气门导管中做间歇性的往复运动，气门头部与气门座配合实现燃烧室进、排气口的关闭。气门导管对气门起支承导向作用，保证气门与气门座能正确贴合，并起导热作用。气门油封用来防止过多的机油通过气门导管和气门杆的间隙渗流到燃烧室或进、排气管道内。

气门组件常见的异常是气门杆弯曲、磨损、卡住，气门头部和气门座变形、磨损、起槽、烧蚀出斑点、凹陷，气门弹簧弹性减弱、折断等。气门与气门座进行修复、光磨或更换后，要进行研磨，且通过密封性试验，以达到有效的密封。

气门传动组件由凸轮轴、挺柱、推杆、摇臂、摇臂轴、调整螺钉、正时传动机构组成。凸轮轴控制气门的开关，有下置、中置、顶置三种布置形式。凸轮轴由曲轴驱动，传动方式有齿轮传动、链条-链轮传动、同步带-带轮传动。四冲程发动机曲轴与凸轮轴的转速比为2:1。凸轮轴与曲轴的相对位置决定了配气相位，拆装时应注意观察正时装置及气缸体、气缸盖和正时室罩上的正时标记。顶置凸轮轴同步带传动方式在现代轿车中得到广泛应用，使用中应注意定期更换同步带。

机械式挺柱为凸轮轴和气门之间提供刚性连接。此种配气机构必须要有气门间隙及其调整措施，以允许工作时零件受热膨胀，保证气门关闭严密。液力挺柱既能在气门开启过程中提供刚性连接，又能在气门关闭时提供弹性连接，并能吸收配气机构工作时产生的冲击力，自动补偿配气机构零部件的伸缩和磨损，无需留气门间隙。

凸轮轴的损伤主要是弯曲变形、凸轮表面磨损和擦伤、轴颈磨损等，弯曲和磨损又因相互影响而加重，使配气相位、气门升程、配合状态失准等。凸轮轴弯曲变形应进行校正，凸轮磨损超限应更换新件。凸轮轴轴颈磨损后，可按修理尺寸磨削修复并换配相应尺寸的轴承或换用新件。其他各件应视情况进行修复或更换。

充气效率是评价发动机换气过程完善程度的参数。其定义是每循环实际留在气缸内的新鲜充量与在进气状态可能充满气缸工作容积的最大充量之比。充气效率越大，进入气缸内的新鲜充量越多，气缸的做功能力越强，发动机发出的功率或转矩就越大。凡是有利于减小进、排气阻力或降低进气温度的因素和措施均使充气效率提高。

为使进气充分，排气完善，实际的发动机进、排气门都要早开晚关。以曲轴转角表示的进、排气门开闭时刻称为配气相位。发动机的每一工况都存在一个最佳的配气相位，尤其是高、低转速时差异较大时。理想的配气相位是随着转速的提高，进、排气提前角和延迟角适当增大，尤其是进气迟闭角和气门重叠角。

传统的发动机每缸有两个气门和固定不变的配气相位和气门升程，不能兼顾高、低速时都达到好的充气效果。现代高性能轿车的发动机已采用多气门机构和可变配气机构，可根据发动机的转速适时调节配气相位和气门升程，从而解决了高、低速时的矛盾，改善了发动机的综合性能。

配气机构零件的磨损、变形、烧蚀等将引起配合状态、气门间隙、配气相位等的异常，导致发动机气门关闭不严、充气效率减小、噪声增大、性能下降。发动机装配时，必须按规定检查和调整好气门间隙和配气相位。调整气门间隙时，应先辨认进、排气门，并找出第一缸压缩行程上止点，按“二次调整法”或“逐缸调整法”进行。

配气相位的检验可用气门重叠法、刻度盘法和发动机综合分析仪检测法等。若个别气门的配气相位偏早或偏迟不太大，则可通过调整气门间隙的方法予以解决；若各缸进、排气门开启迟早不一，则由凸轮磨损严重所致，应修磨或更换凸轮轴；若各缸进、排气门的配气相位均提前或延迟，则可采用偏位键法进行调整。

复习思考题

1. 何为配气相位？进、排气门为何要早开晚关？

2. 已知某发动机的进、排气门提前开启角分别为12°和42°，滞后关闭角分别为68°和18°，请画出配气相位图，并计算进、排气门开启的持续角及气门重叠角。

3. 何谓发动机充气效率？请举出提高充气效率的几种方法和结构措施。

4. 配气机构气门组件主要由哪些零件组成？

5. 气门油封有何作用？

6. 气门与气门导管间隙过大、过小有何害处？

7. 配气机构凸轮轴的驱动形式有哪几种？各有何特点？

8. 四冲程发动机曲轴与凸轮轴之间转速的关系是什么？

9. 装配时如何保证正确的配气定时？

10. 何谓气门间隙？气门间隙过大或过小分别有何害处？

11. 如何调整气门间隙？

12. 说明液力挺柱的工作原理。液力挺柱有何优点？

13. 气门弹簧有何作用？弹簧力过小会出现什么问题？

14. 安装采用双气门弹簧、不等螺距的圆柱弹簧、锥形螺旋弹簧时应注意什么？

15. 如何防止气门落入气缸内？

16. 如何根据配气凸轮轴判断发动机的工作顺序？

17. 发动机正常工作时，机油如何进入气缸中被烧掉？

18. 为何要对气门和气门座进行研磨？如何研磨？气门有无互换性？

19. 凸轮轴如何进行轴向定位？如何调整轴向间隙？

20. 何种原因可能导致气门关闭不严？气门关闭不严有何害处？

21. 如何检验气门与气门座的密封性？

22. 在发动机运转过程中为何会发生气门间隙、配气相位失准现象？

23. 发动机为何要采用可变配气正时技术？

第 5 章　汽油机燃油系统与燃烧

【学习要求】

1. 掌握燃油供给系统的作用、燃油供给系统的种类。
2. 了解汽油机不同混合气的形成方式及特点。
3. 理解汽油机各工况混合气形成和燃烧的特点与控制。
4. 理解汽油机正常燃烧过程、不正常燃烧过程及影响因素。
5. 了解化油器基本结构与工作原理。
6. 掌握电控喷射燃油系统的组成及主要零部件的作用、结构和工作原理。

5.1　汽油机燃油系统的作用与组成

汽油机在不同工况（负荷和转速）下，要求供给不同浓度和数量的混合气。汽油机燃料系统的任务就是根据工况要求，供给气缸一定数量和浓度的、清洁的汽油与空气混合物，以满足稳定、洁净燃烧的要求。

根据汽油的供给方式，汽油机的燃油系统分为化油器式和燃油喷射式两种。

化油器式燃油系统由燃油箱、汽油泵、汽油滤清器、化油器及油管等组成，如图 5-1 所示。当发动机工作运转时，燃油从燃油箱中被吸出，经滤清器到燃油泵，送到化油器，化油器将燃料和空气按比例混合送到进气歧管，再经进气门进入气缸燃烧。

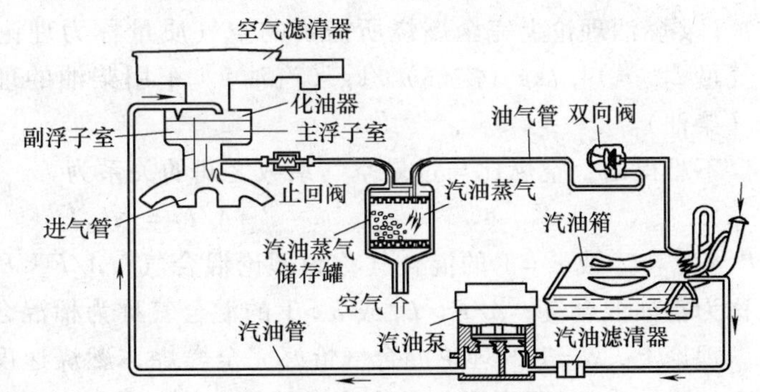

图 5-1　化油器式燃油系统的组成

燃油喷射式燃油系统的组成部件很多，可分为燃油供给装置、传感器和电子控制单元，如图 5-2 所示。燃油供给装置包括燃油箱、汽油滤清器、燃油总管（燃油分配管）、输油管，以及电动汽油泵、燃油压力调节器、喷油器等执行元件。传感器主要包括空气流量传感器、进气歧管绝对压力传感器、节气门位置传感器、转速和曲轴转角位置传感器、氧传感器、冷却液温度传感器等。

5.2　可燃混合气的形成

发动机中一定数量或比例的燃油与空气接触、混合的过程称为混合气的形成过程，即一定数量的燃油雾化、蒸发、扩散与适量空气混合的过程。由于汽油蒸发性好，因此汽油机混合气的形成从进气管中开始，至点火时已是预先混合均匀的混合气。混合气形成及燃烧过程

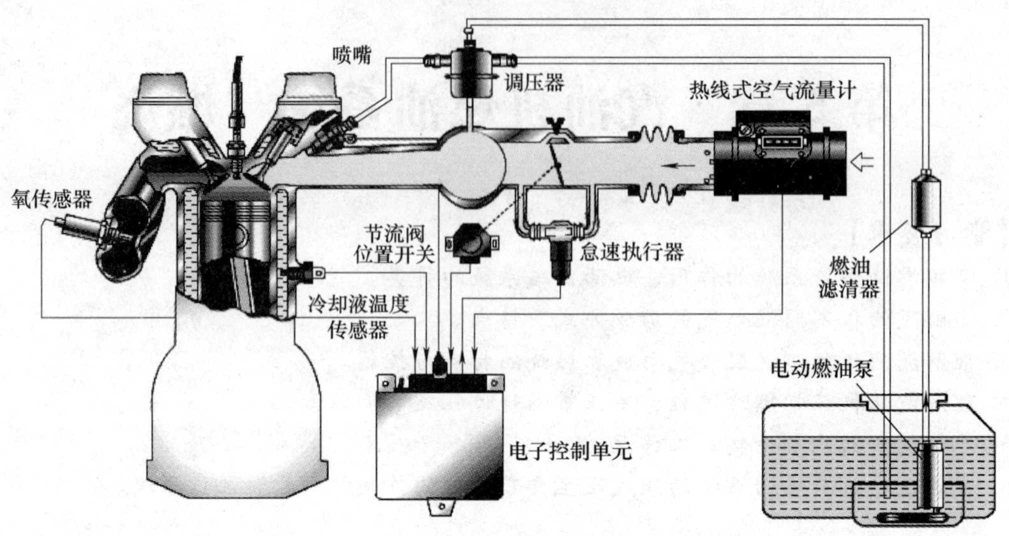

图 5-2 电控燃油喷射式燃油系统的组成

的质量直接影响发动机的动力性、经济性、排放性、冷起动性、怠速稳定性、加减速圆滑性，以及振动、噪声、使用寿命等。

5.2.1 混合气浓度

混合气浓度是指混合气中燃料与空气的比例成分，用空燃比或过量空气系数表示。

空燃比是指混合气中空气与燃油的质量之比，以 A/F 表示。

过量空气系数是指燃烧 1kg 燃油实际供给的空气质量与理论上完全燃烧 1kg 燃油需要的空气质量之比，以 α 表示。

1kg 燃油理论上完全燃烧所需要的空气质量称为理论空气量，以 L_0 表示。汽油的理论空气量 $L_{0汽}=14.7$kg（空气）/kg（汽油）。车用柴油的理论空气量 $L_{0柴}=14.6$kg（空气）/kg（柴油）。

不难得出，空燃比与过量空气系数之间的关系为

$$A/F = \alpha L_0$$

$A/F=L_0$ 或 $\alpha=1$ 的混合气称为理论混合气；$A/F<L_0$ 或 $\alpha<1$ 的混合气称为浓混合气，又称为富油混合气；$A/F>L_0$ 或 $\alpha>1$ 的混合气称为稀混合气，又称为贫油混合气。

理论上，$\alpha=1$ 的理论混合气恰好完全燃烧，燃烧速度最快，燃烧温度最高；$\alpha<1$ 的浓混合气和 $\alpha>1$ 的稀混合气总有剩余的反应物，其掺冷作用通常都使燃烧温度降低，燃烧速度减慢。但实际上汽油蒸气与空气的混合不可能绝对均匀，燃烧温度最高、燃烧速度最快的混合气是过量空气系数 $\alpha=0.8\sim0.9$ 的稍浓混合气，因为有少部分过剩燃油，使不完全燃烧产物 CO 等双原子分子增多，比热容减小；过量空气系数 $\alpha=1.05\sim1.15$ 的稍稀混合气，燃料能够完全燃烧，燃烧速度和温度降低得不多；$\alpha<0.8$ 的过浓混合气和 $\alpha>1.15$ 的过稀混合气，燃烧速度减慢，燃烧温度降低。过浓混合气还将产生大量 CO 和 HC。当混合气浓至 $\alpha=0.4\sim0.5$，稀至 $\alpha=1.3\sim1.4$ 时，火焰就不能传播了。

实际上，保证汽油机能够可靠、稳定燃烧的混合气浓度变化范围较上述火焰传播界限更窄，过量空气系数仅在 0.6~1.2 之间，即空燃比在 9~18 之间。所以，不管是化油器式汽

油机还是电控喷射式汽油机（现阶段），都只能靠改变进气系统内节气门的开度控制进入气缸内的混合气数量来调节功率输出，以适应负荷的变化。这种功率的调节方式称为量调节。

5.2.2　化油器式汽油机可燃混合气的形成

化油器的作用就是将汽油雾化并与空气配制成不同比例和数量的混合气。

1. 化油器的基本构成

简单的化油器由浮子室、喉管、量孔、喷油管及节气门等组成，如图 5-3 所示。

（1）浮子室　储存来自汽油泵的汽油，内有浮子和联动针阀，二者随着油位的变化一同起落。当浮子室油位上升到规定值时，针阀关闭进油口，汽油停止流入。当油位随着汽油机的工作降低时，浮子与针阀下降，进油口打开，补充消耗的汽油，从而保持规定的油位。浮子室上部与大气或进气管相通，使油面上的压力为大气压或进气管的压力。

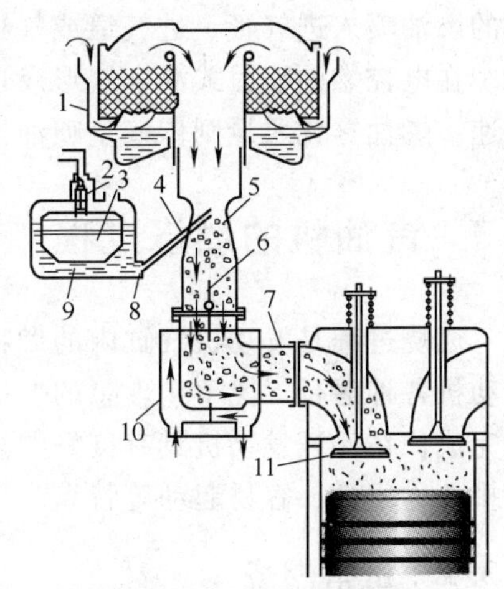

图 5-3　简单的化油器结构及工作原理
1—空气滤清器　2—进油针阀　3—浮子　4—主喷管　5—喉管　6—节气门　7—进气歧管　8—主量孔　9—浮子室　10—进气预热套管　11—进气门

（2）喉管　一段横截面积沿轴向变化的管道。喉管上横截面积最小的部位称为喉部或喉口。

（3）量孔与喷油管　喷油管出口在喉管的喉部，高出浮子室油面 2 ~ 5mm，以防止停机后发生虹吸现象而使燃油自动流出。喷油管的另一端通过量孔与浮子室相通。量孔的尺寸精确，以控制汽油的流量。

（4）节气门　节气门（俗称“油门”）是一个片状的阀门，可绕节气门轴转动一定的角度，由驾驶人通过加速踏板来控制其开度，以调节进入气缸的可燃混合气数量，从而改变发动机的输出动力。

2. 可燃混合气的形成（化油器基本工作原理）

在进气行程中，随着活塞的下行，空气流经空气滤清器→化油器→进气歧管→进气门→气缸。在空气流经化油器喉管处时，管径变小，流速升高。根据“气流速度增大，压力就会相应减小”的文丘里定律可知，喉口处的压力最低，产生了一定的真空度。在浮子室内与喉口处压力差的作用下，汽油从浮子室经量孔、喷管被吸出，立即被高速气流击碎，分散成细小颗粒。雾化的汽油在随着空气的流动过程中被蒸发，并与空气混合，较大的油滴在进气和压缩过程中继续蒸发混合，一直持续到燃烧前。

不难看出，在化油器式混合气形成过程中，燃油是被动地被吸出的。控制燃油流量的参数是喉口处的真空度，真空度越大，汽油流量也就越大。燃油雾化质量依赖于喉口处的空气流速，蒸发速度则取决于发动机温度及进气温度。

当发动机运转时，喉口处的真空度和空气流量或流速主要取决于转速或节气门开度。若增大节气门开度，则空气流动阻力减小，喉口处空气流量、流速增大，从而使喉口处真空度增大，汽油流量随之增加，进入气缸的混合气量增多，输出功率增大；若节气门开度不变，转速增加，则喉口处空气流速也增加，喉口处真空度增大，汽油流量增加。

5.2.3 电控燃油喷射式混合气的形成

汽油机电控单元中储存着通过试验得到的转速-负荷-最佳空燃比关系。工作时电控单元根据负荷（空气流量、进气歧管压力、节气门开度等）传感器信号和转速传感器信号，判断发动机所处的工况，查算相应工况下的最佳空燃比，进而以最佳空燃比和空气流量确定基本喷油量，再根据进气温度传感器、冷却液温度传感器、氧传感器等其他传感器信号对基本喷油量进行修正，得到最终喷油量。电磁喷油器得到电控单元指令后以一定的压力将相应数量的燃油喷入进气管、进气道或气缸内，与空气混合形成混合气。

在电控燃油喷射式混合气形成过程中，控制燃油量的参数主要是精确计量的空气流量和转速，燃油雾化质量则依赖于喷油压力，不受工况的影响。

5.3 汽油机的燃烧过程

燃烧过程是发动机气缸内的燃料与空气进行化学反应，将化学能转变成热能的过程。在发动机各种运行工况下，理想的燃烧过程应尽可能在压缩行程上止点附近完全、及时、迅速地完成，在保证发动机具有良好的动力性与经济性的同时，又不失其工作柔和、噪声小、有害排放物质少、容易起动等特点。

5.3.1 正常燃烧

在压缩行程上止点前火花塞跳火，点燃已混合均匀、受压缩的可燃混合气，火焰前锋面从火花塞处向四周迅速传开，直到遍及整个燃烧室。整个过程持续 40°~60°曲轴转角。从火花塞跳火时刻到活塞行至上止点时曲轴转过的角度称为点火提前角 θ。

借助于 p-φ 示功图可方便地分析燃烧过程。p-φ 示功图即以发动机曲轴转角为横纵标，以气缸内压力为纵坐标的缸内压力变化曲线图，如图 5-4 所示。图 5-4 中的实线为气缸内实际燃烧时的压力曲线，虚线为无燃烧时纯压缩膨胀曲线。

根据气缸内压力的变化特征，可将燃烧过程分为三个阶段。

第Ⅰ阶段：着火延迟（落后）期，又叫滞燃期，即从火花塞跳火时刻到火焰中心形成的一段时期，在 p-φ 示功图上是从点火时刻（图 5-4 中的点 1）到气缸中压力开始急剧升高（图 5-4 中的点 2，在此处燃烧压力曲线与纯压缩膨胀曲线分离）的阶段。

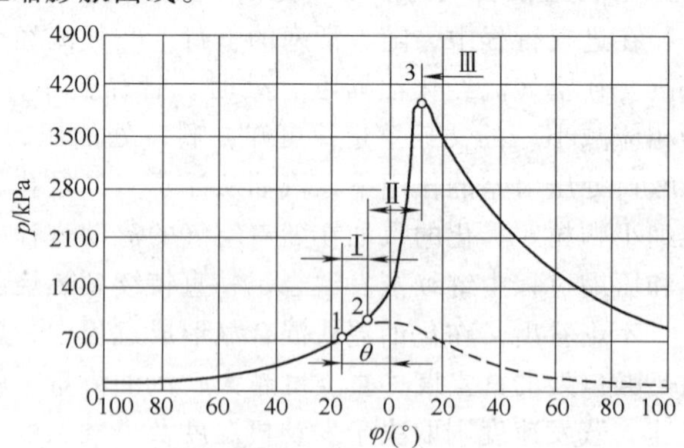

图 5-4 p-φ 示功图

Ⅰ—着火延迟期 Ⅱ—速燃期 Ⅲ—后燃期

1—开始点火 2—形成火焰中心 3—最高压力点

着火延迟期即着火的准备阶段。其长短与混合气浓度、点火时气缸内温度及压力的高低、压缩比、燃料自身特性、电火花能量、气缸内气体的运动及残余废气量等因素有关。

第Ⅱ阶段：速燃期（或急燃期），即从火焰中心形成到火焰烧遍整个燃烧室，绝大部分燃料被烧掉的阶段。该阶段结束时气缸内压力达到最大（图5-4中的点3）。这一时期，气缸体积变化非常小，气缸内压力急剧升高，压力升高的程度以平均压力升高率$\Delta p/\Delta\varphi$表示。

$$\frac{\Delta p}{\Delta\varphi}=\frac{p_3-p_2}{\varphi_3-\varphi_2}$$

式中 p_3、p_2——第二阶段终点和始点的压力（MPa）；

φ_3、φ_2——第二阶段终点和始点相对于上止点的曲轴转角（°）。

速燃期是主燃期，其时间越短，越接近上止点，汽油机的动力性、经济性也就越好，但可能导致$\Delta p/\Delta\varphi$过大。$\Delta p/\Delta\varphi$表征燃烧粗暴程度，$\Delta p/\Delta\varphi$越大，发动机的振动和噪声越明显。一般汽油机$\Delta p/\Delta\varphi$在0.2～0.4MPa/°CA范围内。

第Ⅲ阶段：后燃期（或补燃期），从最高压力点至燃料基本燃烧完为止。速燃期内小部分未燃、燃烧不完全、黏附在燃烧室壁上和缝隙中的燃料在此阶段继续燃烧。

后燃是在活塞远离上止点时进行的，燃烧的热量不能得到充分利用。过多的后燃会使功率下降，耗油率增大，排气温度升高，因此应尽可能减少后燃。

后燃与混合气浓度有关。当混合气过浓（如$\alpha<0.8$）时，燃烧缓慢，后燃严重，甚至在排气门打开后进入排气管中燃烧，产生排气管“放炮”现象；若混合气过稀（如$\alpha>1.3$），则火焰传播速度也过慢，缸外形成混合气的汽油机在进气门开启时火焰传到进气管内，引起进气管“回火”现象。

后燃还和点火提前角θ有关。点火提前角越小，后燃越严重。

根据p-φ示功图上气缸内最高压力点出现的时刻和压力升高率可以判断发动机动力性、经济性、工作平稳性。若最大压力出现在上止点后12°～15°（曲轴转角），对应压力快速升高始点为上止点前12°～15°（曲轴转角），且使$\Delta p/\Delta\varphi=1.75\sim2.5$bar[⊖]/°CA时，动力性、经济性最好，且振动噪声小，工作平稳。上述三个参数可通过调整点火提前角来达到，其对应的点火提前角为最佳点火提前角。

5.3.2 不正常燃烧

汽油机的不正常燃烧主要是爆燃和表面点火，多发生在压缩比较高和长时间大负荷工作的汽油机上。

1. 爆燃

（1）爆燃的产生机理 在火花塞点火后，火焰前锋在向前推进时，末端混合气（最后燃烧的混合气）在压缩终了的基础上进一步受到压缩和已燃气体的热辐射，使其温度不断升高，以致在正常火焰到达之前自燃，迅速将末端混合气燃烧完毕，使缸内局部压力急剧升高，形成爆炸性冲击波，并在燃烧室内往复传播，猛烈撞击燃烧室壁使之振动，发出尖锐的金属敲击声，p-φ示功图上的压力线出现锯齿形高频、大幅度波动，如图5-5所示。这种现象即为爆燃。所以，汽油机的爆燃就是末端混合气在正常火焰到达之前的自燃。

（2）爆燃的外部特征

1）气缸内发出尖锐的金属敲击声——爆燃敲缸。

2）发动机过热，冷却液温度和机油温度明显升高。

⊖ 1bar = 10^5Pa。

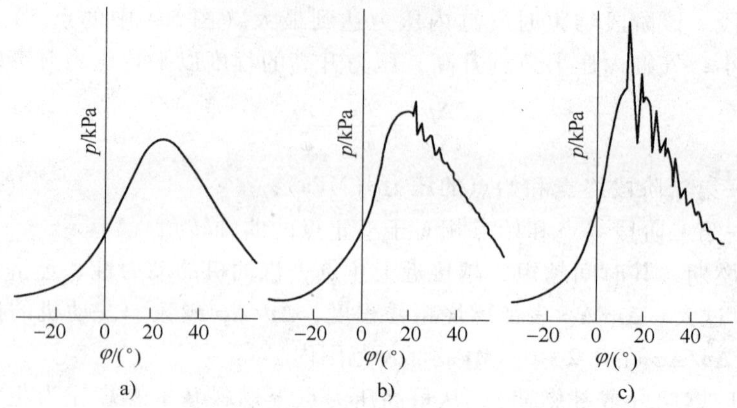

图 5-5　爆燃 p-φ 示功图

a）正常燃烧　b）轻微爆燃　c）严重爆燃

3）强烈爆燃时，发动机功率和转速下降，机身振动较大。

(3) 爆燃的危害　轻微爆燃时，燃烧集中在上止点附近，更接近等容燃烧，可使发动机的热效率和功率有所提高。但一旦发生轻微爆燃，将迅速发展成强烈爆燃，会给发动机带来以下危害：

1）机械负荷增大。气缸内最高压力急剧升高、压力升高率急剧增大及压力冲击波的作用，使活塞、连杆、曲轴、轴承等机件易过载和变形损坏。

2）热负荷增大。气缸内最高温度升高，活塞顶、气门、气缸盖底面等机件易过热和烧损。

3）磨损加剧，易发生拉缸现象。冲击波破坏气缸壁油膜，加之过热、机油老化加速、机械载荷增大等因素，致使磨损加剧，易发生拉缸现象。

4）动力性、经济性下降。这是散热损失增大的缘故。

5）促使积炭的形成，使活塞环、气门、火花塞等工作不正常。

6）排气冒黑烟。其原因是高温使燃烧产物裂解出游离炭。

所以，爆燃使发动机综合性能全面恶化。如果发动机长期在爆燃状态下工作，那么其可靠性、寿命将大大下降。

(4) 影响爆燃的直接因素　由爆燃产生的机理可知，凡是促使终燃混合气温度、压力升高的因素，或延长终燃混合气停留时间（火焰传播时间）的因素，均促进末端混合气自燃，加剧爆燃倾向；反之，均可抑制爆燃倾向。其他结构因素、使用因素、调控因素、燃油品质等均通过这两方面对燃烧过程产生影响。例如，提高压缩比，将使终燃混合气温度和压力升高，易产生爆燃。爆燃限制了汽油机压缩比的提高，从而限制了汽油机动力性的提高和经济性的改善。这就是汽油机压缩比小的主要原因。又如，当气缸直径较大时，火焰前锋传到末端混合气的距离增大，使末端混合气在高温高压下的时间增长，也增大了爆燃的倾向。这也是汽油机不宜大缸径设计的原因之一。汽油机气缸直径多在 110mm 以下。

汽油的辛烷值越高，其自燃性越差，抗爆性越好。

传统的汽油机每缸一个火花塞，有的新汽油机每缸设两个火花塞，使火焰传播距离缩短，不易产生爆燃，使提高压缩比和转速成为可能。

2. 表面点火

凡是不靠电火花点火而由燃烧室炽热表面（如排气门头部，火花塞绝缘体或电极，燃烧室零件表面炽热的沉积物如积炭等）点燃混合气的现象，统称为表面点火。

发生在火花塞点火之前的表面点火称为早火或早燃，反之则称为后火或后燃。

早火相当于点火提前，且点火面积大，会使缸内压力、温度急剧升高，最高温度与压力增大，发动机工作粗暴。同时由于压缩末期耗功增大，向气缸壁散热增多，使功率下降，耗油增多。

后火对发动机的影响不大，其形成的火焰前锋仍以正常速度传播。在发动机断火后可以发现，由于后火，汽油机还会继续运转，直至炽热点温度下降后才停止。

爆燃和早火之间是相互促进的。强烈的爆燃增加了向气缸壁等燃烧室表面的传热，促进炽热点的形成，导致表面点火；早火又使气缸内最高燃烧压力增大和温度升高，使末端混合气受到更大的压缩和热辐射，又促进了爆燃的发生。

5.3.3　使用因素对汽油机燃烧的影响

1. 汽油品质

（1）汽油的抗爆性　汽油的抗爆性以辛烷值表示，辛烷值越高，其抗爆性越好。汽油按其辛烷值划分牌号，辛烷值即为其牌号值，如 92 号汽油的辛烷值为 92。

汽油机选用汽油的主要依据是压缩比。压缩比越大的发动机越易发生爆燃，要求选用较高辛烷值的汽油；反之，则选用较低辛烷值的汽油。

（2）蒸发性　蒸发性主要由馏程和饱和蒸汽压评价。汽油蒸发性对混合气的形成和燃烧及输送有重要影响。蒸发性好的汽油，易形成理想浓度的均匀混合气，有利于完全燃烧和起动。但若其蒸发性太好，易在输油管道中形成气泡，阻碍燃料的输送，产生气阻现象。

2. 混合气浓度

混合气浓度对气缸内的燃烧速度、燃烧温度、燃烧压力、燃烧稳定性、燃烧完全性影响很大，从而影响发动机动力性、经济性、排放和热负荷等。

当过量空气系数 $\alpha=0.8\sim0.9$ 时，发出功率最大，称其为功率混合气或动力混合气。此时燃烧速度最快，燃烧温度最高，压力升高率最大，但同时爆燃倾向也最大。

当过量空气系数 $\alpha=1.05\sim1.15$ 时，发动机经济性最好，称其为经济混合气。此时氧气富足，燃烧完全，燃烧速度和温度也很高，但同时由于高温富氧，NO_x 生成量也最多。

当过量空气系数 $\alpha<0.8$ 时，氧气不足，火焰传播速度小，后燃和不完全燃烧增多，CO 和 CH 排放量增多，发动机动力性、经济性下降，热负荷升高，且易产生排气管放炮现象。

当过量空气系数 $\alpha>1.2$ 时，火焰传播速度小甚至失火，部分燃料来不及完全燃烧，HC 排放量增多，且易产生进气管回火现象。

从追求动力性和经济性出发，汽油机在大负荷或全负荷时应使用功率混合气，在常用的中等负荷时应使用经济混合气。但就排放控制而言，理论混合气时三元催化转化器的转化效率最高。所以，在电控汽油喷射加闭环控制的汽油机中，为保证三元催化转化器的高转化效率，适当牺牲了动力性和经济性。

3. 点火提前角

点火提前角直接影响发动机的功率、油耗、排放和热负荷等。通常把使发动机发出功率最大和耗油率最低的点火提前角称为最佳点火提前角。每一工况都存在一个最佳点火提前角。

若点火提前角过大，则大部分燃料在压缩行程末期燃烧，气缸内最高燃烧压力、最高温度和压力升高率均增大，且最高压力点前移，甚至出现在上止点之前，使压缩消耗功增多，功率下降，燃油消耗率增多，且不易起动，同时，末端混合气的压力、温度过高，爆燃倾向增大，NO_x 生成量也增多。

若点火提前角过小，则过多的燃料在膨胀过程中燃烧，燃烧温度、压力下降，虽然爆燃倾向减小，NO_x 生成量减少，但是排气温度高，热效率降低，功率下降，并容易造成排气管放炮或进气管回火现象。

适当推迟点火（减小点火提前角）是抑制爆燃和 NO_x 生成的有效措施之一，也是电控喷射式汽油机控制爆燃的策略。

4. 负荷

当转速不变时，可通过改变节气门开度来调节进入气缸的混合气量，以改变功率输出，适应负荷的变化。

当负荷减小时，节气门开度减小，进气量少，残余废气相对增多，燃烧温度、压力下降，爆燃倾向减小。同时，负荷减小时，残余废气的相对增多使燃烧速度减小。为此，要保证燃烧过程在上止点附近完成，随着负荷的减小应适当增大点火提前角，适当加浓混合气。相反，当负荷增大时，残余废气量相对减少，缸内温度、压力升高，爆燃倾向增大。

5. 转速

当节气门开度一定时，转速升高，气缸中的气流运动增强，火焰传播速度加快，燃烧过程占用的时间缩短，爆燃倾向减小。

在转速升高后，以时间计的循环时间和燃烧过程缩短，但以曲轴转角计的燃烧过程变长，后燃增多。所以，在转速提高后，为保证燃烧过程在上止点附近完成，应适当增大点火提前角。为此，汽油机上装有离心点火提前角自动调节装置。

当节气门保持在较小开度时，随着转速的升高，进气阻力增大，充气效率降低，废气的稀释较强，混合气应逐渐变浓；大负荷时，节气门保持在较大开度，随着转速的升高混合气应变稀。

综合转速和负荷的影响，汽油机在低速大负荷下（如爬长坡）易发生爆燃，加速和高速、大负荷行驶时也易发生爆燃。

6. 冷却液温度和环境因素

当冷却液温度、环境温度升高，或湿度降低时，爆燃倾向均增大；当冷却液温度、环境温度降低时，爆燃倾向均减小。

当大气温度、冷却液温度低时，燃油雾化不良、蒸发困难，部分燃油凝结在进气管和气缸壁上会使混合气变稀，燃烧不稳定且速度慢。所以，为保证低温下燃烧稳定，理想的燃油供给应是随着温度的降低，加浓供油，在温度升高后，加浓量减小。这就是空燃比或喷油量的温度修正。同理，为保证低温下燃烧及时、完全，理想的点火提前角应随着温度的降低而增大，在温度升高后，点火提前角减小。

由于上述原因，低温下工作的发动机排放的CO和HC较多，散热损失大，热效率降低。

随着海拔增加，大气压力降低，进气量减少，爆燃倾向减小。

7. 积炭

积炭是不良导热体，其本身温度较高，且占有一定容积。积炭的存在使压缩比增大，同时加热混合气，易导致爆燃和表面点火。

5.3.4 汽油机典型工况时混合气的形成、燃烧特点与控制策略

1. 冷起动工况

冷起动时，发动机温度低，转速小且波动大，进气流速慢且不稳定，汽油雾化、蒸发条件差，部分燃油会凝结在进气管壁和气缸壁上，致使气缸内汽油蒸气太少，混合气太稀，不能正常着火。因此，为保证顺利起动，需加浓供油，一般供给 $\alpha=0.4\sim0.6$ 的混合气。

化油器中专设起动系统，供给极浓混合气。电控燃油喷射汽油机则根据起动信号（点火开关、转速、节气门位置传感器信号）、进气温度和冷却液温度对喷油量进行加浓补偿。

2. 怠速工况

怠速工况是指发动机对外无功率输出（即空转）的工况。在此工况下，混合气燃烧膨胀所做的功全部用于克服发动机内部机械损失，只需发动机保持低速稳定运转。当车用发动机怠速运转时，空调开关、动力转向机构动作等变化，会引起怠速转速的波动。所以怠速运转时，转速低且波动大，气流速度低，汽油雾化、蒸发条件较差，加之此时节气门开度最小（几乎关闭），进入气缸内的混合气量少，而上一循环残留在缸内的废气对新鲜混合气的稀释作用明显，易导致缺火甚至熄火。

化油器发动机和开环控制的汽油喷射发动机怠速时需要加浓补偿，混合气过量空气系数 $\alpha=0.6\sim0.8$；电控喷射闭环控制的发动机怠速时混合气控制为理论混合气，通过控制进气量使怠速转速在目标转速下，以满足三元催化转化器高的转化效率需求。

出于减少怠速时CO和HC排放量的考虑，汽油机怠速转速从早期的300~500r/min提高至700~900r/min，甚至更高。

3. 暖机工况

暖机是指发动冷起动后，冷却液温度上升到正常工作温度的阶段。此阶段，由于冷却液温度低，燃油雾化不良，蒸发困难，部分燃油凝结在进气管和气缸壁上，使混合气变稀，燃烧不稳定且速度慢。为保证稳定燃烧，必须对混合气进行加浓修正，对点火提前角进行增大修正，并进行进气量控制。随着温度的升高，加浓量和点火提前角均逐渐减小。

4. 部分负荷工况

随着节气门开度增大，汽油的雾化、蒸发条件改善，进气阻力减小，进气量多，残余废气相对减少，混合气质量和燃烧速度提高。

点火提前角需随着节气门开度的增大而减小，需随着转度的升高而增大。

从获得好的经济性出发，当转速一定时，随着节气门开度的增大，混合气浓度应逐渐变稀，直至中等负荷时供给 $\alpha=1.05\sim1.15$ 的经济混合气；当节气门开度一定时，随着转速的升高，混合气应逐渐变浓；就控制排放而言，电控喷射闭环控制的发动机在部分负荷工况时需控制在理论混合气工作。

5. 大负荷和全负荷工况

当汽油机在大负荷或全负荷工况工作时，节气门接近或达到全开的位置，要求发出尽可能大的功率以克服较大的外界阻力。此时需加浓混合气，控制发动机在 $\alpha=0.8\sim0.9$ 的功率混合气工作。

6. 急加速与急减速工况

(1) 急加速工况　当汽车在行驶中需迅速将车速提高时，就需要汽油机在短时间内输出的功率增大。于是驾驶人猛踩加速踏板，使节气门突然开大，空气流量随即迅速增大。但由于汽油的惯性远大于空气的惯性，以及信号传递的滞后性和各仪器部件的响应性问题，汽油流量的增长较空气流量的增长慢得多，使混合气出现暂时的过稀。加之节气门的突然开大，进气管内压力突然增大，而温度却因冷空气的进入而降低，不利于汽油的蒸发，进一步加剧了混合气变稀，使发动机的输出功率暂时不增反降，造成减速的现象，甚至熄火。所以，急加速时，必须额外供一些燃油加浓混合气，使发动机具有良好的加速性能。

(2) 急减速工况　汽车在高速行驶中突然松开加速踏板减速时，发动机在惯性力作用下仍高速旋转，而节气门已经关闭，进气歧管真空度突然很高，燃油蒸发加快，加之燃油供给系统各零部件的响应滞后，混合气将会过浓，导致燃烧不完全，CO、HC 急增。所以，急减速时应减少供油或切断供油，以达到节油、减排的目的。

一般说来，在各种工况下，应保持尽可能稀的混合气，只要保证发动机工作稳定、不损害到其动力性能等即可。

5.4 汽油机燃烧室

汽油机燃烧室主要在气缸盖中，典型的有三种，如图 5-6 所示。汽油机燃烧室形状会影响燃烧室的结构紧凑性、火焰传播、火花塞布置、压缩比、进排气阻力，进而影响发动机的抗爆性、经济性、动力性、排放性、运转平稳性。理想的燃烧室形状应该是：

1) 结构紧凑，具有小的表面积与容积之比，火焰传播距离短，不易发生爆燃，同时散热损失少，热效率高，壁面淬熄效应减少，HC 排放量少。

2) 利于气门布置，减小进、排气阻力，提高充气效率。

3) 能产生适当的气流运动，改善混合气形成，加快火焰传播速度，降低爆燃倾向。

4) 火花塞的布置应使任何一个方向的火焰传播距离尽可能短，同时使末端混合气处于温度较低的区域。

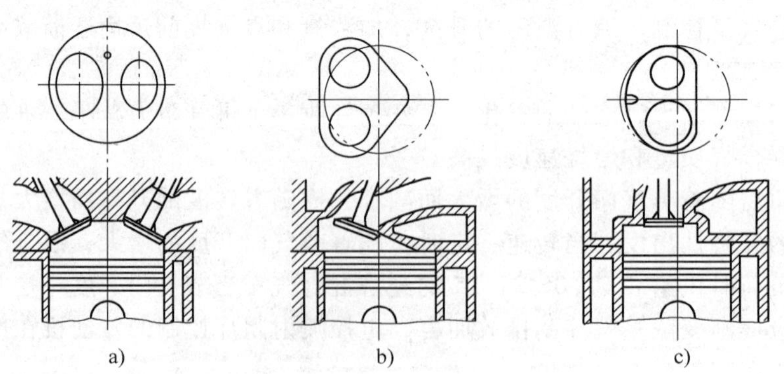

图 5-6　汽油机燃烧室的类型

a) 半球形燃烧室　b) 楔形燃烧室　c) 盆形燃烧室

1. 盆形燃烧室

其断面形状像浴盆，结构简单，易于制造，但不够紧凑，表面积与容积之比大，散热损失多，HC排放量多；进、排气道弯度较大，充气效率低；火花塞在燃烧室的一侧，火焰传播距离长，易爆燃，不宜采用高压缩比，一般不超过7.5，动力性、经济性不好；NO_x排放量较少，工作柔和。

2. 楔形燃烧室

其横断面形状为楔形，结构较简单，散热面积较大；气门倾斜布置，进、排气道阻力小，提高了充气效率；火花塞布置在进、排气门之间，燃烧室的一侧，火焰传播距离较长，但燃烧室中末端混合气处设有挤气激冷面，使爆燃倾向降低，且产生压缩扰流；压缩比可以较高，达9~10，动力性、经济性较好；混合气集中在火花塞周围，燃烧初期放热速度快，工作粗暴；NO_x和HC排放量较多。

3. 半球形燃烧室

其结构紧凑，表面积与容积之比小，热效率高；可倾斜布置较大的进、排气门，进、排气阻力小，充气效率高；火花塞布置在球形室顶部的中央的一侧，火焰传播距离短，不宜产生爆燃；高速性能好，低速性能稍差（紊流弱）；混合气集中在火花塞附近，有工作粗暴倾向，尤其低速时更强烈；HC排放量少，NO_x排放量较多。

4. 多球形燃烧室

它由两个以上的半球形燃烧室组合而成，更有利于布置较大的多个气门；火花塞布置在燃烧室顶部的中央，火焰传播距离最短；虽然表面积增大了，但是综合的动力性、经济性、排放性、高速适应性都最好。

先进的双火花塞发动机，两个火花塞布置在球形燃烧室中心两侧约1/2缸径处，火焰传播距离缩短，燃烧持续时间短，可相对推迟点火，均利于抑制爆燃的发生，提高压缩比和转速等。

5.5 化油器

发动机在各种工况下运行时，要求化油器供给上述理想混合气成分。为此，在简单化油器的基本结构上需增加自动调配混合气成分的装置（或系统），即主供油装置、怠速装置、加浓装置、起动装置和加速装置等，如图5-7所示。

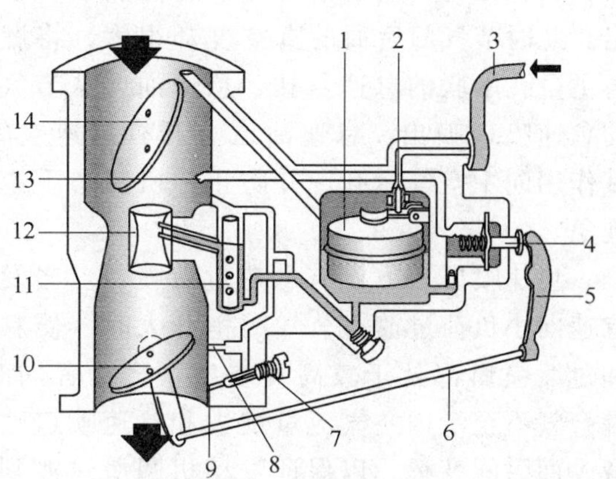

图5-7　化油器的基本结构

1—浮子　2—针阀　3—进油管　4—加速泵　5—拉杆　6—摇臂　7—怠速调整螺钉　8—过渡喷口　9—怠速喷口　10—节气门　11—主配剂针　12—喉管　13—加速喷孔　14—阻风门

5.5.1 供油装置

1. 主供油装置

主供油系统可保证发动机在中小负荷范围工作时，供给的混合气随着节气门开度的增大而逐渐变稀（$\alpha=0.8\sim1.1$），供给最经济的混合气。该装置在汽油机的全部工况范围内，除怠速和极小负荷工况外都起供油作用。

主供油装置一般是在喷管上加开一个具有空气量孔的空气管（又称油井），以降低主量孔处的真空度，如图 5-8 所示。

根据化油器的工作原理，当节气门开度增大时，喉管处的真空度也增大，使空气流量及主喷管的汽油流量均增大。若汽油流量的增长速率大于空气流量的增长速率，则混合气将变得越来越浓，简单化油器便是此种情况。有了油井和空气量孔后，随着节气门开度的增加，汽油流量的增长速率小于空气流量的增长速率，混合气浓度变稀，能够满足汽油机中小负荷工况的要求。当发动机不工作时，主喷管、油井和浮子室内的油位相等。当发动机工作时，随着节气门开度增大，汽油从主喷管喷出，油井内的油位开始下降，同时空气通过空气量孔进入油井。当喉管真空度达到能使油井中的油位降到主喷管入口时，空气渗入油流中形成泡沫状混合物，随着油流从主喷管喷出，有利于雾化和蒸发。空气量孔的节流作用，使主量孔处的气压力 p_k 小于大气压力 p_0，但却大于喉口处压力 p_h。这时，决定通过主量孔汽油流量的压差是 $\Delta p_k = p_0 - p_k$，而不再是空气量孔前的压力差 $\Delta p_h = p_0 - p_h$。因 $\Delta p_k < \Delta p_h$，故在相同喉管真空度 Δp_h 下，带有空气量孔的主供油系统汽油的流量减小，随着节气门开度的增大，汽油流量的增长较空气流量的增长慢，使混合气变稀。

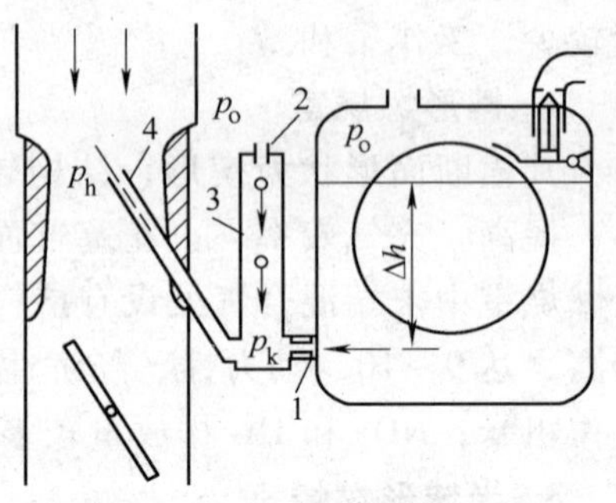

图 5-8　化油器主供油装置

1—主量孔　2—空气量孔　3—油井　4—主喷管

2. 怠速装置

如图 5-9 所示，该装置保证汽油机在怠速或极小负荷工况时供给 $\alpha = 0.6 \sim 0.8$ 的浓混合气。

在怠速工况下，发动机转速低，节气门近乎全关，喉管处的真空度很小，不能使汽油从主喷管流出。此时节气门后面的真空度却很大，将燃油经过与主量孔串联的怠速量孔、怠速油道从节气门后面的怠速喷口喷出。怠速油道上开有怠速空气量孔，其作用同主空气量孔，并防止停机状态下产生虹吸现象。

怠速喷口上方设有怠速过渡喷口。当发动机从怠速向小负荷过渡，节气门稍开大时，使怠速喷口和过渡喷口都处于较高真空度下，二者同时喷油，混合气不至于因空气流量增大和怠速喷口喷油量的减少而瞬间变稀，以保证发动机圆滑过渡到小负荷工况。

当节气门进一步开大时，空气流量增大，喉管真空度也增大，主供油装置开始参与供油，同时怠速喷口处真空度减小，出油量减少，这一小负荷工况区，三个喷口同时出油。

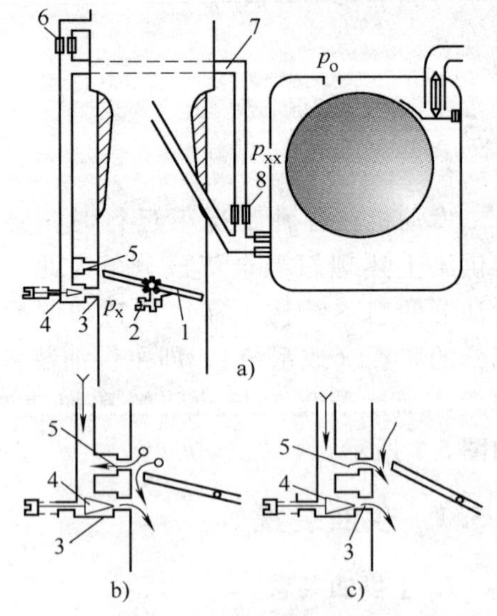

图 5-9　化油器怠速系统

a）怠速系统　b）低怠速　c）高怠速

1—节气门　2—节气门最小开度限位螺钉　3—怠速喷口　4—怠速调整螺钉　5—过渡喷口　6—怠速空气量孔　7—怠速油道　8—怠速量孔

当节气门开度更大，进入中等负荷工况区时，怠速喷口和过渡喷口停止出油，主供油系统单独工作。

怠速工况需要的混合气少而浓，其数量和质量对怠速平稳性、排放性都有很大影响。对着怠速喷口有一颗怠速调整螺钉，转动怠速调整螺钉可改变混合气成分。拧入怠速调整螺钉，怠速喷口流通截面积减小，供油量减小，混合气变稀。转动最小节气门开度限位螺钉可改变节气门位置，增加或减小空气流量，从而调整怠速转速。拧入节气门开度限位螺钉时，节气门开度增加，转速增加。

3. 加浓装置

该装置在发动机大负荷和全负荷工况时，额外供给部分汽油，得到较浓的功率混合气，以保证发动机发出最大功率。

有了加浓装置，主供油装置可仅按照中小负荷所需的最经济混合气要求设计，不必考虑大负荷时最大功率要求的加浓，故加浓装置又叫省油器。加浓装置有两种，即机械式和真空式，如图5-10所示。

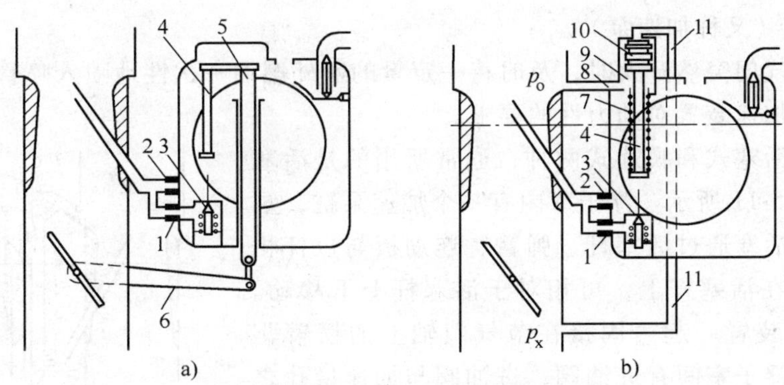

图5-10　化油器加浓装置

a）机械式　b）真空式

1—加浓量孔　2—主量孔　3—加浓阀　4—推杆　5—拉杆　6—摆臂　7—弹簧　8—空气通道　9—空气缸　10—活塞　11—真空通道

（1）机械式加浓装置　在浮子室内装有加浓量孔和加浓阀，加浓量孔与主量孔并联，加浓阀上方的推杆与拉杆连为一体，拉杆又与固接在节气门轴上的摇臂相连。

当节气门开度不大时，加浓阀在加浓阀弹簧的作用下处于关闭状态，只有主供油系统供油。节气门开度增大时，带动摇臂摆动，使拉杆和推杆一起向下移动。当节气门开度达80%～85%时，推杆开始顶压加浓阀，汽油便经加浓阀和加浓量孔流入主喷管，并与主量孔来的燃油汇合，一起从主喷管喷出。当节气门关小时，推杆和拉杆上移，加浓阀在回位弹簧的作用下关闭，停止加浓供油。显然，机械式加浓装置起作用的时刻，只与节气门开度或负荷有关，而与发动机转速无关，无法满足转速变化对加浓的要求。

（2）真空式加浓装置　在汽油机上广泛使用的是活塞式真空加浓装置。其喉管上部的压力作用于化油器内空气缸活塞的下方，与活塞下端连接的推杆上装有预先压缩的弹簧，气缸上部通过真空通道通到节气门后面。

在一定转速下，当节气门开度不大时（中、小负荷），节气门后的真空度较大，活塞被吸至顶部，加浓阀保持关闭，不起加浓作用。随节气门开度的加大（负荷增加），节气门后的真空度减小，活塞两端压差减小，当小至不能克服弹簧力和活塞自重时，活塞下移将加浓阀推开，额外的汽油经加浓量孔流入主喷管，使混合气加浓。

真空式加浓装置起作用的时刻主要取决于节气门后面的真空度。此真空度不仅与节气门开度有关，也与发动机转速有关。当转速不变时，节气门开度增加，节气门后的真空度降低；在节气门开度一定时，转速越高，真空度越大。因此，在节气门开度不大的情况下，若因负荷的偶然增加而使发动机转速降到一定程度，则真空加浓装置也会起作用。转速越低，真空加浓起作用的节气门开度越小，即起作用的时刻越早。

加浓装置开始起作用的时刻，对发动机的经济性和动力性是有影响的，应随着季节和使用条件的变换对其进行定期检查和调整。冬季汽油蒸发条件差，加浓装置起作用的时刻应适当提前，夏季则适当延后。机械式加浓装置推杆上方的连接处有两三个卡槽，可调整安装位置。推杆加长，加浓提前；推杆变短，加浓迟后。对于真空式加浓装置，则通过改变推杆弹簧的预紧力来调整。其推杆下端弹簧座处也加工有两三个卡槽，弹簧座安装位置不同，弹簧预紧力不同，预紧力加大，加浓提前。

4. 加速装置（又称加速泵）

该装置在节气门突然开大时，及时将一定量的额外燃油一次性地喷入喷管，使混合器临时加浓，以满足加速装置对动力性的要求。

加速装置有活塞式和膜片式两种，通常所用的是活塞式加速泵，如图 5-11 所示。浮子室内有一个加速泵缸，泵缸内装有活塞，活塞通过活塞杆、弹簧、连动板与拉杆相连。连动板套装在活塞杆上，可相对于活塞杆上下移动。拉杆与机械加浓装置一起由固接在节气门轴上的摆臂驱动。加速泵缸与浮子室间有进油阀，进油阀与加速量孔之间的油道中装有出油阀。当加速泵不工作时，泵缸中充满了燃油。

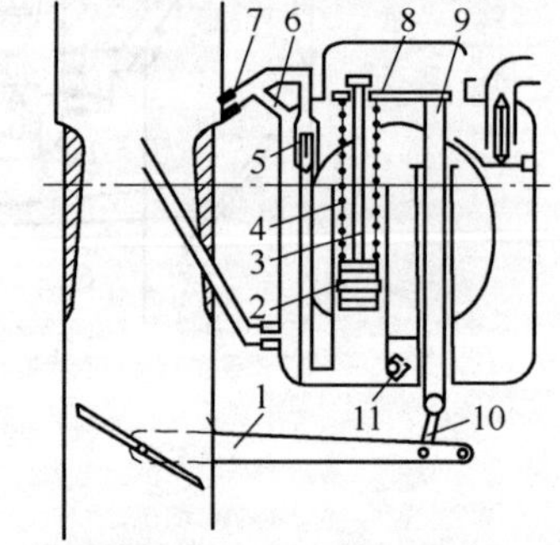

图 5-11　化油器活塞式加速泵

1—摆臂　2—活塞　3—活塞杆　4—弹簧　5—出油阀　6—通气道　7—加浓量孔及喷孔　8—连动板　9—拉杆　10—连杆　11—进油阀

当节气门突然开大时，各连接件使活塞快速下行，泵缸内油压迅速提高，使进油阀关闭，同时顶开出油阀，将缸中的汽油经加速量孔喷入喉管处，将混合气加浓。

当节气门缓慢开大时，活塞缓慢下行，泵缸中的油压增加很小，汽油流回浮子室，出油阀不能被顶开，加速泵不起作用。当节气门关小时，活塞上行，浮子室中的汽油经进油阀充入泵缸，以备下次工作。

加速泵弹簧使连动板与活塞连接为弹性的，以延长加速泵喷油时间。当节气门突然开大时，连动板迅速下移，由于加速量孔的阻力作用，活塞下移速度比连动板慢，所以弹簧受到压缩。当节气门停止运动时，连动板不再移动，弹簧开始伸张，活塞继续下移，使喷油时间延长。

通气孔的作用为：防止加速喷口处真空度较大时，将出油阀吸开。

加速装置要根据气候条件等进行供油量调整。方法是变换节气门摆臂连接孔来调整活塞的行程。如果夏季加速时混合气变稀的程度较轻，则应使活塞行程减小，减少供油量，可用摆臂上离节气门轴较近的孔；冬季时，则相反。

5. 起动装置

该装置的作用是在发动机冷起动时供给极浓的混合气，以确保发动机顺利起动。

常用的起动装置是在喉管之前装一个阻风门，并用弹簧保持其常开，如图5-12所示。

在起动前，驾驶人通过拉钮将阻风门关闭，只有少量空气从阻风门边缘的缝隙流过，同时使节气门微开。因此，当起动机带动发动机转动时，阻风门后面产生很大的真空度，使主供油装置和怠速装置同时供油，形成极浓的混合气。

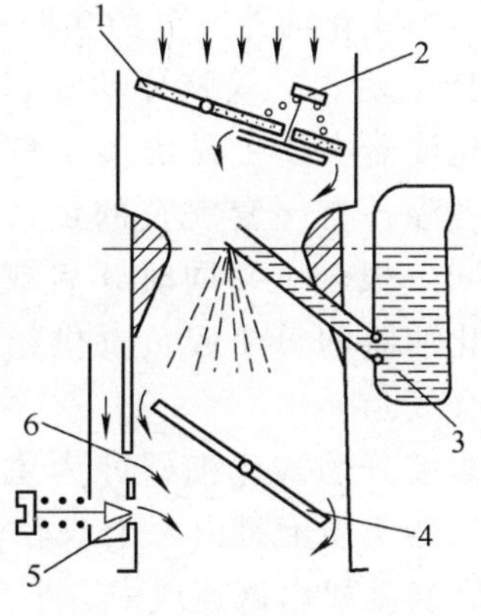

图5-12 化油器起动装置

1—阻风门 2—自动阀 3—主量孔 4—节气门 5—怠速喷口 6—过渡喷口

发动机起动后转速很快升高，阻风门后真空度迅速增大，此时要及时、适当地开大阻风门来增加空气流量，防止过慢或过快的开启使混合气太浓或太稀而导致熄火。为此，在阻风门上装有自动阀。平时自动阀在弹簧作用下处于关闭位置，当真空度增达到一定值时，自动阀自动开启，适当增大空气供给量。有的化油器在阻风门上仅开一个或几个进气孔，也可在一定程度上解决起动后混合气过浓的问题。

5.5.2 化油器的类型

1）按喉管处空气流动方向的不同，化油器分为上吸式、下吸式和平吸式三种，如图5-13所示。下吸式化油器由于进气弯道少，阻力小，安装在进气歧管上方，维护、调整方便，应用最广泛；平吸式化油器进气阻力小，有利于降低汽油机高度，多用于摩托车或发动机罩较低的轿车上；上吸式化油器进气阻力大，调整保养困难，已不被采用。

2）按喉管重叠数目，化油器分为单喉管式、双重喉管式和三重喉管式三种，如图5-14所示。车用发动机转速和负荷变化范围广，单一喉管不能同时解决增加进气量和改善汽油雾化之间的矛盾。若增大喉管直径，则可减小进气阻力，增大进气充量，有利于发出最大功率，但喉管直径大，流速降低，不利于雾化。反之，若喉管直径小，则喉部空气流量大，对雾化有利，经济性好，但流动阻力增大，充气情况差，不利于最大功率的发出。多重喉管解决了这一矛盾。

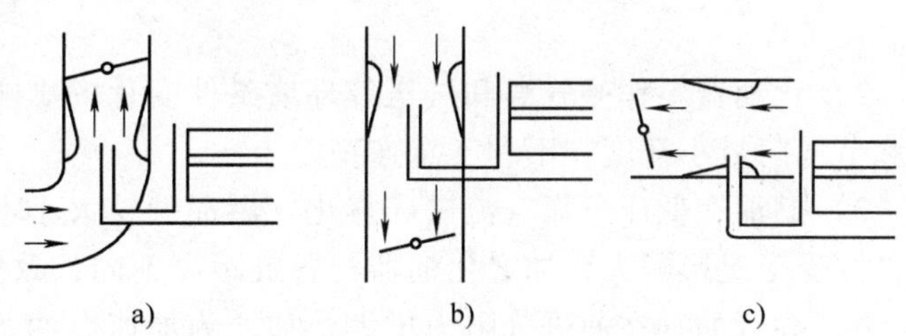

图5-13 化油器按气流方向分类

a）上吸式 b）下吸式 c）平吸式

在多重喉管化油器中，主喷管出口置于空气流速高的小喉管喉口处，雾化较好，并在经过第二或第三喉管时，再次被雾化。大喉管喉部又有足够大的流通截面积，保证了流通阻力小，进气量多。

3）按工作腔数目，化油器可分为单腔式和多腔式。单腔式化油器有一组喉管和一个节气门。多腔式化油器有双腔式和四腔式，前者有两组喉管和两个节气门，后者有四组喉管和四个节气门。

多腔式化油器又分为多腔并动式和多腔分动式，如双腔并动式、双腔分动式、四腔分动式。多腔并动式化油器实质上是由多个单腔式化油器合并而成的，各腔各有一套完整的供油系统，各个节气门连接在同一根轴上，同时开启或关闭。常见的双腔并动式化油器的每个腔负责供给发动机半数气缸所需的混合气。

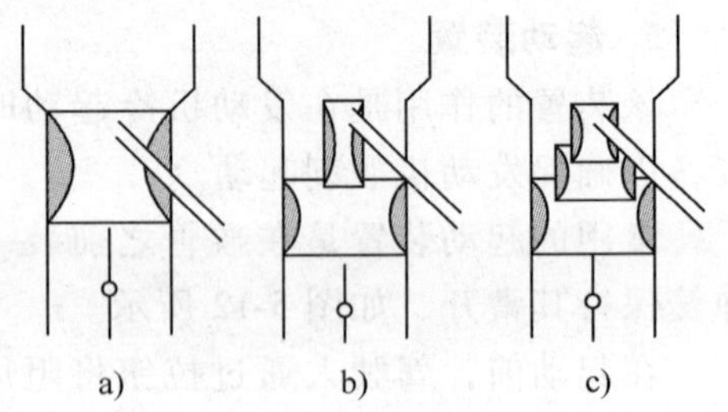

图 5-14 化油器按喉管数分类
a）单喉管式 b）双重喉管式 c）三重喉管式

多腔分动式化油器分为主腔和副腔。四腔分动式化油器实质上是由两个双腔化油器并列而成的，其中两个腔构成主腔，另两个腔构成副腔。在发动机以低速或中、小负荷工作时，主腔工作，副腔节气门关闭，相当于一个单腔或双腔并动式化油器的工作情况。在转速和负荷增加到一定程度后，副腔节气门开启，与主腔共同工作，保证混合气量，以发出大功率。主腔在发动机整个工作期间都在工作，喉管直径小，有利于雾化，且配置了化油器的所有供油系统，而副腔仅装有主供油系统。

5.6 汽油喷射系统

5.6.1 汽油喷射系统的特点

汽油机要求燃料供给系统按照进入气缸的空气量供给适量的燃油并雾化，形成最佳空燃比的混合气。化油器式燃料供给系统虽然结构简单、工作可靠、成本低廉、维修方便，但是有以下缺点：

1）燃油、空气计量不准确，无法在所有工况下均向发动机提供最佳空燃比的可燃混合气。

2）化油器工作受气温和气压等环境条件变化的影响大，且运行中不能自动调节怠速螺钉和节气门最小开度，不利于怠速稳定。

3）燃油在低压下靠气流击碎雾化，燃油颗粒大小不均，进气管道壁面燃油吸附和聚集多，并受工况影响大，加之化油器与各缸距离不同，致使各缸混合气分配不均匀。

4）喉管的存在使进气阻力增大，加之为加速燃油蒸发采用了进气预热，使充气效率降低。

5）工况响应性差，不宜采用可变进气歧管。

6）不宜采用增压技术。

上述缺陷使化油器式发动机动力性、经济性、排放性不佳，冷起动性、加减速响应性和圆滑性差，尤其难以满足日趋严格的汽车排放控制法规及节能的要求。电子控制汽油喷射式系统克服了上述缺点，具有以下优越性：

1）燃油、空气计量精确，能够精确控制空燃比。

2）各缸混合气分配均匀。

3）无需喉管，进气阻力小，充气性能好。

4）燃油雾化不受工况、环境的影响等，改善了低温起动性、怠速稳定性、过渡工况响应性和圆滑性。

5）适宜进气歧管可变和增压。

6）适宜采用高压缩比。

所以，电控汽油喷射技术使汽油机的综合性能得以提升。

5.6.2　汽油喷射系统的分类

1. 按喷射系统控制方式分类

按控制方式，汽油喷射系统分为机械控制式（K 型）、机电控制式（KE 型）和电子控制式（EFI 型）。电子控制燃油喷射系统由于能够精确控制空燃比和点火最佳时刻，并能实现怠速、配气可变等的控制，得到广泛应用，前两者已逐渐被淘汰。

2. 按燃油喷射部位分类

（1）缸外喷射或进气管喷射　喷油器安装在进气管或进气歧管上，将燃油以 0.2～0.3MPa 的压力喷射在进气总管或进气道内。目前，汽油机大都采用进气管喷射系统。它分为单点喷射和多点喷射两种。

1）单点喷射（SPI）。在节气门体上安装 1 只喷油器，将燃油喷在节气门上方的进气总管中，所以又称为节气门体喷射系统（TBI）、集中喷射系统或中央喷射系统（CFI）。单点喷射只能保证发动机总体空燃比较准确，各缸混合气分配的均匀性问题依然未解决。早期的燃油喷射多属于此类。

2）多点喷射（MPI）。在每个气缸的进气歧管或进气道内安装 1 个喷油器，将燃油喷射到各缸的进气门前方。多点喷射的各缸混合气分配均匀性好，是目前普遍采用的喷射方式。

（2）缸内喷射　喷油器安装在气缸盖上，将燃油以 3～5MPa 的较高压力直接向气缸内喷射，又称为缸内直接喷射。其优越性在于可实现稀薄混合气燃烧和分层燃烧，是发动机燃油喷射技术的发展方向。

3. 按燃油喷射时序分类

（1）连续喷射　在发动机运转期间，喷油器连续不断地喷射。缸外单点喷射即属于此种。

（2）间歇喷射　在发动机运转期间，汽油被间歇喷射。间歇喷射又分为顺序喷射、分组喷射、同时喷射。

1）顺序喷射是指在 1 个工作循环中，按发动机的工作顺序每缸各喷 1 次油。

2）分组喷射是指喷射器被分成几组，在 1 个工作循环中，每一组喷油器顺序交替地喷油 1 次。

3）同时喷射不考虑发动机的工作顺序，发动机每转 1 圈，各缸的喷油器同时喷油、断油各 1 次。在每个工作循环中，各喷油器喷油 2 次，每次喷 1/2 的循环油量。同时喷射也是燃油喷射系统发生故障，控制系统处于应急状态时所采用的喷射方式。

4. 按有无反馈分类

（1）开环控制　开环控制系统只依据负荷传感器、转速传感器、温度传感器等信号和预先存入的，由试验得到的转速-负荷-空燃比的关系，确定空燃比，计算喷油量，而不检测运转中的发动机的空燃比是否在预定的范围内，无传感器反馈控制。

（2）闭环控制　闭环控制系统在排气管上加装了氧传感器，测定排气中的含氧量。控制单元根据氧传感器反馈的信号判断当前空燃比，并与设定的目标空燃比值（理论空燃比）进行比较，根据误差修正燃油量，使空燃比在所设目标值附近。

目前，汽油机普遍采用开环和闭环相结合的控制方案。当冷却液温度达到正常工作温度(80℃)、怠速工况、部分负荷工况，氧传感器达到正常工作温度时，都按闭环控制。在起动、起动后暖机、大负荷或全负荷工况、急加减速工况、氧传感器失效时，都按开环控制，以供给加浓的混合气。

5.6.3 电控汽油喷射系统的组成

电控汽油喷射系统由传感器（传感元件）与开关信号、电控单元和执行器（执行元件）三部分组成，如图 5-2 所示。

传感器的作用是检测发动机运行状态的各种参数，并将他们转换成便于电控单元识别的电信号。

电控单元是以单片机为核心组成的电子控制装置。其作用是分析处理传感器采集到的各种信息，并向执行元件发出控制指令。

执行器又称执行元件，其作用是根据电控单元的控制指令完成具体的操作动作。

1. 传感器

(1) 负荷传感器　发动机输出功率或转矩的大小表明了其负载能力，故常以功率或转矩等表示发动机的负荷。它们均与循环充量成正比，凡是直接或间接反映循环充量变化的参数均可作为负荷参数。显然，空气流量、进气歧管压力和节气门开度都是负荷参数，其中后两者是间接参数。

1) 体积式空气流量计

① 翼片式空气流量计。翼片式空气流量计由测量板、缓冲板、回位弹簧、怠速旁通气道、怠速调整螺钉组成的空气通道及与测量板同轴安装的电位计等组成，如图 5-15 和图 5-16所示。

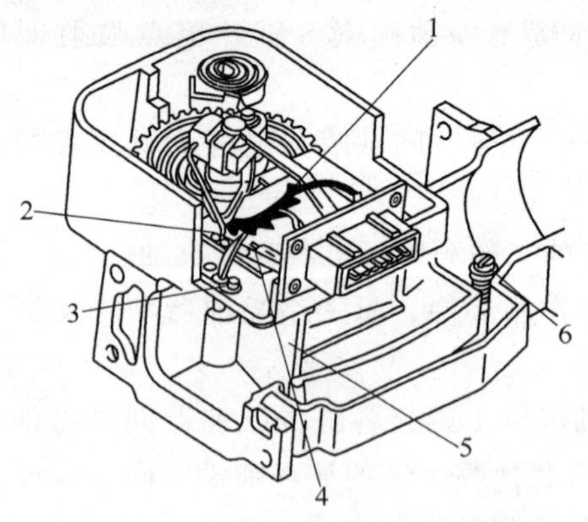

图 5-15　翼片式空气流量计的结构

1—电位计　2—电动汽油泵触点　3—进气温度传感器　4—电动汽油泵固定触点　5—叶片　6—怠速调整螺钉

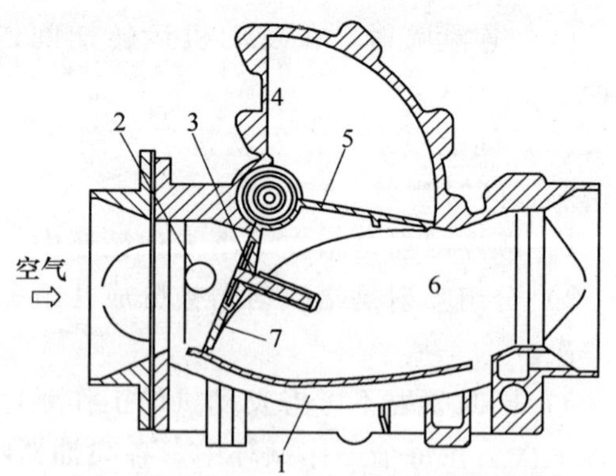

图 5-16　翼片式空气流量计的空气通道

1—旁通气道　2—进气温度传感器　3—阀门　4—阻尼室　5—缓冲板　6—主空气通道　7—测量板

测量板在主进气道内随空气流量的变化而偏转，缓冲板在阻尼室内偏转。阻尼室对叶片起阻尼缓冲作用，在气流急剧变化时使翼片转动平稳。与翼片同轴转动的电位计轴带动可变电阻滑动触头滑动，电位计便产生一个与翼片转动角度相对应的电压信号输送到电控单元。空气流量越大，翼片转动角度也越大，电位计输出电压信号越强。

螺旋回位弹簧的一端固定在叶片转轴上，另一端固定在调整齿圈上。改变调整齿圈的固定位置，可以调整回位弹簧的预紧力，调整空气流量计的输出特性。

由于翼片轴的磨损及大气压力和温度的变化都影响这种传感器的测量精度。因此目前已很少车辆上使用这种传感器了。

② 卡门漩涡式空气流量计。一个锥体状的涡流发生器被置于空气通道中央，空气从通道中流过时，在其下游产生两列旋向相反的漩涡，称为卡门漩涡。漩涡移动的速度与空气流速成正比。测得单位时间内流过漩涡的数量（漩涡频率），即可得知空气流速和体积流量。检测方法有光电式和超声波两种。

a. 光电式卡门漩涡空气流量计。如图 5-17 所示，涡流发生器后方两侧交替产生的涡流，引起两侧压力的交替变化。变化的压力经导压孔和导压腔引至反光镜表面，使反光镜振动，振动频率与单位时间内产生的漩涡数量相同。反光镜将发光二极管射来的光束反射给光电晶体管，晶体管根据镜面振动频率导通和截止，ECU 根据晶体管导通和截止的频率计算进气流量。

b. 超声波式卡门漩涡空气流量计。如图 5-18 所示，卡门漩涡发生器下游两侧设置相对的超声波发送器和接收器。当超声波通过进气流到达接收器时，受卡门漩涡的影响，其相位和相位差发生变化，ECU 根据相位或相位差的变化计算出涡流频率，进而计算出进气流速和体积流量。

卡门漩涡式空气流量计体积小、质量轻、进气道结构简单、进气阻力小。

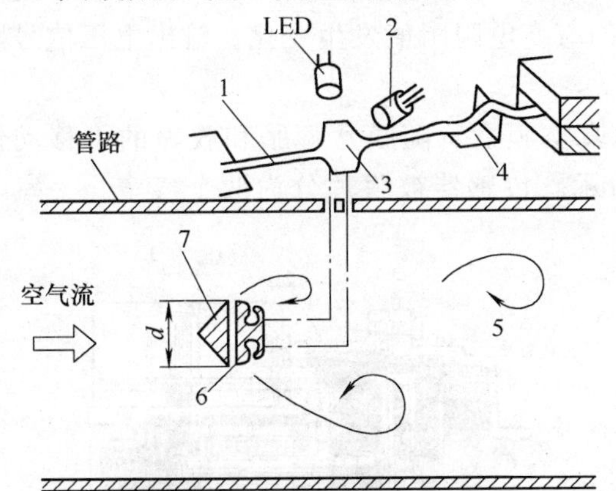

图 5-17　反光镜检测式卡门漩涡空气流量计的结构

1—支承板　2—发光二极管　3—反光镜　4—板簧　5—卡门漩涡　6—压力导向孔　7—漩涡发生器

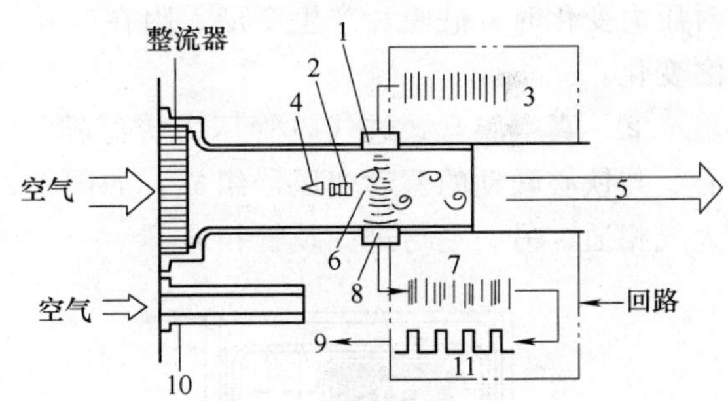

图 5-18　超声波式空气流量计的结构

1—信号发生器　2—涡流导压孔　3—超声波发生器　4—涡流发生器　5—到发动机的气流　6—卡门漩涡　7—声波　8—超声波接收器　9—整形方波信号　10—旁通通路　11—整流器

由于 ECU 根据空燃比计算喷油量时需要的是空气质量流量，故采用体积式流量计的系统，同时需要进气温度和压力传感器。

2）质量式空气流量计。质量式空气流量计主要有热线式空气流量计和热膜式空气流量计等，都能直接测量空气的质量流量，无需对进气温度和空气压力进行修正，并且响应时间短，测量精度高。热线式空气流量计的结构如图 5-19 所示。

通电的热线（或热膜）置于空气通道中，空气流过时热线（或热膜）温度降低，电阻值减小。为保持热线（或热膜）温度与进气温度的差及热线（或热膜）电阻值恒定，控制电路必须改变热线（或热膜）的端电压以调整流过的电流。热线（或热膜）端电压的变化即是流量计的输出信号。

为防止热线（或热膜）上吸附灰尘而影响测量精度，电控单元中设有自清洁电路，在发动机熄火后，将热线加热到1000℃，维持1～2s，烧掉吸附在热线（或热膜）上的灰尘。

热膜由铂金属片固定在树脂膜上构成，其可靠性和耐用性高，不易吸附空气中的灰尘。

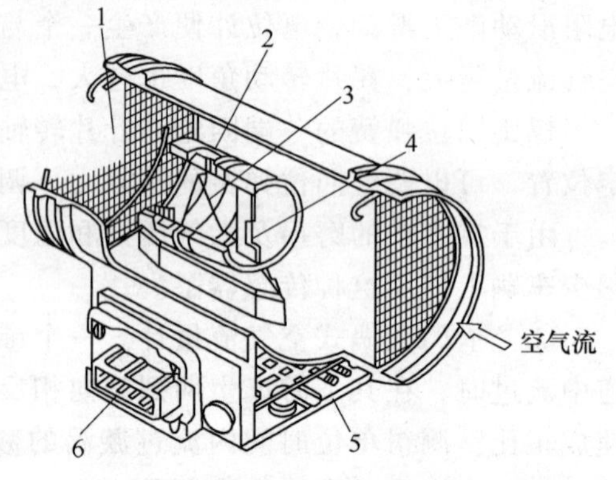

图5-19 热线式空气流量计的结构
1—防回火网 2—取样管 3—白金热线 4—上游温度传感器 5—控制回路 6—插接器

3）进气歧管绝对压力传感器。进气歧管绝对压力传感器将进气歧管绝对压力转变为电压信号输送到发动机ECU，ECU据此信号和转速信号计算实际进气量。

进气歧管绝对压力传感器可安装在远离进气歧管处，通过软管与进气歧管相连，也可直接安装在进气管上。进气歧管绝对压力传感器的类型较多，有半导体压敏电阻式、电容式、膜盒传动可变电感式和表面弹性波式等，目前应用较普遍的是半导体压敏电阻式和电容式。

① 半导体压敏电阻式进气歧管压力传感器。其主要由压力转换元件（硅膜片）、真空室（基准压力室）、集成电路、滤清器和壳体等组成，如图5-20所示。

硅膜片一侧为真空室，另一侧承受进气歧管内压力。当节气门开度变化，进气歧管内绝对压力变化时，硅膜片产生变形，附在硅膜片上的应变电阻阻值发生变化，输出电压信号随之变化。

② 真空膜盒式进气歧管压力传感器。它由真空膜盒、随膜盒膨胀和收缩的可移动铁心、与铁心联动的差动变压器组成，如图5-21所示。传感器被膜片分为两个气室，一室与大气相通，另一室与进气歧管相通。

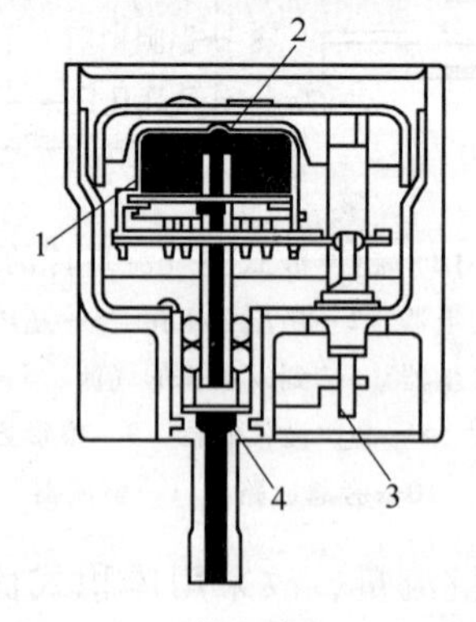

图5-20 半导体压敏电阻式进气歧管压力传感器的结构
1—真空室 2—硅片 3—输出端子 4—滤清器

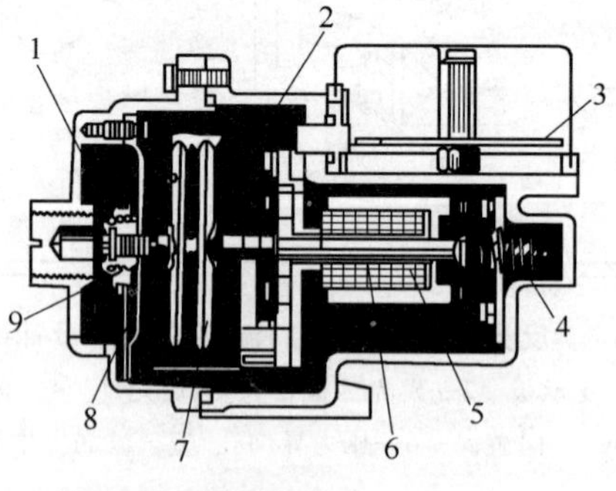

图5-21 真空膜盒式进气歧管压力传感器的结构
1—大气压力侧 2—歧管压力侧 3—印制电路板 4—回位弹簧 5—差动变压器 6—铁心 7—膜盒 8—膜片 9—膜盒支点

当进气歧管压力变化时，膜盒产生膨胀和收缩，带动铁心在感应线圈中移动，感应线圈产生的感应电压随之变化，ECU 根据感应电压信号测定进气歧管压力。

4）节气门位置（开度）传感器。节气门位置反映了发动机的工况和驾驶人的意图。节气门位置传感器装在节气门轴的一端，将节气门的开度信号转换成电压信号输送到发动机 ECU，以判断发动机是否处于怠速、部分负荷、大负荷工况，进而选择是进行开环控制还是进行闭环控制；测定节气门开关速率，判断是否急加速或急减速，以修正喷油量；对装备自动变速器的汽车，节气门开度是自动变速器换挡时机的主要信号。节气门位置传感器有线性式和开关式两种。

① 开关式节气门位置传感器。这种传感器内部有三个触点，分别是搭铁动触点、怠速触点和全负荷触点。当发动机怠速运转时，怠速触点闭合，电控单元据此信号进行怠速控制；当节气门接近全开时，全负荷触点闭合，ECU 据此信号加浓混合气，切断废气再循环控制。

② 线性式节气门位置传感器。此传感器实际上就是一个滑动变阻器，其滑动触头与节气门轴联动。在节气门由全关到全开的过程中，滑动触点在滑动变阻器上滑动，其输出的电压与节气门开度成比例地线性变化。ECU 根据传感器输出信号计算节气门开度和节气门开度的变化率，从而测得发动机的加、减速信号及工况控制区。

（2）转速和曲轴转角位置传感器　转速和曲轴转角位置传感器的作用是检测曲轴或与曲轴有传动关系的其他旋转件（凸轮轴、分电器轴等）的转角位置信号并输送给 ECU，以确定发动机转速和作为喷油正时和点火正时基准的第一缸压缩行程上止点的转角位置。对于四冲程发动机，曲轴位置传感器（安装在曲轴一端）无法区分第一缸到达上止点位置的信号是排气行程上止点还是压缩行程上止点，只能提供转速信号，以确定喷油正时、点火正时、空气流量、喷油量。凸轮轴位置传感器（安装在凸轮轴一端）信号主要用来判断缸序和第一缸压缩行程上止点。

1）电磁式转速传感器。电磁式转速传感器主要由固定在发动机机体上的永久磁铁、传感线圈和安装在曲轴前端（或飞轮附近、凸轮轴上、分电器轴上）的信号盘组成，如图 5-22 所示。信号盘（转子）上有若干个凸齿（或宽槽）。当信号盘旋转时，其边缘处的凸齿及凹槽使得磁路中的空隙发生周期性的变化，磁路的磁阻和穿过线圈的磁通量随之相应地变化，线圈内产生交变的感应电压。当凸齿接近磁极时，磁阻减小，通过线圈的磁通量增大感生正电压；当凸齿远离磁极时，通过线圈的磁通量减少，线圈内感生负电压；当凸齿正对磁极时，感应电压为零。转子每转一圈，输出与凸齿数相同数目的电脉冲信号。

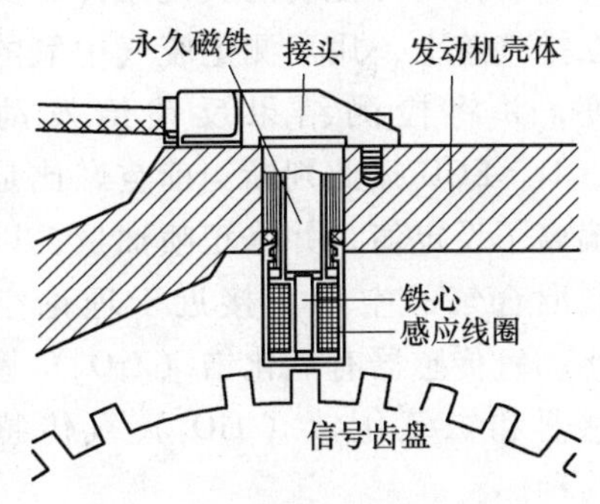

图 5-22　电磁式转速传感器

将信号盘设计成若干个均匀间隔的小凸齿、小凹槽和 1 个大凸齿或大凹槽，信号盘转一圈便产生若干个窄脉冲信号和 1 个宽脉冲信号。ECU 计算单位时间内窄电脉冲的个数就可得到转子的转速，宽脉冲信号表示第一缸上止点或上止点前一定角度。

使用永久磁铁的电磁式转速传感器无需电源，结构简单，工作可靠，价格低廉，应用广泛。

2）霍尔式传感器。霍尔式传感器利用霍尔效应产生电脉冲信号。它主要由触发叶轮、霍尔元件和永久磁铁等组成，如图 5-23 所示。当霍尔元件通以电流，同时在垂直于电流的方向施加一磁场时，在垂直于电流和磁场方向就会产生一个电压信号，称为霍尔电压。

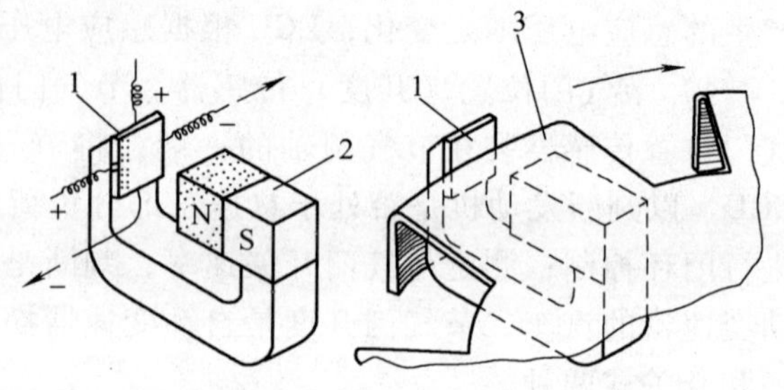

图 5-23 霍尔传感器的结构与工作原理

1—霍尔半导体元件 2—永久磁铁 3—触发叶片

当电流为定值时，霍尔电压与磁场强度成正比。在不导磁的叶轮转动过程中，当触发叶片进入永久磁铁和霍尔元件之间的气隙时，磁力线不通过霍尔元件，霍尔电压为零；当触发叶片离开气隙，永久磁铁和霍尔元件相对时，磁力线通过霍尔元件，产生霍尔电压。叶轮旋转一周，霍尔传感器就产生与叶片数相等的电压脉冲信号。

磁隙有信号触发叶片不断扫过，起着自洁作用，不易因积垢而失去信号。但其价格较高，应用较少。

3）光电感应式传感器。光电感应式传感器主要由发光二极管、光敏二极管、旋转遮光信号盘等组成，如图 5-24 所示。发光二极管和光敏二极管相对地位于旋转遮光信号盘两侧，旋转遮光信号盘上刻有不同宽度的孔或槽。随着遮光盘的转动，当孔或槽与发光二极管和光敏二极管相对时，光线照到光敏二极管上，产生强弱和时间间隔不同的电压脉冲信号，以判断缸序和曲轴转角。

由于电压信号的强弱取决于光敏二极管接收到的光强，故发光二极管和光敏二极管及其之间的光通路的清洁程度就很重要了，灰尘和水雾将影响其灵敏度，甚至使其失去信号。

(3) 氧传感器 氧传感器是实现空燃比闭环控制的关键元件，安装在排气管上，用于测定废气中氧的浓度，并将检测结果反馈给发动机 ECU。ECU 据此判断当前空燃比是否偏离了设定值，并修正喷油量，以控制混合气的空燃比接近于理论空燃比。氧传感器有氧化锆（ZrO_2）氧传感器和二氧化钛（TiO_2）氧传感器两种。

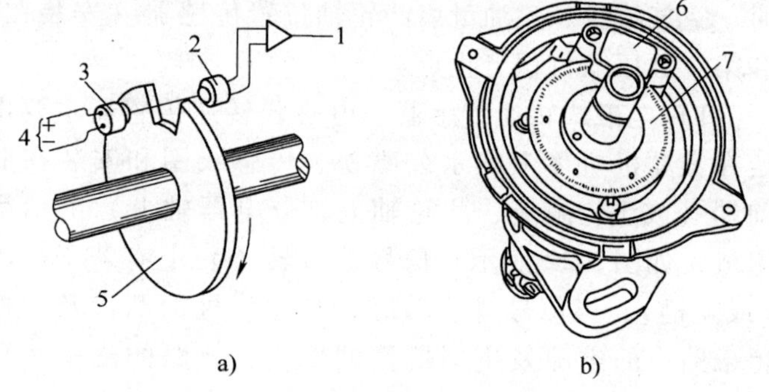

图 5-24 光电感应式传感器

a）工作原理图 b）结构图

1—输出信号 2—光敏二极管 3—发光二极管 4—电源

5—旋转遮光板 6—光电传感器 7—信号盘

1）氧化锆氧传感器（见图 5-25）。氧化锆陶瓷材料是具有传导氧离子能力的固体电解质，能在氧浓度差的作用下产生电动势。氧化锆陶瓷管内外壁均覆盖一层多孔性的铂膜作电极，内外表面分别与大气和排气接触，外侧排气中氧浓度随着可燃混合气体浓度的变化而变化，致使氧化锆管两侧铂电极间的电压随之变化。当供给的混合气较浓时，氧化锆管内外侧氧浓度差较大，致使电极间的电压较大，约为 1V；当供给的混合气较稀时，电极间的电压较低，约为 0V；当混合气浓度由浓变稀或由稀变浓时，氧传感器输出的电压信号从 1V 急剧阶跃变化到 0V 或从 0V 阶跃变化到 1V。

金属铂电极除了将信号电压引出传感器外，还起到了重要的氧化催化作用，使排气中的

CO、CH 与 O_2 反应而消除。如果没有金属铂，或使用中铂膜电极受到污染而逐渐失效，那么在混合气由浓变稀或由稀变浓的过程中，电极间的电压信号就不会出现阶跃变化特性，所以必须定期更换氧传感器。

氧化锆氧传感器输出信号的强弱与自身温度有关，只有在 300℃ 以上的温度时才能输出稳定的电压信号。因此有的氧化锆氧传感器内部增加了陶瓷加热元件，以使传感器在发动机温度较低时就投入工作。

2）二氧化钛氧传感器。二氧化钛属于 N 型半导体材料，当它处于高温排气中时，随着氧浓度由高（稀混合气）到低（浓混合气）变化，其电阻值在理论空燃比附近呈现由高到低的阶跃式变化。

二氧化钛氧传感器只有在自身温度高于 600℃ 以上时才能稳定工作，其内部需加装加热线圈，以保证低温状态下可靠工作。

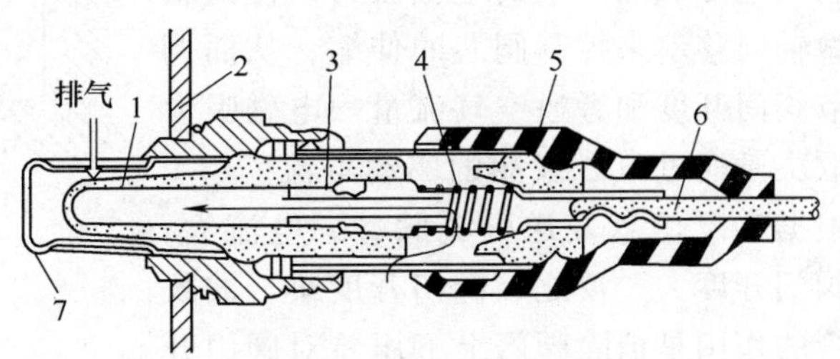

图 5-25　氧化锆氧传感器

1—氧化锆管　2—排气管　3—电极　4—弹簧　5—绝缘套　6—导线　7—导入排气孔罩

装有 OBD-Ⅱ系统的汽车发动机，在催化转化器前端和后端各装有一个氧传感器，ECU 根据两个传感器信号判断催化转化器的工作效率。

（4）冷却液温度传感器和进气温度传感器　进气温度传感器通常安装在进气总管或空气流量计上，冷却液温度传感器一般安装在发动机冷却液出口附近，分别检测进气温度和发动机冷却液温度，并将其转化成电压信号输入 ECU。ECU 根据信号修正喷油量和点火提前角。尤其在起动和暖机过程中，ECU 还根据进气温度信号对体积流量型空气流量计信号进行修正。

现代汽车上普遍采用热敏电阻式温度传感器，其内部有一个负温度系数热敏电阻，其阻值随着温度升高而降低。

2. 执行元件

（1）怠速执行器　控制怠速转速的实质是控制怠速进气量，有旁通空气道控制和节气门直动控制（电子节气门）两种方法。旁通空气道控制即怠速时节气门完全关闭，在其旁边设旁通空气道和控制阀，控制旁通道流通面积。由于直接控制节气门最小开度很难达到要求的怠速稳定性，故采用怠速控制阀控制怠速旁通道的方法被普遍使用。

1）电控怠速控制阀。常见的电控怠速控制阀有步进电动机式、电磁式、旋转滑阀式三种。

①　步进电动机式怠速空气阀。如图 5-26 所示。当步进电动机通电时，其转子旋转，通过丝杆带动阀轴和锥面阀移动，改变通道横截面积，调整怠速转速。只需控制步进电动机的旋转方向及旋转量就能控制怠速转速。发动机的控制单元根据实际工况发出脉冲信号，控制步进电动机的旋转方向和步数。此种控制阀的控制精度高，只是响应较慢，但足以

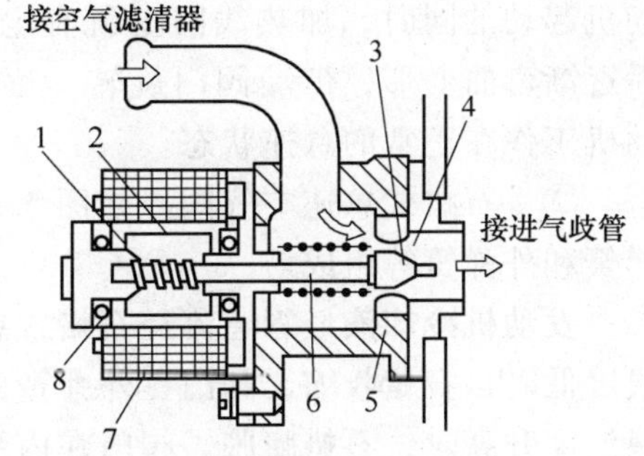

图 5-26　步进电动机控制机构

1—丝杆　2—转子　3—锥面阀芯　4—旁通通道　5—阀座　6—阀轴　7—定子　8—轴承

满足怠速控制的要求。

② 平动电磁式怠速空气阀。平动电磁式怠速空气阀就是一个比例电磁阀，由电磁线圈、阀芯、阀门、回位弹簧、波纹管等组成，如图5-27所示。它利用电磁线圈产生的电磁吸力，使阀轴做轴向移动来控制阀芯的伸缩，从而调节阀门开度和旁通空气流量。电磁吸力取决于通过电磁线圈的驱动电流。ECU根据工况信息发送电流脉冲。电流大，阀门开度大；反之，阀门开度小。波纹管的作用是消除阀门上下压差对阀门开启位置的影响。

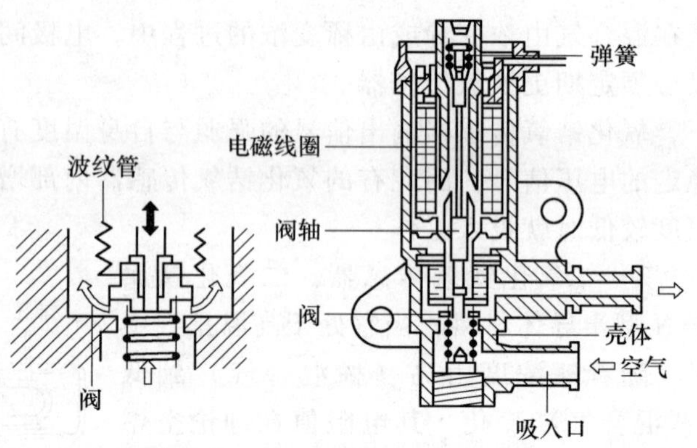

图 5-27　平动电磁式怠速空气阀

这种怠速控制阀响应速度快，但要注意波纹管产生裂纹后，怠速控制就失灵了。

③ 旋转滑阀式电磁怠速空气阀。如图5-28所示，旋转滑阀式电磁怠速空气阀由永久磁铁、电枢、旋转滑阀、螺旋弹簧和电刷等组成。阀与阀轴固定在一起，阀轴带动旋转滑阀转动来控制阀孔流通面积。阀轴上还固定着一个圆柱形磁铁，该磁铁放在一个由通电螺线管形成的强度及方向可变的磁场中。当磁场强度、方向变化时，圆柱形磁铁旋转角度和方向改变，旋转滑阀旋转角度和方向随之改变。ECU根据工况信息向螺线管发送电流脉冲。

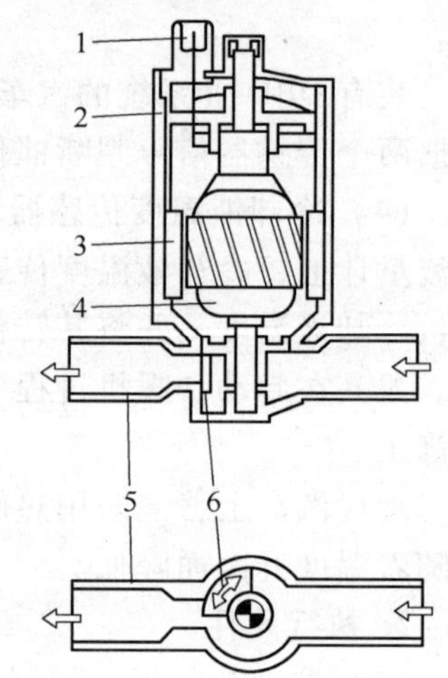

图 5-28　旋转滑阀式怠速空气阀

1—电路插接器　2—壳体　3—永久磁铁　4—电枢　5—旁通空气通道　6—旋转滑阀

2）机械控制式怠速控制阀

① 双金属片式怠速空气阀。如图5-29所示，双金属片式怠速空气阀由双金属元件、加热线圈和空气闸阀等组成。旁通空气管路的横截面积由双金属片控制的旋转阀门来决定。当温度低或无电流通过加热线圈时，阀门总是打开的。在发动机冷起动时，旁通空气道全开，管路横截面积最大。在发动机起动的同时，加热线圈上就有电流流过，双金属片受热后逐渐弯曲变形，带动阀门旋转，逐渐关闭旁通气道，使发动机工作在正常的怠速状态。

② 石蜡式怠速空气阀。如图5-30所示，石蜡式怠速空气阀由石蜡感温体、阀门、内弹簧和外弹簧等组成。

发动机冷却液经管道流经石蜡式怠速空气阀，石蜡感温体直接与冷却液接触。当冷却液温度低时，石蜡收缩，阀门在外弹簧的作用下离开阀座，旁通空气道横截面积增大；当冷却液温度升高时，石蜡膨胀，阀门在内弹簧的作用下压向阀座，旁通空气道横截面积减小，直到全闭。

（2）燃油供给系统执行元件

1）电动汽油泵。电动汽油泵将汽油从油箱中吸出，供给燃油系统规定压力的汽油。它

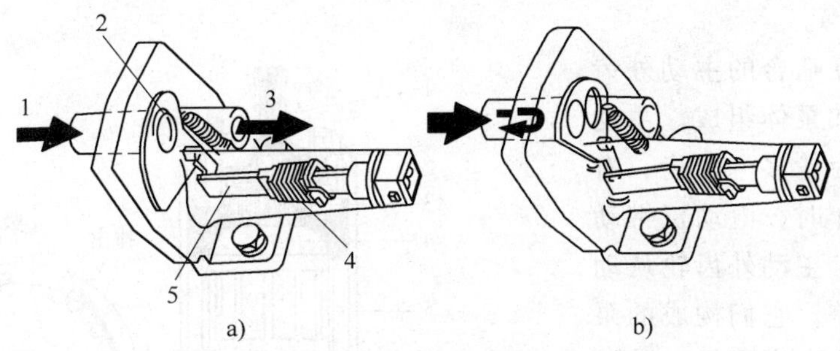

图 5-29　双金属片式怠速空气阀

a）低温时　b）暖机后

1—接空气滤清器　2—旋转阀门　3—接进气歧管　4—加热线圈　5—双金属片

可以装在燃油箱内，也可以装在燃油箱外，主要由泵油组件、永磁电动机、安全阀（限压阀）、单向阀和壳体等组成。泵油组件的转子与电动机同轴。工作时，泵油组件转子随着电动机一同转动，将燃油由进油口吸入，通过泵油组件升压后流经电动机、出油阀向外输出。停止工作时，单向阀关闭，阻止燃油回流，保持燃油管路具有一定的残余压力，以利于发动机下次迅速起动。如果出油口下游管道出现堵塞，那么油压就会升高，当超过允许值时限压阀就会开启，部分燃油流回燃油泵进油口，以免燃油系统部件因油压过高而损坏。

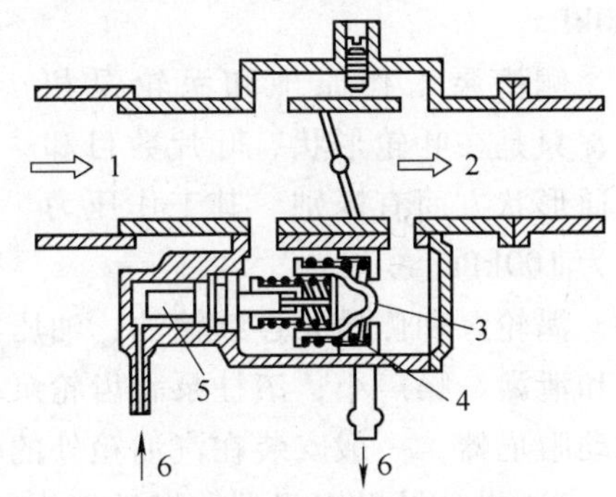

图 5-30　石蜡式怠速空气阀

1—来自空气滤清器的空气　2—至进气歧管的空气　3—阀门　4—弹簧　5—感温器　6—冷却液流

使用中，若燃油泵单向阀、限压阀泄漏，则将导致燃油压力降低；若限压阀不能打开，则将导致燃油压力升高。

根据泵油机构的不同，汽油泵可分为滚子泵、涡轮泵、齿轮泵（转子泵）、侧槽泵、离心泵等形式。

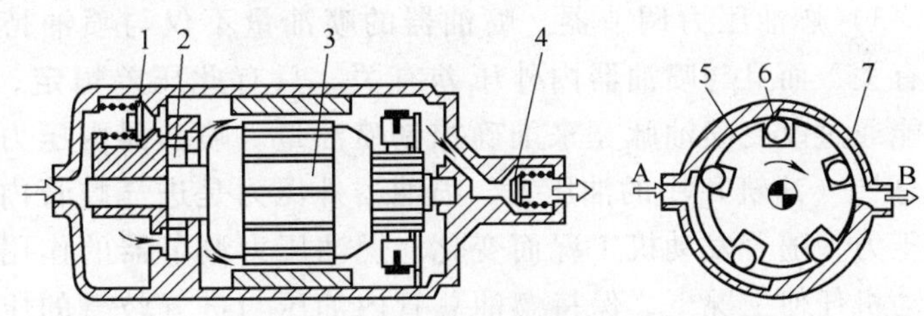

图 5-31　滚柱式电动汽油泵

1—限压阀　2—泵油组件　3—电动机　4—单向阀　5—转子　6—滚柱　7—泵体

图 5-31 所示为滚柱式电动汽油泵。其转子偏心安装在泵体内，外周分布着数个装有滚柱的凹槽。工作时，滚柱在离心力的作用下紧压在泵体内壁上，转子、泵体内壁和滚柱形成数个腔室，随着转子的转动，各腔室容积发生由小到大或由大到小的周期性变化，汽油从腔室容积增大一侧的吸入口吸入，从腔室容积减小一侧的出口被挤出，其工作压力约为 200kPa。

图 5-32 所示为涡轮式电动汽油泵。转子是一个平板叶轮，其叶片与泵体内壁构成数个凹槽油腔。当转子转动时，进油口处产生真空，汽油被吸入并充满凹槽油腔，然后被驱动至出口，在离心力作用下，油压提高，从出口压出，经电动机和单向出油阀流出汽油泵，其工

作压力约为300kPa。

齿轮泵由相互啮合的主动外齿轮、从动内齿轮和泵体组成。主动外齿轮较从动内齿轮多一个齿，有一定偏心距。工作时，电动机带动主动外齿轮旋转，主动外齿轮从动内齿轮存在转速差，它们构成的泵腔容积发生变化。在容积最大的一侧设有进油口，在容积最小的一侧设有出油口，其工作压力约为400kPa。

侧槽泵工作原理和涡轮泵相似，只是在叶轮形状、叶片数目和流通形状方面有区别。其工作压力约为100kPa。

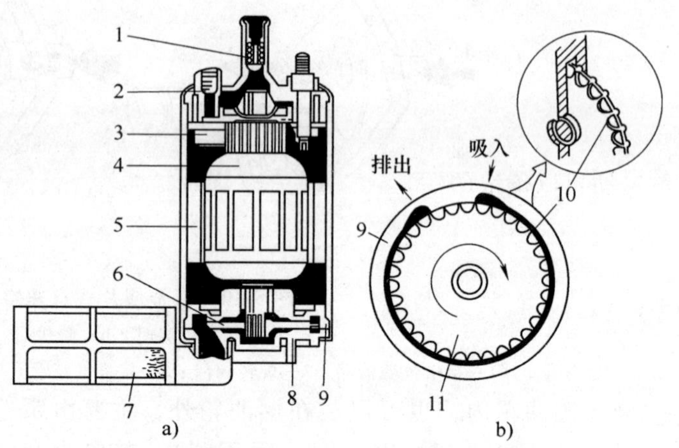

图5-32　涡轮式电动汽油泵

1—单向阀　2—安全阀　3—电刷　4—电枢　5—磁极　6—叶轮　7—滤网　8—泵盖　9—泵壳　10—叶片沟槽　11—涡轮

涡轮泵和侧槽泵连续输油，油压波动小，安装在油箱内（内置式或湿式），不易产生气阻和泄漏，噪声小；滚柱泵和齿轮泵均为容积泵，间歇性输油，油压波动较大，需加装油压脉动阻尼器，一般安装在汽油箱外的输油管路中（外置式）。

2）燃油脉动阻尼器。燃油压力脉动减振器装在燃油总管或电动燃油泵上，由膜片和弹簧组成的减振机构等组成。图5-33所示为安装在燃油总管上的燃油压力脉动减振器。当系统中的燃油压力升高时，膜片弹簧被压缩，燃油室容积增大，减缓燃油压力的增加；当燃油压力降低时，在弹簧力的作用下，燃油室容积减小，减缓燃油压力的降低。如此反复，使燃油系统的油压脉动降低。

3）燃油压力调节器。喷油器的喷油量不仅与喷油持续时间有关，而且与喷油器内外压差有关。只有此压差恒定，ECU才能通过改变喷油脉宽来准确控制喷油量。喷油器内压力是燃油总管（油轨）中的油压力。喷油器外压力是进气歧管内的绝对压力，随着发动机工况而变化。燃油压力调节器的作用是在发动机任何工况下，保持燃油总管内油压与进气歧管的压力差值恒定。

如图5-34所示，燃油压力调节器中有一膜片将其内腔分为气室和油室两部分。气室内有弹簧，燃油室进油口与燃油总管相通，出油口与燃油箱接通，回油口开度由固定在膜片上的球阀控制。

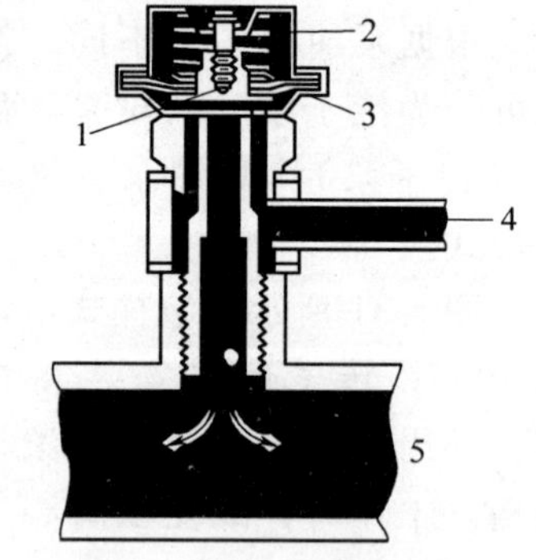

图5-33　燃油压力脉动减振器

1—阀　2—弹簧　3—膜片　4—接汽油泵　5—输送管道

当气室侧弹簧力和进气歧管内压力与燃油侧燃油压力相等时，膜片处于平衡状态，喷油压力一定。当进气歧管压力降低时，膜片带动球阀向真空室方向移动，回油口开度增大，回油量增多，油压降低；当进气歧管压力增大时，膜片向燃油室方向移动，回油口开度减小，回流量减少，油压增加。如此反复，将燃油压力与进气歧管压力的差值限制在一定范围内。停机时，汽油泵停止工作，单向出油阀关闭，油压下降，同时进气歧管压力增大，使回油阀关闭而封闭油路，以保持油路内有一定的残余压力。

若真空管破裂或接头处密封不严，则会使气室直接与大气接通，使回油口开度减小，油压偏高，导致发动机以偏浓的混合气工作；若膜片破裂，则燃油会经过破裂处进入进气歧管，导致发动机以偏浓的混合气工作。对于后者，可在发动机停机后拆下真空软管，若软管中有燃油流出或存留燃油的迹象，则说明油压调节器膜片破裂；若回油管堵塞，则将导致燃油系统中燃油压力升高。

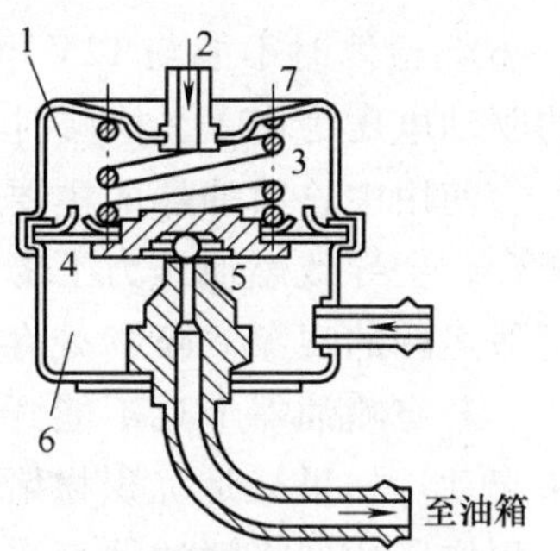

图5-34　燃油压力调节器

1—气室　2—进气真空度　3—弹簧　4—膜片　5—阀门　6—燃油室　7—弹簧

4）电磁喷油器。电磁喷油器接收ECU传来的喷油脉冲信号，将一定量的汽油以良好的雾化状态喷入进气歧管内。缸外多点喷射系统的喷油器安装在各缸进气歧管或进气道上，单点喷射系统的喷油器安装在节气门体上。

虽然喷油器的种类及结构略有差异，但是其工作原理都基本相同。图5-35所示为多点喷射系统的针阀式电磁喷油器，主要由电磁线圈、针阀、阀座、衔铁、回位弹簧、滤网、壳体等组成。当喷油器不喷油时，在回位弹簧压力的作用下，针阀锥面紧贴在阀座锥面，实现密封。

当ECU发出的电脉冲信号使喷油器电磁线圈通电时，电磁线圈产生电磁吸力，克服弹簧预紧力将衔铁及与之连接成一体的针阀吸起，针阀开启，汽油从喷孔喷出；当电磁线圈断电时，电磁力消失，针阀在回位弹簧的作用下落座，喷油器停止喷油。

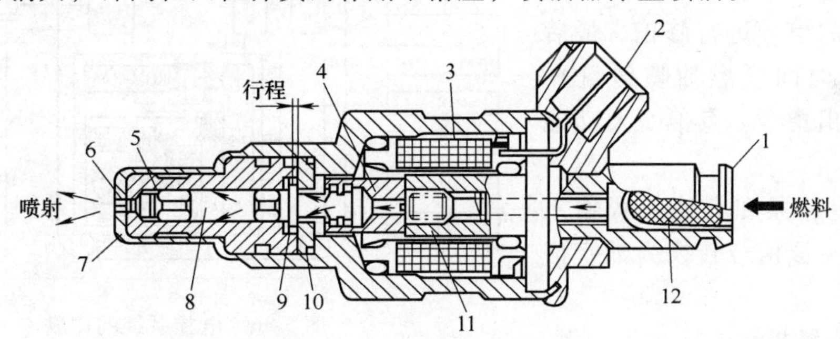

图5-35　针阀式电磁喷油器

1—燃油接头　2—电插头　3—电磁线圈　4—磁心　5—阀座　6—阀体　7—壳体　8—针阀　9—凸缘部　10—调整垫片　11—弹簧　12—滤清器

按喷嘴阀的形式，除了上述针阀式喷油器外，还有球形阀式喷油器和片形阀式喷油器。锥形针阀式喷油器为保证针阀正位落座，需较长的阀杆导向，质量大。球阀落座时具有自定位性，阀杆短而细，质量轻，响应性好。片阀与衔铁合二为一，质量更轻，且不易堵塞。

按燃料送入喷油器的部位，喷油器分为上部供油式（见图5-35）和下部供油式。前者主要用于高压喷油的多点喷射系统，后者用于低压喷油的节气门体喷射系统。

按电磁线圈电阻大小，喷油器分为低阻式（2～3Ω）和高阻式（12～16Ω）。

按电磁线圈驱动方式，喷油器分为电流驱动式和电压驱动式。电流驱动式喷油器为低阻型，电压驱动式喷油器有低阻型、高阻型之分。低阻型电压驱动式喷油器的驱动电压为

5～6V,检修时不能与12V电源直接连接，否则会烧坏电磁线圈；高阻型电压驱动式喷油器的驱动电压为12V，检修时可直接与12V电源连接。

使用中，喷油器的主要问题是磨损和喷嘴处产生沉积物。沉积物可能使喷油器不能完全闭合，会导致燃油压力下降，且燃油流进气缸内，使发动机以浓混合气运转，或产生断火后仍然运转的现象。喷嘴处存在结胶或沉积物，也可能使喷油量减少，发动机以稀混合气运转。若有喷油器卡死不能开启，则多点喷射发动机将起动困难，节气门体喷射的发动机将无法起动。如果只是沉积物堵塞喷油器，那么将清洗剂加到油箱中可溶解掉喷油器和油路中的沉积物。切勿将喷油器直接浸在清洗液中，或者用钢丝、牙签等疏通堵塞的喷油器，以免影响喷嘴量孔的精度。

喷油器在安装处用O形圈密封。注意，重新安装喷油器时，一定要用新的垫片和O形圈，同时要给O形圈抹一点润滑脂或者汽油，绝对不能用机油、齿轮油甚至制动油等代替，并且要用扭力扳手按规定力矩拧紧固定螺栓。

3. 电控单元（ECU）

ECU通过信号采集、计算处理、分析判断、决定对策，发出控制指令，指挥执行器工作。ECU主要由输入信号处理电路、微处理机、输出处理电路、电源回路以及控制程序等几部分组成，如图5-36所示。

单就空燃比控制而言，ECU根据空气流量计、转速传感器测得信号，计算基本喷射时间，再依据氧浓度、冷却液温度、进气温度、节气门位置等传感器传来的信号进行修正，最后决定总的喷射时间（燃油喷射量），并向喷油器发出指令。其他主要功能如下：

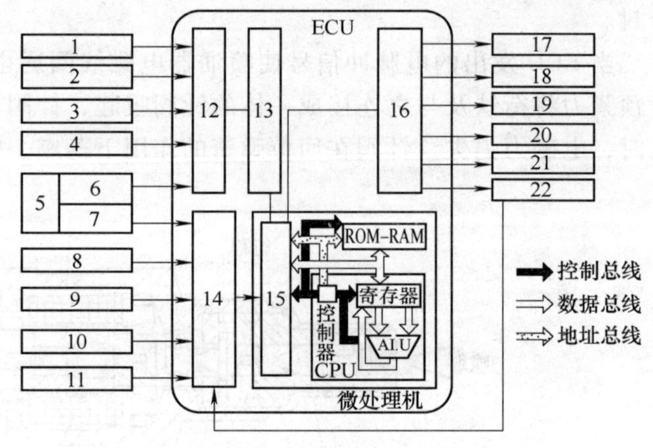

图5-36 电控系统的构成

1—压力传感器 2—进气温度传感器 3—冷却液温度传感器 4—蓄电池电压 5—节气门开度传感器 6—节气门开度 7—节气门全闭 8—车速传感器 9—起动开关 10—A/C开关 11—分电器采集线圈 12—输入回路 13—A/D转换 14—输入回路 15—I/O接口 16—输出回路 17—喷油器 18—电动汽油泵 19—VSV阀 20—CHECKENGINE灯 21—主继电器 22—点火器

1）接收传感器和其他装置输入的信号，并将模拟信号转换为数字信号。

2）向传感器提供2V、5V、9V、12V等不同要求的电压。

3）存储、计算、分析、处理信息，存储相应车型的参数信息（如空燃比、点火提前角等脉谱图），存储运行中的数据和故障信息，存储计算程序。

4）输出执行命令。

5）自我修正功能（自适应功能）。

6）具有对燃油喷射、点火提前角控制、怠速控制、排放控制、进气控制、增压控制、故障自诊断、失效保护和备用控制系统等多项控制功能。

5.7　其他供油装置

5.7.1　汽油箱

汽油箱用以储存汽油。其数目、容积、形状等因车而异。普通汽车有一个汽油箱，其盛放的汽油可供行驶 200 ~ 600km。越野车则有两个油箱，以适应特殊要求。

汽油箱多为薄板金属箱或塑料箱，内有隔板，以防汽油震荡激溅。汽油箱底部装有放油螺塞，以排出油箱内沉积的水和污物；上部装有油位传感器和出、回油管。现在，大多数汽车的燃油泵都装在燃油箱中，轿车和轻型卡车的发动机油箱内都有一个粗滤器。

汽油箱上部有加油口，由带有弹簧压力阀的油箱盖封闭（见图 5-37），以防燃油震荡溅出和灰尘进入，并保持油箱内压力稳定，防止液位降低而造成真空而使汽油不能被吸出，或高温时汽油蒸发压力过大。

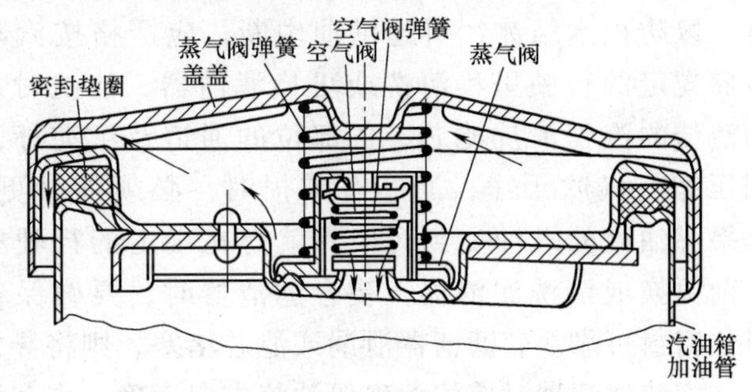

图 5-37　汽油箱盖

要按规定定期清洗掉汽油箱内的油污、积水、沉积物，并用压缩空气吹干净。当发现薄金属板制造的汽油箱有裂纹时，可将其拆下后用焊接法修补。在拆卸汽油箱前，应先拆掉蓄电池的负极线，再放尽燃油。在焊修前，必须将汽油箱中的油或油蒸气彻底清除，并将油箱盖和油位传感器浮子组的端盖拆下，以确保安全。

5.7.2　汽油滤清器

汽油滤清器的作用是除去燃油中的水分和杂质，防止油路堵塞，减轻气缸磨损，减少汽油泵等部件的故障。

汽油滤清器分为可拆式和不可拆式两种。

1. 可拆式汽油滤清器

可拆式汽油滤清器主要由盖、滤芯、沉淀杯等组成，如图 5-38 所示。滤清器盖上有进油管接头和出油管接头，滤芯用螺栓固定在滤清器盖上。滤芯与滤清器盖间有密封垫。沉淀杯与滤清器盖之间也有密封垫，并由螺钉压紧在滤清器盖上。沉淀杯底部有放油螺塞。滤芯多用多孔陶瓷或微孔滤纸制造。

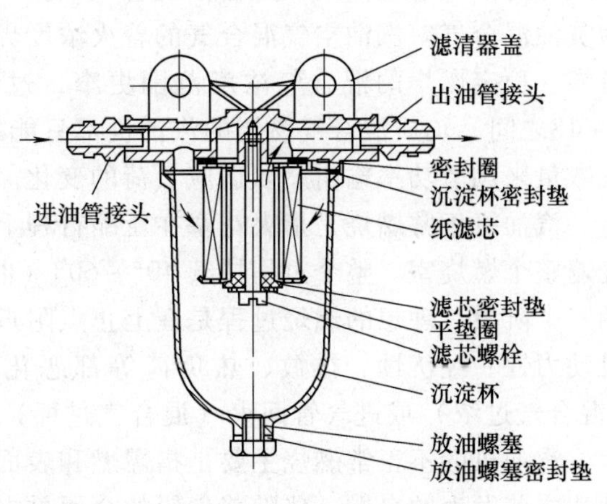

图 5-38　可拆式汽油滤清器

当发动机工作时，在汽油泵的作用下，汽油经进油管接头进入沉淀杯，水及较重的杂质沉淀于杯底部，较轻的杂质在随着汽油流向滤芯时被阻隔在滤芯外面，清洁的汽油进入滤芯内腔，再从油管接头流出。

2. 不可拆式汽油滤清器

不可拆式汽油滤清器采用密封式的薄外壳，以及用化纤或经酚醛树脂处理后而具有良好抗水性能的微孔滤纸制成的滤芯，如图 5-39 所示。

3. 汽油滤清器的维护

不可拆式汽油滤清器无需清洗，应按车辆使用说明书规定的使用周期更换新的滤清器总成，一般每行驶 15000km 需更换一次。

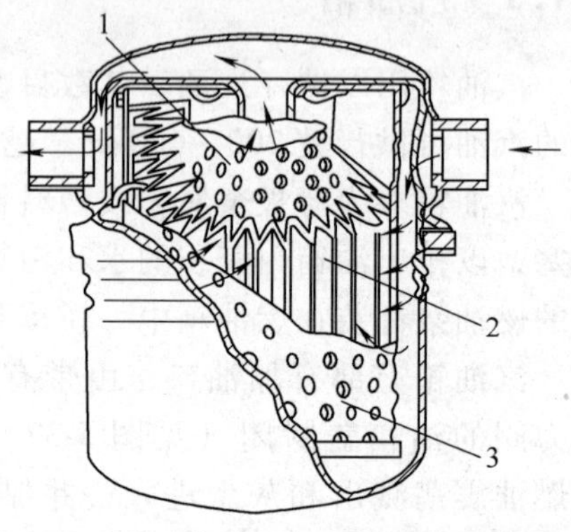

图 5-39 不可拆式汽油滤清器
1—中央多孔筒 2—纸质滤芯
3—多孔滤纸外筒

对可拆式汽油滤清器，在使用中要经常从放油螺塞处放掉沉淀杯底部的积水，尤其冬季使用时更应注意，以防积水结冰，引起供油中断；应严格按汽车制造商规定的行驶里程清洗或更换滤清器，清洗时，应用清洁的汽油清洗滤芯、各部位的通道及沉淀杯，并用压缩空气吹干净；滤芯有破损时，必须随时更换；如果燃油箱的燃油受到污染，就得在规定的行驶里程之前更换或清洗滤清器；装合滤清器时，要确保各密封垫密封可靠。若滤清器泄漏或滤芯堵塞，则将导致燃油系统内压力下降。

安装滤清器时应注意确保油流方向正确。许多汽油滤清器的进油管接头和出油管接头形状相同，在滤清器外壳上标有安装方向箭头，指示了燃油流经滤清器时的方向。

本章小结

汽油的蒸发性好。绝大多数汽油机在缸外形成混合气，属于均质混合气燃烧。混合气中燃油与空气的质量比称为空燃比。它和过量空气系数 α 都可表示混合气浓度。过量空气系数是燃烧 1kg 燃油实际供给的空气质量与理论空气量之比。汽油的理论空气量是 14.7kg（空气）/kg（燃油）。$A/F=14.7$ 或 $\alpha=1$ 的混合气称为理论混合气；$A/F<14.7$ 或 $\alpha<1$ 的混合气称为浓混合气，又称为富油混合气；$A/F>14.7$ 或 $\alpha>1$ 的混合气称为稀混合气，又称为贫油混合气。汽油空气混合气的着火浓度界限是 $\alpha=0.4\sim1.4$，而实际上能够保证汽油机可靠、稳定燃烧的混合气浓度范围更窄，过量空气系数仅在 0.6 ~ 1.2 之间，或空燃比在 9 ~ 18之间。均质混合气燃烧的汽油机都只能靠改变节气门的开度和控制进入气缸内的混合气数量来调节功率输出，以适应负荷的变化。这种功率的调节方式称为量调节。

汽油机正常燃烧是指火花塞在压缩行程上止点前跳火，火焰中心向四周迅速传开，直到烧遍整个燃烧室。整个过程持续 40° ~ 60°（曲轴转角），可分为着火延迟期、速燃期和后燃期三个阶段。理想的燃烧过程是在上止点附近及时、迅速、完全地结束，过后燃烧会使发动机动力性、经济性、排放、热负荷等都恶化。当过后燃烧严重时，还易产生排气管放炮（混合气过浓）或进气管回火（混合气过稀）等现象。

汽油机的不正常燃烧主要是指爆燃和表面点火。爆燃是燃烧室中末端混合气在正常火焰到达之前发生的自燃，伴随着尖锐的金属敲击声和冷却液、机油温度的明显升高。严重的爆燃将导致发动机过载、过热，促使积炭形成，加剧机件变形、磨损、烧损，功率、热效率下降，寿命缩短等。表面点火是燃烧室炽热表面点燃混合气的现象。在火花塞跳火之前的早火危害大，且与爆燃相互促进。爆燃是限制压缩比提高的主要障碍，也会影响大缸径的设计方案。汽油的辛烷值表示其抗爆性，是划分牌号的依据。高压缩比的发动机应选择高牌号的汽油。发动机低速、大负荷时易产生爆燃现象。

点火提前角是从火花塞跳火时刻到活塞行至上止点时曲轴转过的角度，是影响汽油机性能的重要调整参数。每一工况都有一个最佳的点火提前角，使发动机动力性和经济性最好。最佳点火提前角随着转速的升高、负荷的减小、冷却液温度的降低应增大。车用发动机上均装有点火提前角自动调节装置。推迟点火（减小点火提前角）是抑制爆燃的有效措施，也是运行中汽油机控制爆燃的策略。

混合气浓度也是影响汽油机综合性能的调控参数。$\alpha=0.8\sim0.9$ 的稍浓混合气的燃烧速度、燃烧温度最高，称为功率混合气，此时也最易发生爆燃；$\alpha=1.05\sim1.15$ 的稍稀混合气，燃烧速度和温度降低得不多，且燃料能够完全燃烧，称为经济混合气，但此时易生成 NO_x。过浓、过稀的混合气均使燃烧速度降低，降低功率、热效率，增大 CO、HC 排放量。

当环境温度、冷却液温度低时，燃油雾化不良、蒸发困难，部分燃油凝结在进气管和气缸壁上会使混合气变稀，燃烧不稳定且速度慢。所以，低温工况需加浓供油，增大点火提前角，在温度升高后，加浓量、点火提前角应减小。

在冷起动工况时，发动机温度低，加之转速低、波动大，进气流速慢、不稳定，需加浓供油；同理，在暖机工况时，也需要混合气加浓修正、点火提前角增大修正。随着温度的升高，加浓量逐渐减小，点火提前角逐渐减小。

在怠速工况时，转速低，节气门开度最小，进入气缸内的混合气量少，残留废气对新鲜混合气的稀释严重，易导致缺火，甚至熄火。化油器式发动机和开环控制的汽油喷射发动机，怠速时需要加浓补偿，混合气过量空气系数 $\alpha=0.6\sim0.8$。电控喷射闭环控制的发动机，怠速时应控制在理论混合气。

在部分负荷工况时，随着节气门开度的增大，混合气形成条件改善，进气阻力小，进气量多，残余废气稀释减轻，燃烧速度提高。从获得好的经济性出发，随着节气门开度的增大，混合气浓度应逐渐变稀，直至中等负荷时供给 $\alpha=1.05\sim1.15$ 的经济混合气。当节气门开度一定时，随着转速的升高，混合气应逐渐变浓。就控制排放而言，电控喷射闭环控制的发动机在部分负荷工况时需控制在理论混合气。

当汽油机以大负荷或全负荷工作时，节气门接近或达到全开的位置，要求发出尽可能大的功率，需控制在 $\alpha=0.8\sim0.9$ 的功率混合气。

在急加速工况时，节气门突然开大，因汽油、空气的惯性差异及进气管内压力的增高和温度的降低，而使汽油流量的增长较空气的增长滞后且蒸发慢，出现混合气暂时过稀，以及输出功率不增反降和减速的现象，甚至熄火。急加速时，必须额外供一些燃油加浓混合气。反之，急减速工况时，应控制减少供油或切断供油。

汽油机燃料系统的任务就是满足发动机每一工况下对混合气质与量的要求，以实现稳定、洁净的燃烧。

在化油器式燃油供给系统中，燃油被动地被吸出，控制燃油流量的参数是喉口处的真空度，燃油雾化质量依赖于喉口处的空气流速，蒸发速度则取决于发动机温度及进气温度。这就决定了其混合气的形成受工况、环境影响大，燃油、空气计量不准确，各工况下空燃比控制不精确，各缸混合气分配不均匀，进气阻力增大，充气效率降低，工况响应性差，不宜进气歧管可变和增压。

在电控燃油喷射式燃油系统中，ECU 中储存着预先通过试验得到的转速-负荷-最佳空燃比关系图，工作时根据负荷和转速传感器信号判断发动机所处的工况，查算相应工况下的最佳空燃比，进而以最佳空燃比和空气流量确定基本喷油量，再根据进气温度传感器、冷却液温度传感器、氧传感器等其他传感器信号对基本喷油量进行修正，得到最终喷油量，最后指令电磁喷油器以一定的压力将确定数量的燃油喷入进气管、进气道或气缸内与空气混合形成混合气。控制燃油量的参数主要是精确计量的空气流量和转速。燃油雾化质量则依赖于喷油压力，不受工况的影响，克服或大大改观了化油器式燃油系统的缺陷，综合提升了汽油机的动力性、经济性、排放性等，同时改善了怠速稳定性、过渡工况圆滑性和低温起动性等。

电控燃油喷射式燃油系统由燃油供给装置、传感器和电子控制单元组成。

燃油喷射方式按燃油喷射部位分为缸外喷射和缸内喷射两大类，缸外喷射又分为单点喷射和多点喷射两种。早期的汽油喷射采用单点喷射，在节气门体上安装 1 只喷油器。目前普遍采用多点喷射，在每个气缸的进气歧管或进气道内安装 1 个喷油器，将燃油喷射到各缸的进气门前方，各缸混合气分配均匀性好。

燃油喷射控制方式分为开环控制和闭环控制。闭环控制的目的是改善排放，以装在排气管上的氧传感器反馈的信号判断当前空燃比，修正燃油量，使空燃比在设定的理论空燃比值附近，保证三元催化器高的转化率。目前，汽油机普遍采用开环和闭环相结合的控制方式，即：当冷却液温度达到正常工作温度（80℃）、怠速工况、部分负荷工况、氧传感器达到正常工作温度时，都按闭环控制；当起动、起动后暖机、大负荷或全负荷工况、急加减速工况、氧传感器失效时，都按开环控制，以供给加浓的混合气。

发动机上的传感器用于检测发动机运行状态，并将它们转换成便于 ECU 识别的电信号。车用传感器主要包括负荷传感器（空气流量传感器、进气歧管绝对压力传感器）、节气门位置传感器、转速和曲轴转角位置传感器、氧传感器、冷却液温度传感器等。

ECU 通过存储、处理传感器送来的各种信息，进行计算处理、分析判断、决定对策，发出控制指令，指挥执行器工作，并负责向传感器提供 2V、5V、9V、12V 等不同要求的电压，具有自适应功能，能对燃油喷射、点火提前角、怠速、排放、进气、增压、故障自诊断、失效保护和备用控制系统等进行多项综合控制。

怠速控制就是对怠速转速的控制。其实质是控制怠速时的进气量，有旁通空气道控制和节气门直动控制（电子节气门）两种方法。旁通空气道控制即怠速时节气门完全关闭，在其旁边设旁通空气道和控制阀，控制旁通道流通面积。

燃油供给装置包括燃油箱、燃油滤清器、燃油总管（燃油分配管）、输油管及电动燃油泵、燃油压力调节器、喷油器等执行元件。

电动汽油泵负责供给燃油系统规定压力的汽油，主要由泵油组件、永磁电动机、限压阀、单向阀和壳体等组成，可分为滚子泵、涡轮泵、齿轮泵、侧槽泵、离心泵等形式，常用的是滚子泵、涡轮泵和齿轮泵。涡轮泵连续输油，油压波动小，安装在油箱内（内置式或湿式），不易产生气阻和泄漏，噪声小；滚柱泵和齿轮泵均为容积泵，间歇性输油，油压波动较大，一般安装在汽油箱外的输油管路中（外置式）。

燃油压力调节器的作用是在发动机任何工况下均保持燃油总管内的油压与进气歧管的压力差值恒定。燃油压力调节器由壳体、膜片、弹簧、进出油口、真空室、燃油室、真空接口等组成。若真空管破裂或接头处密封不严，则油压偏高，将导致发动机以偏浓的混合气工作；若膜片破裂，也会导致发动机以偏浓的混合气工作。

电磁喷油器接收 ECU 传来的喷油脉冲信号，将一定量的汽油以良好的雾化状态喷入进气管内。电磁喷油器主要由电磁线圈、阀、阀座、衔铁、回位弹簧、滤网、壳体等组成。它通过控制电磁线圈的通、断电时间，实现喷油、断油及喷油量调节。喷油器的主要问题是磨损和喷嘴处产生沉积物。如果只是沉积物堵塞喷油器，那么将清洗剂加到油箱中可溶解掉喷油器和油路中的沉积物。

对燃油箱要按规定进行定期维护。对于不可拆式汽油滤清器，应按规定的使用周期更换新的滤清器总成。对于可拆式汽油滤清器，应严格按规定的行驶里程清洗或更换滤清器。若燃油箱的燃油受到污染，则在规定的行驶里程之前就应更换或清洗滤清器。装合滤清器时，要确保各密封垫密封可靠。安装滤清器时，应注意确保油流方向正确。许多滤清器在外壳上标有安装方向箭头，指示了燃油流经滤清器时的方向。

复习思考题

1. 按汽油的流动路线说明汽油机燃料供给系统的组成。
2. 何为过量空气系数、空燃比？它们有何意义？
3. 何为动力混合气？何为经济混合气？
4. 化油器由哪些基本系统组成？说明其作用、工作原理与调整方法。
5. 说明汽油负荷调节方式。加速踏板控制哪个元件？
6. 何为汽油机的正常燃烧？它分为哪几个阶段？排气管放炮和进气管回火是何原因？
7. 何为爆燃？它有何现象和害处？何种工况下易发生爆燃？
8. 燃烧室积炭后有何害处？
9. 何为点火提前角？点火提前角过大或过小有何害处？
10. 随着转速、负荷的变化，如何调整最佳点火提前角？
11. 随着转速、负荷的变化，如何调整混合气浓度？
12. 运行中的发动机如何抑制爆燃的发生？
13. 汽油机断火后仍能继续运转是由什么原因引起的？
14. 如何评价汽油的抗爆性？如何划分汽油牌号？汽油牌号与抗爆性有何关系？
15. 汽油牌号越高越好吗？如何选用汽油？
16. 汽油机在何种工况下 NO_x 的排放量大？
17. 汽油机在哪些工况下 CO、HC 的排放量大？
18. 根据汽油机各工况下（冷起动、暖机、怠速、部分负荷、全负荷、急加速、急减速）混合气形成及燃烧的特点，说明空燃比和点火提前角控制策略。
19. 典型的汽油机燃烧室有哪几种？它们各有何特点？
20. 采用双火花塞有何优点？
21. 与汽油喷射汽油机相比，化油器式汽油机有哪些优点？
22. 空气流量计有哪几种类型？哪些需要配合进气温度传感器才能获得进气的质量流量？
23. 什么是燃油喷射的闭环控制和开环控制？汽油机在哪些工况下采用闭环控制？在哪些工况下采用

开环控制？

24. 电动燃油泵中的单向阀和限压阀分别有什么作用？若存在泄漏会引起什么问题？

25. 燃油压力调节器的作用是什么？燃油压力调节器真空管泄漏有何危害？燃油压力调节器膜片破裂会发生什么现象？

26. 电控汽油喷射发动机怠速控制的实质是什么？控制方法有哪几种？

27. 转速和曲轴转角位置传感器有什么作用？常见的有哪几种？分别有什么特点？

28. 氧传感器有什么作用？常见的有哪几种？正常工作温度分别是多少？

29. 简述节气门位置传感器的作用。

30. 如何做好汽油滤清器的使用与维护？安装时应注意哪些事项？

第6章 柴油机燃油系统与燃烧

【学习要求】

1. 了解柴油机混合气的形成过程。
2. 理解燃烧过程及使用因素的影响。
3. 了解柴油机燃烧室的类别及其特点。
4. 掌握柴油机燃油系统的作用、组成。
5. 掌握喷油器和喷油泵的基本结构、工作原理以及拆装与调试方法。
6. 理解调速器的作用、基本结构、工作原理和调整方法。
7. 了解柴油机电控喷射系统。

6.1 柴油机燃油系统的作用与组成

柴油机燃油系统的作用是根据柴油机工作的需要，定时、定量、定压地将清洁的柴油按一定规律和油雾形态喷入燃烧室，以保证发动机在各工况下稳定工作。

柴油机燃油系统可分为低压油路部件、高压油路部件及使发动机运转稳定的控制装置（调速器）。低压油路包括燃油箱、输油泵、燃油滤清器、低压油管等部件；高压油路包括喷油泵（又称为高压油泵）、高压油管、喷油器等部件；调速器与喷油提前角调整装置是使发动机运转稳定的控制装置，分别装在喷油泵的前、后端，与喷油泵连为一体。

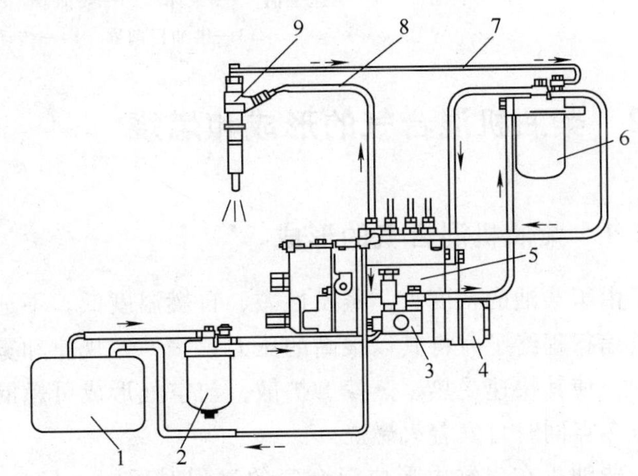

图6-1 柱塞式喷油泵柴油机燃油系统

1—柴油箱 2—油水分离器 3—输油泵 4—供油提前器 5—柱塞式喷油泵 6—柴油滤清器 7—回油管 8—高压油管 9—喷油器

图6-1所示为柱塞式喷油泵柴油机燃油系统。当发动机工作时，燃油被从油箱中吸出，流经油水分离器除去水分和大的杂质后进入输油泵，使压力升高至0.15～0.30MPa，再经柴油细滤器送往喷油泵。燃油压力在喷油泵内被提高至7～10MPa后，经高压油管送到喷油器喷入燃烧室。喷油泵中过量的燃油和喷油器中多余的燃油经回油管流回燃油箱。

图6-2所示为分配式喷油泵柴油机燃油系统。

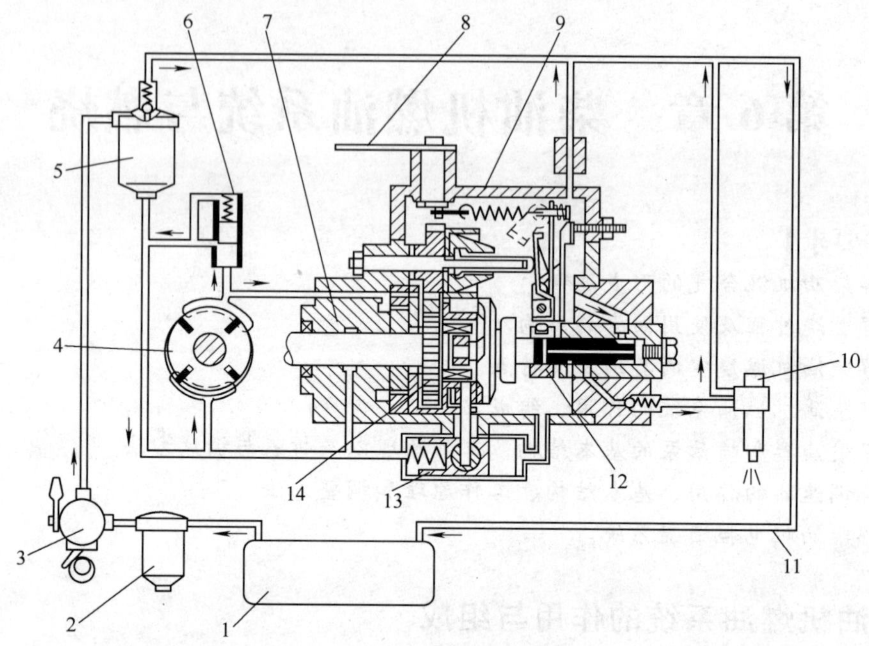

图 6-2 分配式喷油泵柴油机燃油系统

1—燃油箱 2—油水分离器 3—一级输油泵 4—滑片式输油泵 5—燃油滤清器 6—调压阀 7—驱动轴 8—调速手柄 9—泵体 10—喷油器 11—回油管 12—油量调节套筒 13—供油提前器 14—传动齿轮

6.2 柴油机混合气的形成和燃烧

6.2.1 柴油机混合气的形成

由于柴油的粘度大，蒸发性差，自燃温度低，不适合缸外与空气预混合，因此必须在接近压缩行程终了时将其以很高的压力，按一定规律和雾化形态喷入燃烧室内的高温、高压空气中，使其快速受热、蒸发、扩散，与空气形成可燃混合气，在首先达到着火温度和浓度的地方多点同时自发着火燃烧。

柴油机在气缸内形成混合气的过程时间短，只有 15°~35°曲轴转角；混合气形成过程与燃烧过程大部分时间重叠在一起，燃油边喷入，边扩散混合，边燃烧；燃油在燃烧室中分布不均匀，混合气质量差。

柴油机混合气形成与燃烧的上述特点，决定了它要采用较大的压缩比和浓度较稀、范围较宽的混合气，过量空气系数在 1.2~2.2 之间。柴油机每循环进入气缸的空气量变化不大，其输出的功率或转矩取决于每循环所燃烧的燃油量，即柴油机靠改变每循环供油量，控制气缸内的混合气浓度来调节功率输出，以适应转速和负荷的变化。这种功率（或负荷）调节方式称为“质调节”。

改善柴油机混合气的形成和燃烧的基本方法有两种：

1）保证燃油雾化质量，且使油雾形状与燃烧室形状相配合，以增大受热、蒸发及燃油与空气扩散混合的表面积。

2）组织适当的空气运动，扩大燃油空气混合的范围。其一是利用切向气道和螺旋气道组织进气涡流，如图 6-3 所示；其二是利用不同形式的燃烧室在压缩与燃烧过程中形成挤压涡流和燃烧涡流（详见本章 6.3 节）。

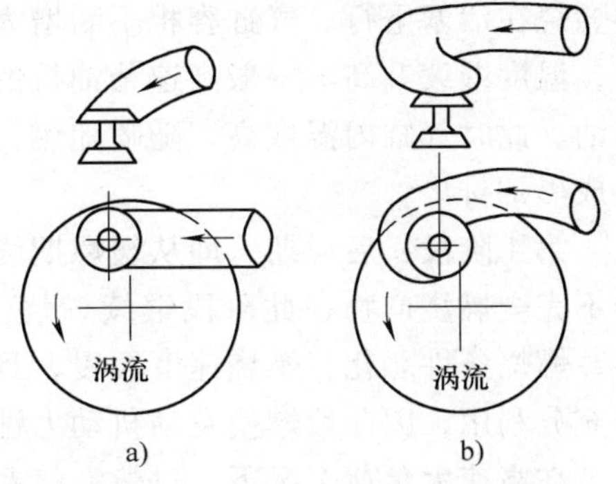

图 6-3　切向进气道和螺旋进气道
a）切向气道　b）螺旋气道

6.2.2　柴油机燃烧过程

柴油机燃烧过程从压缩行程末期喷油器开始喷油的时刻开始至燃油基本燃烧完毕，整个过程持续 50°~70°曲轴转角。从喷油器开始喷油的时刻到活塞行至上止点时曲轴转过的角度称为喷油提前角。

图 6-4 是柴油机 p-φ 示功图，其中的实线为气缸内实际燃烧时的压力曲线，虚线为无燃烧时纯压缩膨胀曲线。根据燃烧过程的实际特征，将其分为着火延迟期、速燃期、缓燃期和后燃期四个阶段。

第 1 阶段：着火延迟期，从柴油开始喷入气缸到着火开始为止的这段时期，即 p-φ 示功图上的 $A \to B$。B 点为压力开始急剧上升的点，或燃烧压力曲线与纯压缩膨胀曲线分离的点。在这一阶段，主要进行着火前的物理化学准备：雾化、吸热、蒸发、扩散、混合、低温氧化等。

柴油机中，以时间计的着火延迟期为 0.7~3ms。着火延迟期的长短，对整个燃烧过程乃至发动机的整机性能有极大的影响。决定着火延迟期长短的直接因素除燃料自身性质外，就是喷油时气缸内温度压力的高低、燃油雾化质量、空气运动，其他因素的影响都是通过间接地对它们施加作用来实现的。凡是提高压缩终了时气缸内温度和压力的因素，或改善燃油雾化质量，加强空气运动，改善混合气形成的因素，均使着火延迟期缩短。

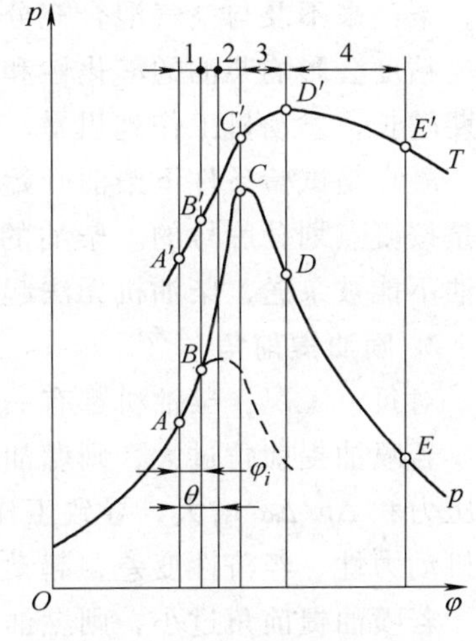

图 6-4　柴油机燃烧过程
1—着火延迟期　2—速燃期　3—缓燃期
4—后燃期　θ—喷油器提前角

第 2 阶段：速燃期，即压力急剧上升的 $B \to C$ 阶段，终点 C 时气缸内出现最大压力。在急燃期内，初期喷入的燃料经过着火延迟期的准备达到着火条件，几乎同时全部燃烧，近似定容燃烧，使气缸内的压力、温度急剧升高，达到最高爆发压力。与此同时，燃料继续喷入。

急燃期内的平均压力升高率为 $\Delta p/\Delta\varphi$，它决定了柴油机运转的平稳性。若 $\Delta p/\Delta\varphi$ 过大，则使机件（气缸壁、曲柄连杆机构等）受到很大的冲击载荷，产生强烈振动，即柴油机工作粗暴。柴油机工作粗暴使噪声增大，工作可靠性和寿命等均降低。

要控制压力升高率 $\Delta p/\Delta\varphi$，可缩短着火延迟期或减少着火延迟期内喷入的燃油量，以控制着火延迟期内形成的可燃混合气量。目前，柴油机工作平稳性越来越好，电控柴油喷射系统控制着火延迟期内喷入的燃油量的技术功不可没。

第 3 阶段：缓燃期，即从最大压力点 C 到气缸内最高温度出现的点 D 的阶段。此阶段的燃烧在活塞下行、气缸容积不断增大的情况下进行，气缸内压力几乎不变或略有升高或降低，温度继续升高。一般高速柴油机的喷油在缓燃期已经结束，而大型低速柴油机则仍继续喷油。此时气缸内温度高，随喷随燃，喷油如喷火，且因氧气少、废气多，燃油缺氧易裂解生成黑烟排出。

第 4 阶段：后燃期，即从缓燃期终点到燃料基本燃烧完毕的阶段。气缸内未燃烧的燃料和不完全燃烧产物在此阶段继续燃烧。在后燃阶段，由于气缸内未被利用的空气少，废气多，燃烧条件恶化，燃烧速度缓慢，且活塞已远离上止点，膨胀比小，燃烧放出的热量得不到充分利用，因此后燃使发动机动力性、经济性下降，排温升高，应尽可能减少和避免。

在高速大负荷工况下，过量空气系数小，燃烧时间短，后燃现象严重。

6.2.3 使用因素对燃烧过程的影响

1. 柴油品质

十六烷值表征着柴油发火性能的好坏。十六烷值越高，柴油机越易着火，着火延迟期短，工作越柔和，起动性越好；反之，十六烷越值小，着火延迟期越长，柴油机工作越粗暴。车用柴油机所用柴油的十六烷值在 45 ~ 60 之间。但当十六烷值过高时，着火延迟期太短，柴油来不及与空气混合充分即着火，导致冒黑烟。

粘度会影响柴油的雾化性和流动性。粘度越大，柴油流动性越差，越不易雾化，着火落后期越长，发动机工作越粗暴。粘度随着温度变化而变化，温度越低，粘度越大。

凝点是试验条件下柴油开始失去流动性时的最高温度，表示柴油的低温流动性。车用柴油是按凝点划分牌号的。柴油的最低使用（环境）温度应高于凝点（5 ~ 7）℃以上，否则，柴油不能被泵送，柴油机无法起动。

2. 喷油提前角

对每一工况，柴油机都有一个最佳喷油提前角，使动力性、经济性最好。

若喷油提前角过大，则燃油喷入时气缸内压力、温度较低，着火延迟期较长，使最高爆发压力和 $\Delta p/\Delta\varphi$ 增大，导致工作粗暴。喷油提前角过大，还会增加压缩末期功耗，导致发动机动力性、经济性变差，起动困难，怠速不良等。

若喷油提前角过小，则燃油喷入时气缸内压力、温度较高，虽然着火延迟期缩短，但是燃料不能在上止点附近迅速完全燃烧，导致后燃严重，使发动机动力性、经济性下降，排温升高，易过热，排烟加重。

根据上述喷油提前角和柴油十六烷值对燃烧过程的影响，采用适当减小或增大喷油提前角的方法，可补偿使用低或高十六烷值燃油时着火落后期的增长或缩短。

3. 转速

当转速升高时，每循环经历的时间缩短，气缸漏气损失和散热损失减小，压缩终了时的温度、压力升高，加之气缸内气流运动增强，使着火延迟期缩短，发动机工作柔和。但随着转速的升高，整个燃烧过程占的曲轴转角增大，后燃现象加重。此时应增大喷油提前角，以保证燃烧在上止点附近迅速完成。车用柴油机装备有自动调节供油提前角的装置。

4. 负荷

当负荷增大时，循环供油量增加，燃烧放热量增多，气缸内温度、压力增加，着火延迟期缩短，发动机工作柔和。但循环供油量的增加使喷油持续时间增加，燃烧过程延长，再加上混合气变浓，使后燃和不完全燃烧现象加重，热效率降低，排烟加重。

结合转速和负荷对燃烧过程的影响，可解释柴油机冷起动或怠速运转时的工作情况。冷起动或怠速、低负荷运转时，转速低，泄漏损失大，气缸内温度低，且雾化效果差，着火延迟期增长，$\Delta p/\Delta\varphi$ 增大，发动机工作粗暴，产生较大的噪声。

5. 发动机技术状况

在燃料系统中，喷油泵和喷油器中的精密偶件、传动件在使用过程中磨损，连接件松动，喷油器弹簧和出油阀弹簧失去弹性等，将使喷油压力下降，喷油正时、喷油持续期、循环供油量失准或影响雾化质量，导致发动机噪声增大、烟度加重、动力性和经济性变差、排气温度升高、起动困难等。

在气缸磨损后，通过活塞环的泄气增多，气缸内压缩温度和压力降低，着火落后期增长，发动机振动增强、噪声增大、起动困难等。

6.3　柴油机燃烧室

柴油机混合气的形成和燃烧均在燃烧室内进行。燃烧室的形状对混合气的形成和燃烧质量有直接影响。柴油机燃烧室分为直接喷射式燃烧室和分隔式燃烧室两大类。

6.3.1　直接喷射式燃烧室

直接喷射式燃烧室是由凹形的活塞顶面与气缸盖底面形成的统一空间，燃油直接喷入这一空间与空气进行混合、燃烧，如图 6-5 所示。

根据活塞顶面凹坑的形状，直接喷射式燃烧室有 ω 形、球形、U 形、四角形、八角形和花瓣形等类型。此种燃烧室混合气的形成主要依靠燃油雾化，力求油雾形状与燃烧室形状相配合，使雾化燃油分散到燃烧室中，并组织适当的空气运动。其特点是：

1）对燃油系统要求高，需配用多孔喷油器和很高的喷油压力。

2）燃料在这种燃烧室中分布不均匀，需采用较大的过量空气系数（1.3～2.2）。

3）结构简单、紧凑，散热面积小，经济性好，发动机起动性好是这类燃烧室的基本优点。

4）$\Delta p/\Delta\varphi$ 大，发动机工作粗暴，NO_x 排放量多是其基本缺点。现在，通过利用电控喷油技术控制其喷油规律，使其工作更平稳、柔和。

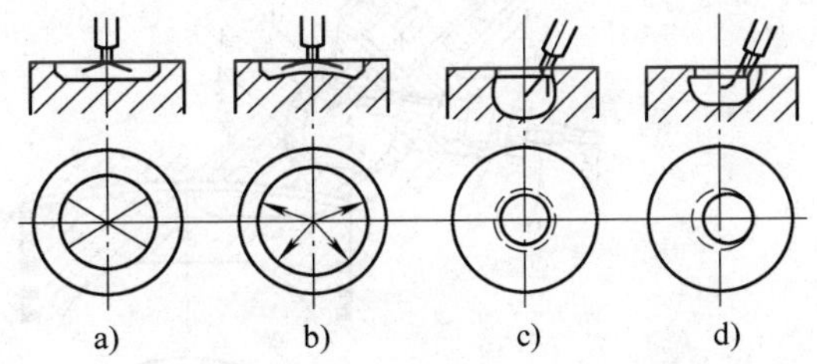

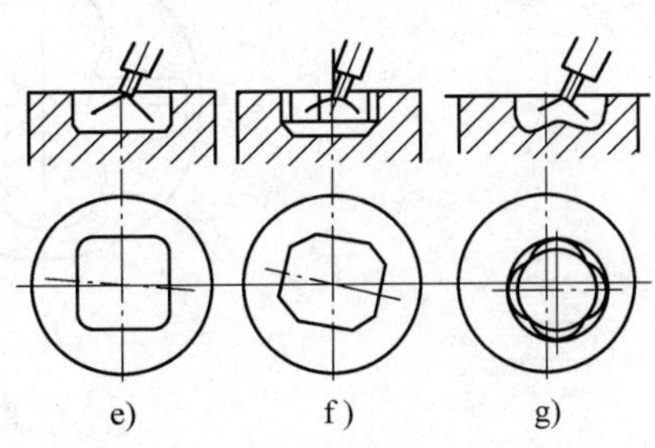

图 6-5　柴油机直接喷射式燃烧室
a）浅盆形　b）浅 ω 形　c）球形　d）U 形
e）四角性　f）八角形　g）花瓣形

5）利用螺旋气道和切向气道形成进气涡流，利用燃烧室形状组织挤压涡流（见图 6-6）和微涡流（如四角形、八角形和花瓣形燃烧室）。

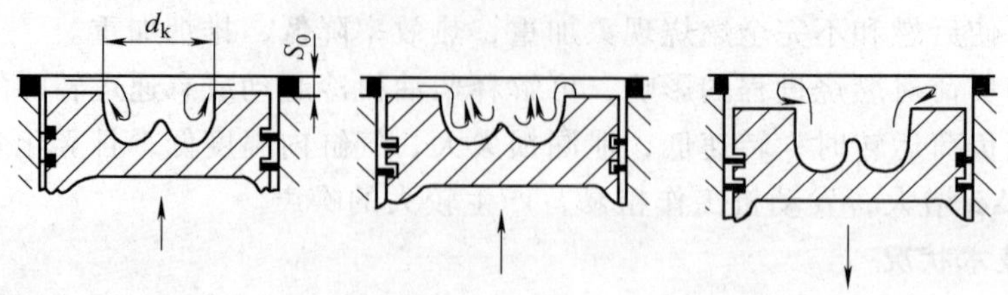

图 6-6 挤压涡流（ω 形燃烧室）

6.3.2 分隔式燃烧室

分隔式燃烧室由主燃烧室和副燃烧室两部分组成。主燃烧室是指气缸盖底面和活塞顶面上部的空间，副燃烧室是指气缸盖内的空腔，两者用一个或几个断面不大的通道连通。在压缩过程中，空气在很大的压差下进入副燃烧室，产生强烈的扰流。燃料喷入温度较高的副燃烧室，着火燃烧后，副燃烧室中高温、高压的燃气、空气和燃料混合物一起经通道喷入主燃烧室，与活塞顶面的导流凹坑或槽配合形成二次扰流，进一步混合、燃烧。

分隔式燃烧室分为涡流室式燃烧室和预燃室式燃烧室，如图 6-7 所示。涡流室式燃烧室的主、副燃烧室通道与涡流室相切，在压缩过程中，涡流室内形成强烈且有组织的压缩涡流，燃油顺涡流方向喷入。预燃室式燃烧室通道的横截面积较小，且不与预燃室相切，压缩过程形成的是强烈的紊流。

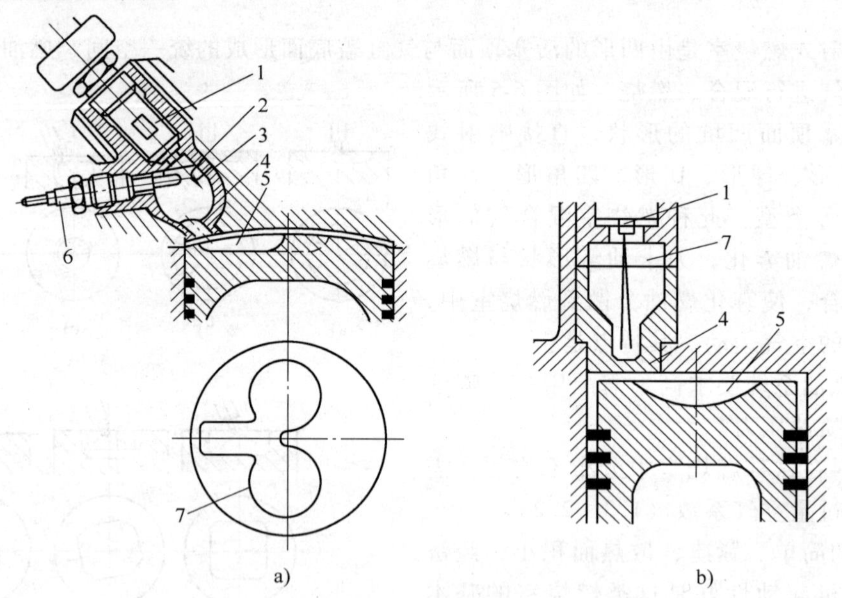

图 6-7 分隔式燃烧室

a）涡流室式燃烧室 b）预燃室式燃烧室

1—喷油器 2—涡流室 3—油束 4—通道 5—主燃烧室 6—预热塞 7—预燃室

分隔式燃烧室的特点是：

1）可在较低的喷油压力下工作，对喷油系统要求不高；采用轴针式喷嘴，可靠性高，故障少，对燃料、负荷、转速变化的适应性好。

2）强烈的气体运动改善了混合气的形成条件，可采用较小的过量空气系数。

3）由于初期燃烧压力不直接影响活塞顶及通道的节流作用，因此 $\Delta p/\Delta\varphi$ 小，发动机工作柔和、噪声小。

4）燃烧室表面积大，散热损失大，加之通道引起的节流损失，导致其热效率低、经济性差、冷起动性差。所以分隔式燃烧室柴油机压缩比较大，且往往在分隔室内有电预热塞，以保证顺利起动。

6.4 喷油器

6.4.1 喷油器的结构与工作原理

喷油器安装在气缸盖上，头部伸入燃烧室。其作用是将柴油雾化成细小颗粒，并合理分布到燃烧室中。其喷油规律及形成的油雾形态（喷雾细度和锥角、射程）应满足燃烧室混合气的形成与燃烧的要求，喷油终了时停油要迅速，并且无滴油现象。

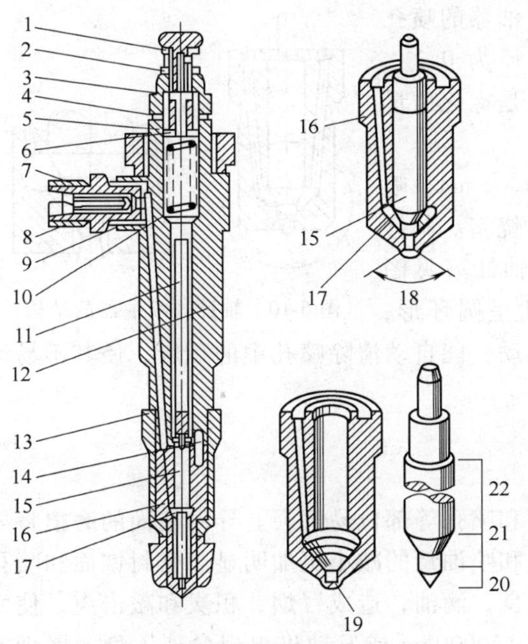

图 6-8　孔式喷油器

1—回油管螺栓　2—回油管衬垫　3—调压螺钉护帽　4—调压螺钉垫圈　5—调压螺钉　6—调压弹簧垫圈　7—进油管接头　8—滤芯　9—进油管接头衬垫　10—调压弹簧　11—顶杆　12—喷油气体　13—拧紧螺母　14—定位销　15—针阀　16—针阀体　17—压力室　18—油束夹角　19—喷油孔　20—密封带　21—承压带　22—导向部

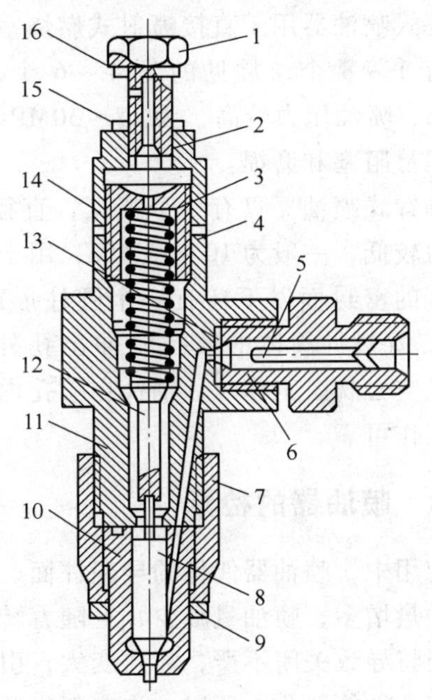

图 6-9　轴针式喷油器

1—回油管螺栓　2—保护螺母　3—调压螺钉　4、9、13、15、16—垫圈　5—滤芯　6—进油管接头　7—紧固螺母　8—针阀　10—针阀体　11—喷油器体　12—顶杆　14—调压弹簧

按喷嘴阀的形式，柴油机喷油器分为孔式（见图 6-8）和轴针式（见图 6-9）两种。喷油器主要由针阀、针阀体、顶杆、调压弹簧、调压螺钉及喷油器体等组成。针阀和针阀体是一对精密的偶件，称为喷油器偶件（或针阀偶件）。其上部圆柱面为高精度间隙配合，间隙

为0.002～0.003mm，起导向作用。针阀中部的较大锥面为承压面，全部浸在针阀体的环形油槽（压力室）中。针阀下部的较小锥面为密封面，与针阀体上的锥面精密配合起阀门作用，实现喷油器的开、闭及密封。针阀偶件是经过选配和研磨后达到精度要求的，不具有互换性。针阀偶件通过拧紧螺母与喷油器体紧固在一起。调压弹簧的预紧力通过顶杆使针阀紧压在针阀体的密封锥面上，将喷孔关闭。

工作时，来自喷油泵的高压燃油经进油管接头、喷油器滤芯、喷油器体和针阀体内的油道进入喷油器内的压力室，对针阀的锥面产生向上的轴向推力。当此推力大于调压弹簧的预紧力时，针阀上移打开喷孔，高压柴油喷入燃烧室。当喷油泵停止供油时，油压迅速下降，针阀在调压弹簧的作用下及时落座，关闭喷孔，停止喷油。

针阀的开启压力即为喷油压力，其大小取决于调压弹簧的预紧力。拧动调压螺钉即可调整喷油压力，调好后可保持螺母锁紧，防止松动。

在喷油器工作期间，有少量柴油从针阀与针阀体配合面间的间隙漏出，对针阀起润滑作用，并沿顶杆周围的缝隙上升，通过回油管接头进入回流管，流回柴油滤清器。

孔式喷油器用于直接喷射式燃烧室。孔式喷油器的喷孔一般有1～8个，常见的为4～6个，喷孔直径为0.2～0.8mm，喷油压力较高，为17～30MPa。其特点是雾化质量好，但易阻塞和磨损。

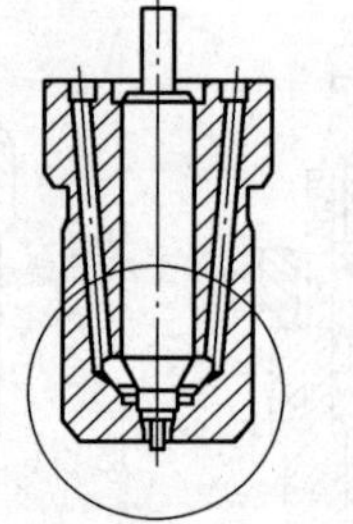
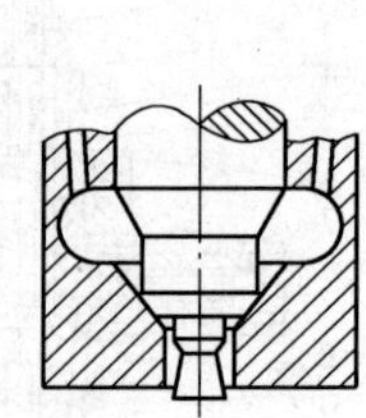

图6-10 轴针式喷油器的结构

轴针式喷油器只有一个喷孔，直径一般为1～3mm，喷油压力较低，一般为10～15MPa，用于分隔式燃烧室。其针阀下端的密封面以下还有一个圆柱形或锥形的轴针（见图6-10），穿过针阀体的喷孔稍伸出孔外，使喷孔呈圆环形，喷柱呈空心状。工作时，轴针在喷孔内做往复运动，能自动清除喷孔中的积炭，使其不易堵塞，工作可靠。

6.4.2 喷油器的检修

使用中，喷油器偶件的导向柱面、密封锥面和喷孔等部位易磨损。导向柱面的磨损将导致回油量增多，喷油量减少，且随着转速的降低和喷油量的减小更加明显。密封锥面和喷孔的磨损将导致关闭不严，喷孔变大，引起雾化不良、滴油，造成冒烟、积炭和敲击声，使发动机综合性能恶化。所以，汽车每行驶100000～120000km或发动机出现怠速不稳、冒烟或发动机无力现象时，必须在专用试验器上检查、校验喷油器喷油压力、喷雾质量及密封性能等，并视情况进行修理或更换针阀偶件。

1. 喷油压力的检查和调整

将喷油器安装到测试器上（见图6-11），压动手柄把系统内的空气排净并把连接部位拧紧，再快速压动手柄数次，清除喷油器内的杂质和积炭，然后再慢慢压动手柄（速度以60次/min为宜），同时观察压力表，当读数开始下降时，即为喷油器的开启压力。此值应符合规定，否则，应通过调整调压螺钉或改变调整垫片的厚度来调节调压弹簧的预紧力。调整完后，将锁止螺母锁紧后重试，各缸喷油器压力差一般不应超过0.25MPa。

2. 密封性检查

将压力保持在低于喷油压力1～2MPa的状态下，保持10s，喷孔不得出现滴漏现象。

3. 喷雾质量的检查

以 50 ~ 60 次/min 的速度连续压下试验器手柄，观察油束。良好的喷雾特征是：

1）多孔喷油器应形成一个雾化良好的小锥状油束，各油束间隔角、长度一致，并符合原厂规定；轴针式喷油器的喷雾应为圆锥形，不得偏斜。

2）油雾应细小、均匀，不能有线条状或羽毛片状的油束。

3）喷射时可听到断续清脆的声音。

对喷雾质量达不到要求或有滴油现象的，应重新清洗或更换新喷油器。

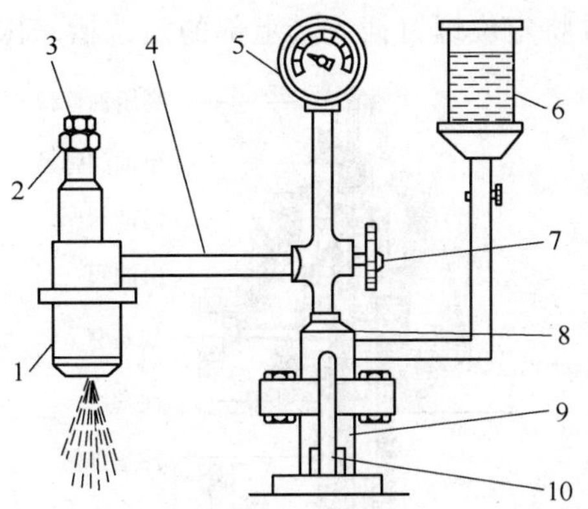

图 6-11　喷油器试验台

1—喷油器　2—锁止螺母　3—调整螺母　4—高压油管　5—压力表　6—储油罐　7—开关　8—高压油泵放气螺钉　9—手压喷油泵　10—手柄

4. 喷油器偶件的检修

1）外表应没有擦伤、刻痕、腐蚀现象，密封锥面应光亮且无任何伤痕，若有轻微损伤，则用研磨的方法进行修复。

研磨前，先去除喷嘴上的积炭，将其清洗干净，再将研磨膏涂在锥面上，然后使针阀和阀座相互研磨。如果喷嘴磨损量较大，则应分别研磨针阀或阀座，然后再进行选配研磨。

2）滑动性试验。完成上述检修后，将用柴油浸润清洗后的阀体和针阀进行配合，拉出针阀长度的 1/3，整体倾斜 45° ~ 60°，以松手后靠自重自动缓慢下滑落入阀座为宜，然后转动针阀到其他位置，重复上述试验，结果应相同。若滑动速度太快，则说明间隙太大，应重新选配针阀；若下滑时出现阻滞现象，则应重新研磨。

6.5　喷油泵

喷油泵又叫高压油泵，其作用是定时、定量、定压地向喷油器输送高压燃油。

多缸发动机喷油泵既要保证各缸的循环供油量相等，又要保证各缸的供油提前角及供油持续期一致，还要保证能迅速切断供油。

柴油机喷油泵有三种类型：直列柱塞式喷油泵性能良好，工作可靠，在国内外车用柴油机上使用最为广泛；分配式喷油泵体积小、重量轻，多用于小型、高速柴油机；泵-喷油器将喷油泵和喷油器合成一体，直接安装在气缸盖上，消除了高压油管带来的不利影响，用于 PT 燃油供给系统。

6.5.1　柱塞式喷油泵

柱塞式喷油泵主要由泵油机构、驱动机构、供油量调节机构、供油提前器、喷油泵体等组成，如图 6-12 所示。

1. 泵油机构

泵油机构的主要零件有柱塞偶件、出油阀偶件、柱塞弹簧与弹簧座、出油阀弹簧等。

（1）柱塞偶件　柱塞偶件由柱塞与柱塞套组成，如图 6-13 所示。

柱塞套筒上部开有油孔，与泵体上的低压油室相通。柱塞套筒装在喷油泵体座孔中，通过将定位螺钉插入其上部的定位槽来限制其转动。

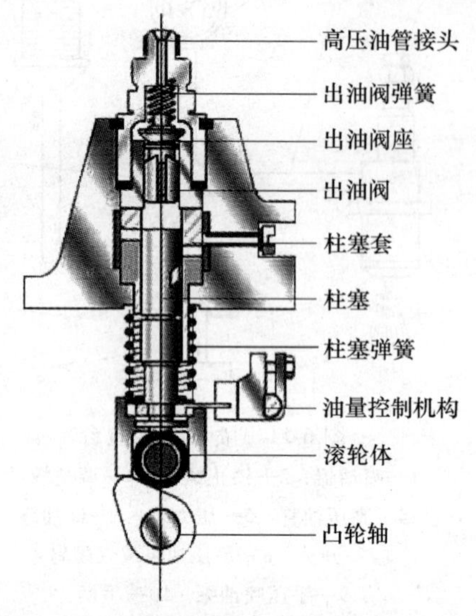

图 6-12 柱塞式喷油泵

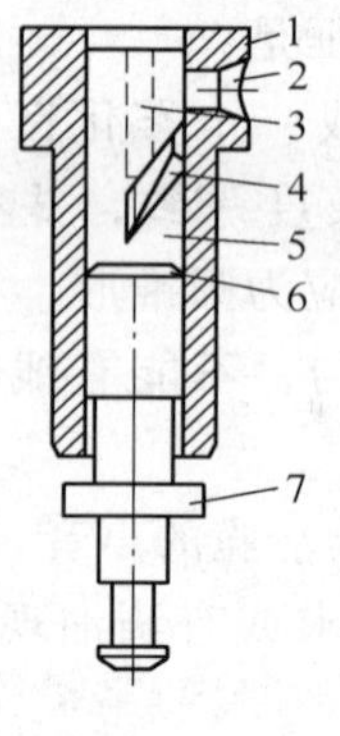

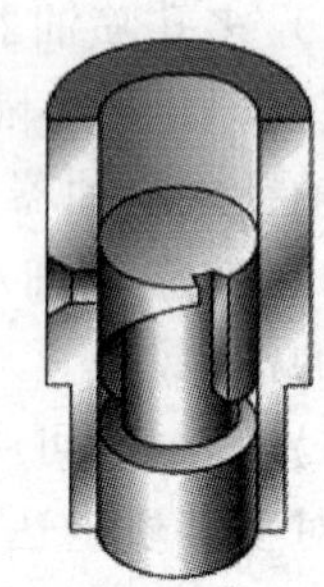

图 6-13 柱塞-套筒偶件

1—套筒 2—油孔 3—中心油道 4—螺旋槽 5—柱塞 6—环形油槽 7—凸块

柱塞在柱塞套内做往复运动及一定角度范围内的转动。每对柱塞偶件对应一个气缸喷油器，即喷油泵的柱塞偶件数等于配套柴油机的气缸数。

柱塞上部圆柱表面上铣有斜槽或螺旋槽，通过槽中的径向孔和柱塞中心轴向孔或纵向直槽与柱塞上方连通。柱塞中部开有一个环形槽，储存少量柴油，用于润滑工作表面。柱塞下部设有凸块或调节手臂。

柱塞与柱塞套筒精密配合，经过选配、研磨控制其配合间隙为 0.0015 ~ 0.0025mm，不能互换。其配合间隙过大时，易漏油，油压下降；其配合间隙过小时，易卡死。

柱塞弹簧上端通过其上的支座支承在泵体上，下端通过下支座支承在挺柱尾端。其安装时的预紧力使柱塞压紧在挺柱体上方的调节螺钉上。

（2）出油阀偶件 如图 6-14 所示，出油阀偶件由出油阀与出油阀座组成，是喷油泵中的又一对精密偶件，位于柱塞偶件上方，通过出油阀压紧座紧固于泵体上部。出油阀靠出油阀弹簧压紧在阀座上，使其上部的圆锥面与阀座精密配合，隔断柱塞上部空间与高压油管。出油阀尾部断面呈十字形，起导向作用，兼作燃油通路。锥面下部的圆柱面称为减压环带，与阀座孔精密配合，也起到密封作用。

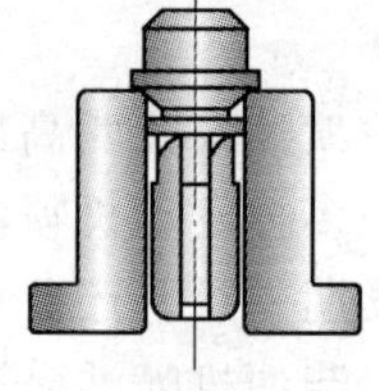

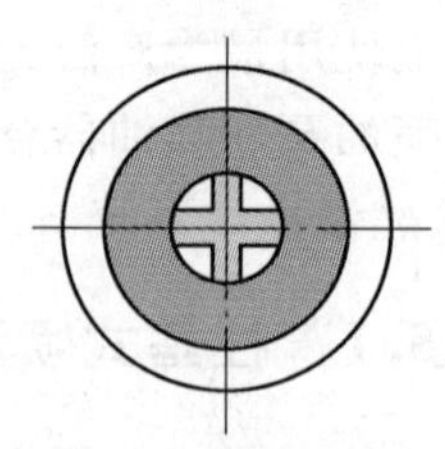

图 6-14 出油阀偶件

2. 驱动机构

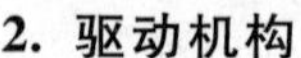

驱动机构主要由挺柱部件、喷油泵凸轮轴、正时齿轮等组成。

挺柱是凸轮轴和柱塞之间的传动件，其结构如图 6-15 所示。挺柱体上的调整螺钉或垫块用来调节挺柱的高度，从而改变柱塞与柱塞套筒在轴向的相对位置。

凸轮轴上的凸轮数目与气缸数相等，其排列顺序与柴油机工作顺序一致。凸轮轴的两端用滚动轴承支承在泵体上，由曲轴通过正时齿轮驱动。四冲程柴油机喷油泵凸轮轴的转速与配气凸轮轴的转速相同，即曲轴转 2 转，凸轮轴转 1 转。

3. 工作原理

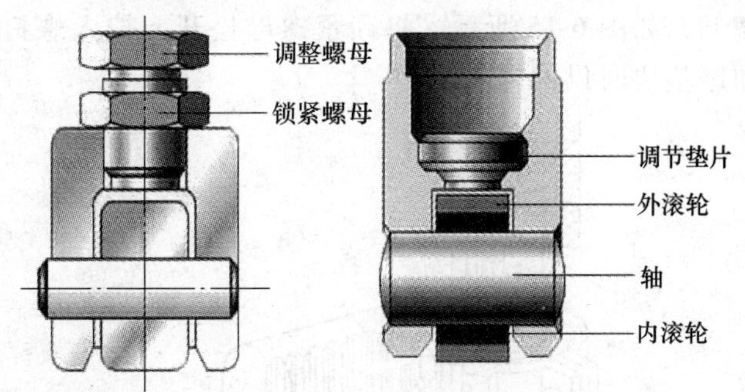

图 6-15 挺柱的结构

工作时，柱塞在凸轮轴的驱动下在柱塞套筒内做往复运动。当柱塞下移至其上部将柱塞套筒上的油孔打开时，燃油开始从低压油腔经进油孔流入柱塞上方的空间（泵腔）。在凸轮的凸起部分尚未与滚轮接触的时期内，柱塞在柱塞弹簧的作用下位于最低点，进油口一直打开，燃油充满泵腔；当凸轮凸起部分与滚轮接触时，柱塞开始向上移动，一部分燃油被挤回低压油腔，直至柱塞上端面将进油孔完全遮闭。柱塞继续上移，柱塞腔内的燃油压力迅速升高，克服出油阀弹簧的预紧力，顶起出油阀。当减压环带完全离开出油阀座孔时，高压燃油经过高压油管，流向喷油器；当柱塞上移到其上的斜槽边缘将回油孔下边缘打开时，泵腔内的高压油经轴向中心孔和径向孔（或纵向直槽）流回低压油腔，泵腔内的油压降低，出油阀在出油阀弹簧的作用下立即落座，供油停止。此后，即使柱塞仍上行，也不会供油。当凸轮转过最高点时，柱塞在柱塞弹簧的作用下下行。当柱塞顶面低于进油孔上边缘时，燃油又开始进入泵腔内。

可见，喷油泵只在柱塞封闭住进油孔至斜槽打开回油孔这段时期内供油。这期间的柱塞行程称为柱塞有效行程。

在出油阀落座过程中，当减压环带下端进入阀座孔内时，高压油管即与柱塞上部的油腔隔断，阻止高压油管内的燃油回流，保持高压油管内具有一定的残余压力，使下次供油迅速开始。当出油阀继续回落至锥面落座时，高压油管容积突然增大，油压迅速降低，喷油器立即停止喷油，不致产生滴油现象。所以，出油阀保证喷油泵供油敏捷、迅速，停油干脆。

4. 供油调节

（1）供油量的调节　从上述柱塞式喷油泵的结构和工作原理可知，供油量取决于柱塞的有效行程。有效行程增加，供油持续时间延长，供油量增大。只要转动一下柱塞，使其上端的斜槽与柱塞套油孔的位置发生变化，就可改变柱塞的有效行程，达到改变柴油机循环供油量的目的。油量调节机构就是转动柱塞的机构，一般有两种。

第一种为齿杆齿圈式油量调节机构，如图 6-16 所示。调节齿圈由紧固螺钉固定在油量控制套筒上，控制套筒松套在柱塞套上，其下端开有切口，正好与柱塞下端凸块相配。调节齿圈与调节齿杆相啮合，拉动齿杆便可带动柱塞转动。当各缸供油量不等，要调整某缸供油量时，先松开调节齿圈的紧固螺钉，转动控制套筒带动柱塞相对于调节齿圈转动一个角度，再紧固螺钉固定齿圈。

第二种为拨叉拉杆式油量调节机构，如图 6-17 所示。柱塞下端固定有调节臂，臂的球头插入用螺钉固定在调节拉杆上的调节叉内，推动拉杆即可调整油量。当需调整某缸供油量时，可松开调节叉紧固螺钉，改变拨叉在拉杆上的位置。

（2）供油定时调节　供油定时是由曲轴与喷油泵凸轮轴的相对位置、喷油泵凸轮轴上各凸轮间的夹角、柱塞在柱塞套筒内的轴向相对位置等决定的。在按要求正确地安装完毕后，加工和安装误差等使各缸的供油定时有差异时，可通过挺柱体上的调节螺钉或垫块进行微调，如图 6-15 所示。将锁紧螺母松开，拧入螺钉或减薄垫块时，供油延迟；旋出螺钉或加厚垫块时供油提前。

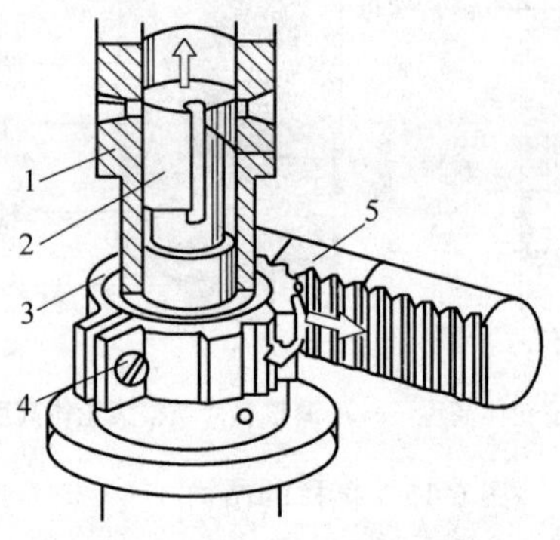

图 6-16 齿杆齿圈式油量调节机构

1—柱塞套 2—柱塞 3—调节齿圈

4—调节齿圈紧固螺钉 5—调节齿杆

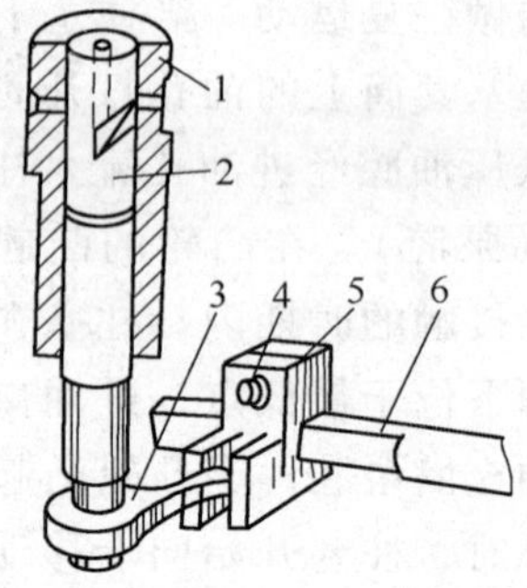

图 6-17 拨叉拉杆式油量调节机构

1—柱塞套筒 2—柱塞 3—柱塞调节臂

4—固定螺钉 5—拨叉 6—供油拉杆

5. 喷油提前器

在燃烧过程分析时已指出，喷油提前角对柴油机性能影响很大，每一运行工况均有一个最佳喷油提前角，使发动机发出的功率最大、耗油率最低。负荷越大，转速越高，则最佳喷油提前角应越大。

喷油提前角是靠喷油泵供油提前器来调整的。有些柴油机根据某个常用工况范围选定一个固定的喷油提前角，不能自动调节。因为汽车柴油机工况变化范围大，所以车用柴油机都装有机械离心式喷油提前角自动调节装置，随着转速的变化能自动调节供油提前角。图 6-18 所示为机械式自动喷油提前角，主要由主动盘、从动盘、两个对称的飞块、弹簧等组成，整个装置由防护罩密封。主动盘通过其上的两个传动爪与联轴器相连，在曲轴带动下转动。从动盘与喷油泵凸轮轴连接。主、从动盘上分别有两个销。飞块的两端各有一个销孔，其一端通过销和孔连接在主动盘上，另一端通过滚轮松套在从动盘销上。主、从动盘

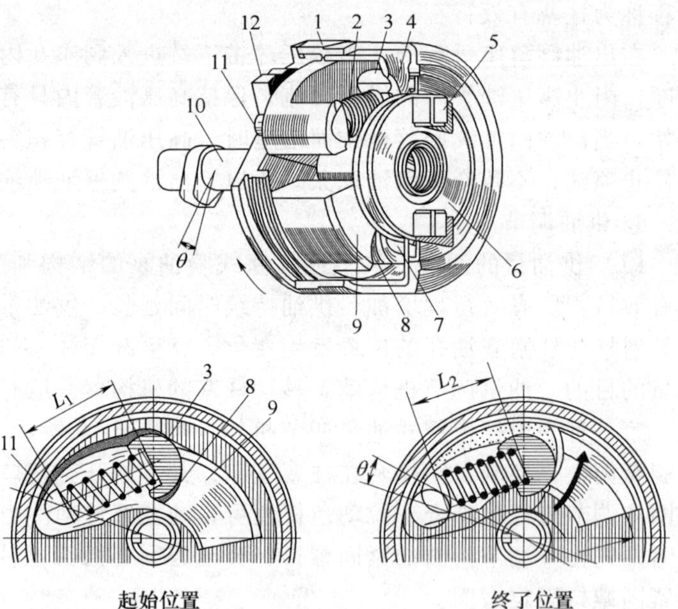

图 6-18 机械式自动喷油提前器

1—防护罩 2—提前器弹簧 3、7—传动销 4—主动盘 5—传动爪 6—主动盘凸缘 8—飞块圆弧面 9—飞块 10—喷油泵凸轮轴 11—飞块销 12—从动盘 L_1—起始时弹簧长度 L_2—终了时弹簧长度 θ—提前角调节范围

上的销的圆柱面上加工有弹簧座，其间装有调节弹簧，使飞块的圆弧面压紧在主动盘销上。

当发动机静止或在低速范围内运转时，飞块不产生或只产生很小的离心力。飞块离心力小于弹簧的弹力，使飞块不向外张开，此时供油提前器不起作用。当发动机转速升高时，飞块离心力增大，在克服喷油泵驱动力和弹簧力后向外张开，使弹簧受压缩，主、从动盘上的销间距缩短，带动从动盘和喷油泵凸轮轴顺其旋转方向相对于驱动轴转过一定角度，使供油提前。

6.5.2　分配式喷油泵

分配式喷油泵分为径向压缩式和轴向压缩式（VE 型）两种。前者因制造困难等目前已很少应用。后者是德国波许公司于 20 世纪 80 年代初研制的新型分配泵，在车用柴油机上被广泛使用。

VE 型分配式配油泵主要由驱动机构、滑片式输油泵、高压分配泵头（泵油机构）、断油电磁阀、供油提前调节机构及调速器等组成，如图 6-19 所示。

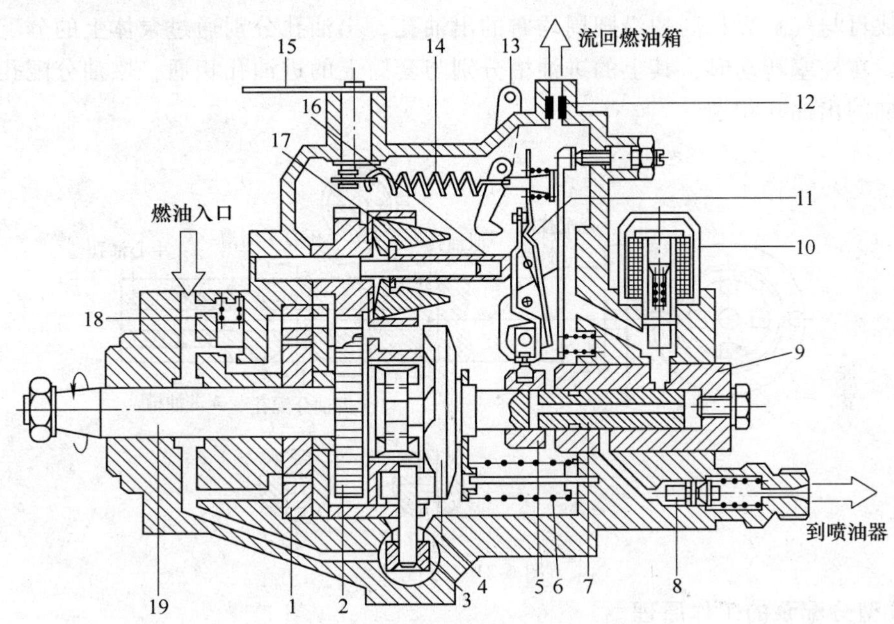

图 6-19　VE 型分配式喷油泵柴油机燃油系统

1—滑片式输油泵　2—传动齿轮　3—液压供油提前器　4—平面凸轮　5—油量调节套筒　6—柱塞弹簧　7—分配柱塞　8—出油阀　9—柱塞套　10—断油阀　11—张力杠杆　12—回油管接头　13—停车手柄　14—调速弹簧　15—调速手柄　16—调速滑套　17—飞块　18—调压阀　19—驱动轴

1. VE 型分配式喷油泵的结构

滑片式输油泵在驱动轴的带动下将燃油压力升高，并经调压阀调节，充满整个泵腔，润滑、冷却泵体内的所有运动零件，并向泵油机构供油。

高压分配泵头是分配泵的关键部件，主要由柱塞、柱塞套、油量调节套筒、柱塞弹簧、出油阀偶件等组成。

驱动机构由驱动轴、调速器驱动齿轮、滚轮、滚轮架、联轴器、凸轮盘等组成。驱动轴右端通过联轴器带动凸轮盘，凸轮盘上有传动销，带动分配柱塞一起旋转，如图 6-20 所示。凸轮盘上平面凸轮的数目与气缸数相同。柱塞被柱塞弹簧压靠在凸轮盘上，凸轮盘被压靠在滚轮上，滚轮轴嵌入静止不动的滚轮架上。工作时，在平面凸轮盘的作用下，柱塞既做往复运动又做旋转运动。

柱塞与柱塞套、柱塞与油量调节套是两对精密偶件。柱塞（见图 6-21）上有一个中心油孔，一端与回油孔相通，另一端与柱塞腔（泵油室）相通。柱塞顶端均布着数目与气缸数相同的轴向进油槽（通向柱塞腔），柱塞中部有一个与中心孔相通的径向燃油分配孔及一个压力平衡槽。柱塞套上有一个进油孔及数目与气缸数相同的沿圆周均布的出油孔，出油孔分别通过泵体上的分配油道与出油阀相通。在柱塞转动时，其上的进油槽分别与套筒上的进油孔相通，燃油分配孔分别与柱塞套上各缸的出油孔相通。

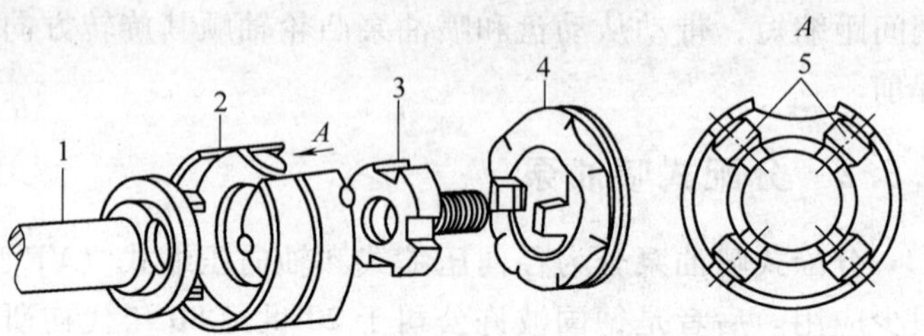

图 6-20 滚轮、联轴器及平面凸轮

1—驱动轴 2—滚轮架 3—联轴器 4—平面凸轮 5—滚轮

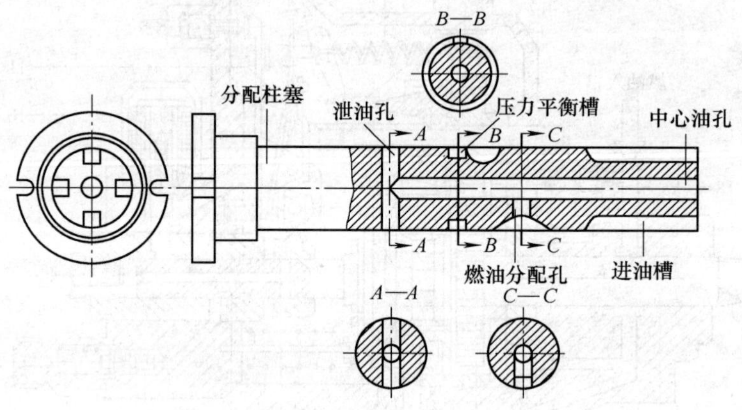

图 6-21 分配柱塞

2. VE 型分配泵的工作原理

VE 型分配泵的工作过程如图 6-22 所示。

（1）进油过程 当凸轮盘的凹下部分转至与滚轮接触时，柱塞弹簧将柱塞向左推移，柱塞上的轴向进油槽与柱塞套上的进油孔相通，燃油充满柱塞腔和中心油孔。当进油结束时，柱塞处于下止点位置。

（2）泵油过程 当凸轮盘由凹下部分转到凸起部分时，柱塞转至其进油槽与进油孔完全错开，在进油孔被柱塞关闭的同时，柱塞开始向上止点移动，柱塞腔内油压急剧升高。与此同时，柱塞上的燃油分配孔与柱塞套上的出油孔相通，高压燃油经柱塞中心油孔、柱塞燃油分配孔、柱塞套出油孔、分配油道、出油阀、高压油管、喷油器到燃烧室。

（3）回油过程 柱塞继续上行，当其上的回油孔露出油量控制滑套时，高压燃油从中心油孔流进泵体腔内，油压即刻下降，供油停止。

（4）压力平衡过程 柱塞上的压力平衡槽在柱塞运动过程中始终与喷油泵内腔相通。

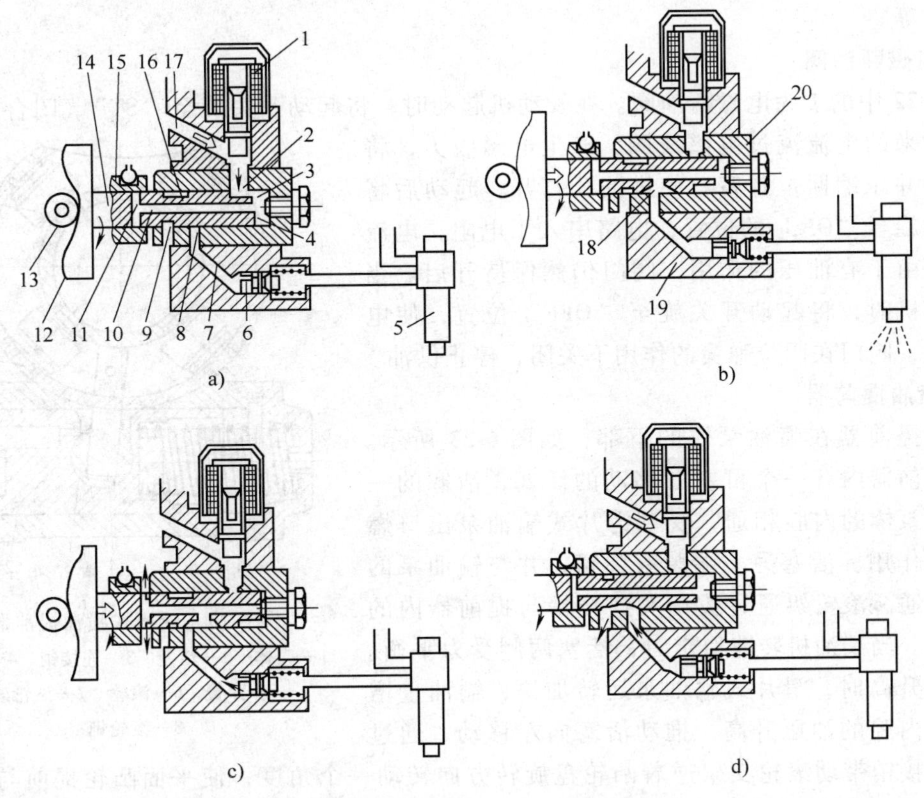

图6-22　VE型分配泵的工作过程

a）进油过程　b）泵油过程　c）停油过程　d）压力平衡过程

1—断油阀　2—进油孔　3—进油槽　4—柱塞腔　5—喷油器　6—出油阀　7—分配油道　8—出油孔　9—压力平衡孔　10—中心油孔　11—泄油孔　12—平面凸轮　13—滚轮　14—分配柱塞　15—油量调节套筒　16—压力平衡槽　17—进油道　18—燃油分配孔　19—喷油泵体　20—柱塞套

在供油停止后，压力平衡槽与柱塞套上的出油孔相通时，分配油道与喷油泵内腔连通，两处的油压处于平衡状态。在柱塞旋转过程中，压力平衡槽与各缸分配油道逐个相通，使各分配油道内的压力均衡一致，以保证各缸供油的均匀性。

（5）供油量的调节　供油量取决于柱塞有效行程，即从柱塞上的燃油分配孔与柱塞套上的出油孔相通时起至泄油孔移出油量调节套筒时止的柱塞行程。改变控制套筒的位置即可改变柱塞的有效行程。油量调节套筒左移，回油提早，柱塞有效行程缩短，供油量减少；反之，油量调节套筒右移，回油延后，柱塞有效行程增大，供油量增加。

由上述工作过程可知，分配式喷油泵凸轮盘转一周，即柱塞转一周，柱塞上的燃油分配孔按工作顺序依次与各缸分配油道接通一次，即向各缸喷油器供油一次。所以，相对于柱塞式喷油泵，分配式喷油泵只有一副柱塞-柱塞套筒偶件，具有结构简单、零件数少、体积小、重量轻、故障少、易维修，供油均匀性好，不需逐缸进行供油量及供油定时的调节，且高速性能好，以及分配泵凸轮行程小，循环供油量小，且对柴油清洁度（如水分、杂质等）较敏感的特点。由于分配泵运动件靠泵体内的柴油润滑、冷却，因此柴油不洁易发生分配套筒和转子（柱塞）咬死故障。分配式喷油泵广泛用于小型高速多缸柴油机，如轻型柴油汽车用柴油机等。

3. 电磁断油阀

图6-22中的1为电磁断油阀。在发动机起动时，将起动开关旋至“ST”（闭合）位置，从蓄电池来的电流流过电磁线圈，产生电磁吸力，将阀门吸起并压缩回位弹簧，使进油孔打开。起动后将起动开关旋至“ON”的位置，电路串入了电阻，电流减小，但由于有油压的作用，阀门仍然保持开启。当发动机停机时，将起动开关旋至“OFF”位置，使电磁阀断电，阀门在回位弹簧的作用下关闭，停止供油。

4. 喷油提前器

喷油提前器在喷油泵体的下部，如图6-23所示。在喷油提前器内有一个可左右移动的活塞，活塞的一侧与分配泵体的内腔相通，受到滑片式输油泵出口燃油压力的作用。活塞另一端装有弹簧，并与输油泵的进油口相通。滚轮架通过拨销和连接销与提前器内的活塞相连。当柴油机转速稳定时，活塞两侧受力平衡。当其转速升高时，滑片式输油泵运转加快，输油量增加，泵体内腔的油压升高，推动活塞向左移动，通过拨销和连接销带动滚轮支架逆着凸轮盘旋转方向转动一个角度，使平面凸轮提前与滚轮接触，供油提前，直至活塞处于新的平衡位置。反之，转速降低，供油推迟。

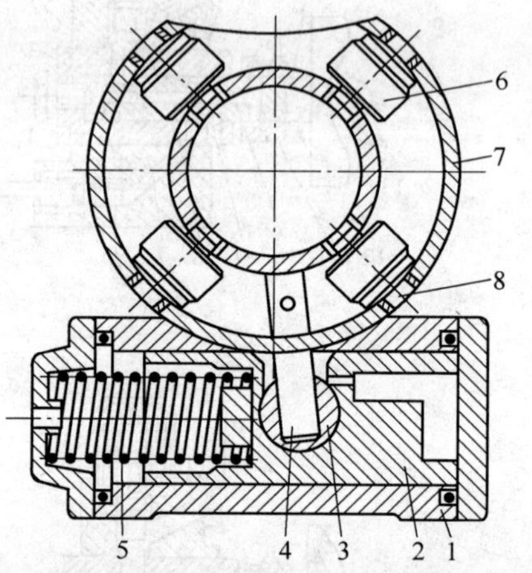

图6-23 液压式喷油提前器

1—壳体 2—活塞 3—连接销 4—拨销 5—弹簧 6—滚轮 7—滚轮架 8—滚轮销

6.5.3 喷油泵的检修

在长期使用后，喷油泵柱塞偶件产生磨损、变形等现象，会造成柴油机供油开始滞后和结束提前、供油量不足、各缸供油量及供油时刻不均匀；出油阀偶件的磨损会造成喷油提前，发生二次喷射或滴油现象，喷油持续期延长，供油量增加。这些都将导致燃烧恶化，引起怠速运转不稳、起动困难、油耗增加、功率下降、排气冒黑烟和工作粗暴等现象。

1. 柱塞偶件的检修

在将喷油泵解体、清洗后，对柱塞偶件主要进行以下检修：

（1）外观目测　若发现有下列情况之一，则应更换柱塞偶件：

1）柱塞表面有明显磨损沟槽或裂纹。

2）柱塞套筒内表面有锈蚀和较深的刮痕或裂纹。

3）柱塞端面、直槽、斜槽、环槽等边缘有锈蚀或剥落等现象。

（2）滑动性试验　与喷油器滑动性试验相同。

（3）密封性试验　在喷油器试验器上进行。

1）将各分泵的出油阀取出，并将阀座与密封垫保留在孔内，装好出油阀压紧座，放尽泵内的空气，将出油阀与喷油器试验器用高压油管连接好。

2）移动供油操纵杆，使柱塞处于最大供油位置，再转动凸轮轴，使柱塞上升到供油行程的中间位置，封闭套筒上的进、回油孔。

3）用喷油器试验器泵油，至油压达20MPa时停止泵油，然后测定油压下降到10MPa所需的时间（试验器必须密封），新泵或大修后的Ⅱ号泵柱塞副少于12s为不合格。同一喷油泵各柱塞密封性差异应小于15%。

也可采用简易的办法进行密封性试验：将柱塞偶件洗干净后，使柱塞处于最大供油位置，用手指堵住柱塞套筒顶部和进、回油孔，将柱塞由最上位置往下拉，此时应感到有明显的吸力，松开柱塞后，若柱塞能迅速回到原来位置，则可继续使用，否则，应更换柱塞偶件。

2. 出阀偶件的检修

（1）外观目测　若出油阀和阀座密封锥面磨损严重，有裂纹，表面金属剥落，密封带宽度和深度过大，减压环带磨损严重或者表面有锈蚀等，则应更换出阀偶件。

（2）滑动性试验　将出油阀偶件清洗干净后垂直放置，并将阀体从阀座中抽出1/3，松手后出油阀在自身重力作用下应能缓慢均匀地下落到底。把阀相对于阀座转过一个角度重复上述试验，结果应该相同。

（3）密封性试验　在做滑动试验时，用手指堵塞出油阀座的下端面孔，出油阀下落到减压环带进入阀座时应能停住。此时，用手指轻轻压入出油阀，放松手指后，出油阀应能马上弹回原位置。当手指从下端面移开时，在自重的作用下，出油阀应能完全落座。

3. 其他检修

当泵体、凸轮轴或凸轮盘出现裂纹，凸轮表面有剥落、点蚀或其他异常磨损，凸轮轴颈磨损、轴承松旷，凸轮轴、驱动轴键槽有磨损或剥落时，均应更换新件。

柱塞和出油阀弹簧不得有弹力下降、歪斜、折断现象或裂纹，否则应更换新件。

6.6　调速器

6.6.1　调速器的作用及分类

在柴油机运行过程中，当负荷变化时，要通过及时调整循环供油量来改变其输出功率或转矩，以保证其稳定运转。汽车、拖拉机等常在负荷不断变化的情况下工作，且常会遇到负荷突变的情况。当负荷突然减小或增大时，驾驶人并不是都能够适时地察觉到而及时做出反应来控制油门的，从而导致柴油机转速的忽高忽低和工作不稳定。当喷油泵供油拉杆位置不变时，其每循环供油量随着转速的升高（降低）而增大（减少）的变化关系（喷油泵速度特性）却恰恰加剧了上述现象。尤其是当柴油机在高速下工作而突然卸载时，会导致转速急剧升高。这时喷油泵供油量却随着转速的升高而自动增大，又促使转速继续升高。转速和供油量的相互作用使转速甚至超出设计允许的最高转速而无法控制，即所谓的“飞车”或“超速”现象。对柴油机来说，一旦发生飞车现象，混合气形成时间更短，燃烧明显恶化，出现冒黑烟和过热现象，且由于产生很大的惯性力，机械负荷过大，易导致机件（曲轴连杆机构、配气机构的零件）损坏。相反，当外界载荷突然增大而又不能及时增大供油量时，转速则迅速下降，甚至熄火。

另外，车用柴油机还经常在怠速工况下运转，若因某种原因出现转速波动，则易造成怠速不稳，甚至熄火。

所以，柴油机必须能随着负荷的变化自动调节供油量，以使其稳定运转。调速器即是实现这一功能的装置。

调速器的种类很多，按工作原理分为机械离心式、气动式、液压式、机械气动复合式、机械液压复合式、电子式。机械式调速器结构简单，工作可靠，应用广泛。

按其调节转速的范围，车用柴油机上多采用两极式和全程式调速器。两极式调速器只限制柴油机最高和最低转速，防止飞车和稳定怠速。中间转速则由驾驶人直接通过操纵杆来控制，调速器不起作用。两极式调速器多用于中、小型汽车上。全程式调速器不仅能限制柴油机最高转速和稳定怠速，而且能对柴油机工作范围内的任何转速进行自动调节，多用于负荷、转速变化频繁的汽车和中、重型工程车及越野车上等。

6.6.2 两极式调速器

1. 基本结构

图 6-24 为广泛应用的两极式调速器的结构与工作原理示意图。它通过螺钉固定在喷油泵体上。喷油泵凸轮轴的一端固接着飞块支座，两个飞块通过销轴与其连接。飞块臂上的滚轮紧靠在调速滑套的端面上。当飞块离心力增大向外张开时，滚轮便推动滑套移动。导动杆上、下端分别与调速器壳和滑套铰接，中部通过销轴与浮动杠杆铰接。浮动杠杆上部通过连接杆与供油调节齿杆相连，顶部挂接另一端接在调速器壳体上的起动弹簧上。浮动杠杆下端有一销轴，插在支持杠杆下端的凹槽内。速度调定杆、拉力杠杆的上端与导动杆一起套在调速器壳上的销轴上。速度调节螺栓顶住速度调定杆，使装在拉力杆和速度调定杆之间的调速弹簧保持拉伸状态。拉力杠杆下端装有怠速弹簧，其中部有一根销轴插入支持杠杆上端的凹槽内。控制操纵杠杆的一端与支持杠杆连接，另一端由驾驶人通过加速踏板来控制。

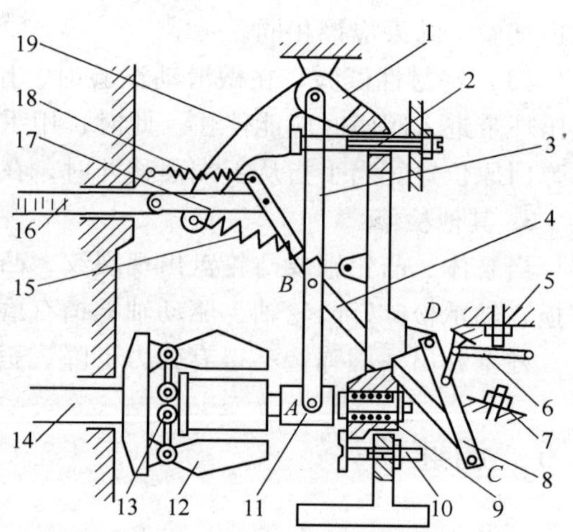

图 6-24 两极式调速器的结构与工作原理示意图
1—拉力杠杆 2—速度调整螺钉 3—导动杠杆 4—浮动杠杆 5—高速限止螺钉 6—操纵杆 7—怠速螺钉 8—支持杠杆 9—怠速弹簧 10—齿杆行程调整螺栓 11—滑套 12—飞块 13—滚轮 14—凸轮轴 15—调速弹簧 16—供油调节齿杆 17—连接杆 18—起动弹簧 19—速度调定杆

2. 工作原理

(1) 起动工况与怠速工况 起动时，先将操纵杆推靠在高速限位螺钉上，带动支持杠杆和浮动杠杆分绕 D 点和 B 点逆时针转动，使供油调节齿杆移至全负荷供油位置。同时，在起动弹簧拉力的作用下，浮动杠杆绕 C 点逆时针方向摆动，带动 B 点和 A 点（或滑套）进一步移至极限位置，飞块被压至合拢，供油调节齿杆达到最大供油量位置，使起动油量大于全负荷油量，以加浓混合气，保证发动机顺利起动。

在发动机起动后，将操纵杆置于怠速位置，供油调节齿杆随之移至怠速供油量的位置，发动机进入怠速工作状态。当飞块离心力与怠速弹簧和起动弹簧弹力平衡时，发动机稳定于某一转速下。若某一原因使转速升高，则飞块离心力增大，使滑套右移压缩怠速弹簧，通过导动杆、浮动杠杆带动供油调节齿杆右移，减小供油量，使转速降低，直至达到新的平衡。

当转速降低时，调速机构的响应与上述过程相反，达到新的平衡。改变怠速弹簧的预紧力，可调整怠速转速。

(2) 中速工况与高速限制　当操纵杆处于高速限止螺钉和怠速螺钉中间位置，发动机转速高于怠速控制范围时，怠速弹簧被压入拉力杆孔内，滑套直接与拉力杆接触。刚度较大的调速弹簧把拉力杆拉住，在转速低于最高工作转速时，飞块离心力产生的推力不足以克服其弹力而推动拉力杆，调速器不起作用。只有靠驾驶人改变操纵杆的位置，才能使供油调节齿杆移动，以增减供油量。

当负荷减小使发动机转速升高，并超过设定的最高转速时，飞块离心力产生的推力足以克服调速弹簧的预紧力，推动滑套使导动杆、拉力杆绕其顶端支承点逆时针转动，拉动供油调节齿杆向减小供油量的方向移动，限制转速的继续升高，防止产生飞车现象。

调整速度调节螺钉可改变调速弹簧的预紧力，并可调整发动机的最高限速。

6.6.3　全程式调速器

将上述两极式调速器中由驾驶人通过控制加速踏板带动杆系作用于供油调节齿杆，改为由驾驶人通过加速踏板控制调速弹簧预紧力，即可实现在整个工作转速范围内进行调速的全程式调速器。现以 VE 型分配泵全程调速器为例说明机械离心式全程调速器的结构和工作原理，如图 6-25 所示。

1. 基本结构

装有四个飞块的飞块支架在调速器传动齿轮驱动下转动，受离心力作用飞块张开，并试图推动顶靠在起动杠杆上的调速滑动套筒移动。起动杠杆下端的球形销嵌入油量调节套筒的凹槽内。起动杠杆、张力杠杆均与导杆上的销轴 N 相连，并可绕销轴 N 摆动。当起动杠杆摆动时，球形销便拨动供油量调节套筒，改变供油量。导杆通过销轴 M 固定在分配泵体上，其下端受回位弹簧推压，使上端紧靠在油量调节螺钉上。调速弹簧的一端挂在与操纵杆固接的偏心销轴上，另一端通过怠速弹簧与张力杠杆连接。

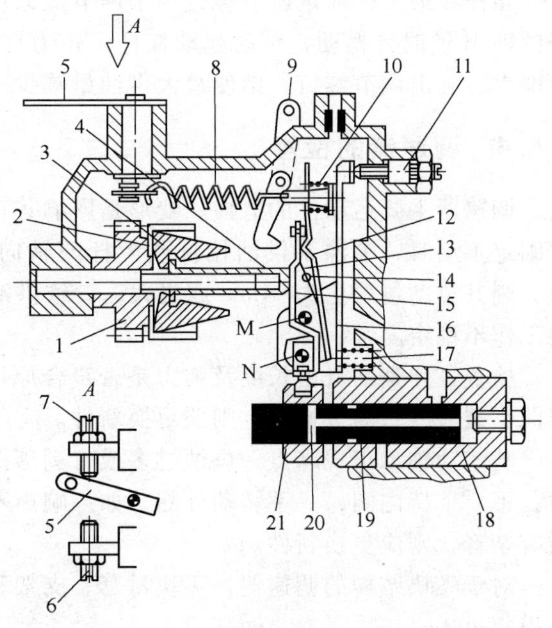

图 6-25　VE 型分配泵全程调速器

1—调速器齿轮　2—飞块支架　3—飞块　4—调速滑套　5—调速操纵杆　6—怠速调节螺钉　7—高速限止螺钉　8—调速弹簧　9—停车手柄　10—怠速弹簧　11—最大供油量调节螺钉　12—张力杠杆　13—起动弹簧　14—张力杠杆挡销　15—起动杠杆　16—导杆　17—回位弹簧　18—柱塞套　19—分配柱塞　20—泄油孔　21—供油量调节套筒

2. 工作原理

(1) 起动工况　起动时，使操纵杆位于全负荷位置（靠在高速限止螺钉上），在调速弹簧的作用下，张力杆绕销轴 N 逆时针摆动，供油量调节套筒右移，随之板型起动弹簧使起动杠杆沿逆时针摆动，滑动套筒左移，飞块进一步合拢至极限位置，供油量达到最大，实现起动加浓。

起动后，飞块离心力克服起动弹簧的弹力，使起动杠杆绕销轴 N 顺时针摆动，直到抵靠在张力杠杆的挡销上。与此同时，起动杠杆下端的球头销拨动供油量调节套筒左移，供油量自动减少。

（2）怠速工况　将操纵杆置于怠速位置（靠在怠速限止螺钉上），此时调速弹簧张力几乎为零，即使转速很低，飞块的离心力也可推动滑动套筒，使起动杠杆通过压缩起动弹簧紧靠在张力杠杆上，并同时绕销轴 N 顺时针摆动，压缩怠速弹簧。当起动弹簧和怠速弹簧的弹力与飞块推动滑动套筒的作用力平衡时，发动机稳定在某一怠速工况下。当某种原因使转速降低时，飞块离心力减小，平衡状态被破坏，怠速弹簧推动张力杠杆、起动杠杆逆时针摆动，滑套左移，供油量调节套筒右移，供油量增大，转速回升。同理，当转速升高时，调速机构的响应与上述过程相反，使供油量减少，转速降低。

（3）中速及高速限制　当操纵杆位于怠速与高速限止螺钉之间某一位置时，发动机便在调速弹簧和飞块离心力达到新的平衡状态所决定的中间某一转速附近运转。随着操纵杆位置的变化，调速弹簧弹力变化，调速器调节的转速也变化。当操纵杆抵靠在高速限止螺钉上时，调速弹簧弹力最大，供油量调节套筒在最大供油量位置，发动机在标定转速下工作。这时即使突然卸载，导致转速升高，也会因飞块离心力增大，推动起动杠杆、张力杠杆绕销轴 N 顺时针摆动，供油量调节套筒左移，供油量自动减少，转速回落，不至于超速。

导杆和最大供油量调节螺钉用于调节最大供油量。当旋进最大供油量调节螺钉时，导杆绕销轴 M 逆时针摆动，带动起动杠杆、张力杠杆同向摆动，拨动油量调节套筒右移，供油量增大。旋出调节螺钉，则使最大供油量减少。

6.6.4 调速器的检修

调速器主要运动件的磨损、变形是影响其正常工作的主要因素。在正常情况下，当操纵杆固定不动时，喷油泵供油拉杆或齿杆的轴向窜动量为 0.5 ~ 1.0mm。若各连接处磨损严重，则其窜动量可达 3 ~ 4mm 或更大，导致供油量大范围波动，调速器灵敏度降低，使发动机工作不稳定。

检查各弹簧的自由长度及弹力是否符合原厂规定的技术标准。如果发现弹簧弹力减弱、扭曲、裂纹或折断等情况，则要更换新件。

若滚动轴承出现麻点、斑蚀过多或有剥落凹痕等损伤时，则应更换新件。检查磨损情况时，可一手持内圈，一手转动外圈，如果响声不大且均匀，则轴承尚可使用；若转动不灵活或有杂音，则应更换新件。

对于飞块结构的调速器，飞块衬套、支架和销轴间的配合间隙要正确，两飞块的质量差不得超过 3g。

6.7 喷油泵与调速器的调试

喷油泵的调试要在专门的喷油泵试验台上进行，主要进行供油开始时刻、供油量和各缸供油均匀性的调整。供油时刻的变化会影响供油量，所以应首先调整好供油时刻，其次调整调速器，然后调整供油量和均匀性，最后再调整调速器。所以，供油量与调速器的调整需要反复进行，这样才能取得比较准确的结果。

6.7.1　供油时刻的调试

供油时刻的调试通常采用溢油法或测时管法。

1. 溢油法

把喷油泵装在试验台上，先将试验台变速杆置于“0”位，并将油路转换阀控制杆置于高压供油的位置，使试验台内高压泵供给的高压油通过低压油腔进入喷油泵油腔内，使基准缸（第一缸）分泵柱塞处于未封闭油孔的位置，把标准喷油器上的放气螺钉旋松，起动电动机，将调速器操纵杆置于最大供油位置，待柴油从喷油器回油管流出后，将联轴器刻度盘沿凸轮轴转动方向慢慢转动，当第一缸（靠近联轴器）喷油器回油管刚停止出油时停止转动。此时，检查联轴器上的刻线与喷油泵壳前轴承盖上的刻线是否相对正。若两者对正，则说明供油正时合适；若联轴器上的刻线滞后，则说明供油提前，应将柱塞底部的调整螺钉旋入（或减薄调整垫片）；若联轴器上的刻线超前，则说明供油迟后，应将调整螺钉旋出（或加厚调整垫片）。调整合格后，将调整螺钉锁紧，然后用同样的方法按工作顺序依次调整其他各缸供油时刻。各缸供油时刻误差应不超过±0.5°凸轮转角。

用溢油法检验新喷油泵或换新柱塞副后的喷油泵的供油开始时刻比较准确，若用于检验柱塞副磨损的喷油泵，则会因配合间隙加大，高压油渗漏，回油不干脆，而使测量误差则较大。

2. 测时管法

校验时，先把测时管装在靠近联轴器一边第一缸分泵的出油阀接头上，转动喷油泵凸轮轴使第一缸分泵泵油，直到测时管中不冒气泡为止，然后倒出测时管中的一部分柴油，慢慢转动凸轮轴，并细心观察，当测时管油面刚刚开始向上移动时，立刻停止转动，此时就是第一缸分泵的供油开始时刻。观察联轴器上的刻线记号与端盖上的刻线记号是否对正，然后按上述方法和要求调试其他各缸分泵。

3. 调试时应注意的事项

在调整供油开始时刻时，不要把滚轮组件的调整螺钉拧出过多或选用过厚的调整垫片，以免柱塞在最高位置时与出油阀座下平面相碰。在上止点的柱塞顶平面与出油阀座的距离应有0.3～0.6mm的间隙。当柱塞到达上止点时，用螺钉旋具撬起柱塞弹簧座，在滚轮组架与柱塞下部之间用塞尺检查该间隙。

6.7.2　调速器的调试

调速器的种类很多，调试方法不尽一致，但总的原则是一致的。调速器调试的主要内容是：高速和怠速时起作用的转速，其次是起动工况、全程调节等。

1. 高速调试

所调试的喷油泵各部位应运转正常且无阻滞现象。试验时，起动试验台后，使喷油泵转速升至接近额定转速，将供油拉杆推向最大供油量位置，然后慢慢增加转速，注意观察供油拉杆的变化情况，供油拉杆开始向减油方向移动时的转速即为调速器起作用的最高转速。它应符合规定值，否则，应调整调速弹簧的预紧力。当旋进或旋出速度调整螺钉时，调速弹簧预紧力增大或减小，起作用的最高转速随之升高或降低。

2. 怠速调试

试验时，使喷油泵在低于怠速转速的情况下运转，缓缓转动操纵臂，当喷油泵刚刚开始供油时，固定操纵臂，逐渐增加喷油泵转速，同时观察供油拉杆位置的变化，其开始向减油方向移动时的转速即为调速器怠速起作用的转速。此转速应符合规定的怠速转速，否则，应通过调节怠速弹簧的张力来调节怠速转速的高低。怠速弹簧张力增大时，怠速转速升高；弹簧张力减小时，怠速转速降低。

6.7.3 供油量的调试

为消除温度对供油量的影响，供油量的调试应该在无尘的20℃恒温环境中进行。通常，主要调试的是各分泵额定转速供油量、怠速转速供油量及各缸供油的不均匀度。各缸供油不均匀度的计算公式为

$$不均匀度 = \frac{最大供油量 - 最小供油量}{平均供油量} \times 100\%$$

一般车用柴油机额定转速供油不均匀度不超过3%，怠速供油不均匀度不超过30%。

1. 额定供油量的调试

调试时，应使喷油泵在额定转速下运转，将操纵臂转到最大供油位置，量油杯转到接油位置，起动试验台喷油100~200次，观察各缸喷油量，若不符合标准或不均匀，则松开该缸可调齿圈或调节叉的紧固螺钉，将柱塞控制套筒相对于可调齿圈或将调节叉相对于供油拉杆移动一个距离，再固定螺钉。

2. 怠速供油量的调试

在将额定供油量和不均匀度调整合格后，使喷油泵在怠速下运转，慢慢向加油方向转动操纵臂，在标准喷油器尖端开始滴油时，固定操纵臂，喷油100~200次，观察供油量和不均匀度，若不符合要求，则按上述方法进行调整。

3. 调试过程中常见问题的处理方法

（1）某缸供油量达不到要求　此时，应检查出油阀是否卡住或密封不良：松开该缸的喷油器回油管螺钉，并使其柱塞停止在下止点附近，开动试验台的低压燃油泵。若喷油器回油管螺钉处不断滴油，则说明出油阀密封不严。若检查或更换出油阀偶件后滴油停止，但供油量仍达不到要求，则应更换柱塞偶件。

（2）两个以上气缸的供油量达不到要求　在额定供油量和不均匀度调试合格后，在调试怠速油量时，出现某缸供油量过多或过少现象，可将两缸的出油阀调换后再试验。因两出油阀磨损程度的差异，对调之后可能发生有利的变化而符合使用要求。

（3）供油不稳定　若某缸的供油量出现忽多忽少的现象，则应检查油量调节叉或柱塞与调节臂是否松动，或可调齿圈是否松动，以及柱塞下端凸块与套筒直槽的配合间隙是否过大。

6.8 柴油机电控燃油喷射系统

由柴油机燃烧过程分析可知，喷油规律、喷油压力、喷油正时、喷油量及各缸均匀性，对其动力性、经济性、排放性、起动性、运转平稳性等都有十分重要的影响。柴油机传统喷射系统对上述各参数均采用机械式的调节与控制。由于受转速、惯性、响应性等因素的影

响，整个系统对上述参数难以精确、敏捷地调节与控制。柴油机电控燃油喷射系统对上述参数控制的精度大大提高，在使柴油机充分发挥其原有的动力性、经济性优点的同时，固有的冷起动性差、振动噪声大、炭烟排放多的缺点明显得到改善，使其越来越受青睐。

6.8.1 柴油机电控燃油喷射系统的分类

柴油机电控燃油喷射系统可分为位置控制式、时间控制式和时间-压力控制式三大类。

1. 位置控制式电控燃油喷射系统

位置控制式电控燃油喷射系统是第一代柴油机电控燃油喷射系统。它不改变传统的喷油泵、高压油管、喷油器燃油系统的基本结构，只是以电子控制调速器取代机械式调速器，对供油提前器和供油量调节机构中套筒或齿条的位置进行精确控制，实现了供油量和喷油定时的自动调节。

这种系统的优点是柴油机结构几乎不需改动，便于对现有柴油机进行升级换代。其缺点是响应慢，控制精度不高，喷油压力、喷油规律和喷油量不能控制。

2. 时间控制式电控燃油喷射系统

传统的喷油泵保留不变，仅负责供给高压燃油，而喷油器改由快速响应的电磁阀控制，直接控制喷油开始与结束时刻以及喷油量和喷射压力。这与电控汽油喷射系统类似，控制精度较位置控制式有较大提高，使柴油机获得较好的性能。但其喷油压力仍然与发动机转速有关，喷射后残余压力不恒定。

3. 时间-压力控制式电控燃油喷射系统

时间-压力控制式电控燃油喷射系统主要指共轨式电控燃油喷射系统，基本脱开了传统的机械式供油方式，采用了压力-时间式燃油计量原理。

在时间-压力控制式电控燃油喷射系统中，高压油泵仅负责将高压燃油泵送到体积较大的公共供油管（共轨管）中，通过精确控制公共供油管内的油压，使高压油管压力几乎不受转速和喷油量的影响。加之采用电磁阀控制的喷油器，使共轨式电控燃油喷油系统的柴油机可采用高压喷射，以改善空气燃油的混合过程和燃烧过程，能够实现喷油始点和喷油量的精确控制，可灵活地进行预喷射和后喷射等多次喷射，实现喷油规律的控制，改善柴油机工作粗暴和颗粒、NO_x 的排放。

6.8.2 柴油机电控燃油喷射系统的功能

ECU 接收发动机转速、加速踏板位置、着火正时、正时活塞位置、喷油提前角、进气压力及温度、冷却液温度等传感器信号，与存储的参数值或参数图谱（称为 MAP 图）相比较，按其最佳值或计算后的目标值给执行器发出指令，执行器按指令控制喷油量和喷油正时等。柴油机电控燃油喷射系统还可和整车传动装置的 ECU、防抱死制动系统的 ECU 及其他系统的 ECU 互通数据，从而实现整车的电子控制。

1. 燃油喷射控制

喷油量控制是柴油机电控燃油喷射系统的主要控制内容，包括喷（供）油量控制、喷（供）油正时控制、各缸喷油量不均匀的修正、喷（供）油速率控制和喷油压力控制等。

（1）喷油量与喷油正时控制　柴油机电控燃油喷射系统由发动机转速信号和加速踏板位置传感器信号计算出基本喷油量和基本喷油正时，根据进气温度、进气压力、冷却液温度等信号对喷油量和喷油正时进行修正，还通过着火正时传感器检测实际燃烧开始时刻，实现对喷油正时的闭环控制，从而排除因柴油十六烷值和大气条件的变化引起的喷油正时差异，实现对喷油正时的最佳控制。有些系统还具有燃油特性以及低温起动后、急减速时的喷油量修正等功能。

（2）各缸喷油量不均匀修正　电控燃油喷射系统通过各缸在做功行程时的曲轴转速变化判断各缸喷油量的差异，及时修正各缸的喷油量，以降低发动机转速的波动。

（3）喷油率控制　ECU根据传感器的信息，计算出预喷射油量和预喷射时间间隔等最佳喷油参数，可实现喷油率最佳控制。

（4）喷油压力控制　ECU根据传感器的信息确定目标喷油压力，并与共轨管上的压力传感器的实际压力信号比较，发出命令控制喷油压力升高或降低。

2. 怠速控制

怠速控制主要包括怠速转速控制和怠速时各缸均匀性的控制。发电机、空调系统、动力转向等辅助装置工作状态的变化会引起柴油机负荷的变化，导致发动机转速变化。柴油机控制系统通过反馈控制系统控制怠速喷油量，将怠速控制在目标转速。

3. 进气控制

进气控制主要包括进气节流控制、可变进气涡流控制和可变配气正时控制。

在怠速时，系统通过控制节气门的开度来控制进气量，以降低怠速时的振动和噪声。停车时，系统关闭油门，中断进气，以减轻发动机的振动。

系统控制进气通道的变化，以便在不同转速及负荷下更好地组织进气涡流，改善燃烧质量，提高动力性、经济性，降低排放。

4. 增压与废气再循环控制

ECU根据转速信号、负荷信号、增压压力信号等，实现对废气涡流增压器工作状态和增压压力的控制；根据转速和负荷信号，按内存程序控制EGR阀开度，以调节EGR率。

5. 起动控制

除了供（喷）油量、正时控制外，系统还根据起动条件控制起动预热塞的通电时间，以改善柴油机的低温起动性能和稳定低温怠速运转。

柴油机电控燃油喷射系统还有与汽油机电控燃油喷射系统基本相同的故障自诊断及失效保护功能。

6.8.3　柴油机喷（供）油量控制

1. 位置控制方式

位置控制式电控柴油机主要在直列泵和分配泵上进行改进，用转速传感器和加速踏板位置传感器代替原有的转速和负荷传感机构（如离心飞块、真空室等），用ECU控制的电子执行元件代替机械离心式调速执行机构和加速踏板传动机构，控制油量调节机构的定位。

（1）直列柱塞泵位置控制方式　直列柱塞泵位置控制的主要的特点是：电子调速器的高速电磁阀控制齿杆位置和柱塞套筒，并可以改变凸轮相位或凸轮速率，在一些场合下辅之以可变预行程。图6-26所示为位置控制式电控直列泵系统。

电子调速器的内部主要由线性螺线管、齿杆位置传感器、转速传感器、加速踏板位置传感器、冷却液温度传感器和起动信号装置等组成。工作时，ECU控制线性螺线管的电流，使喷油泵的调节齿杆移动，改变供油量，并通过齿条位置传感器的反馈信号得到齿条的实际位置，以此进行反馈控制。

（2）分配泵位置控制方式　图 6-27 所示为位置控制式电控分配泵系统（ECD-V1 电控分配泵）。通过控制电磁阀线圈的输入电流改变滑套（溢油环）位置，从而改变供油量，并由溢油环位置传感器反馈信号实现闭环控制；采用一个定时控制阀进行喷油正时控制，并设置了供油提前器角度传感器，形成喷油正时闭环控制；通过滑套位置传感器的反馈信号实现滑套实际位置的闭环控制。

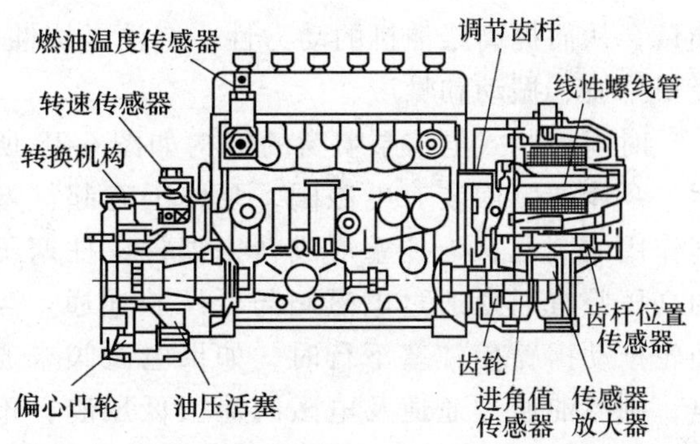

图 6-26　位置控制式电控直列泵系统

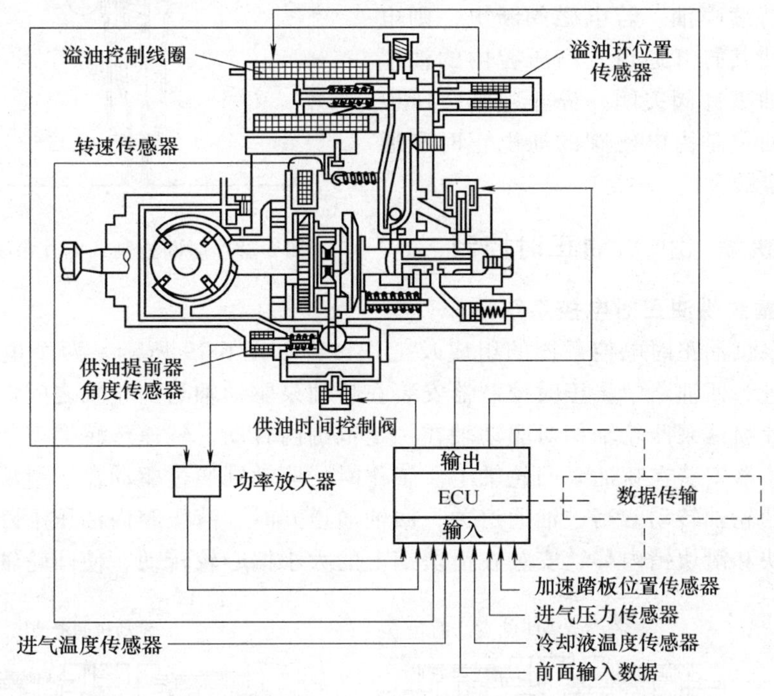

图 6-27　位置控制式电控分配泵系统（ECD-V1 电控分配泵）

2. 时间控制方式

时间控制式电控燃油喷射系统用高速强力电磁阀直接控制高压燃油的喷射，传统喷油泵中的齿条、滑套、柱塞上的斜槽和提前器等全部取消。一般情况下，电磁阀关闭，开始喷油；电磁阀打开，喷油结束。喷油始点取决于电磁阀关闭时刻，喷油量取决于电磁阀关闭的持续时间。该系统可分为时间控制式电控分配泵系统和时间控制式电控泵喷嘴系统，现以后者进行介绍。

在时间控制式电控泵喷嘴系统中，电控的喷油泵和喷油器之间没有管路连接，做成一体直接安装在气缸盖上。每一个油泵都由顶置凸轮轴同时驱动气门和电控泵喷嘴。时间控制式电控泵喷嘴系统的优势在于结构紧凑，喷油器孔径非常小，燃油喷射压力非常高（可达到200MPa），可确保燃油雾化、混合气良好，燃烧效率高，同时还可以精确控制喷油始点和喷油量，从而提高柴油机的动力性、燃油经济性，降低排放、振动和噪声。

时间控制式电控泵喷嘴的结构如图 6-28 所示。泵体的侧面装有电磁阀，泵体上有起柱塞套作用的圆孔，与柱塞形成精密偶件，柱塞下的高压腔有通道通过电磁阀与低压腔连通。当凸轮推动摇臂使柱塞下行时，如果电磁阀未通电，则燃油通过通道及电磁阀泄回低压腔，不会产生高压；如果电磁阀通电，则通道关闭，燃油形成高压并直接传到喷油器，当超过针阀开启压力时，即开始喷油。在电磁阀通电期间，电控泵喷器将持续喷油。若电磁阀断电，则电磁阀回位弹簧使其打开通道，高压腔内的油泄回低压腔，喷油嘴针阀关闭，停止喷油。所以喷油正时和喷油量是由电磁阀的通电正时和通电时间长短决定的。

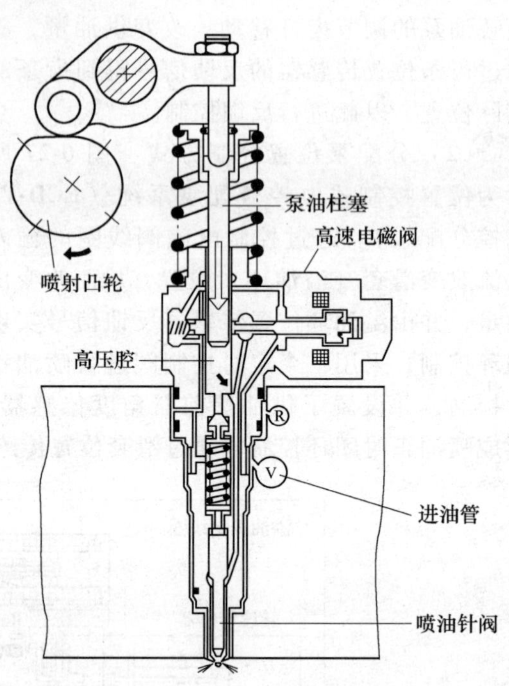

图 6-28　时间控制式电控泵喷嘴的结构

6.8.4　柴油机喷（供）油正时控制

1. 直列柱塞泵供油正时电控系统

直列柱塞泵供油正时电控系统的组成及工作过程如图 6-29 所示。两个电磁阀分别安装在正时控制器进、回油路中。正时控制器安装在喷油泵驱动轴与凸轮轴之间。受液压控制的正时控制器可使喷油泵凸轮轴相对驱动轴在一定范围内转动。转速传感器安装在喷油泵驱动轴上，正时传感器安装在喷油泵凸轮轴上。工作时，驱动轴通过驱动盘、滑块、滑块销、大小偏心轮驱动凸轮轴转动。当进油通道关，回油通道开时，液压腔内油压下降，回位弹簧使活塞右移，滑块和滑块销内移，安装在滑块销上的大小偏心轮转动，使凸轮轴相对于驱动盘

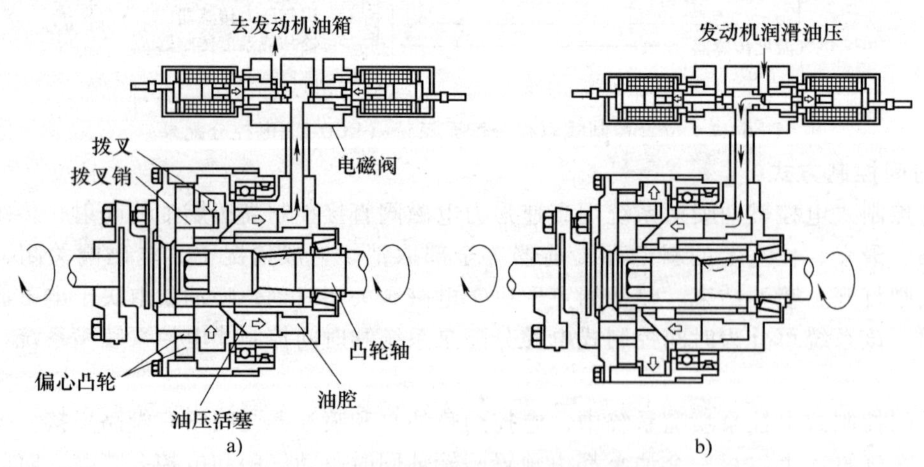

图 6-29　直列柱塞泵供油正时电控系统的组成及工作过程

a）角度延迟时　b）角度提前时

沿与转动相反的方向转过一定角度，正时推迟。

2. 转子分配泵供油正时电控系统

在原供油提前角自动调节器活塞两侧油腔之间增加一条液压通道，并由 ECU 通过电磁阀控制该液压通道来实现供油正时控制，如图 6-30 所示。

ECU 通过电磁阀控制正时活塞左右两侧油腔内的燃油压力差，以改变正时活塞的位置。正时活塞左右移动时，通过传动销带动转子分配泵内的滚轮架转动，从而改变喷油泵的供油正时。正时活塞位置传感器铁心随着正时活塞移动，在传感器线圈内产生与活塞位置成正比的电压信号，ECU 根据此传感器信号对喷油泵供油正时进行闭环控制。

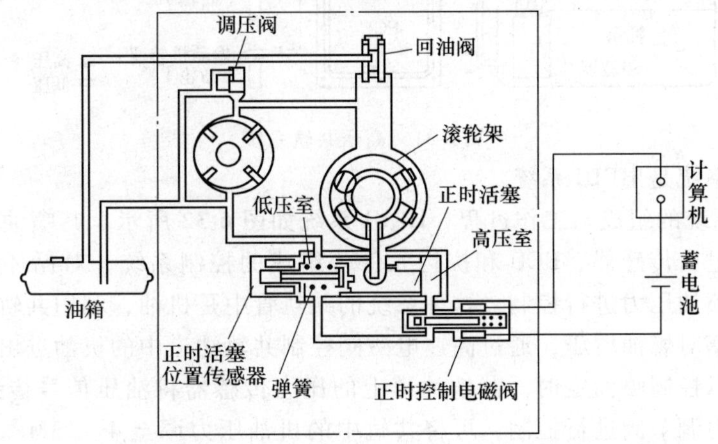

图 6-30　转子分配泵供油正时电控系统（日本电装公司 ECD-V1）

6.8.5　共轨式电控燃油喷射系统（时间-压力控制式电控燃油喷射系统）

共轨式电控燃油喷射系统直接对喷油器的喷油量、喷油正时、喷油速率、喷油规律、喷油压力等进行时间-压力控制。共轨式电控燃油喷射系统分为以下三种类型：

1. 高压共轨系统

高压共轨系统由高压输油泵直接产生高压（120MPa 以上）燃油并输送至共轨中，一般采用时间-压力控制方式，又称为第一代共轨式电控燃油喷射系统。

高压共轨系统主要由高压供油泵、共轨管、电控喷油器、各种传感器和 ECU 等组成，如图 6-31 所示。共轨管装有限压阀、流量限制器、压力传感器。限压阀通过释放燃油将共轨管中的燃油压力限制在 150MPa 以内。流量限制器保证在喷油器出现泄漏故障时切断向喷油器的供油。

2. 中压共轨系统

中压共轨系统由中压输油泵将中压（10～13MPa）燃油输送到共轨中，采用带有增压作用的喷油器使喷油压力达到 120～150MPa。它一般采用压力控制方式，是第二代共轨式电控燃油喷射系统。

中压共轨系统可以分为柴油液压和机油液压两种。丰田汽车公司的柴油液压共轨系统应用螺旋管驱动增压活塞，喷油压力可以达到 10～140MPa。机油液压共轨系统：卡特彼勒公司的 HEUI 系统机油液力增压可达到 4～23MPa，喷油压力达到 20～140MPa；康明斯公司的 HPI 系统喷油压力可达到 175MPa，小松公司的高速 KOMPICS 系统喷油压力可达到 150MPa。

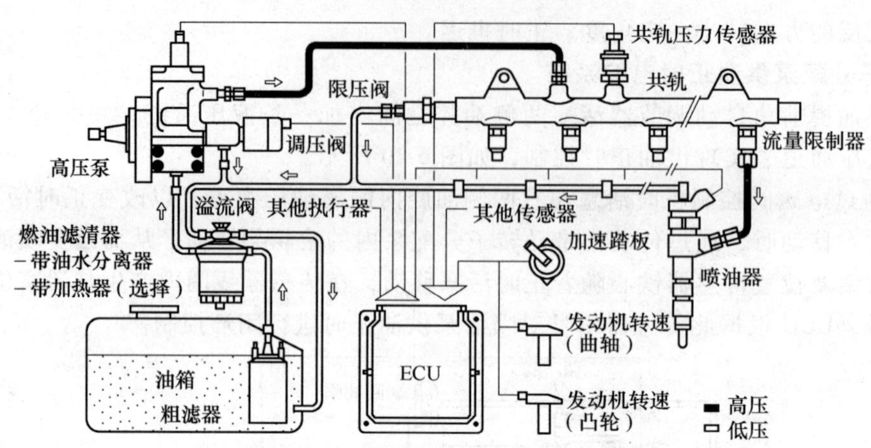

图 6-31 高压共轨系统

典型的中压共轨系统是 HEUI 系统。

（1）HEUI 系统的组成与工作过程　HEUI 系统如图 6-32 所示。其喷油量控制采用了压力控制方式，通过由传感器、ECU 和执行元件等组成的控制系统，对循环喷油量、喷油正时、喷油速率和喷油压力进行控制。这种系统的共轨管中是机油，利用共轨管中的机油压力驱动燃油增压活塞对燃油增压，通过高速电磁阀控制共轨油道中的机油进出燃油增压活塞来控制燃油压力，以控制喷油定时。共轨油道上的压力传感器将油压信号传给 ECU，ECU 根据需要对共轨压力调节阀进行控制，可将共轨中的机油压力调至 4～23MPa。机油从喷油器回到气门罩下后流回柴油机机油底壳，燃油则由膜片式或活塞式燃油输油泵经燃油滤清器后以 0.2MPa 的压力输入电液控制喷油器。

该系统采用燃油和柴油机机油两条共轨，系统中有机油和燃油两套油路，通过预喷射量孔控制初期喷油率来实现预喷。喷油压力与柴油机转速和负荷无关。

（2）HEUI 喷油器　HEUI 喷油器由电磁阀、增压活塞、活塞套、喷油器等组成，如图 6-33 所示。

在共轨油道中的机油进入电磁控制阀的提升阀下部后，当线圈通电时，电枢就带动提升阀向上运动，打开下座，关闭上座，将机油回油孔封住，机油进入增压柱塞上方，在机油压力的推动下，增压柱塞下行，压缩已进入柱塞下部油腔内的燃油，此时在燃油压力下进油道被球形单向阀封闭。当燃油压力升高到大于启喷压力时，针阀打开，喷油开始，一直持续到线圈断电，提升阀在复位弹簧力的作用下从上座移到下座，机油从开启的上座经回油孔泄出，压力迅速下降。在增压柱塞下部复位弹簧力

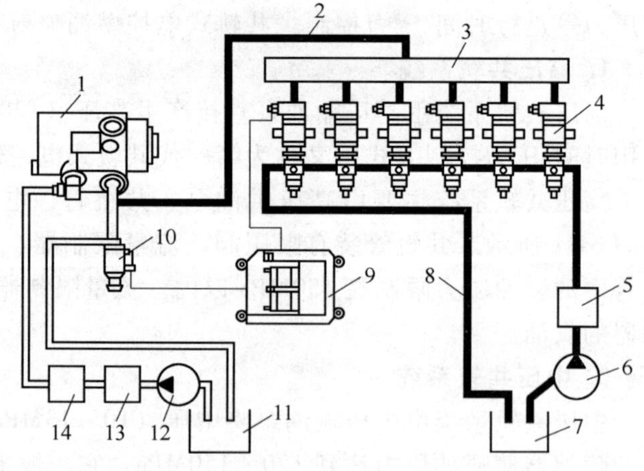

图 6-32 HEUI 系统

1—高压机油泵　2—机油油管　3—高压机油共轨　4—HEUI 喷油器　5—燃油滤清器　6—输油泵　7—燃油箱　8—燃油回油管　9—ECU　10—RPCV 压力控制阀　11—机油箱　12—机油泵　13—机油冷却器　14—机油滤清器

的作用下，增压柱塞迅速上行。在喷嘴针阀弹簧的作用下，针阀关闭，喷油停止，燃油又重新通过球形单向阀进入柱塞下部油腔。

电磁控制阀通电的时刻决定了喷油始点，喷油压力则由压力控制阀对共轨内机油压力的调节结果来决定，喷油量由增压活塞上部低压腔内的压力来调节。

3. 压电式共轨系统

上述共轨系统均属于电磁阀式共轨系统，压电式共轨系统利用压电晶体作为执行元件，通过控制喷油器针阀的升程（或喷油开始与结束）来实现燃油喷射控制。压电式共轨系统也被称为第三代共轨式电控燃油喷射系统。

在压电式共轨系统中，控制喷油器的执行元件用压电元件取代了电磁阀，称为压电式喷油器。图 6-34 所示为压电式喷油器。其针阀中部无承压锥面和相应的压力室（称为无压力室喷油器或 VCO 喷油器），利用压电元件直接控制针阀升程来改变喷油孔流通截面积，从而实现对喷油量的控制。当给压电元件施加正向电压时，压电元件膨胀使针阀关闭；当施加反向电压时，压电元件收缩使针阀开启。针阀升程与施加在压电元件两端的反向电压成正比。

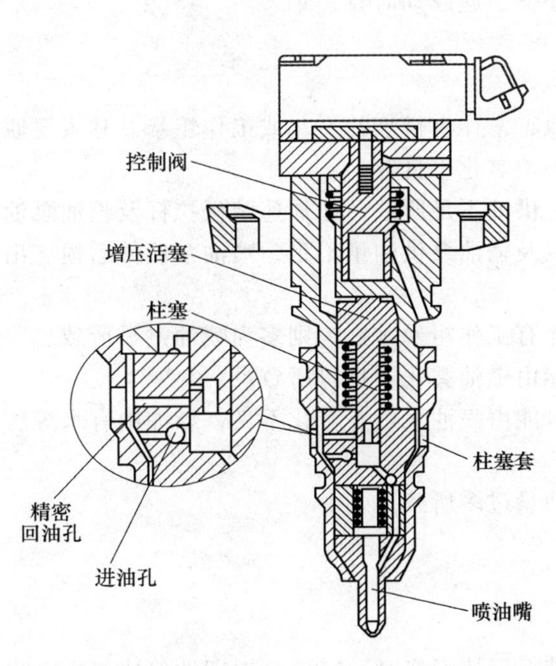

图 6-33　HEUI 喷油器

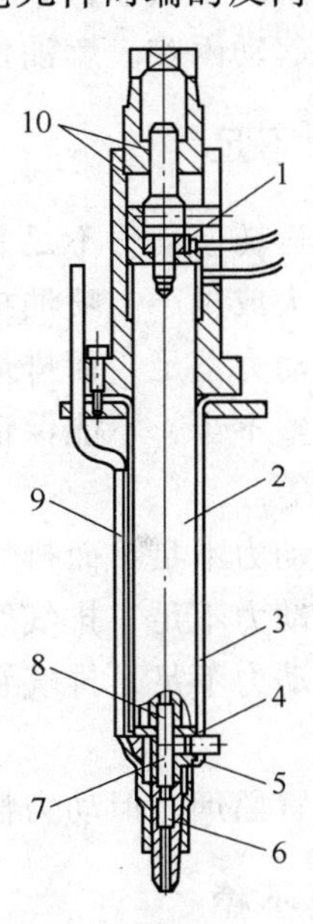

图 6-34　压电式喷油器

1—石英测量垫片　2—压电执行器　3—外壳　4—密封垫　5—紧固螺套　6—针阀体　7—压杆　8—压帽　9—高压油管　10—差动螺纹

其特点是喷射压力高，可在 20 ~ 200MPa 间弹性调节；控制精度高，切换频率高，每个工作循环喷射次数可达 5 次（电磁阀式喷油器为 3 次），最小喷射时间间隔可达 0.1ms，最小喷射量可控制在 0.5mm^3 以下；响应速度快，可得到最优的喷油速率和喷射规律。

6.9　柴油机燃油供给系统常见故障的原因

柴油机常见故障现象有起动困难、动力不足、工作粗暴和转速不稳等。其故障多出在燃油供给系统，原因无外乎是供油不畅或不足、雾化不良、供油时刻失准、调速器失灵等。

6.9.1 起动困难和不能起动

起动困难和不能起动的问题就是不能着火或燃烧不稳定，供（喷）油不良是其原因之一，主要是供（喷）油量、供油时刻、供油压力、喷雾质量问题。

（1）不供（喷）油的原因　油量不足、油路连接处松脱、油管气阻、喷油器卡滞或堵塞、喷油泵卡滞或堵塞、出油阀密封不严、供油调节拉杆机构卡滞、输油泵失效、滤清器或油路中的滤网堵塞、限压阀泄漏等。另外，燃油牌号不对也会造成不能供油。

（2）喷油正时不准　柱塞及挺柱体磨损、喷油泵凸轮磨损、喷油泵凸轮轴正时驱动机构调校不当。

（3）喷油压力、喷雾质量问题　喷油器调压弹簧断损、弹簧压力太低、针阀卡滞、针阀偶件磨损、针阀积炭或结焦等。

燃油供给系统不供油，柴油机不能起动。喷油正时失准、喷油压力和雾化质量等问题，也会使柴油机起动困难。燃油供给系统的问题还会引起起动时冒黑烟。

6.9.2 动力不足

发动机能运转但动力不足是由燃烧不良所致，常伴有排烟的变化或工作粗暴。其主要原因是供油量过大或过小、喷油提前角过大或过小、雾化不良等。

若发动机动力不足，而排烟正常，则主要是供油不足所致，如加速踏板拉杆及喷油泵油量调节机构调整不当，不能保证最大供油量，以及输油泵供油量不足、喷油泵偶件磨损、出油阀密封不良等。

若发动机动力不足，而排气黑烟严重，并伴有工作粗暴敲缸，则多为喷油过早所致。

若发动机动力不足，排气管冒黑烟，则可能由燃油雾化不良等所致。

若发动机动力不足，排气管冒灰白烟，则可能由喷油太迟、雾化不良、燃油中有水等所致。

若发动机冒黑烟，但动力性较好，则为喷油量过多所致。

6.9.3 转速不稳

1. 游车

游车即发动机在怠速或中低速运转、加速踏板保持不变时，转速呈周期性忽快忽慢变化的现象。其主要原因是磨损、润滑不良、调整不当等引起的喷油泵油量调节机构和调速器灵敏度下降，或零件配合间隙过大、供油调整滞后等；另一原因可能是燃油管中有气体，使油压不稳。

怠速不稳可能的原因是各缸供油量不均匀、供油正时失准、油路内有空气、供油调节机构中零件的间隙太大、调速器怠速弹簧或怠速限位螺钉调整不当、调速器离心飞块组件跳动、喷油泵驱动凸轮等零件磨损、喷油器工作不正常等。

2. 飞车

飞车即柴油机转速失去控制，转速突然升高，超过额定转速，即使减小油门，转速也不降低，并伴有强烈的振动、噪声和黑烟。

其主要原因是喷油泵油量调节机构和调速器失灵，如喷油泵油量调节机构和调速器卡滞、油门拉杆卡滞、调速器高速限位螺钉松动等。

本 章 小 结

柴油机压缩行程末期将挥发性差的柴油以高压雾化状态喷入气缸与受压缩的高温高压空气混合并自燃，混合气形成时间短，均匀性差。为保证可靠、及时、完全燃烧，柴油机要采用较大的压缩比和过量空气系数，必须保证雾化质量，并利用气道和燃烧室组织适当的空气运动。柴油机通过控制喷入气缸的燃油量来改变缸内混合气浓度，调节功率的输出，以适应负荷的变化。此调节方式称为“质调节”。

柴油牌号按其凝点划分，最低使用（环境）温度应高于柴油凝点 5～7℃，否则，柴油不能被泵送，柴油机无法起动。

柴油机燃烧过程分为着火延迟期、速燃期、缓燃期和后燃期四个阶段。速燃期内压力升高率太高，将导致柴油机工作粗暴，缩短着火延迟期或减少着火延迟期内燃油喷入量即可使其得以控制。柴油机在低速、小负荷下易工作粗暴。

喷油提前角对柴油机工作性能有重要影响，每一工况都存在一个最佳的喷油提前角。喷油提前角过大，将导致柴油机工作粗暴、起动困难，功率、热效率下降，NO_x 增多；喷油提前角过小，则后燃现象严重，同样使功率、热效率减小，且排烟加重。最佳喷油提前角应随着转速的升高而增大，以减少后燃现象。

柴油机燃烧室分为直喷式和分隔式两大类。车用发动机多用直喷式，其结构简单，经济性、起动性好，但工作较粗暴，要求喷油压力高；分隔式燃烧室结构较复杂，经济性、起动性相对较差，但工作柔和，要求喷油压力低。

柴油机燃油系统由油箱、输油泵、滤清器、低压油管组成的低压油路，喷油泵、喷油器、高压油管等组成的高压油路，以及调速器、供油提前器组成的运转稳定控制装置组成。

喷油器将燃油雾化，并合理地分配到燃烧室中。喷油压力和油雾形态是保证雾化质量和混合气形成的关键，应适时地进行检查和调整。喷油压力取决于调压弹簧的预紧力，拧动调压螺钉即可对其进行调整。喷油器分为孔式和轴针式两种。前者喷油压力高，喷雾质量好，用于直喷式燃烧室；后者喷油压力低，不易堵塞，用于分隔式燃烧室。

喷油泵定时、定量、定压地向喷油器输送高压燃油。多缸发动机各缸供油量和供油时刻要求均匀一致。柱塞式喷油泵主要由柱塞-套筒偶件、出油阀-出油阀座偶件及驱动机构等组成，柱塞偶件数与气缸数相同。柱塞相对于柱塞套筒转过一个角度，改变其有效行程可调整供油量。通过拧动挺柱上部的调整螺钉或更换垫块来改变柱塞相对于柱塞套筒的轴向位置，可微调供油时刻及供油间隔角的均匀性。分配式喷油泵只需一对柱塞偶件，体积小，各缸供油均匀性好，无需逐缸调整。车用柴油机均装有喷油提前角自动调节装置。

调速器可根据负荷的变化自动调节供油量，使柴油机运转稳定，防止超速和怠速不稳。调整调速弹簧和怠速弹簧的预紧力，即可改变调速器起作用的最高转速和怠速转速。

柴油机燃油系统中有三对精密偶件，即柱塞偶件、出油阀偶件、喷油器偶件。它们长期使用磨损、变形后，会造成配合状态异常。柴油机供油时刻、供油量和喷油量、各缸供油均匀性、喷油压力、油雾形态的恶化，将导致滴油、燃烧恶化，引起怠速运转不稳、起动困难、油耗增加、功率下降、排气冒黑烟和工作粗暴等现象，要按规范通过外观目测、滑动性试验、密封性试验等对其进行检验。喷油器喷油压力、密封性及雾化质量的检验在专门喷油器检验台上进行。喷油泵的供油时刻，以及供油量、供油均匀性与调速器在专门的喷油泵试验台上按规范调整至符合要求。

柴油机电控燃油喷射系统可分为位置控制式、时间控制式和时间-压力控制式三大类。位置控制式柴油机电控燃油喷射系统不改变传统的喷油泵、高压油管、喷油器燃油系统的基本结构，只是以电子控制调速器取代机械式调速器，对供油提前器和供油量调节机构中的套筒或齿条的位置进行精确控制，实现供油量和喷油定时的自动调节。时间控制式柴油机电控燃油喷射系统保留传统的喷油泵，仅负责供给高压燃油，喷油器由快速响应的电磁阀控制，直接控制喷油开始与结束时刻、喷油量和喷射压力。这与电控汽油喷射系统类似，控制精度较高。时间-压力控制式柴油机电控燃油喷射系统主要指共轨式电控燃油喷射系统，基本脱开了传统的机械式供油方式，高压油泵仅负责向体积较大的共轨管供油，高压油管压力几乎不受转速和喷油量的影响。加之采用电磁阀控制的喷油器，使共轨式电控燃油喷射系统的柴油机可采用高压喷射，以改善空气与燃油的混合过程和燃烧过程，实现喷油始点和喷油量的精确控制，可灵活地进行预喷射和后喷射等多次喷射，实现喷油规律的控制，改善柴油机的工作粗暴和颗粒、NO_x 的排放。

复习思考题

1. 柴油机混合气的形成有何特点？
2. 柴油机燃烧室分为哪两大类？它们各有什么特点？
3. 何为柴油机工作粗暴？
4. 何为供油提前角？何为最佳供油提前角？
5. 供油提前角过大或过小有何害处？
6. 随着转速变化应如何调整供油提前角？
7. 如何划分柴油牌号？根据环境温度和牌号如何选用柴油？
8. 为何柴油机起动时振动得厉害？
9. 柴油机燃油供给系统由哪些主要零部件组成？
10. 喷油泵的作用有哪些？
11. 简述柱塞式喷油泵的基本结构和工作原理。如何调整柱塞式喷油泵的供油量和供油时刻（供油提前角）？
12. 简述分配泵的基本结构和工作原理。它有何特点？
13. 喷油器有哪两种？分别有什么特点？
14. 如何调整喷油压力？
15. 喷嘴磨损或积炭有何危害？
16. 喷油器调压弹簧的弹力对燃烧过程及整机性能有何影响？
17. 调速器有何作用？调速器失灵可能会发生什么现象或危害？
18. 滑动性试验有何目的？如何对三对偶件进行滑动性试验？
19. 如何检验三对精密偶件的密封性？
20. 柴油机电控燃油喷射系统可分为哪几类？它们各有什么特点？
21. 泵喷嘴系统有何特点？
22. 简单说明柴油机动力不足的原因。

第7章　进、排气系统

【学习目标】

1. 掌握进、排气系统的作用和组成。
2. 掌握主要零部件的作用、结构与维护方法。
3. 理解可变进气系统的作用、原理。
4. 理解废气涡轮增压的概念，掌握增压器的结构及主要故障原因。
5. 掌握排气净化装置的作用、结构和检修方法。

7.1　进气系统

进气系统的主要作用是将空气或空气燃油混合气顺畅地、尽可能均匀地导入各气缸。对汽油机，进气系统的另一作用就是测控流入气缸内的空气。传统的进气系统主要包括空气滤清器、进气总管、进气歧管、节气门体等零部件。现代的电控喷射式发动机进气系统相对比较复杂，增加了空气流量计、进气温度传感器、进气压力传感器、节气门位置传感器等测控元器件，有的发动机上还有进气预热装置、可变进气歧管系统、压气机等。

7.1.1　空气滤清器

1. 空气滤清器的功能

空气滤清器外形较大，壳体呈盆形，装在进气系统的入口处，所有进入发动机的空气必须通过空气滤清器。其作用是滤除空气中的灰尘和杂质，减轻发动机气缸套、活塞组件、气门组件、轴承副等主要零部件的磨损及发动机机油的污染，延长发动机的使用寿命。空气滤清器还能抑制发动机的进气噪声。

实践证明，发动机如果不装空气滤清器，工作寿命将缩短1/2～2/3，严重时甚至几十个小时就会把气缸、活塞、活塞环等零件磨坏，使发动机丧失工作能力。

空气滤清器滤除杂质的能力以滤清效率表示。其定义为空气滤清器进、出气流中杂质含量之差与空气滤清器进气流中杂质含量之比。目前，发动机空气滤清器的滤清效率大致在87.5%～99.9%范围内，并要求空气滤清器有足够的容尘能力。

2. 空气滤清器的工作原理

空气滤清器的滤清方式可分为三种，其工作原理分别如下：

（1）离心式（惯性式）　利用灰尘密度较空气密度大的特点，在空气流过时使之急速旋转或改变方向，在离心力和惯性力的作用下将尘土与杂质甩到外围，使其与空气分离。离心式空气滤清器对空气中较大的颗粒特别有效，滤清效率为50%～60%，常用作多尘土地区工作的发动机上的空气粗滤器，但不能单独使用。

（2）过滤式　引导气流通过带有细小孔隙的滤芯，把尘土与杂质挡在外面，是发动机空气滤清的主要方法。滤芯可以由金属丝、纤维、微孔滤纸或金属网制成。

（3）油浴式　空气流过机油表面，尘土与杂质黏附并沉入机油中。

根据使用环境或汽车用途的不同，上述三种基本的过滤方法可组成不同的滤清方式。在标准空气含尘量条件下，仅用纸质滤芯滤清方式；在极端严重的空气含尘量条件下，则需采用离心式、油浴式和纸质（或金属丝网等）滤芯构成的三级空气滤清方式；其他使用条件则配用由过滤式和油浴式（或纸质滤芯过滤式）组成的二级空气滤清方式。

3. 空气滤清器的结构

（1）纸质空气滤清器　纸质空气滤清器分为干式和湿式两种。乘用车上主要采用干式纸质空气滤清器。图 7-1 所示为普遍使用的干式纸质空气滤清器，由空气滤清器外壳、滤芯、滤清器盖等组成。滤芯由折叠成波褶状并经防火处理的微孔滤纸制成，滤清效率可达 99.5%。当其工作时，空气从导流管进入滤芯四周，再经纸滤芯进入中心孔，杂质被留在滤芯外，清洁的空气由中心孔进入进气管。

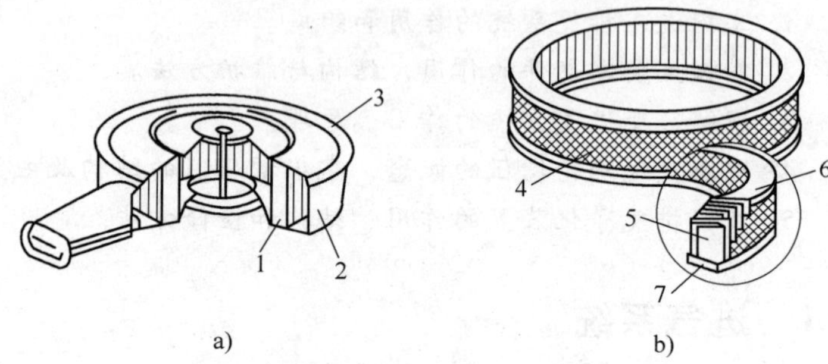

图 7-1　干式纸质空气滤清器

a）滤清器总成　b）纸滤芯

1—滤芯　2—滤清器外壳　3—滤清器盖　4—金属网

5—打褶滤纸　6—滤芯上盖　7—滤芯下盖

干式纸质空气滤清器的优点是重量轻、高度小、成本低、可重复使用、滤清效果好。其缺点是容尘能力小，寿命较短，必须定期清理或更换滤芯。干式纸质空气滤清器对油类的污染十分敏感，一旦被油液浸润，滤清阻力急剧增大。因此，使用、保养干式纸质空气滤清器时，切忌使其接触油液。

将纸滤芯吸附上特殊的机油即成为湿式纸质空气滤清器。其滤清效果好，但不可重复使用，必须定期更换。

（2）惯性-纸质空气滤清器　为提高空气滤清效果与延长纸质空气滤清器的使用时间，常采用复合式空气滤清器。图 7-2 所示为大客车和载重车上使用的惯性-纸质空气滤清器。滤清器由旋流片（叶片环）、集尘室、滤芯和罩构成。

工作时，空气通过旋流片后产生旋转，在离心力的作用下将较粗的灰尘和杂质分离，使其沉积在集尘室内，再抖落入排尘袋集中并排出，有时可由用户定期张开袋口，进行彻底清除。当空气流经滤芯时，剩余的细小灰尘被阻隔在滤芯外，清洁的空气经滤芯中心进入进气管。

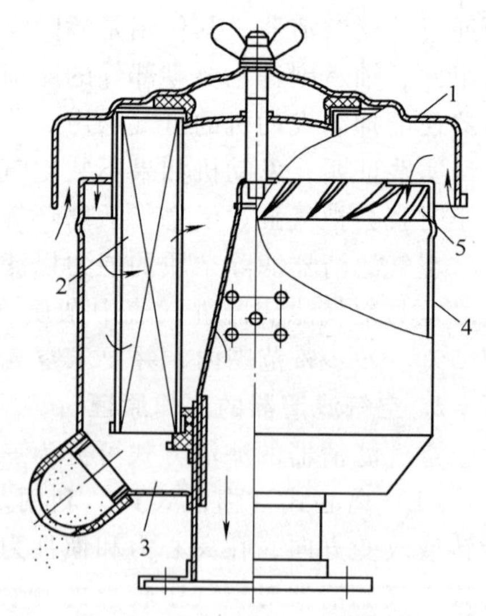

图 7-2　惯性-纸质空气滤清器

1—罩　2—滤芯　3—集尘室

4—外壳　5—旋流环

（3）油浴式空气滤清器　油浴式空气滤清器又叫综合式空气滤清器，由滤清器体、金属滤芯、油池、中心管和滤清器盖等组成，如图 7-3 所示。金属滤芯装在滤清器体的内壁和中心管之间。滤清器体的底部为油盘，内盛一定数量的机油。

当发动机工作时，空气沿滤清器体内、外壁之间的环形空间向下流动，到底部油池表面上方的空间又折转向上，使空气中较大颗粒的灰尘在惯性力的作用下进入油池内，细小的尘土在经过滤芯时被阻挡，干净的空气汇集到滤清器体和盖组成的上部空间，再由中心管进入进气管。这样，空气在油浴式空气滤清器中经过了二级过滤。

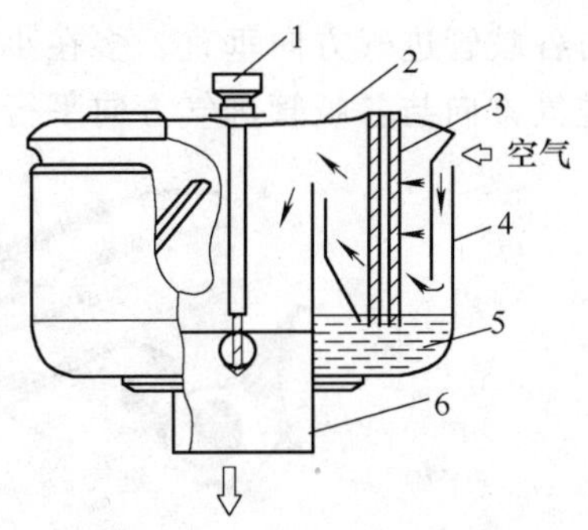

图 7-3　油浴式空气滤清器

1—蝶形螺母　2—滤清器盖　3—滤芯　4—滤清器体　5—油池　6—中心管

油浴式空气滤清器滤清效率为 95% ~97%，容尘能力比纸质空气滤清器大。为保证其滤清效果，必须保持油池中机油的油位。油位过低，滤清效果不好；油位过高，气流流通面积减小，进气量减少，同时油池中机油消耗得太快。

油浴式空气滤清器在清洗金属滤芯和更换油池中的机油后，可以反复使用。在公共汽车等大型车辆上，较多采用油浴式空气滤清器。

4. 空气滤清器的维护

在空气滤清器使用过程中，滤芯会逐渐变脏甚至堵塞，使空气流量不能满足发动机正常工作的需要量，发动机工作状态即会出现异常，如轰鸣声发闷、加速迟缓、工作无力，冷却液温度相对升高以及加速时排气烟度变浓等。所以，在汽车维护作业中，必须定期清洗或更换滤芯，需要对滤芯进行定期维护保养。

1）更换滤芯时，一定要换用与原装滤芯尺寸、形状完全相同的滤芯。

2）滤芯及两端面应完好无损。

3）安装时，应仔细清理滤清器壳内的杂质。

4）注意确保滤芯良好地密封在壳体内，防止尘土、雨或雪直接进入进气管。

5）保证与进气引入管、进气总管接口的对正。

7.1.2　进气歧管

1. 进气歧管的结构

对化油器式或节气门体喷射式（单点喷射）发动机来说，进气歧管是指化油器或节气门体和气缸盖之间的进气管。对多点喷射式发动机或柴油机来说，进气歧管是指进气总管之后、气缸盖进气道口之前的进气管。进气歧管的作用是将空气或空气燃油混合气均匀地分配到各个气缸中。

大多数节气门体喷射式发动机采用合金铸铁进气歧管，多点喷射式发动机多采用铸铝合金进气歧管。早期的发动机都采用短流程结构的进气歧管，如图 7-4 所示。气流行程和速度的不同，使各缸进气均匀性差。

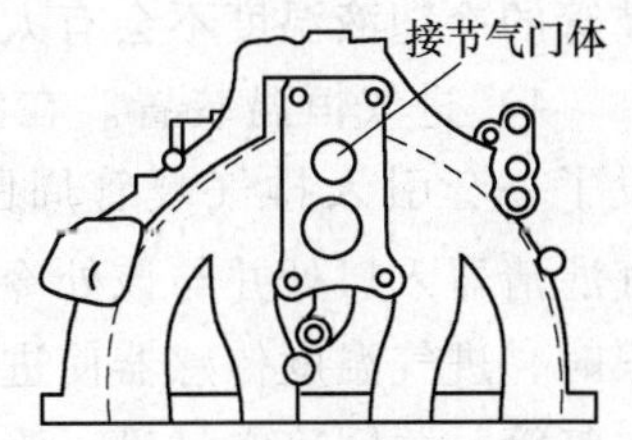

图 7-4　短流程结构的进气歧管

现代汽车发动机多采用谐振进气歧管，如图 7-5 所示。各缸进气歧管较细且长，长度、直径基本一致，并设有稳压腔（又称动力室）。图 7-5a 所示为轴向进气式稳压箱，其进气方向与各歧管进气方向垂直，多在小排量发动机上使用。图 7-5b 所示为径向进气式稳压箱，其进气方向与各歧管进气方向平行，多在大排量发动机上使用。

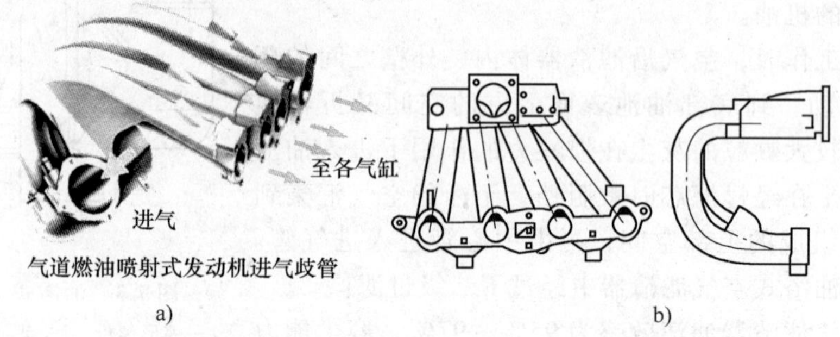

图 7-5 谐振进气歧管

a）轴向进气式稳压箱 b）径向进气式稳压箱

进气歧管也是许多与进气相关的系统和传感器的安装或连接部位。进气歧管的真空通过一些细小的软管和导管向燃油压力调节器、废气再循环系统、自动变速器真空调节器、助力制动器、空调气流控制阀、巡航控制系统等提供真空信号。进气歧管还是废气再循环系统、曲轴箱强制通风系统的通道等。

2. 进气预热

进气预热的目的是促进燃油蒸发，改善各缸混合气的形成条件及各缸混合气分配的均匀性，并缩短暖机怠速运转时间，减少起动和暖机怠速时 CO、CH 的排放量。

1）早期的汽油机只是将进气歧管与排气歧管放在同一侧，利用排气歧管的热辐射加热进气歧管，不能根据运行工况控制预热强度，从而影响充气效率，效果不是很好。

2）预热阀控制废气加热进气，如图 7-6 所示。通过一个预热阀来改变排气歧管流出废气的流向。当需要加热时，让废气绕过进气歧管，对其进行加热，否则废气直接从排气歧管排出。预热阀可手动控制，也可自动控制。其缺点是预热阀直接暴露在废气中，易损坏，预热时排气阻力增加，对可燃混合气的加热温度波动大。

3）冷却液预热。在进气歧管上设有水套，进水管与发动机冷却水套或水泵出水管相连，排水管则单独接到水泵入口处。其优点是温度好控制且波动小，在高转速、大负荷时进气歧管的预热温度不会超过 100℃。当转速、负荷急剧减小，甚至短时停车时，由于水的热容量大而使加热进气歧管的冷却液温度不会有太大的降低。

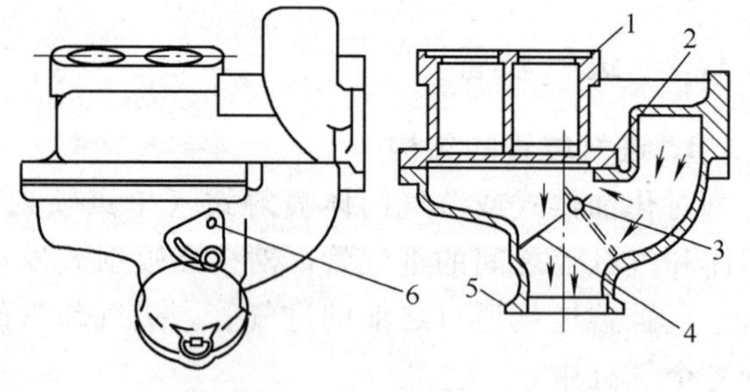

图 7-6 废气加热进气

1—进气管 2—石棉衬垫 3—混合气预热阀轴 4—混合气预热阀 5—排气歧管 6—预热阀调节手柄

4）进气恒温装置。在空气滤清器上增设了一套引入排气歧管周围的热空气到空气滤清器入口处并与该处冷空气相混合的装置，如图 7-7 所示。当进气温度低于设定温度下限时，进气温度传感器使进气歧管的真空作用于真空控制盒膜片上，拉动空气控制阀打开热空气管、关闭冷空气管；当进气温度高于设定温度的上限时，空气控制阀向下转到极限位置，关闭热空气通路。

3. 可变进气歧管

前已叙及，进气门迟闭可利用气流的惯性效应多进气，从而提高充气效率，增加发动机转矩。气流惯性效应与发动机转速、进气歧管长度、直径等有关。为在高、低转速的宽广范围内充分利用进气惯性效应，缩小高、低转速时进气速度的差别，改善发动机动力性和经济性，尤其中低速和中小负荷下的动力性和经济性，现代先进的发动机上采用了可变进气歧管。可变进气歧管就是随着发动机转速的变化能够改变进气路径的进气歧管。高速时，气流速度快，吸气间隔时间短，应采用短而粗的进气歧管；低速时应采用细而长的进气歧管。

（1）可变长度进气歧管　图7-8所示为一种能根据发动机转速自动改变进气歧管有效长度的进气控制系统。低速时，转换阀3关闭，空气经细而长的弯管进入气缸，可提高进气速度，增加惯性效应，使进气量增多；高速时，转换阀开启，空气直接经短而粗的管子进入气缸，阻力小，使进气量增多。转换阀由发动机ECU根据发动机转速来控制。

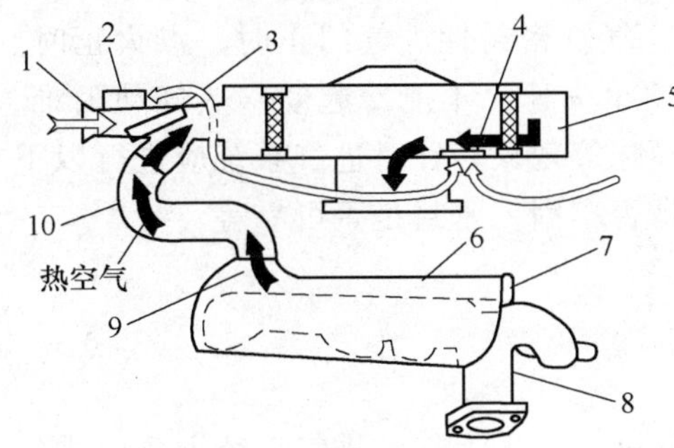

图7-7　恒温进气装置

1—进气歧管　2—真空控制膜盒　3—控制阀
4—进气温度传感器　5—空气滤清器　6—热炉
7—冷空气入口　8—排气歧管
9—热空气出口　10—热空气管

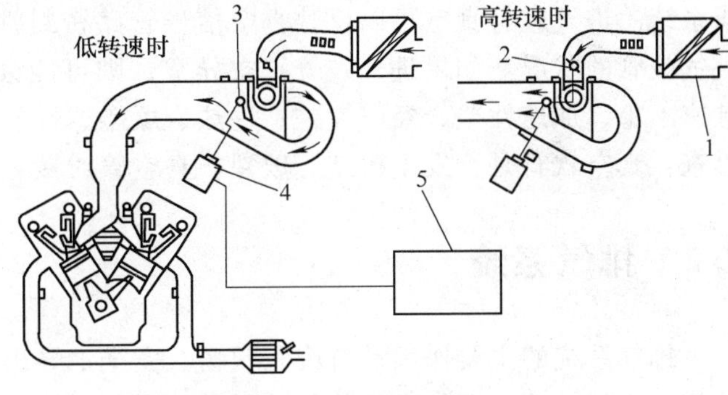

图7-8　可变长度进气歧管

1—空气滤清器　2—节气门　3—进气转换阀
4—转换阀控制机构　5—发动机电控装置

（2）可变截面进气歧管　图7-9所示为一种能根据发动机转速自动改变进气歧管有效横截面积的进气控制系统。在四气门发动机上，两个进气门各有一根进气歧管，其中一根进气歧管中装有进气转换阀。在低转速时，转换阀关闭一个进气通道，只利用一个进气通道，进气歧管横截面积较小；在高转速时，转换阀开启，两条通道同时工作，进气歧管横截面积变大。

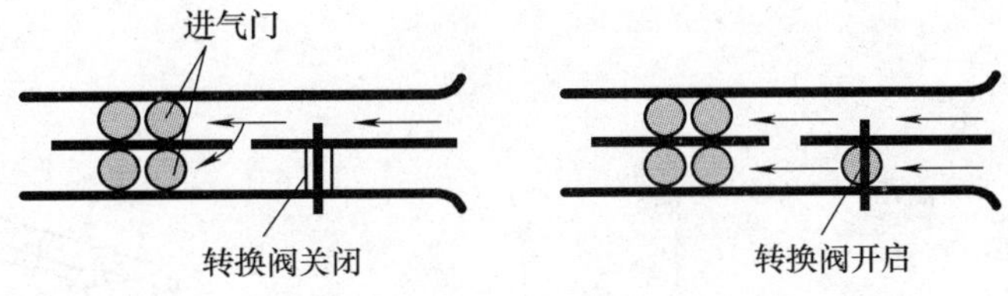

图7-9　可变截面进气歧管

（3）连续可变进气歧管　图7-10所示为一种能根据发动机转速自动连续改变进气歧管的系统。

4. 进气歧管的维修

1）若进气歧管出现裂纹或密封连接面严重磨损，则应予以更换。若密封面只有轻微不平整，则可将其打磨平整。

2）及时清洗进气管道内的积垢。

3）避免出现进气歧管凹陷变形等。

图 7-10 连续可变进气歧管

1—进气道 2—漏斗 3—转子 4—轴 5—齿轮 6—集气箱体

4）注意，拆解后一定要使用新的衬垫和密封垫，安装时确保各连接口处对正，并按规定力矩和次序拧紧固定螺栓。

5）进气管真空系统的检查。前已叙及，进气歧管真空信号可用来驱动或控制许多装置或系统。进气歧管真空可以反映真空信号管路密封性、气缸密封性、气门正时、点火正时、进气歧管的状况。如果进气歧管真空异常，则可能会发生失速、不能冷起动、热气动困难、怠速不稳、加速性差、经济性差、过热、爆燃、排气异味等现象。针对进气系统应进行以下检查：真空软管是否发生扭结、破裂，真空管对接处是否牢固，密封是否可靠等。

7.2 排气系统

排气系统的主要作用是将废气顺畅、安全地导出气缸，排入大气。排气系统主要由排气歧管、排气总管、尾气净化装置、氧传感器、消声器和尾管等组成，如图 7-11 所示。废气涡轮增压发动机在排气系统内还设有废气涡轮。在发动机排气期间，气缸中的废气经排气门、排气道进入排气歧管，再由排气歧管进入排气总管、排气净化装置和消声器，最后由排气尾管排入大气。

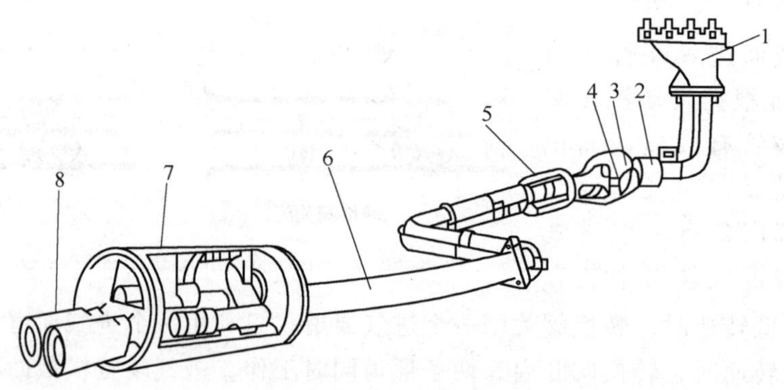

图 7-11 排气系统的组成

1—排气歧管 2—排气总管 3—催化转化器 4—排气温度传感器
5—副消声器 6—后排气管 7—主消声器 8—排气尾管

发动机有单排气系统和双排气系统之分。双排气系统采用两个单排气系统，每个排气歧管各自连接一个排气总管、尾气净化装置、消声器和尾管。双排气系统可减轻各缸排气的相互干扰，降低排气阻力。直列式发动机通常采用单排气系统。V 型发动机有两个排气歧管，这两个排气歧管可由一根叉形管连到一个排气总管上，形成单排气系统，也可由两个排气歧管各自连接一根排气总管，形成双排气系统。

7.2.1 排气管

排气管由排气歧管和排气总管、尾管组成。

排气歧管是连接排气道与排气总管的部分。其作用是将各缸废气汇入排气总管。为减轻各缸排气相互干扰及排气倒流，要求排气歧管各缸排气支管尽可能长度相等，且相互独立，长度尽可能地大；对设两个排气歧管的发动机，排气间隔（发火间隔）较远的气缸排气支管汇合在一起；内壁应尽量光滑。

排气歧管一般由铸铁或不锈钢制成。近年来不锈钢排气歧管因质量轻、内表面光滑而被越来越多地使用。

7.2.2 消声器

发动机排出废气的温度、压力较高，具有相当多的能量，如果直接排入大气，就会产生强烈的爆破声，且易带有火焰或火星。因此，发动机排气总管内都装有消声器，以降低噪声，消除废气中的火焰或火星。

消声器内部是一系列隔板、腔室、管道、孔口和填充材料，通过通道的突然扩大、收缩、改变方向和吸声材料，使排气降温、降压、减速，消耗其能量。

图7-12所示为典型的轿车用排气消声器。它由前消声器、中消声器、后消声器以及连接管组成。

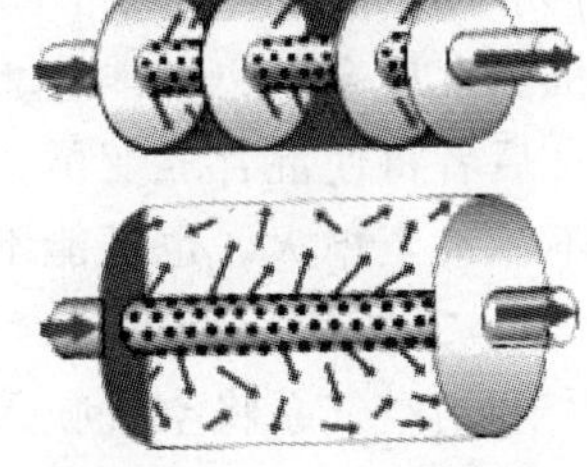

图7-12 排气消声器

7.2.3 排气净化装置

汽油机的主要有害排放物是CO、HC和NO_x，柴油机的主要有害排放物是NO_x和微粒。

1）CO是不完全燃烧产物，在低温缺氧时形成。

2）HC是未燃和未完全燃烧的燃油和机油蒸气，来源于排气管废气、曲轴箱通风和燃料系统中的燃油蒸气。发动机在低温起动、怠速运转时会产生大量的CO和HC。

3）NO_x是空气中的N_2在燃烧室内高温富氧的条件下生成的，主要是NO和NO_2。NO_x本身并不对空气环境产生严重的不利影响，但NO_x与HC混合后在阳光照射下会产生毒性很强的光化学烟雾。

4）微粒主要是指柴油在燃烧室内高温裂解形成的炭烟。

为限制上述有害物质的排放，车用发动机上均装备了排气净化设备。

1. 废气再循环（EGR）

废气再循环就是使部分废气再进入燃烧室，稀释混合气，降低燃烧温度，抑制NO_x生成的一种方法。但废气再循环会使发动机有效功率下降，经济性变差。所以，再循环的废气量应随工况而定。接近全负荷或高速运转时，为使发动机保持充足的动力，不进行废气再循环。在冷起动和暖机过程中，发动机温度较低，NO_x排放量不大，为保持发动机运转的稳定性，也不进行废气再循环。同理，冷起动和怠速工况下也不进行废气再循环。

废气的回流量用废气再循环率（EGR率）表示，最多不超过25%。

$$\text{EGR率}=\text{废气的回流量}/(\text{新鲜进气量}+\text{废气的回流量})\times 100\%$$

废气再循环的方法有两种：其一，通过控制气门正时，使废气在气门叠开期间倒流入气缸，此方法称为内部再循环；其二，通过 EGR 阀和软管将排气管中的部分废气引入进气歧管，与新鲜混合气一起进入燃烧室的外部循环。图 7-13 所示为现代汽车广泛采用的废气再循环控制系统（EGR 系统）。

当发动机运转时，发动机 ECU 根据转速、节气门位置、冷却液温度、点火开关、电源电压的信号，给电磁阀不同占空比的脉冲信号，使电磁阀开度改变，以调节进入真空控制阀的空气量，得到控制 EGR 阀不同开度所需的各种真空度，从而使适量的废气循环稀释进入的油气混合物，获得与发动机工况相匹配的 EGR 率。

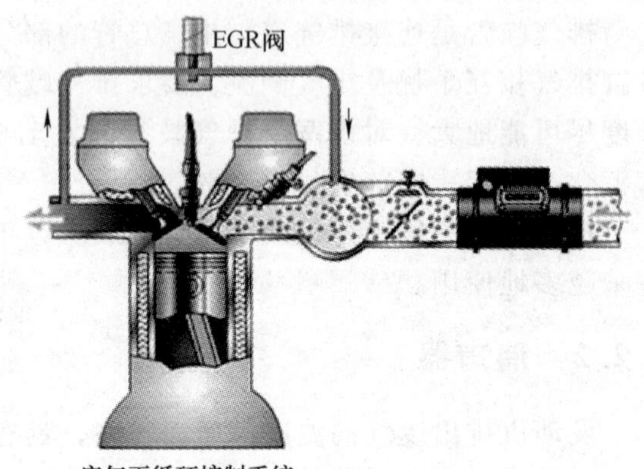

图 7-13 废气再循环控制系统

使用中，EGR 阀易因严重积炭而导致“常闭不开”或“常开不闭”现象。前者使发动机温度过高、NO_x 排量增加，易发生爆燃现象；后者将使混合气变稀，造成动力不足、怠速不稳甚至熄火，也可能不能起动。所以，应注意检查、清洗或更换 EGR 阀。

2. 二次空气喷射

利用空气泵将空气喷入排气歧管中，使废气中的 HC 和 CO 进一步氧化，以生成无害的 CO_2 和 H_2O 的方法，也可以使用热转换器将排气中的 HC 和 CO 在转化器中进一步氧化，以生成无害的 CO_2 和 H_2O。

3. 三元催化转化器

三元催化技术（TWC）是将装有催化剂的催化反应器装在发动机的排气管中，通过精确控制空燃比，利用排气温度及催化剂的作用，将 NO_x 还原为 N_2 和 O_2，同时 CO、HC 被氧化为 CO_2 和 H_2O。

三元催化转化器由不锈钢壳体和内部的陶瓷催化床（涂覆催化剂的陶瓷芯）组成。催化床有颗粒式和整体式两种。颗粒式催化床由数百个陶瓷小球构成，整体式催化床为蜂窝状陶瓷体。催化床中废气通道表面涂覆铂、钯、铑等贵金属，起催化作用。其中，铂、钯是氧化剂，铑是还原剂。图 7-14 所示为目前广泛使用的整体式三元催化转化器的结构。

三元催化器的使用条件相当严格：其一，装有催化转换器的发动机只能使用无铅汽油，否则催化剂将失效（俗称催化剂中毒）；其二，只有当排气温度达到 350℃时才开始工作；其三，只有将空燃比精确地控制在理论空燃比附近，才能保证三种有害气体同时具有高的转换率。为此，必须使用氧传感器对空燃比进行闭环控制。注意，不是在任何工况下都实施闭环控制，在起动、暖机、怠速、加速、全负荷、减速断油工况时，为保证运转稳定或动力性，仍以开环控制。

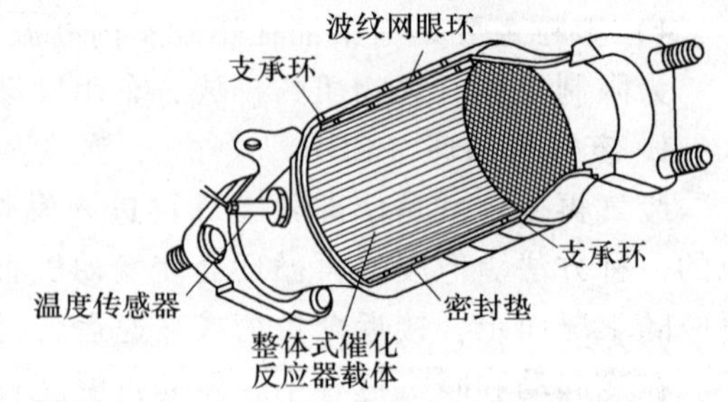

图 7-14 三元催化转化器的结构

装有 OBD-Ⅱ系统的汽车发动机，在催化转化器前端和后端各装一个氧传感器，以监视催化转化器的工作状态。若两个氧传感器的输出信号相同，则说明催化转化器不能正常工作。

三元催化转换器发生故障，将造成发动机动力性、经济性降低，排放恶化等。若发现催化转化器有明显的凹痕和刮擦，则说明催化转化器的载体可能受到损伤。用拳头敲击并晃动催化转化器，如果听到有物体移动的声音，则说明其内部催化剂载体破碎，需要更换催化转化器。注意检查催化转化器是否有裂纹，各连接是否牢固，各类导管是否泄漏，若有，则应及时加以处理。

催化转化器的常见问题大多由过热引起。当发动机缺火、未燃燃油进入排气管时，催化转化器的温度迅速升高，使催化材料熔化，产生很大的排气阻力。若催化转化器外壳上有严重的褪色斑点或略有呈青色和紫色的痕迹，在催化转化器防护罩的中央有非常明显的暗灰斑点，则说明催化转化器曾处于过热状态。

若催化转化器堵塞，则会导致排气门烧蚀、发动机高速时功率下降、起动后熄火（完全堵塞时）、转速升高时真空度下降或进气歧管回火。维修时用真空表检查进气管真空度，或用压力表检查排气背压，若真空度明显下降或排气背压超过规定值，则说明催化转化器可能堵塞。

检测催化转化器前后端温度，后端的温度应比前端的温度高 38℃或 8%。若两者相同或后端的温度比前端的还低，则表明催化转化器没有工作，需更换催化转化器。

4. 燃油蒸发控制系统

经油箱和化油器蒸发的 HC 的量占 HC 排放总量的 20%。燃油蒸发控制系统将汽油蒸气收集和储存在炭罐内，在发动机工作时再将其送入气缸燃烧。

图 7-15 所示为典型的燃油蒸发控制系统。活性炭罐上的两个入口与燃油箱和化油器浮子室相通，排气口用一个软管接到节气门后的进气管内，在中间管道上有一个限流阀。当发动机工作时，进气歧管真空度经真空管送到限流阀，使限流阀膜片上移打开限流阀。与此同时，新鲜空气自炭罐底部经滤网流过炭罐，将吸附在活性炭上的汽油蒸气送入燃烧室燃烧掉。

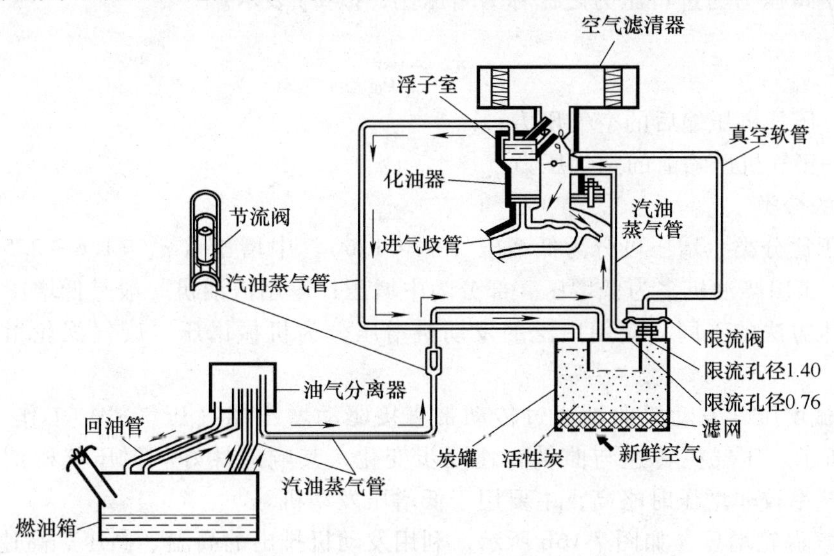

图 7-15　典型的燃油蒸发控制系统

限流阀动作失灵和汽油蒸气泄漏是蒸发污染控制装置的主要故障，将引起发动机怠速运转不稳，维护时应注意对其进行检修。

5. 柴油机颗粒过滤器

颗粒过滤器由过滤器和再生系统组成。排气中的颗粒物被过滤并集中在颗粒过滤器中，在颗粒积累到一定程度后，会加大排气阻力，从而影响发动机性能，因此需定期清除颗粒过滤器中的颗粒物，使颗粒过滤器恢复原始状态，即颗粒过滤器再生。

常见的滤芯材料有陶瓷纤维、陶瓷泡沫、金属筛网和壁流整体式陶瓷等，通常的收集率达60%～90%。

7.3　发动机增压和增压器

增压就是将空气进行预压缩或在可燃混合气进入气缸前对其进行预压缩，以提高进气压力，增大进气密度，增加进气量，提高功率的技术。目前，相当比例的柴油机和汽油机采用增压技术。一般发动机增压后，功率较原机可提高30%～50%，甚至更多。增压技术被视为提高发动机动力性、经济性，降低废气排放的有效措施。

7.3.1　增压度、增压比和增压的分类

1. 增压度与增压比

发动机增压后增长的功率与增压前的功率之比称为增压度，以 φ 表示。

$$\varphi = \frac{P_{ek} - P_{e0}}{P_{e0}}$$

式中　P_{ek}——增压后的功率；

P_{e0}——增压前的功率。

四冲程柴油机增压度高的可达3，车用发动机增压度多在0.1～0.6之间。

压气机出口压力与进口压力之比称为增压比，以 π_k 表示。

$$\pi_k = \frac{p_k}{p_0}$$

式中　p_k——压气机压缩后的空气压力；

p_0——压气机压缩前的空气压力。

2. 增压的分类

根据增压比分类，增压可分为低增压（$\pi_k < 1.6$）、中增压（$\pi_k = 1.6 \sim 2.5$）和高增压（$\pi_k > 2.5$）。车用柴油机多为低增压，部分为中增压；车用汽油机一般是低增压。

根据增压方法的不同，应用广泛的发动机增压分为机械增压、废气涡轮增压和复合增压。

（1）机械增压　发动机曲轴通过传动带直接驱动增压器（压气机）工作，实现增压，如图7-16a所示。压气机转速与曲轴转速同步变化，其响应性好。但压气机消耗发动机功率，燃油消耗率较非增压时略高，主要用于低增压发动机。

（2）废气涡轮增压　如图7-16b所示，利用发动机排出的高温、高压、高速废气推动涡轮做功，涡轮又带动同轴的压气机工作，将由空气滤清器管道送来的空气压缩后送入气缸。

废气涡轮与压气机装成一体，称为废气涡轮增压器。它与发动机无任何机械联系。由于利用了废气能量，发动机动力性、经济性等均得到改善，所以得到广泛应用。

当发动机低速运行时，废气流速慢，废气涡轮转速低，增压作用很小，只有发动机转速高于一定值（一般为 1500～2000r/min）时增压器才开始正常工作，且其工况响应性差，致使加速性较差，尤其低速加速性和急加速性较差。

（3）复合增压　废气涡轮增压和机械增压并用，综合了废气涡轮增压和机械增压的优点，发动机输出功率大、燃油消耗率低、噪声小、响应快。

复合增压系统分为并联式和串联式两种，串联式实际上就是二级增压，如图 7-17 所示。

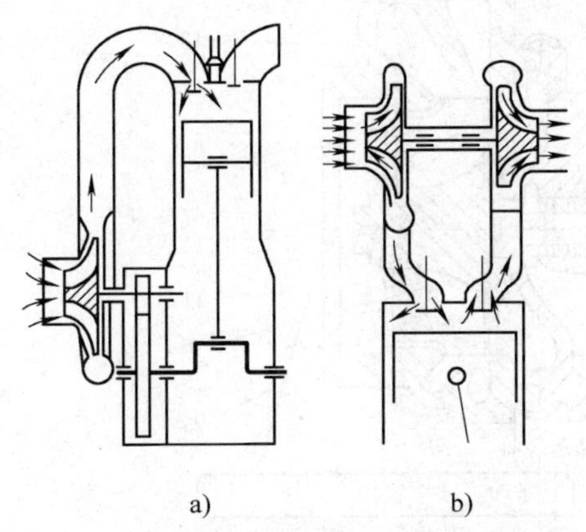

图 7-16　发动机机械增压与废气涡轮增压
a）机械增压　b）废气涡轮增压

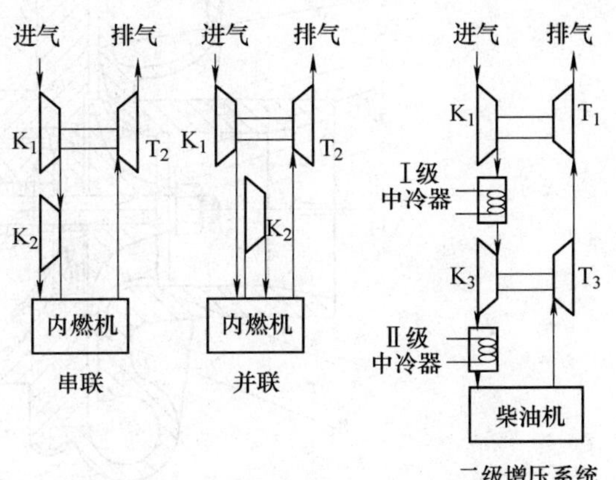

图 7-17　发动机复合增压与多级增压
K_1、K_3—废气涡轮压气机　K_2—机械压气机
T_1、T_2、T_3—废气涡轮机

7.3.2　增压发动机的特点

1）提高进气压力，增大进气密度，在排量、重量不变的情况下，功率大幅提高，结构更紧凑。

2）废气涡轮增压不仅利用了废气能量，而且使混合气燃烧更完全，发动机的热效率提高，经济性改善。

3）改善了燃烧过程，降低了 HC、CO、NO_x、微粒的排放量和排气噪声。

4）气缸内最高压力和燃烧温度升高，发动机机械负荷、热负荷加重。

5）对于汽油机，采用增压后热负荷加重，爆燃倾向增加。

6）废气涡轮增压响应性差，发动机加速迟钝。

现代发动机，采用下列措施解决了增压带来的上述问题：

1）将发动机增压后的压缩比较增压前适当降低，抑制缸内最高压力的增长。

2）增压中冷。空气经过增压器压缩后，在压力提高的同时，温度也升高，使进气密度降低，进气量减少，并且增大了发动机热负荷、爆燃倾向和 NO_x 的生成。为此，在增压系统中增加中冷器，使空气离开压气机后经过冷却器进行等压冷却。

3）通过爆燃传感器信号，对点火提前角进行闭环控制。

4）进行增压压力控制（见本节 7.3.3 中的“增压压力的调整”部分）。

7.3.3 废气涡轮增压

1. 废气涡轮增压器的结构与工作原理

废气涡轮增压器通常位于排气歧管一侧，由涡轮机、压气机和中间体组成，如图 7-18 所示。涡轮室进气口与排气管相连，压气机进气口与空气滤清器管道相连；涡轮和压气机叶轮分别装在涡轮室和压气机内，两者通过两个全浮动轴承与装有密封套的转轴刚性连接，构成增压器转子；转子轴推力轴承进行轴向定位。

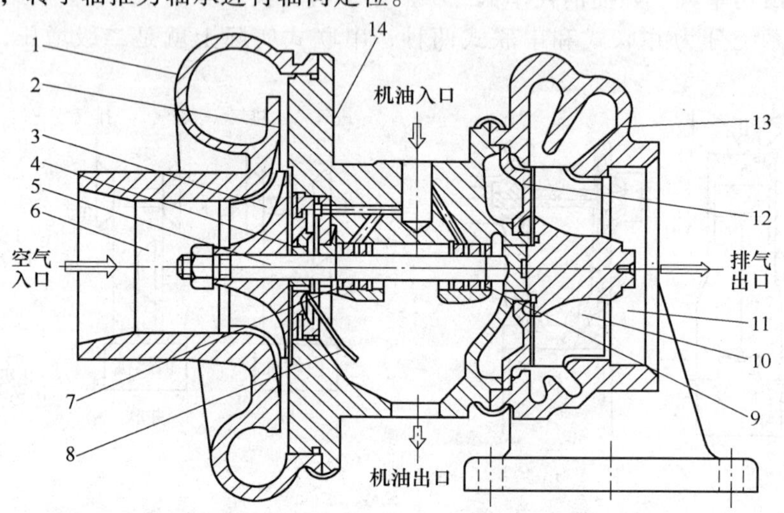

图 7-18 径流式废气涡轮增压器

1—压气机蜗壳 2—无叶式扩压器 3—压气机叶轮 4—密封套 5—转子轴 6—进气道 7—推力轴承 8—挡油板 9—浮动轴承 10—涡轮机叶轮 11—出气道 12—隔热罩 13—涡轮机壳 14—中间体

压气机部分主要包括离心式压气机叶轮、扩压器和压气机壳，如图 7-19 所示。涡轮部分主要包括涡轮壳、径流式涡轮、喷嘴环、出气道，如图 7-20 所示。

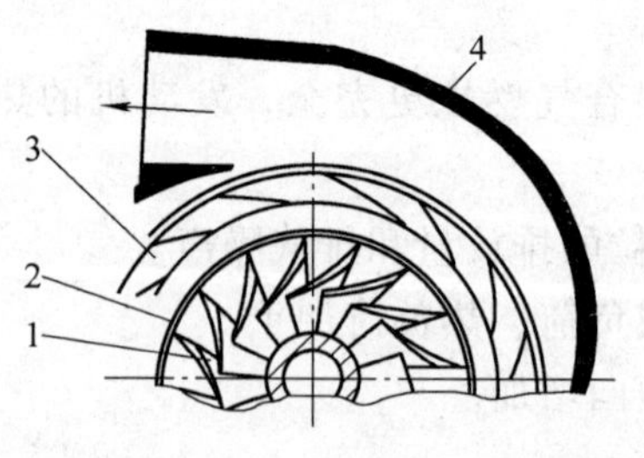

图 7-19 离心式压气机

1—叶片 2—叶轮 3—叶片式扩压器 4—压气机壳

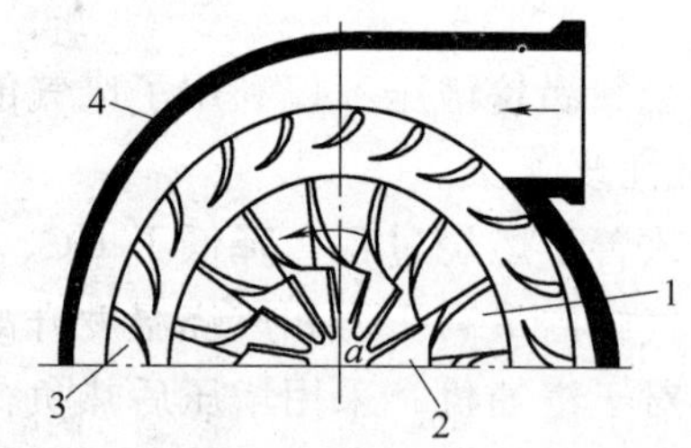

图 7-20 径流式涡轮示意图

1—叶轮 2—叶片 3—叶片式喷管（喷嘴环） 4—涡轮壳

工作时，发动机排出的具有一定压力、温度的废气经涡轮壳进入喷嘴环，由于此通道较窄，使废气经过时流速增大，并按一定方向冲击涡轮叶片，使涡轮高速旋转。发动机废气压力、温度越高，喷嘴环处气流速度越大，涡轮转速也就越大。通过涡轮的废气最后排入大气。与涡轮装在同一根转子轴上的压气机叶轮也以相同的速度旋转，高速旋转的压气机叶轮将新鲜空气吸入压气机，并甩向叶轮边缘，使空气的压力、流速增大，然后进入流通截面积逐渐扩大的扩压器和压气机壳，使空气流速降低，压力进一步提高。增压后的空气经进气歧管进入气缸。

中间体内有密封装置、机油路和冷却液路。密封套、油封环、挡油板等用来防止高温废气窜入轴承，产生轴承烧毁、机油结胶现象，并防止机油窜入压气机叶轮腔室和涡轮腔及增压器漏气等。润滑浮动轴承与推力轴承的机油来自发动机主油道，润滑后的机油经中间壳下部的出油口流回曲轴箱。

2. 增压压力的调整

当发动机高速、大负荷运转时，排气流量和能量大，涡轮增压器转速高，增压压力也高，但在低速时，即使增加负荷，废气流量也不大，因而增压空气压力低，发动机转矩小。为防止高速时增压压力过高、低速时增压压力过低，设置进、排气旁通阀，当发动机高速、大负荷运转时，通过旁通阀将部分排气或部分增压空气放入大气中。图7-21所示为电控废气旁通增压系统。

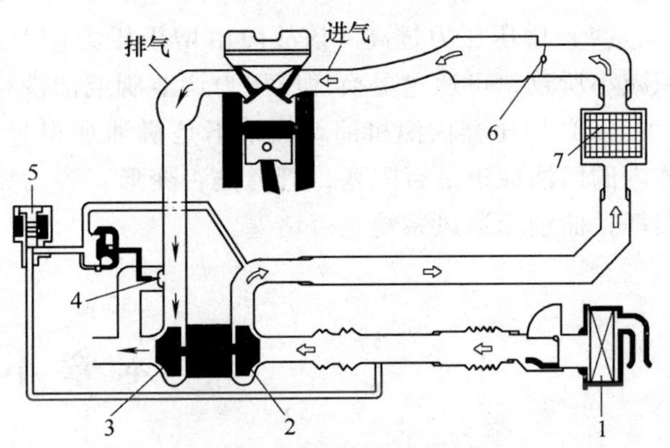

图7-21 电控废气旁通增压系统

1—空气滤清器 2—压气机 3—涡轮机 4—排气旁通阀 5—进气旁通阀 6—节气门 7—中冷器

废气旁通阀控制的涡轮增压器，由于在发动机高速运转时部分废气被旁通掉，既不能有效利用废气能量，又不能解决低速时增压压力不足的问题。目前新型发动机较多地采用可变几何截面增压器，通过改变增压器的流通能力来调节增压压力。可变叶片喷嘴环涡轮增压器通过改变叶片喷嘴环角度来改变喷嘴环出口面积（速度）和废气流入叶轮的角度，进而控制增压器转速。在发动机低速运转时，喷嘴环出口面积关小，废气流速加快，流入叶轮角度增大，涡轮转速加快，增压压力提高；在发动机高速运转时，喷嘴环出口面积开大，废气流速降低，流入叶轮角度减小，防止增压压力过高。

有些发动机采用两个不同尺寸、并联的增压器。当发动机低速运转时，尺寸较小的增压器工作，减轻滞后现象；当发动机中速运转时，小增压器关闭，大增压器打开；当发动机高速运转时，大、小增压器同时工作。

3. 涡轮增压器的检修

机油泄漏和供给延迟是导致涡轮增压器故障的主要原因。

对更换新涡轮增压器、长期未运转的发动机、拆装清洗旧涡轮增压器、发动机更换机油、清洗机油滤清器等情况，为防止起动后机油延迟供给增压器轴承，应采取以下措施：

1）起动前应拧开进油管接头，加注50mL左右的机油，以防止起动后机油延迟供给增压器轴承。

2）先不要连接增压器的进油管，用起动机间断地拖转发动机，每次不超过15s，直到增压器进油口有机油流出，再连接油管，起动发动机，并以怠速运转几分钟后方可加速。

发动机在长时间高速或大负荷运转后，不能立即熄火，而应怠速运转几十秒到几分钟。

因为发动机突然停机后，机油压力迅速下降为零，而增压器仍在惯性作用下继续高速旋转，会导致轴承或轴损坏。

（1）增压器有异响　在发动机停机的瞬间监听增压器，若叶轮与壳体之间有“嚓嚓”声，则说明因碰撞使涡轮壳变形，应当视情况进行修复或更换。

（2）增压压力过低　发动机功率下降、排气冒黑烟等现象的可能原因是：增压器叶轮与壳体之间有摩擦或浮动轴承损坏，影响增压器转速；发动机排气歧管至增压器之间或压气机至进气歧管之间的气封损坏，有漏气现象存在；空气滤清器、进气管路、压气机出口有污物积聚；涡轮机叶片上、转轴与密封环之间形成积炭，使转速下降；增压压力调节阀中的调节弹簧因温度过高而失效，或放气阀因积炭而封闭不严，使调节阀失灵。

（3）增压器喘振　当压气机空气流量减少到一定程度时，压气机的气流会出现强烈的振荡，引起叶片振动，出现“轰隆轰隆”的喘息噪声，使进气管压力不稳定，发动机转速也随之不稳定。其主要原因是空气滤清器太脏或被堵塞，进气管路及压气机出口通道积垢太多。

（4）增压压力过高　该故障由增压压力调节阀失灵或喷嘴环因变形或积炭而使通流面积减小所致，可通过更换增压压力调节阀或清洗检修喷嘴进行排除。

（5）增压器内漏机油　如果不是机油加得过多，就需要拆下增压器，依次检查其中间体内的回油通道是否阻塞，管道是否变形，弹力密封环是否失去弹性或磨损超限，油封是否损坏，曲轴箱通风系统是否堵塞。

本章小结

进、排气系统的主要作用是把尽可能多而清洁的新鲜充量均匀地导入各气缸，使尽可能多的废气安全迅速地导出气缸。进、排气系统主要由空气滤清器、进气管、排气管、消声器、废气净化装置、增压装置、气道等组成。

空气滤清器的作用是滤除空气中的灰尘或杂质，有干式纸质空气滤清器、惯性-纸质空气滤清器、油浴式空气滤清器等多种形式。空气滤清器必须定期清洗、换滤芯或总成。

进气歧管的作用是将空气或空气燃油混合气均匀地分配到各个气缸。进气歧管的真空信号用于驱动燃油压力调节器、废气再循环系统、曲轴箱强制通风系统、自动变速器真空调节器、助力制动器、空调气流控制阀、巡航控制系统等。

早期的发动机都采用短流程结构的简单进气歧管，现代汽车发动机多采用“谐振”进气歧管，且多采用进气预热措施，以改善各缸混合气的形成条件及各缸混合气分配的均匀性，并缩短暖机怠速运转时间，减少起动和暖机怠速时 CO、CH 的排放。

可变长度或截面积进气歧管能在较宽的高低转速范围内充分利用进气管效应多进气，改善发动机性能。

排气歧管的作用是将各缸废气汇入排气总管。消声器通过排气降温、降压、减速来降低噪声，消除废气中的火焰或火星。废气再循环是抑制 NO_x 生成的一种方法，二次空气喷射可减少 CO、CH 的排放，三元催化转化器能同时净化排气中的 CO、CH 和 NO_x。

三元催化转化器的常见问题大多由过热引起。当发动机缺火、未燃燃油进入排气管时，催化转化器温度迅速升高，使催化材料熔化，产生很大的排气阻力。若催化转化器外壳上有严重的褪色斑点或略有呈青色和紫色的痕迹，在催化转化器防护罩的中央有非常明显的暗灰斑点，则说明催化转化器曾处于过热状态。若催化转化器堵塞，则会导致排气门烧蚀、发动机高速时功率下降、起动后熄火（完全堵塞时）、转速升高时真空度下降或进气管回火。

常见的增压方法是机械增压和废气涡轮增压。后者在提高发动机功率的同时，也改善了其经济性和排放性能。废气涡轮增压是利用发动机排出的高温、高压、高速废气推动涡轮做功，涡轮又带动同轴的压气机工作，将空气压缩，增大进气密度，增加进气量，提高功率的技术。

增压压力过低会引起发动机功率下降、排气冒黑烟等现象，可能的原因是：增压器叶轮与壳体之间有摩擦、浮动轴承损坏；增压器至排气歧管或进气歧管至压气机之间有漏气现象；空气滤清器、进气管、压气机处有污物积聚；增压压力调节阀失灵。

发动机主油道来的机油润滑增压器。机油泄漏和供给延迟是导致废气涡轮增压器故障的主要原因，使用中应特别注意。

复习思考题

1. 空气滤清器有哪几种滤清原理？
2. 使用或维修干式纸质空气滤清器时要注意什么？
3. 如何维护好空气滤清器？
4. 进气预热的目的是什么？有哪些预热手段？
5. 为何要采用可变进气歧管？随着工况的变化，应如何调节进气歧管？
6. 柴油机和汽油机排放的主要有害物质分别有哪些？
7. 何为废气再循环？发动机是否在所有工况下都进行废气再循环？
8. 三元催化转化器在什么条件下工作最有效？
9. 如何根据外观判断三元催化转化器的状态？
10. 催化转化器堵塞、过热分别有何危害和现象？
11. 何为废气涡轮增压？它有何优点？
12. 如何调节增压压力？
13. 如何避免因机油供给延迟而导致涡轮增压器损坏的故障？
14. 增压压力过低有何现象？导致该现象的原因可能有哪些？

第8章 冷却系统

【学习目标】

1. 掌握冷却系统的作用、组成。
2. 掌握冷却液循环路线。
3. 掌握冷却系统主要元件的结构、工作原理与检修方法。
4. 初步具有冷却系统常见故障诊断的能力。

8.1 冷却系统的作用与组成

8.1.1 冷却系统的作用

当发动机工作时，气缸内温度高达2500℃的燃气及高速相对运动件间的摩擦，使活塞组、气缸盖、气缸套、气门等机件的温度很高。零件严重受热时会出现下列不正常现象：

1）零部件高温膨胀，破坏正常的配合间隙。

2）零部件机械强度和刚度下降。

3）高温下机油性能恶化，润滑不良，零件磨损加剧。

4）高温下发动机充气不良。

5）汽油机易产生爆燃等不正常燃烧。

所以，对发动机必须进行冷却，但需适度。若发动机在过冷状态下工作，则会导致下列不良现象：

1）燃油雾化不良、蒸发困难，混合气形成质量差，燃烧恶化，热效率降低，CO和HC排放多。

2）冷却散热损失过多，经济性差。

3）机油粘度大，且流动性差，不能及时到达需要润滑的零件表面，摩擦、磨损现象严重。

4）低温下加浓又不易蒸发的燃油形成小滴集结后顺着气缸壁进入油底壳，破坏气缸壁油膜并稀释油底壳内的机油，加之燃烧生成的水蒸气易凝结成水进入油底壳，在曲轴搅拌下加速油泥的形成等，均使机油性能下降，加剧零部件的摩擦和磨损。

5）柴油机工作粗暴。

可见，发动机在过热、过冷状态下工作，都将导致其工作可靠性下降，使用寿命缩短，动力性、经济性恶化等一系列后果。冷却系统的作用就是在任何运行条件下，保持发动机在最适宜的温度范围内工作，防止其过热、过冷。即在发动机起动暖车和严寒情况下工作时，应缓慢冷却或不冷却，使发动机尽可能快地达到工作温度，而在发动机热起来以后，应迅速地冷却，带走多余的热量。

8.1.2　冷却方式

1. 水冷式

在水冷式发动机中，冷却液循环流过气缸体和气缸盖的水套，吸热升温后流过散热器，在散热器中向周围的空气散热降温，然后再流回到发动机水套中。

水冷却是车用发动机主流的冷却方式，且多为强制循环式水冷系统，即利用水泵将冷却液加压后强制其循环流过发动机水套带走热量。此种冷却系统除了上述作用外，还兼作汽车暖风系统和发动机进气预热等装置的热源。

水冷式发动机传统上正常的冷却液温度一般为80～95℃，新型的轿车发动机冷却液温度可高达105℃。

2. 风冷式

风冷式发动机利用流过发动机周围的空气将热量直接带走。为加速热量的散出，风冷式发动机气缸体和气缸盖都是单体式，其上都设有散热片，并装有风扇和导风罩来控制空气的合理流动，如图8-1所示。

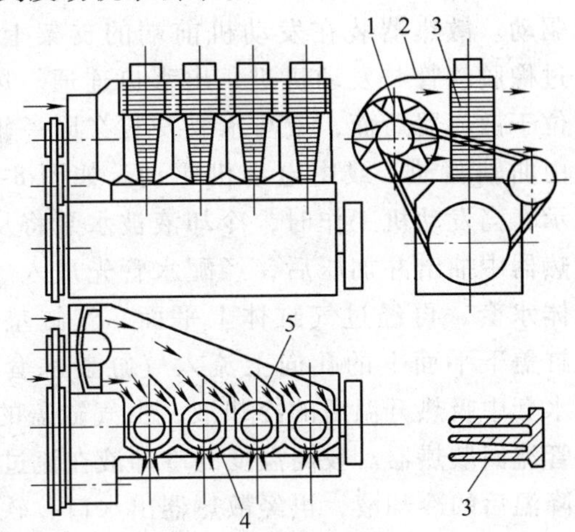

图8-1　风冷系统示意图

1—风扇　2—导流罩　3—散热片

4—气缸导流罩　5—分流板

风冷系统结构简单，不需散热器、冷却水泵、管路，重量轻，使用维修方便，对环境适应性好，暖机时间短，容易起动。但冷却系统热负荷高，消耗功率大，噪声大，所以主要用在摩托车用发动机和中小排量发动机上。

8.1.3　水冷系统的组成及工作原理

典型的强制循环式水冷系统如图8-2所示。该系统主要由散热器（俗称水箱）、冷却风

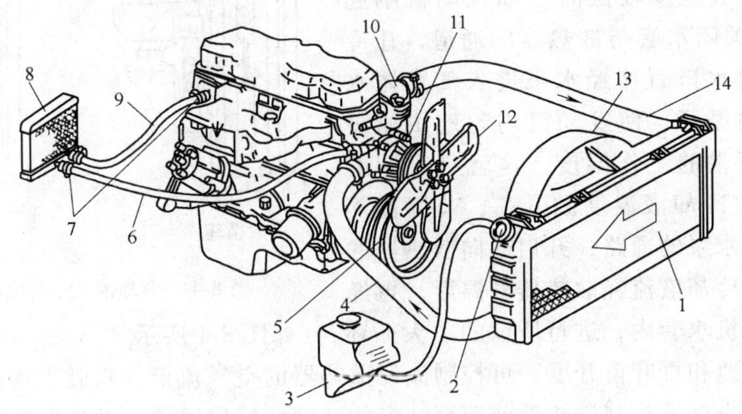

图8-2　典型的强制循环式水冷系统

1—散热器　2—散热器盖　3—补偿水桶　4—散热器储水软管　5—风扇传动带　6—暖风机出水软管　7—管箍　8—暖风机芯　9—暖风机进水软管　10—节温器　11—水泵　12—冷却风扇　13—护风圈　14—散热器进水软管

扇、节温器、水泵、软管、百叶窗、补偿水桶（又称膨胀箱或补偿桶/箱）、发动机水套及冷却液等组成。水套内常设配水管、导向装置和喷嘴，保证发动机冷却均匀及最热区域的充分冷却。

水泵装在发动机的前端，由曲轴通过V带驱动。散热器装在发动机前端的支架上，通过橡胶软管与发动机进、出水口连通。风扇位于散热器后面，或与水泵安装在同一轴上由曲轴驱动，或由电动机驱动。如图8-3所示，当发动机工作时，冷却液被水泵将从散热器中抽出并加压后，经配水管先进入气缸体水套，再经过气缸体上平面、气缸垫、气缸盖下平面上的孔向上流入气缸盖水套。在水套中吸热升温后的冷却液，由气缸盖的出水口（一般位于发动机前部）经节温器、软水管流回散热器。较高温度的冷却液在流过散热器时，被风扇抽吸来的空气将热量带走。冷却降温后的冷却液，再经散热器出水口、软管、水泵进入水套，如此循环不止。

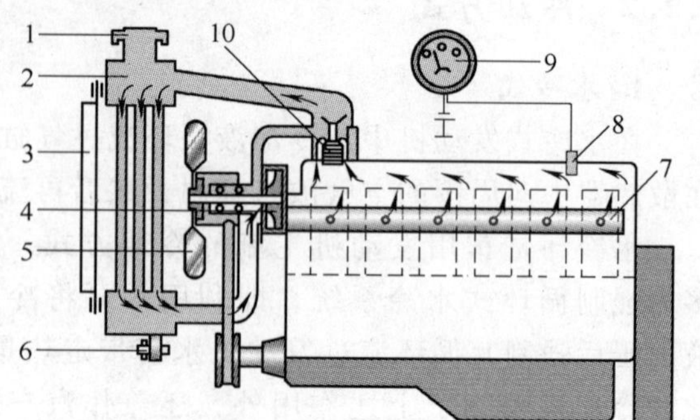

图8-3 发动机强制循环式水冷系统的工作过程
1—散热器盖 2—散热器 3—百叶窗 4—水泵 5—风扇 6—放水阀 7—分水管 8—冷却液温度传感器 9—冷却液温度表 10—节温器

在有些发动机的冷却系统中，冷却液的循环方向与上述的方向相反，称为逆流式水冷系统。在这种冷却系统中，冷却液先进入气缸盖，再流入气缸体，从而改善气缸盖冷却效果，使气缸盖温度较低，允许发动机采用较高的压缩比，可提高发动机热效率。

8.1.4 冷却强度的调节

发动机冷却强度应随着运行工况的变化自动调节。根据上述原理，改变流经散热器的冷却液流量或空气流量即可调节冷却强度。

设在气缸盖出水口处的节温器，根据冷却液温度的高低控制其循环路线，实现冷却强度的自动调节。当冷却液温度较低时（如发动机刚起动时），节温器关闭水套与散热器的通道，让冷却液自气缸盖出水口直接经水泵进入气缸体水套，在发动机内循环，使发动机均匀地快速暖机，尽快达到正常的工作温度，这就是所谓的“小循环”。随着冷却液温度的升高，节温器逐渐关闭直接通往水泵的通路，开启通向散热器的管路，使更多的冷却液流经散热器降温后，再经过水泵进入发动机水套内，进行所谓的“大循环”，如图8-4所示。

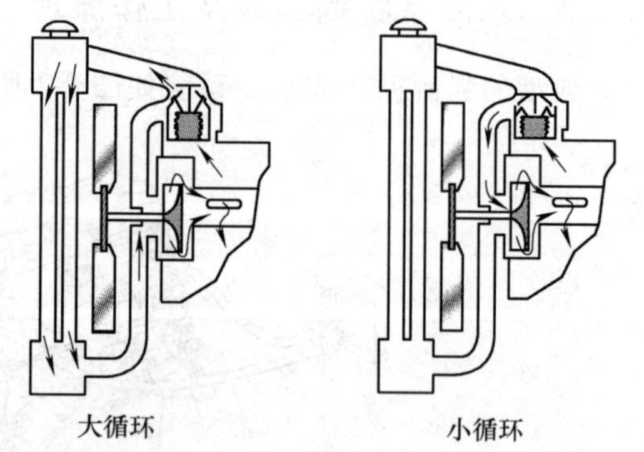

图8-4 冷却液大、小循环示意图

改变风扇转速和百叶窗开度，可控制流经散热器的空气流量。驾驶人根据冷却液温度表或冷却液温度警告灯等控制散热器前面百叶窗的开度。风扇温控开关控制改变风扇的转速。

8.2　水冷系统的主要零部件

8.2.1　散热器

散热器的作用是将冷却液在发动机水套内吸收的热量传给空气，使冷却液降温。散热器由进（上）水室、出（下）水室和散热器芯等组成，如图8-5所示。

进、出水室上分别装有进、出水管，分别与气缸盖出水口和水泵进水口相连接。进水室顶部有加水口，冷却液由此注入，由散热器盖封闭。进、出水室还兼有储存、分配冷却液和气液分离的作用。散热器底部装有放水阀。

散热器芯由一系列水管（散热管）和散热片排列而成，如图8-6所示。散热管两端与上、下水室焊接连通，冷却液从其中流过。散热管周围设有散热片以增加散热面积，空气从管外围散热片间流过，带走流过管中的冷却液热量。散热管的断面多为扁圆形，与圆形断面的散热管相比，能获得较大的散热面积，且当冷却液结冰时，可借助其断面变形避免破裂。

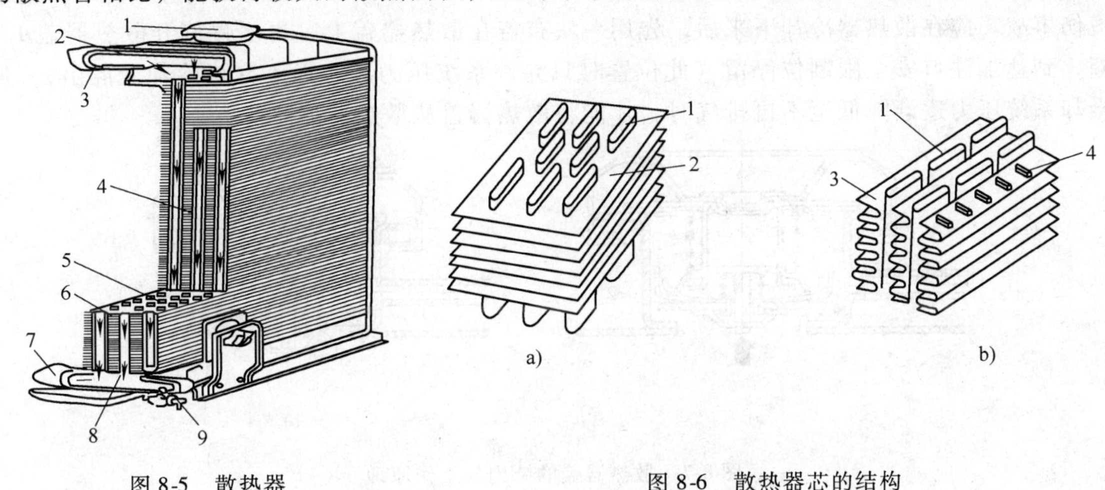

图8-5　散热器

1—散热器盖　2—上水室　3—进水管　4—散热器芯　5—冷却管　6—散热片　7—出水管　8—下水室　9—放水阀

图8-6　散热器芯的结构

a）管片式　b）管带式

1—冷却管　2—散热片　3—散热带　4—缝孔

常见的散热器芯有管带式和管片式两种。管带式散热器芯的水管与带状波纹形的散热片焊接在一起，其结构简单、成本低、质量轻，散热能力比同体积的管片式的大，但刚度稍差。

根据冷却液流向的不同，散热器可分为竖流式和横流式（水平）两种。竖流式散热器设置上、下水室，冷却液上下流动；横流式散热器设左、右水室，冷却液横向（水平）流动。

8.2.2　散热器盖和膨胀箱

现代汽车发动机水冷系统大多数是加压封闭式冷却循环系统。散热器压力盖和透明的膨胀箱实现了系统的封闭和压力控制。系统的密封既避免了冷却液的蒸发损失，又减少了紧急制动和颠簸时冷却液的溅出。冷却系统加压，可提高冷却液的沸点（可达120℃左右），使冷却液可在较高温度下循环而不沸腾，增大了其与外界空气的温差，提高了其流过散热器时的冷却效果，有利于减小散热器尺寸。

但散热器内压力不能过高或过低，否则会损坏散热器和连接软管。散热器盖将冷却系统内的压力控制在一定范围内。散热器盖的结构与工作原理如图8-7所示。散热器盖内有两个阀，即空气阀（真空阀）和蒸汽阀（压力阀）。正常状况下两个阀靠弹簧压紧在阀座上，处于关闭状态。散热器盖上有一根溢流管与透明的膨胀箱相通，膨胀箱内充有一定量的冷却液。

在发动机工作过程中，冷却液温度升高而膨胀，使冷却系统内的压力增加，达到设定值（一般为126～137kPa）时蒸汽阀打开，一部分蒸汽和冷却液经溢流管进入膨胀箱。在发动机停转后，冷却液温度逐渐下降、收缩，系统内压力逐渐降低形成真空，当达到设定值（一般99～87kPa）时，大气压力推开空气阀，膨胀箱内的冷却液流回散热器。

注意，当发动机处于热状态时，绝不可急于拧下散热器盖，以免高温冷却液溅出而造成烫伤事故。应在散热器冷却下来后，先用一块布盖在散热器盖上，再缓慢旋开散热器盖1/4圈，到达加注口安全限制位停留（此位置时只允许系统压力减小而不允许冷却液溢出），使冷却系统压力逐渐降低至不再排气时，才能将散热器盖从散热器加注口取下。

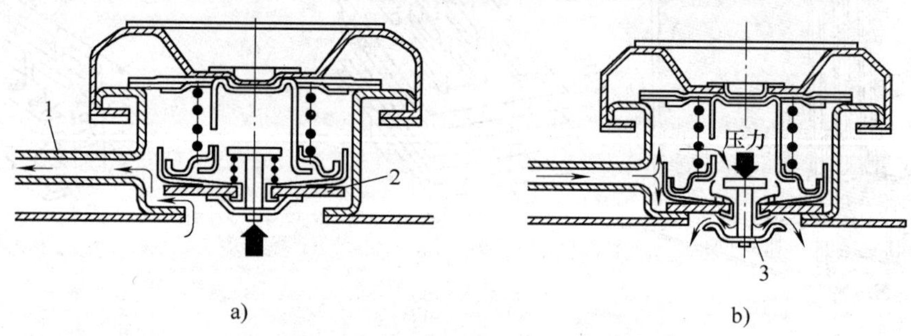

图8-7 散热器盖的结构与工作原理

a）蒸汽阀开 b）空气阀开

1—蒸汽排出管 2—蒸汽阀 3—空气阀

透明的膨胀箱还为不打开散热器盖检查冷却液位和添加冷却液提供了方便。大多数膨胀箱上都有正常的冷却液位标记线，使用中只需检查膨胀箱内的冷却液位是否处于规定值便知冷却液量的多少，需要时（冷却液面低于下标记线）向膨胀箱内添加冷却液至上标记线即可。注意，如果反复加注几次后冷却液位仍很低，则冷却系统可能存在泄漏处。

8.2.3 水泵

水泵是水冷系统的心脏，是使冷却系统内冷却液强制循环的装置。

汽车发动机广泛应用离心式水泵，一般由曲轴通过V带驱动。如图8-8所示，离心式水泵由壳体、水泵轴、叶轮及进、出水管等组成。如图8-9所示，当叶轮转动时，带动冷却液一起转动，在离心力的作用下，冷却液被甩向泵壳的边缘产生一定的压力，从出水管流出，同时，叶轮中心处的压力下降，散热器中的冷却液被吸入。

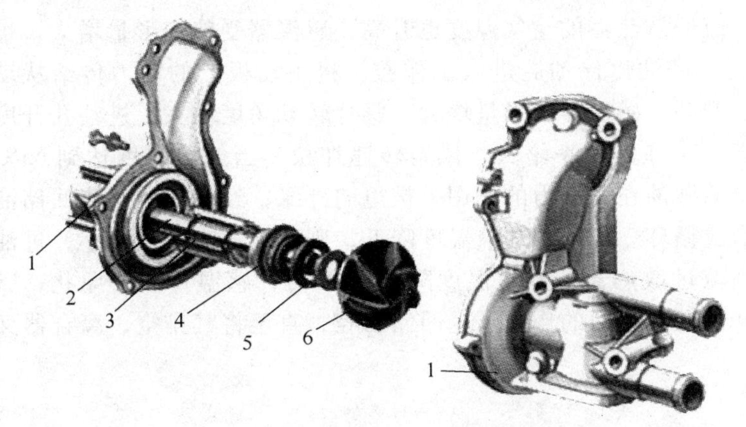

图8-8　离心式水泵的结构

1—泵壳　2—水泵轴　3—轴承　4—水封皮碗　5—挡水圈　6—叶轮

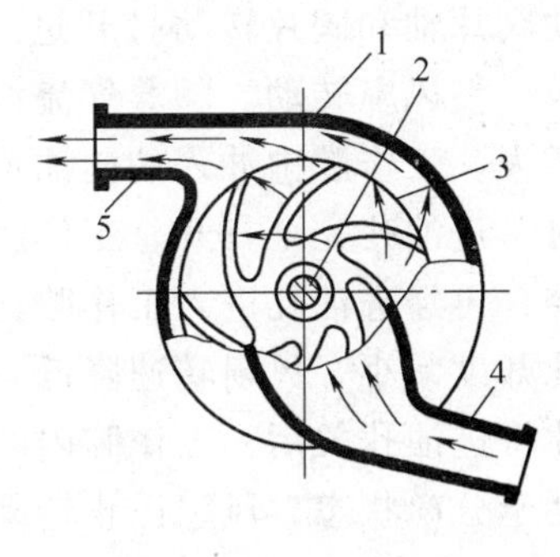

图8-9　离心式水泵工作原理示意图

1—壳体　2—水泵轴　3—叶轮　4—进水管　5—出水管

8.2.4　风扇和风扇离合器

冷却系统中风扇的作用是抽吸空气流过散热器，改善低速和怠速时的冷却效果。

风扇一般安装在水泵轴的前端，由曲轴通过传动带驱动或由发电机驱动。风扇的转速依赖于发动机转速，其风量多是为保证发动机在低速、大负荷下运行需强烈冷却的大风量而设计的。当汽车高速行驶有强劲的迎面风吹过散热器或在低气温下运行时，风扇转速过快，冷却过度。所以，为减小发动机高速或不需要强烈冷却时风扇消耗的功率及风扇噪声，要根据发动机的工况调节风扇的转速。常采用的方法有两种，即在风扇和带轮之间安装离合器或采用不受发动机转速控制的电动风扇。

1. 风扇离合器

图8-10所示是常见的硅油风扇离合器。前盖、从动板和壳体用螺钉连成一体，风扇安装在壳体上，壳体靠轴承支承在主动轴（水泵轴）上，主动板与主动轴固连在一起。从动板与前盖之间的空腔为储油腔，与壳体之间的空腔为工作腔，储油腔内装有高粘度的硅油。从动板上有进油孔，其开、闭由阀片控制。阀片的偏转由螺旋状双金属感温器驱动。感温器的外端固定在前盖上，内端卡在片阀轴的槽内。从动板外缘有由球阀控制的回油孔。

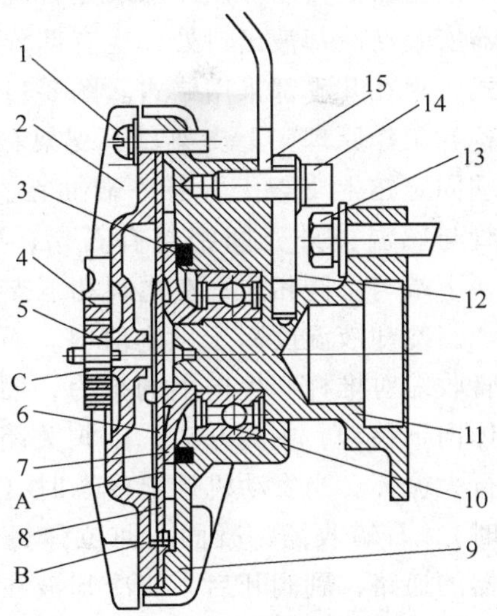

图8-10　硅油风扇离合器

1—螺钉　2—前盖　3—毛毡密封圈　4—双金属感温器　5—阀片传动销　6—阀片　7—主动板　8—从动板　9—壳体　10—轴承　11—主动轴　12—锁止板　13—螺栓　14—内六角圆柱头螺钉　15—风扇　A—进油孔　B—回油孔　C—泄油孔

当冷却液温度较低时，通过散热器的气流温度也较低，感温器的变形不足以使阀片打开进油孔，储油腔内的硅油不能进入工作腔，离合器处于分离状态；随着冷却液温度的升高，流经散热器的空气温度也升高，感温器受热变形量增大，带动阀片轴和阀片转动打开进油孔，硅油由储油腔进入工作腔，将主动板上的动力传给从动板，使风扇转动。随着气流温度升高，感温器变形量增大，阀片转动角度增大，进油孔开度增大，工作腔内冲入的硅油增多，传递的功率增大，风扇转速加快。当气流温度达到65℃时，进油孔完全打开，工作腔中的硅油在离心力的作用下被甩向外缘，经单向球阀流回储油腔，再经进油孔进入工作腔，形成循环。如果冷却液温度降低，则感温器变形量减小，进油孔开度减小，风扇转速降低。当流过散热器的空气温度降至35℃时，感温片恢复原状，阀片将进油孔关闭，工作腔内的硅油在离心力的作用下返回储油腔，直至将其排空，离合器又处于分离状态，风扇停止转动。

2. 电动风扇

这种风扇由蓄电池提供的电力驱动，与发动机转速无关。电动风扇转速分为两挡，温控开关控制风扇的运转。当冷却液温度高于设定的温度（如92～97℃）时，温控开关闭合，风扇电动机以低速挡工作；当冷却液温度升高至更高设定值（如99～105℃）时，温控开关闭合，接通风扇电动机高速挡；当冷却液温度降到设定的温度（如84～91℃）时，温控开关切断电源，风扇电动机停止转动。

有些发动机使用柔性风扇叶片，可以根据发动机转速产生弯曲或改变倾斜角度。低速时叶片的斜度大，随着发动机转速的提高，叶片的斜度减小，驱动功率和噪声随之降低。

8.2.5 节温器

节温器是自动控制冷却液是否流过散热器、调节冷却强度的热力阀。大部分发动机将节温器安装在冷却液出口处，也有部分发动机将其安装在冷却液入口处。以前节温器采用波纹筒式，现在几乎都采用蜡式。图8-11所示为蜡式节温器的结构和工作原理。上支架、下支架和阀座连成一体；推杆上端固定在上支架上，另一端插在感温体内的胶管孔内，胶管与感温体外壳间密封有石蜡；感温体上端与主阀相连，下端与副阀相连；在主阀和下支架间装有回位弹簧。

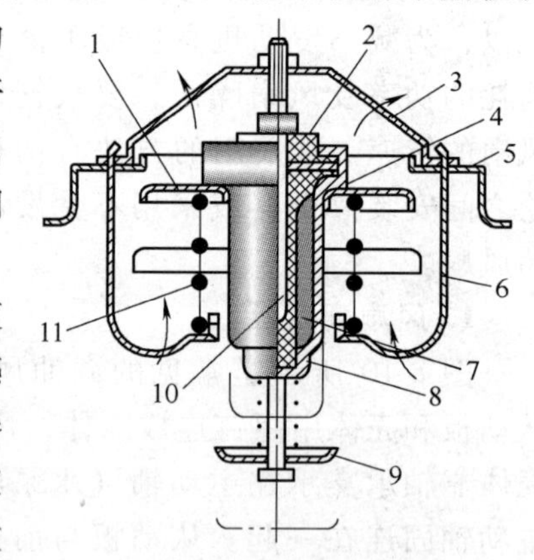

图8-11 蜡式节温器的结构和工作原理

1—主阀门 2—密封垫 3—支架 4—橡胶套 5—阀座 6—下支架 7—石蜡 8—感温体 9—副阀 10—推杆 11—弹簧

当冷却液温度高于设定值时，石蜡熔化、膨胀，迫使胶管收缩对推杆产生向上的推力，固定的推杆反向推动感温体向下移动，主阀开启，副阀关闭，冷却液流经散热器进行大循环。当发动机处于冷态时（冷却液温度低于设定值时），石蜡收缩、凝固，回位弹簧推动主阀关闭流向散热器的通路，副阀开启，使冷却液在发动机内部继续进行小循环，保证整个发动机均匀地暖起来。这样就能保证发动机在一定温度范围内工作。

若节温器主阀门开启温度过高，甚至不能开启，或副阀门不能关闭，则将导致发动机过热。若主阀门关闭不严，则将导致发动机升温缓慢或发动机过冷。

8.3 冷却液

冷却液是软水和防冻剂的混合液，一般体积比为1:1。通过加入其他添加剂，冷却液还可起到防止冷却系统零部件生锈、泄漏，抑制泡沫，减少水垢的形成，提高沸点的作用。

防冻液分为乙二醇-水型、乙醇-水型、甘油-水型三种，一般呈蓝色、绿色或黄色。使用最为广泛的冷却液是乙二醇-水型，其凝固点较低，沸点较高，不易蒸发，属于长效型防冻液。乙醇-水型冷却液的流动性好、散热快，但易蒸发，山区高原行驶的汽车不宜使用。甘油-水型冷却液不易蒸发，但甘油降低冰点的效率较低，很少被使用。

使用冷却液时应注意以下事项：

1）所选用防冻液的冰点应比使用地区最低温度低5℃以上。

2）由于防冻液膨胀系数大，只能加注到冷却系统总容积的95%，以免受热膨胀后溢出。

3）加注前应仔细检查冷却系统的密封性。

4）当需添加冷却液时，必须将发动机熄火，等待其降温后再添加。

5）不同类型的防冻液不可混用。

除了万不得已的情况下，不要直接使用自来水、河水、井水等作冷却液，否则，冷却水套中易产生水垢，使散热不良，发动机过热。

硬水软化的方法是：在1L水中加入0.5~1.5g纯碱（碳酸钠）或0.5~0.8g烧碱（氢氧化钠），或加入30~50 mL质量分数为10%的红矾（重铬酸钾）溶液即可，也可将硬水煮沸，冷却后使用。

8.4 水冷系统的检修

8.4.1 散热器的检修

在使用过程中，散热器的散热管易受腐蚀而产生破洞，焊缝易开裂，易被压扁，内部因沉积水垢而堵塞，外部尤其在散热片之间的缝隙处易沉积污垢及散热片倾倒等，使散热能力下降，严重时散热器“开锅”，使汽车无法行驶。散热器检修的主要任务就是清洗、焊漏、整形和密封检查。

1. 清洗

对外部污垢，可用高压水流和压缩空气来冲洗，也可用机械疏通的方法来清理。对内部积垢（水垢），一般采用化学方法清除，即用酸溶液或碱溶液清洗。由于酸溶液较碱溶液的清洗效能高，因此目前多采用酸洗法清除水垢。

散热器可单独清洗，也可与气缸体、气缸盖冷却水套一起清洗。与冷却水套一起清洗时，应先拆去节温器，用配制好的酸性溶液以一定的压力（一般为10kPa）在气缸体、气缸盖冷却水套和散热器内循环清洗3~5min，也可运用怠速运转的方法进行循环清洗，之后，再用碱性溶液冲洗中和。如果散热器内部积垢严重，则应拆去上、下水室，将通条或两根钢锯条焊接在一起进行通插。清除水垢后，用压缩空气和清水反方向循环冲洗散热器内部，直至放出的水清洁为止。

2. 渗漏的检验

方法一：将散热器进、出水管口封闭，向散热器内注满水，并盖上散热器盖，然后将由压力表、橡胶管和橡胶球组成的试验器的橡胶管接到放水开关，旋开放水阀，捏动橡胶球加压，当压力达到50～100 kPa时，观察压力是否下降或散热器外部有无漏水现象。

方法二：将散热器进、出口堵死，在散热器内充入压力为50～100kPa的压缩空气，并将其放入水池中，察看有无气泡冒出。若散热器冒气点不多，则说明渗漏不严重，应找出渗漏部位并做出记号，以便焊修。

3. 修复

（1）补漏　散热器的渗漏往往发生在散热管与上、下储水室间的接触部位。对于破损、渗漏的散热管，可采用更换新管或焊修的方法进行修复；对于散热器外层便于施焊的冷却管，可用锡钎焊法焊补；对于散热器内层的散热管，可采用把破漏处截断，将两端夹扁后再用焊锡堵死的方法。但堵住的散热管数不得超过总管数的10%，因施焊而被切断的散热片的面积不得大于迎风面积的10%。当有轻微渗漏时，可采用与水的比例为1:20的散热器堵漏剂就车进行修补。

（2）整形　意外的机械碰撞易造成散热器储水室塌陷或散热片倾倒变形。对于储水室的塌陷变形，可在凹坑的底部焊一个钩环，在向外拉扯的同时，可用小锤子轻轻击打凹坑四周，使外形复原，然后再将钩环解焊。另外，可用专用工具对倾倒变形的散热片进行梳理扶正。

散热器修复后，应做渗漏试验。

8.4.2　水泵的检修

水泵常见的损伤有水泵壳体及叶轮片破裂、水泵轴和轴承孔磨损、水封老化损坏等。

1. 水泵外观的检查

1）检查水泵壳体是否有裂纹或密封不严。

2）检查带轮的转动和轴向、径向窜动量：用手转动带轮，应感到运转灵活，无卡滞现象，否则说明泵轴弯曲或轴承浸水锈蚀。如果带轮的轴向和径向窜动量过大，则说明水泵轴、轴承或水泵壳体上的轴承座孔出现较大的磨损。

对外观检查不合格的水泵应进行拆检修理或更换新水泵总成（有的轿车不供应水泵零件）；对外观检查合格的水泵，应在试验台上按原厂规定的要求进行规定转速下的压力和流量的试验，合格的水泵方可继续使用。

2. 水泵的修理

1）水泵带轮和壳体的检修。水泵盖与壳体的接合面变形量大于0.05mm时应修平；轴承座孔磨损后可采用镶套的方法修复或换新泵；对于壳体裂纹，可进行焊修（方法同缸体裂纹的焊修）或更换；带槽底部磨亮的V带轮要更换，否则易打滑。

2）拆修水泵总成时，若水封总成磨损、变形、老化等，则应更换新件。

3）当轴承滚道出现麻点凹坑，或轴承的轴向间隙大于0.30mm，径向间隙大于0.15mm时，应予以更换。

4）水泵轴弯曲度大于0.05mm时，应进行冷压校直；水泵轴轴颈磨损后，应予以报废；

轴端螺纹损坏后若不能修复，则应换用新件。

5）叶轮轴孔磨损过度或叶片出现严重“穴蚀”、破损现象时，应予以报废；叶轮外缘与水泵壳体内壁之间的间隙一般为1mm，否则应更换叶轮；叶轮与水泵盖之间应有0.075~1mm的间隙，否则应用垫片调整。

6）水泵壳体下方的检视孔（泄水孔）和上方的通气孔应畅通，各部位的螺母、螺栓应按规定的力矩拧紧，锁止应可靠。在水泵装合后，应对水泵轴承加注规定牌号的润滑脂。

3. 水泵的检验

1）用手转动带轮，水泵应转动灵活，无擦碰和卡滞现象，然后堵住水泵进水口，将水加入工作室，转动水泵轴，检视孔应无水漏出。

2）将水泵装在试验台上，按原厂规定测试规定转速下的压力和流量是否满足要求，且试验过程中应无任何碰击声和漏水现象。

3）就机检查水泵是否能保证冷却液循环良好。起动发动机，使其保持怠速运转，用一只手挤捏散热器上端软管连接处，另一只手使发动机加速，如果感到软管中有冷却液鼓涌，则表明水泵工作正常。

8.4.3 节温器的检修

节温器的常见故障是阀门开度不够、关闭不严，甚至不能开启或关闭。一般蜡式节温器的安全寿命为50000km（汽车行驶里程），应按照要求定期检修或更换。

节温器必须在规定的温度开始打开，在温度超过开启温度一定值时必须完全打开。

检查节温器时，将节温器吊在盛有水的器皿中淹没，但不要沉入容器底部，应悬挂在中下部。插入温度计，逐渐加热，仔细观察节温器主阀门开始开启和完全打开时的温度，及全开时阀门的升程。若开启温度和升程不符合规定，则应更换节温器。一般节温器主阀正常开始开启的温度是68~85℃，完全打开的温度是80~85℃。但不同发动机的节温器主阀开启、关闭温度也不同。例如，桑塔纳JV型发动机的节温器主阀门在87℃±2℃时开始开启，在102℃±3℃时完全开启，全开时阀门升程不小于7mm。

还可采用节温器就机检测的方法。在散热器冷却后，将散热器盖拆下，把温度计直接插入冷却液中。起动发动机，让发动机温度升高，同时观察温度计和冷却液表面。当冷却液开始流动时，表明节温器已开启，此时的温度计读数就是节温器开启温度。如果发动机还处于冷态，而冷却液已经进行循环，则说明节温器卡滞在开启位置。

8.5 冷却系统故障的诊断

冷却系统故障的主要信号是冷却液温度及冷却液泄漏。凡是与冷却液循环过程及散热有关的零部件均与之有关。

8.5.1 发动机过热

1. 特征

冷却液温度表指示值超过正常温度范围，散热器“开锅”或“翻水”，功率降低等。

2. 原因及诊断

（1）冷却液量足时发动机过热　风扇传动带过松打滑或断裂、百叶窗关闭或开度不足、节温器或水泵工作不良、发动机冷却水套中水垢过多、散热器芯或散热片间堵塞、散热片过脏或变形、风扇离合器失效、风扇叶片装反或变形，都是过热的原因。

首先检查百叶窗开度、传动带张紧度、风扇叶片形状等，再检查散热器盖、节温器、水泵工作是否正常。

1）若风扇运转正常，则用手检查散热器温度与发动机冷却液温度，当感觉散热器温度低，发动机温度很高时，说明冷却液循环不良，应检查散热器进出水管、水泵、节温器的状况。

2）若散热器出水良好，则将节温器拆下，并松开散热器进水管，起动发动机进行试验。若冷却液排出有力，则说明节温器有故障；若冷却液排出无力或不排水，则说明水泵有故障。

3）若散热器冷热不均匀，则说明散热器芯堵塞或散热片变形。

4）若发动机后端温度明显高于前端，则说明分水管已损坏或堵塞。

（2）散热器盖向外“翻水”　“翻水”是指冷却液没有达到沸点，而由其他原因（如水垢过多、进出水管不匹配、循环管路堵塞、气缸垫密封不良、气缸体或气缸盖出现裂纹、气缸盖翘曲等）导致冷却液从加水口向外溢出的现象。一旦有“翻水”现象，就伴随着冷却液消耗过快现象。

若发动机刚一起动就有水从加水口喷出，则可能是气缸盖、气缸体有小裂缝或气缸垫水道口被冲开，使高压气体直接进入冷却水套。

若发动机起动几分钟后散热器内的水还是冷的，却有水从加水口喷出，则可能的原因有：节温器损坏，只进行小循环没有进行大循环；水泵不泵水；水泵与散热器连接的橡胶管变质老化，水泵吸力使管子扁瘪。

（3）其他　若冷却系统工作正常，则说明发动机过热，主要原因有点火过迟、气门间隙过大、混合气过浓或过稀、积炭过多、长时间大负荷工作等。

8.5.2　冷却液渗漏

1. 特征

冷却液消耗过快。

2. 原因及诊断

主要原因有散热器及冷却系统各管路及连接处破损或渗漏、散热器盖失效、暖气热交换器渗漏、水泵水封损坏、气缸体或气缸盖破裂、气缸垫损坏、气缸盖螺栓松动。

若发动机行驶无力，且排气管冒白烟，则表明气缸垫损坏或气缸盖螺栓松动，应拆检。

本章小结

冷却系统保持发动机在最适宜的温度范围内工作，防止其过热、过冷。发动机有风冷和水冷两种冷却方式。车用发动机多为强制循环闭式水冷系统，正常的冷却液温度一般为80～95℃，有的高达105℃。

典型的水冷系统由散热器、膨胀箱、水泵、发动机水套、节温器、软管、百叶窗、风扇及冷却液等组成。风扇、水泵一般同轴安装在发动机的前端，由曲轴通过驱动发电机的一根传动带来带动。

水泵强制冷却液在发动机内循环流动，在发动机水套内吸热升温的冷却液在流经散热器时得到冷却。风扇抽吸的空气流过散热器，以保证汽车在低速、怠速或大负荷下运行时的冷却强度。可采用硅油风扇离合器或电动风扇根据汽车行驶速度调节风扇转速。

节温器根据冷却液温度的高低控制冷却液大、小循环路线。当发动机处于冷态时，节温器关闭冷却液流经散热器的通道，进行小循环，保证暖机迅速；当发动机处于热态时，节温器打开冷却液流经散热器的通道，进行大循环。硅油风扇离合器利用流经散热器空气的温度控制风扇的转速，调节冷却强度。

散热器盖和透明的膨胀箱实现了系统的封闭和压力控制，改善了冷却效果，为不打开散热器盖检查冷却液位或添加冷却液提供了方便。膨胀箱上具有正常的冷却液位标记，需添加冷却液到膨胀箱内时应注意液位线标记。

水冷却系统正常工作时应无泄漏现象，各处温度应正常。散热器在补漏、整形等维修后应做渗漏检验。水泵在维修后应在试验台上测试其在规定转速下的压力和流量是否符合规定。节温器应定期检修或更换，但发动机不应在拆去节温器后工作。

冷却系统故障的主要表现为散热器“开锅”或“翻水”、功率降低及冷却液泄漏等。凡是与冷却液循环过程及散热有关的零部件均与之有关。

发动机过热的主要原因是风扇传动带过松打滑或断裂、百叶窗关闭或开度不足、节温器或水泵工作不良、发动机冷却水套中的水垢过多、散热器芯或散热片间堵塞、散热片过脏或变形、风扇离合器失效、风扇叶片装反或变形。

水垢过多、进水管和出水管不匹配、循环管路堵塞、气缸垫密封不良、气缸体或气缸盖出现裂纹、气缸盖翘曲等易导致“翻水”现象。气缸垫密封不良、气缸体或气缸盖出现裂纹、气缸盖翘曲等使高压高温气体进入冷却水套引起的“翻水”现象，往往伴有发动机动力性明显下降。

冷却液是软水和防冻剂的混合液，一般体积比为1:1。注意，防冻液的冰点应比使用地区最低温度低5℃以上，加注前应仔细检查冷却系统密封性，加注量不能超过冷却系统总容积的95%，不可将不同类型的防冻液混用。

复习思考题

1. 冷却系统有何作用？最佳的冷却液温度是多少？
2. 水冷却系统由哪些主要零部件组成？它们分别有什么作用？
3. 简述发动机正常工作时的冷却液循环路线。
4. 冷却液为何要有大、小循环？说明大、小循环的路径。
5. 简述散热器盖和储水箱的作用？
6. 水泵一般如何驱动？
7. 如何就机检查水泵是否能保证冷却液良好循环？
8. 如何进行散热器渗漏检验？
9. 有哪几种方法可调节发动机的冷却强度？如何调节？
10. 当蜡式节温器中的石蜡漏失时，节温器处于怎样的工作状态？发动机会出现什么故障？
11. 拆下节温器后如何检测工作性能？

12. 如何就机检查节温器的工作状况？
13. 当冷却液充量足时，引起发动机过热的原因有哪些？
14. 若发动机刚一起动就有水从加水口喷出，则可能的原因有哪些？
15. 若发动机起动几分钟后散热器内的水还是冷的，却有水从加水口喷出，则可能的原因有哪些？
16. 发动机过热有何害处？
17. 发动机过冷有何害处？
18. 为什么发动机在低温下运行会加剧磨损？
19. 如何正确地使用冷却液？

第9章 润滑系统

【学习目标】

1. 掌握润滑系统的作用、组成。
2. 理解润滑方式及油路。
3. 掌握润滑系统主要元件的结构、工作原理及检修方法。
4. 初步具有润滑系统常见故障的诊断能力。

9.1 润滑系统的作用与组成

9.1.1 润滑系统的作用

当发动机工作时，若高负荷、高速相对运动的零件表面之间直接接触摩擦，则机械损失功率将大大增加，零件表面将迅速磨损，且摩擦产生的热量会使零件表面熔化，发动机很快就会损坏。因此，为保证发动机正常工作，提高机械效率，延长使用寿命，必须对相对运动零件的表面进行良好的润滑。

发动机润滑系统的任务就是将压力、温度适宜的清洁机油连续不断地输送到所有相对运动的零部件表面间，起到以下作用：

（1）润滑作用　在相对运动零件表面之间形成一层油膜，减少摩擦和磨损。

（2）冷却作用　较冷的机油循环流过零件表面，带走零件热量，降低零件温度。

（3）清洗作用　流动的机油可带走零件表面上的污物，清洁零件表面。

（4）密封作用　在气缸壁、活塞环、活塞表面形成油膜，提高气缸的密封性。

（5）防锈作用　附着于零件表面的机油阻止空气、水分、燃气等与零件表面的接触，减轻腐蚀。

（6）液压作用　机油还可以作液压油，如液压挺柱内的机油等。

另外，机油膜可对承受冲击载荷的零件起到缓冲作用。

9.1.2 润滑方式

根据车用发动机各运动零件表面工作条件的不同，所采用的润滑方式有以下几种：

1. 压力润滑

压力润滑是利用机油泵将机油压力提高到一定值，并通过油道输送到摩擦表面进行润滑的方式。此种方式润滑可靠，清洗、冷却效果好。承受载荷较大的主轴承、连杆轴承、凸轮轴轴承、废气涡轮增压器轴承等摩擦表面均采用这种润滑方式。

2. 飞溅润滑

利用某些运动零件溅起或挤出的机油滴或油雾飞落到摩擦表面进行润滑的方式称为飞溅润滑。对于机油不宜到达或承受载荷不大的摩擦部位，如气缸壁、活塞环、气门与气门导管、下置式凸轮轴的凸轮表面与挺柱等零件均采用这种方式润滑。

3. 润滑脂润滑

机油难以到达的分散部位（如风扇、水泵、发电机、起动机等辅助装置的轴承等）采用定期加注润滑脂的方法进行润滑。

9.1.3 润滑系统的组成及油路

1. 润滑系统的组成

各种汽车发动机润滑系统的组成及油路大致相同，一般由油底壳、集滤器、机油泵、机油滤清器、限压阀、旁通阀、油道、机油冷却器、油压表、油温表、气缸体和气缸盖内的主油道等组成。图9-1为某发动机润滑系统示意图。

油底壳用以储集机油，并具有冷却机油的作用。其内装有集滤器，是机油进入润滑系统的入口，负责滤除大颗粒的杂质或油泥。

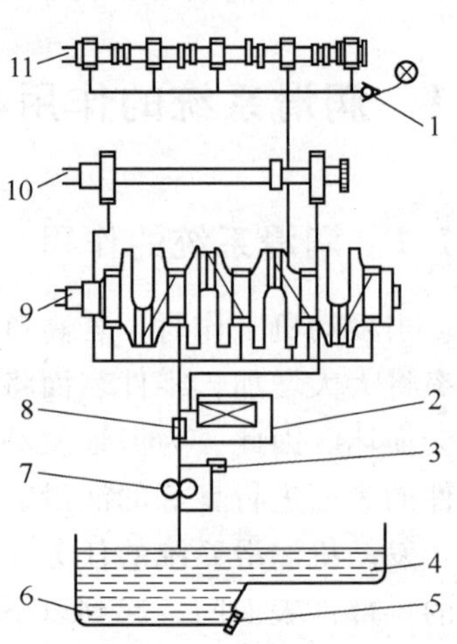

图9-1 发动机润滑系统示意图
1—限压阀 2—机油滤清器 3—安全阀 4—油底壳 5—放油塞 6—机油 7—机油泵 8—旁通阀 9—曲轴 10—中间轴 11—凸轮轴

机油泵是润滑系统的心脏，是建立油压，循环输送机油的装置。

限压阀（又叫卸压阀）是防止发动机转速升高时机油压力过高，导致系统中的密封元件、管路及连接处等遭到破坏，并降低机油泵功率消耗的元件。当机油压力超过规定值时，限压阀打开，一部分机油返回油底壳。限压阀多附于机油泵中，也可单独设置。

机油滤清器用来滤除机油中各种固体物质或胶质。滤清器内设旁通阀，保证在滤清器堵塞时机油仍可从旁通阀直接进入主油道，防止摩擦表面缺油。

机油冷却器在机油滤清器至主油道之间，用于高速、大功率发动机上对其进行降温。一般发动机靠汽车行驶时的迎面气流吹拂油底壳底面使机油冷却。

润滑系统中还有机油压力表、机油温度表。机油油路终端设置的机油压力开关是最低压力报警开关，动作压力为30kPa。

2. 润滑系统油路

当发动机工作时，机油在机油泵的抽吸下经集滤器进入机油泵，提高压力后经过机油滤清器滤清后进入机体主油道。进入机体主油道的机油分两路：一路通过分油道送至各主轴承，再经曲轴上的斜油道（孔）流向连杆轴颈，然后经连杆中心孔到达连杆小头轴承，最后回到油底壳；另一路至气缸盖主油道，再经各分油道至凸轮轴轴承、液力挺柱、摇臂轴，然后再经气缸体和气缸盖中的孔流回油底壳。其中，润滑摇臂轴的机油，一部分经摇臂上的油孔喷向摇臂两端面、气门杆与气门导管、推杆上端。增压发动机还有通向增压器的机油管路。

对某些下置凸轮轴的发动机，机油则从主油道至凸轮轴承、挺柱。凸轮表面等由连杆大头溅起的机油润滑，有的发动机通过设在连杆大头上的喷油孔将机油喷向凸轮轴一侧，以保证凸轮和气缸壁的润滑。

机油压力取决于机油泵泵油能力、机油流过的运动副间隙、机油管路的畅通性和密封性、机油粘度和温度等。随着间隙增大，流动阻力减小，循环流量增大，机油压力降低。机油压力过低导致的问题较机油压力过高导致的问题多得多，易导致机油循环量不足，润滑不良，最终导致磨损加剧。

9.2 润滑系统的主要零部件

9.2.1 机油泵

机油泵可安置在曲轴箱内，也可安置在曲轴箱外。常用的机油泵有齿轮式和转子式两种。齿轮式又分内齿轮式和外齿轮式两种，后者简称为齿轮式机油泵。机油泵一般由曲轴或中间轴驱动，有的发动机由凸轮轴驱动，较早的发动机由分电器轴驱动。机油泵的泵油量与其转速成正比，发动机转速越大，机油泵输出流量和机油压力也就越大。所以，机油泵上均设有限压阀，当机油压力超过规定值时，限压阀打开，一部分机油流回到油底壳。若限压阀因故不能打开，则会出现油压过高，导致润滑系统各连接、密封处易泄漏；若限压阀关闭不严或泄漏，则会出现机油压力下降，供油不足的问题。

1. 齿轮式机油泵

图9-2是齿轮式机油泵的结构和原理示意图。该机油泵壳体内有一对外啮合的齿轮，齿轮与壳体内壁间的间隙很小，齿轮端面由机油泵盖封闭。泵体和泵盖之间有密封衬垫，既可防止泄漏，又可用来调整齿轮端面间隙。泵体、泵盖、齿轮形成的多个齿槽腔中充满机油，齿轮脱离啮合的一侧泵腔体积增大，设置进油口；齿轮进入啮合的一侧，轮齿间携带的机油被挤压，设出油口。工作时，随着齿轮的旋转，齿槽腔中的机油被送至出油口附近，通过齿轮啮合的挤压将机油送出去。

齿轮式机油泵的结构简单、体积小、效率高、驱动功率小、工作可靠，得到了广泛应用。

2. 内齿轮式机油泵

图9-3所示为内齿轮式机油泵。外齿轮是主动齿轮，内齿轮（圈）是从动齿轮，两者偏心啮合，啮合后内齿轮与外齿轮间形成一个月牙形空腔，其内可设置一个月牙板，将内、外

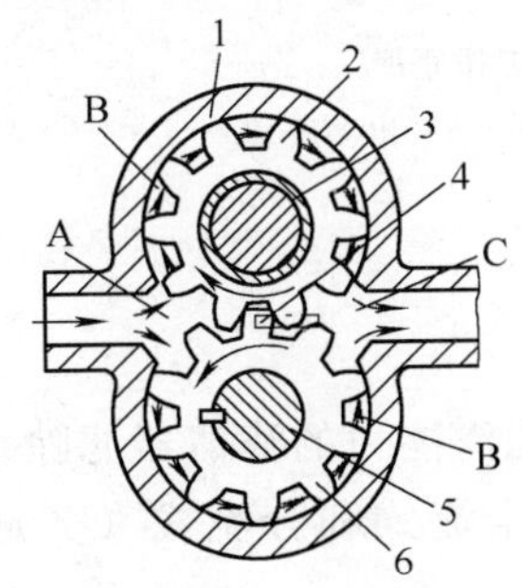

图9-2 齿轮式机油泵的结构和原理示意图

1—泵体 2—从动齿轮 3—衬套
4—泄压槽 5—驱动轴 6—主动齿轮
A—进油腔 B—过渡腔 C—出油腔

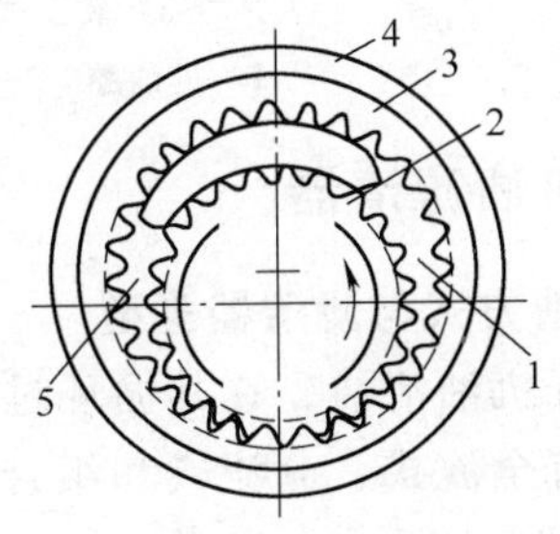

图9-3 内齿轮式机油泵

1—进油口 2—主动齿轮 3—内齿圈
4—泵体 5—出油口

齿轮隔开。齿轮脱离啮合的一侧设有进油口，齿轮进入啮合的一侧设有出油口。

内齿轮式机油泵一般直接安装在曲轴前端，主动齿轮由曲轴直接驱动，零件少，占空间小，是近年来广泛使用的机油泵。

3. 转子式机油泵

图9-4所示为转子式机油泵。内转子为主动转子，其上有4个或4个以上的凸齿，外转子上的凹齿（槽）比内转子多一个。内、外转子之间有一定的偏心距，特殊的齿形使两者间的空间被始终存在的接触点分成4个工作腔。工作时，内转子带动外转子转动，两者存在的速度差使工作腔的容积不断发生变化。机油从转子脱开啮合且容积正在增加的一侧进入，并转移到另一侧，此时转子进入啮合，油腔减小，将机油挤压出去。

转子式机油泵结构紧凑，泵油量大，噪声小，但需要的驱动力大，一般应用于小功率发动机上。

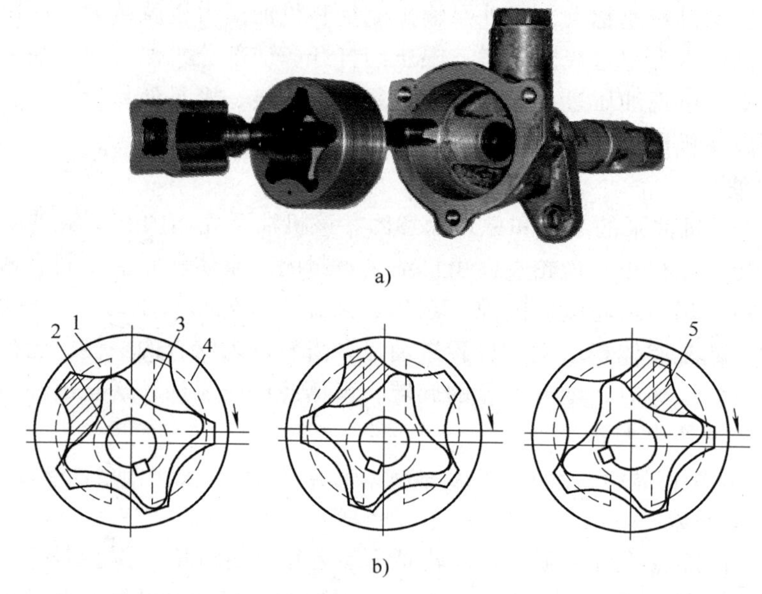

图9-4 转子式机油泵

a）转子式机油泵构件 b）转子式机油泵工作原理

1—进油腔 2—油泵轴 3—内转子 4—外转子 5—出油腔

9.2.2 机油滤清器

1. 滤清方式与滤清器类型

为保证机油清洁，在其循环过程中，需流经具有不同滤清能力的滤清器滤除杂质。机油滤清方式有全流式、分流式和组合式三种，滤清器则分为全流式和分流式（旁通式）两种类型，如图9-5所示。

（1）全流式滤清　滤清器与主油道串联，从机油泵输出的所有机油全部流经滤清器，过滤后进入主油道。相应的滤清器称为全流式滤清器，又称为粗滤器。目前汽车发动机上多采用这种滤清方式，且滤清器内设有旁通阀。

（2）分流式滤清　滤清器与主油道并联，仅过滤机油泵供油的一部分。机油泵供来的机油，一路经主油道送至发动机各零件，另一部分则经过滤清器过滤掉细小杂质后回到油底

壳。相应的滤清器称为分流式滤清器，又称为细滤器。这种滤清方式已逐渐被淘汰。细滤清器对机油的流动阻力较大，

(3) 粗、细二级滤清 即上述两种方式的组合。粗滤器与主油道串联，流动阻力大的细滤器与主油道并联。载货汽车，尤其是重型载货汽车多采用这种滤清方式。这种滤清方式虽然细滤器仅过滤一小部分机油泵输出的机油，但是在整个工作期间，它不断地一部分、一部分地滤清整个系统的机油。

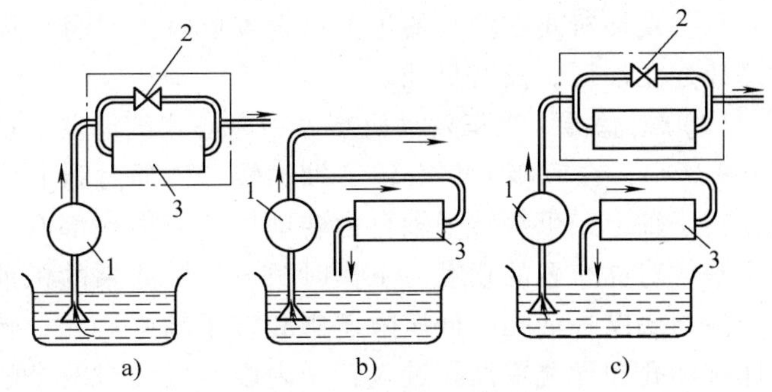

图9-5 机油滤清方式
a）全流式 b）分流式 c）组合式
1—机油泵 2—旁通阀 3—滤清器

2. 滤清器的构造与工作原理

(1) 粗滤器 粗滤器主要有金属片缝隙式、金属带缝隙式、金属滤网式、纸质滤芯式和锯末滤芯式几种，近几年较多地采用纸质滤芯式和锯末滤芯式。

图9-6和图9-7所示为两种不同的纸质滤芯式粗滤器，主要由纸质滤芯、旁通阀和外壳等组成。来自机油泵的机油从滤芯外围进入滤清器中心，干净的机油经出油口进入主油道，杂质被阻留在滤芯上。显然，滤芯上的杂质会越来越多，应按要求定期更换滤芯。当滤芯被杂质堵塞而未定期更换时，机油压力升高，将旁通阀顶开，直接进入主油道，保证正常循环，防止因缺机油而造成机器损坏。若旁通阀卡死或弹簧预紧力过大，则主油道缺油，后果严重；若旁通阀弹簧预紧力太小，则机油不经过滤直接进入主油道，使磨损加速。

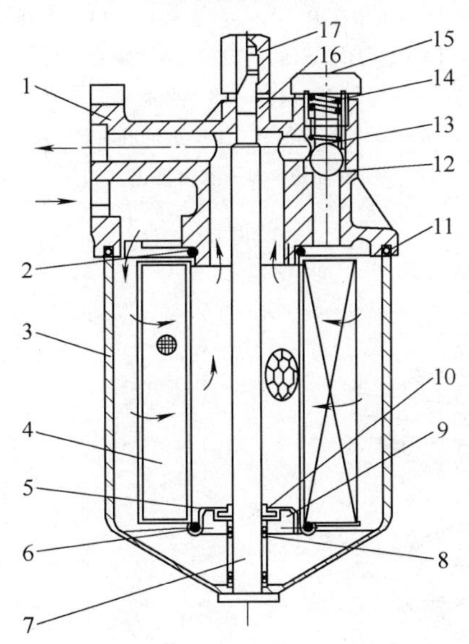

图9-6 纸质滤芯式粗滤器
1—上盖 2、6、10、11、14、16—密封圈 3—外壳 4—纸滤芯 5—托板 7—拉杆 8—弹簧 9—垫圈 12—旁通阀 13—弹簧 15—阀座 17—螺母

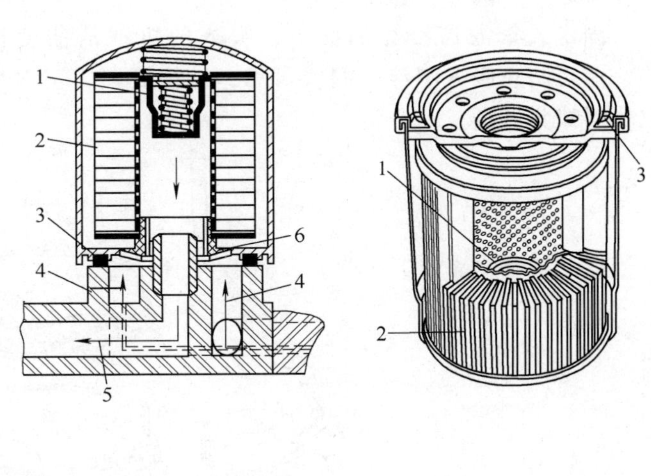

图9-7 不可拆式纸质滤芯式粗滤器
1—旁通阀 2—纸质滤芯 3—密封圈 4—机油泵来油 5—出油 6—方漏阀

有些发动机还在滤清器进油口设置单向止回阀，防止停机后机油倒流，保证发动机起动时迅速建立油压，及时供油。

（2）细滤器　汽车发动机多采用离心式细滤器。如图 9-8 所示，在底座上装有转子轴，转子体通过衬套安装在转子轴上，可绕转子轴自由转动。转子体底部有两个水平、对称布置的喷嘴。工作时，来自机油泵的机油由细滤器底座进油孔、低压限压阀和转子轴中心孔、转子体进油孔和导流罩油孔进入转子内腔，机油自两个喷嘴喷出，转子在反作用力的推动下高速旋转，油中的细小杂质在离心力的作用下被甩向转子内壁并沉积其上，干净的机油由细滤器下面的空腔回到油底壳。

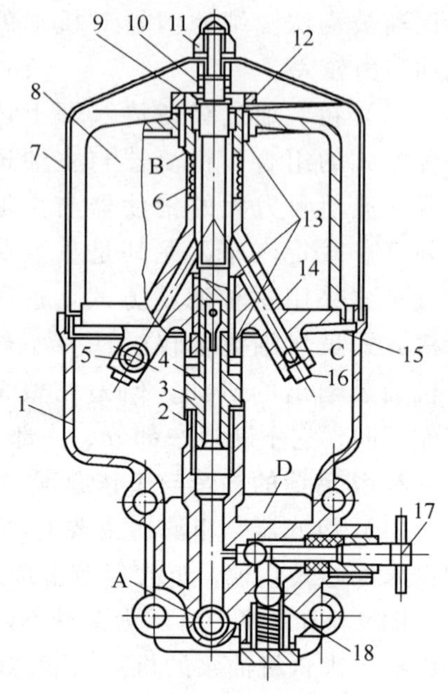

图 9-8　离心式细滤器

1—壳体　2—锁片　3—转子轴　4—推力轴承　5—喷嘴　6—转子体端套　7—滤清器盖　8—转子盖　9—支承垫　10—弹簧　11—压紧螺套　12—压紧螺母　13—衬套　14—转子体　15—挡板　16—螺塞　17—调整螺钉　18—旁通阀

A—滤清器进油孔　B—进油孔　C—通喷嘴油道　D—滤清器出油口

当油压低于某一限定值时（如 EQ6100 型发动机为 0.1MPa，CA6102 型发动机为 0.147 MPa），进油限压阀关闭，机油全部进入主油道，保证发动机可靠润滑。

（3）集滤器　安装在机油泵吸入口处的滤网式集滤器起着辅助过滤的作用。它分为浮式和固定式两种。

浮式集滤器利用浮子漂浮在机油表面上，可吸入较清洁的机油，但易吸入泡沫而使油压下降。如图 9-9 所示，滤网中央具有环口，靠自身弹力紧压在罩上。当机油泵工作时，机油从罩与滤网的缝隙经滤网被吸入，滤除较大的机械杂质。当滤网被杂质堵塞时，机油泵形成的真空迫使滤网向上，滤网环口离开罩板，机油便直接从环口进入吸油管，保证供油不中断。

固定式集滤器浸在油面下，吸入的机油清洁度稍差，但可防止吸入泡沫，润滑可靠，结构简单，正逐步取代浮式集滤器。

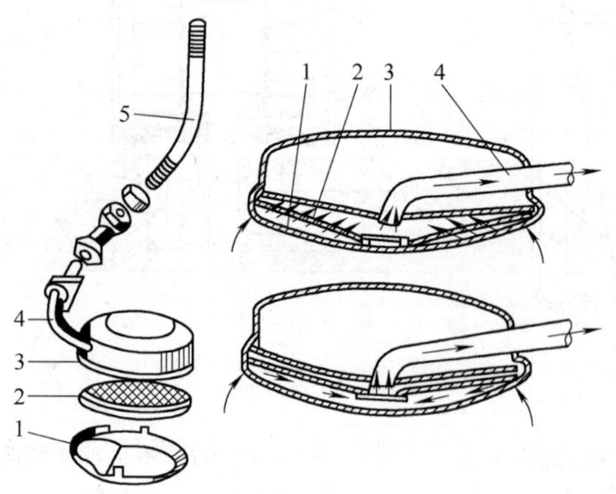

图 9-9　浮式集滤器

1—罩　2—滤网　3—浮子　4—吸油管　5—固定油管

9.2.3　机油冷却器

机油冷却器在热负荷较大的高性能、大功率发动机上是必不可少的部件，分为风冷式和水冷式两种类型。

风冷式机油冷却器一般装在发动机散热器前面，利用风扇的风力和汽车行驶时的迎面风对机油进行冷却，类似于散热器。由于风冷式机油冷却器无法控制冷却强度，在发动机起动后暖机时间长，普通汽车一般都不采用，仅在赛车或少数涡轮增压发动机上采用。

现在，越来越多的汽车发动机采用油温易于控制的水冷式机油冷却器，如图9-10所示。水冷式机油冷却器装在全流式滤清器之后，利用从散热器出水管引来的冷却液进行冷却降温。

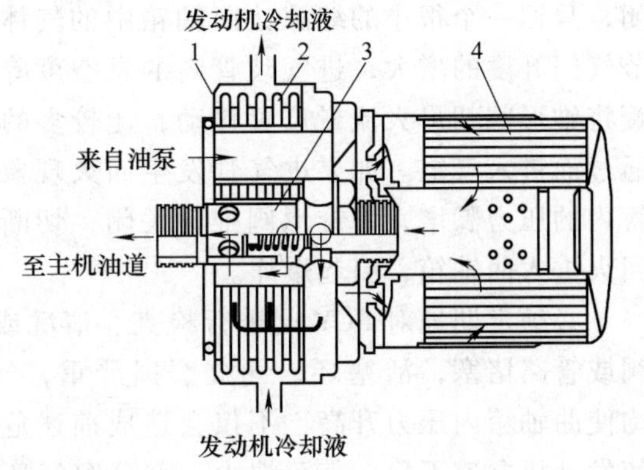

图9-10　水冷式机油冷却器

1—壳体　2—冷却器芯　3—安全阀　4—机油滤清器

9.3　曲轴箱通风

当发动机工作时，气缸内的可燃混合气和已燃气体不可避免地漏入曲轴箱（称为窜气），若不进行曲轴箱通风（也称为曲轴箱换气），则会带来以下危害：

1）从气缸中泄漏下来的废气使曲轴箱内压力增大，引起机油从曲轴箱结合面和曲轴油封处泄漏，同时使活塞下行阻力增大。

2）窜入曲轴箱的高温燃气及其中的酸性物质和水加速了机油的氧化、变质及其对机件的腐蚀。

3）油底壳内易形成油泥。当发动机在冷态下工作时，窜入到曲轴箱里的水蒸气凝结在冷的零件表面并留在曲轴箱内，加之燃烧产生的水蒸气的一部分凝结在冷的零件上，通过活塞、气缸间隙也进入曲轴箱中。这样，曲轴箱里的水和机油一起在运动件（主要是曲轴）的搅拌下形成了黏稠的黑色胶状物——油泥。黑色是由于积炭和尘土的污染而造成的。油泥会阻塞机油路，造成零件的早期磨损。显然，冷天频繁起动或走走停停的行驶工况最易形成油泥。起动后进行较长距离的行驶时，形成的油泥很少，这是因为水只在发动机冷态时存留在曲轴箱内，在发动机达到正常工作温度后将蒸发掉。

曲轴箱通风系统的作用就是将窜入曲轴箱内的气体排出去，延长机油的使用寿命，防止曲轴箱内压力过高，提高发动机性能。

早期的曲轴箱通风系统将曲轴箱内的窜气直接排到大气中去，叫做自然通风。因为窜气中含有CO、HC等污染物，通入大气会造成污染，所以现代汽车发动机都采用闭式曲轴箱强制通风系统（又称PCV系统）。如图9-11所示，用一根管子与发动机内部的通道孔一起把空气滤清器与曲轴箱连通，新鲜空气进入曲轴箱与其内部的窜气混合，再从另一通道和管子经过PCV阀被吸入进气管，进入气缸再燃烧。

PCV阀是一个变流通截面的锥形单向阀（见图9-12），可根据发动机工况的变化自动调节曲轴箱内的窜气被吸入气缸的数量。当发动机在怠速或小负荷状态运转时，曲轴箱漏气量较少。由于节气门开度很小，进气歧管内的真空度很大，使锥形阀几乎关闭，只留一个很小的缝隙让曲轴箱中的气体通过。随着节气门开度的增大，进气歧管内的真空度降低，阀门弹簧将锥形阀朝最大流量位置移动，让较多的曲轴箱窜气通过而进入气缸。如果进气管发生回火现象，则进气歧管内的压力骤增，将锥形阀推向关闭，切断通道，防止回火进入曲轴箱，引起爆炸。

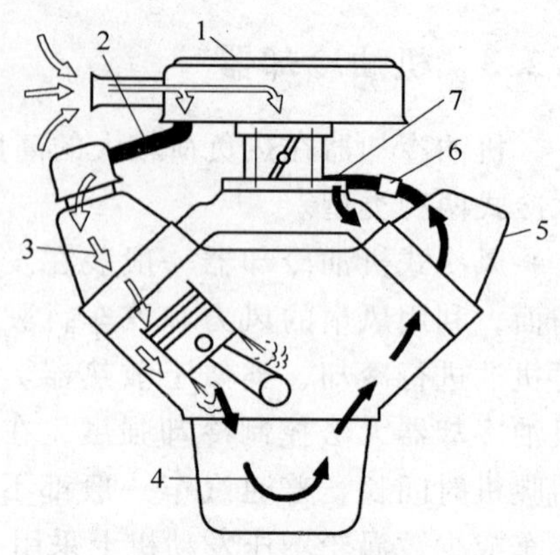

图 9-11　曲轴箱强制通风系统示意图

1—空气滤清器　2—空气软管　3—新鲜空气　4—曲轴箱　5—气缸盖罩　6—PCV 阀　7—曲轴箱气体软管

必须定期地对 PCV 阀进行检查、清洗或更换。PCV 阀或管路堵塞，活塞环、气缸磨损严重，气缸拉伤等，均使曲轴箱内压力升高，不仅会造成前述危害，而且会使发动机怠速不稳，甚至熄火。部分窜气还会经过空气引入管和 PCV 滤清器进入空气滤清器，使 PCV 滤清器和空气滤清器沾上机油。若 PCV 阀卡滞在开启位置，则通过该阀的过量窜气与新鲜空气混合气将造成空燃比过大，导致怠速不稳或熄火。PCV 系统的检查方法如下：

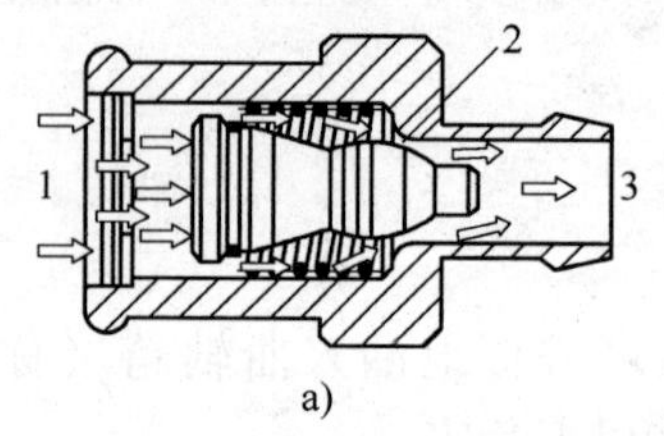

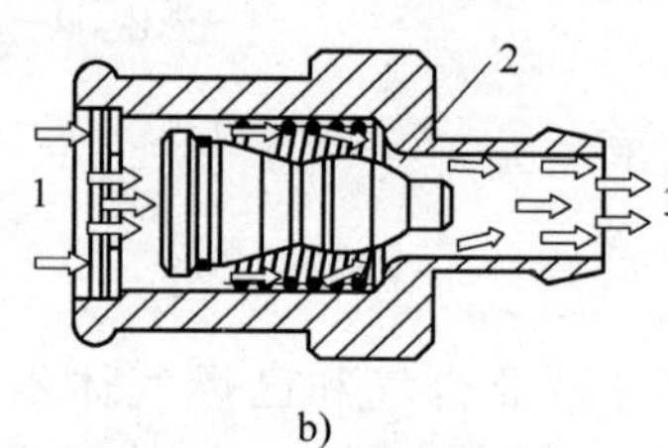

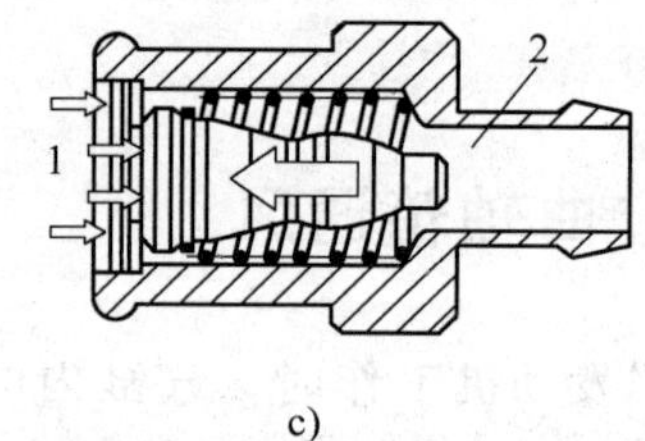

图 9-12　PCV 阀工作状况示意图

a）低速小负荷　b）高速大负荷　c）汽油机回火

1—来自曲轴箱　2—锥形阀　3—去进气管

1）在发动机怠速运转时，反复夹紧和放松连接 PCV 阀和进气歧管的软管，在夹紧时应能听到 PCV 阀的撞击声。若听不见撞击声，则应进一步检查 PCV 阀衬垫是否损坏。若衬垫没问题，则说明 PCV 阀已损坏，应更换。

2）怠速时，拆下 PCV 阀进气端软管，将手指按在阀端部应感觉有真空吸力，若真空很小或没有真空，则说明有堵塞或泄漏处，应清理或检查软管和 PCV 阀。将发动机熄火，拆下 PCV 阀，摇动 PCV 阀时应有响声，否则说明 PCV 阀已坏，应更换。

9.4　润滑系统的检修

发动机润滑系统技术状况的好坏，常常根据机油压力来判断。机油压力过高或过低都说明润滑系统有故障。机油压力过低往往是由油量不足、限压阀被卡或弹簧失效、机油管接头泄漏、滤清器堵塞、连杆轴承和曲轴轴承等配合间隙过大、机油泵损坏、机油压力表失常等引起的。油压过高的原因多为限压阀卡死或弹簧预紧力太大、机油粘度太大、油道堵塞等。

对润滑系统应做好日常维护工作，定期检查油底壳液位和更换规定牌号的机油，清洗或更换滤芯。更换机油时，应在发动机热态时放尽旧机油，用专用清洗设备清洗油道后再加注新的机油。除对润滑系统做好日常维护外，还要做好以下检修工作。

9.4.1 机油泵的检修

机油泵在机油进入滤清器前就得到了润滑，杂质可能会导致其早期磨损、卡死等。其主要异常是主动轴与轴孔磨损和变形、齿轮或转子磨损、泵盖磨损和变形，甚至泵壳破裂、轴折断等。磨损会使机油泵的端面间隙（齿轮或转子端面与泵盖平面的间隙）、齿顶间隙（机油泵体与齿顶的间隙）、齿轮啮合间隙、轴与轴承间隙增大，限压阀的密封性下降，导致泵油压力和泵油量降低。

1. 不解体检验

在发动机修理过程中，一般不要轻易拆检机油泵，应首先用以下方法做不解体检验：

（1）在试验台上检测机油泵的压力和流量　若压力和流量都正常，且无异响、渗漏现象等，则机油泵可继续使用。

（2）经验方法检验　用手拿着主动轴并在径向、轴向推拉和晃动，若不松旷，则表明磨损不严重，然后将其浸入清洁的机油中，用手按工作时的转向转动机油泵主动轴，机油应从出油口流出。若用手堵住出油口，继续转动机油泵，手指有压力感，且转动主动轴的阻力明显增大，直至转不动，则表明机油泵技术状况良好，可继续使用，否则应拆检修理或更换总成。

2. 机油泵的检修

（1）泵壳的检修　泵壳出现破裂时应焊修或更换。

（2）泵盖与齿轮端面间隙的检修　在将机油泵解体后，使齿轮或转子抵靠在泵体底部，将平直尺直边贴放在泵体端面上，用塞尺测量齿轮或转子端面与泵盖端面的间隙。当不将机油泵解体时，可测泵轴的轴向移动量获得此间隙。端面间隙标准值是0.05～0.15mm，若大于0.15mm的使用限值，则应通过增减泵盖与泵体之间的垫片进行调整或更换总成。

（3）齿顶间隙和啮合间隙的检修　将塞尺插入齿轮或外转子背面与泵体之间的缝隙进行测量。此间隙标准值一般为0.03～0.06mm，使用极限一般为0.20～0.30mm。

用塞尺在互成120°的三点测量啮合间隙，标准值一般为0.05mm，使用极限一般为0.20mm。若齿侧磨损不严重，则可将齿轮转面使用。对转子式机油泵，应检查内、外转子的齿顶间隙，使用极限一般为0.25mm。

当齿顶间隙和啮合间隙超过限度时，一般应更换齿轮副或转子副或总成，不再修复。

（4）泵轴与轴承的检修　用百分表检查机油泵轴与轴承的间隙，此间隙的限值为0.15mm，超限时可换新轴套。若从动轴有明显的单面磨损现象，则可将其压出，将磨损面调换180°后再装入继续使用；检查主动轴端隙（轴向间隙）时，可用塞尺测量传动齿轮与泵壳尾端的间隙，限值为0.15mm，若超限，则可在泵壳尾端焊修或加垫片。

可用百分表检查泵轴的弯曲变形情况，当指针摆差超过0.06mm时，应进行校直。

（5）限压阀的检修　检查限压阀，若弹簧折断或弹力减弱，钢球不圆或麻点过多，则应更换限压阀。若有杂质夹卡，则予以清除。

（6）机油泵性能试验及压力的调整　对检修装复完毕的机油泵，应按前述试验台试验法和经验法进行试验。若油压不符合标准，则可以通过增减限压阀螺塞下面的调整垫片或限压阀弹簧座处的垫片来调整。

9.4.2 机油滤清器的检修

1. 集滤器的检修

集滤器常见的损伤是油管和滤网堵塞，可用柴油或煤油清洗后，再用压缩空气吹干。若浮式集滤器的浮子破损，则可进行焊修或更换。

2. 粗滤器的检修

1）每次更换新机油时，应同时用煤油清洗粗滤器各零件。清洗滤芯时，只要将其放入煤油池内转动，或用毛刷刷洗即可。若密封垫圈有老化、破损现象，则应予以更换。

2）更换滤芯时，应同时清洗其他零件，并更换易损的密封垫圈。

3）将滤清器向气缸体上安装时，应先把滤清器内充满机油，并仔细观察其与气缸平面结合处是否平整无损，密封圈是否完好，并在密封圈上涂上干净的机油。

注意，为避免旁通阀开启压力发生变化，一般情况下不得拆卸和调整旁通阀，必要时应在试验台上调整旁通阀的开启压力。

3. 细滤器的检修

可拆式纸质滤芯式细滤器的检修方法与粗滤器相同。

离心式机油细滤器的常见故障有机件磨损、密封垫损坏、喷油孔堵塞、转子停转、轴承松旷等。

清洗转子罩内壁沉积物和转子。若喷嘴孔被脏物堵塞，则应用压缩空气吹通，切忌用金属丝疏通，以免刮伤喷嘴孔。

若密封圈老化变硬、变形、损坏，则应更换新件。

当转子轴与转子体轴孔的配合间隙超过 0.15mm 时，可对转子轴进行镀铬修复。当转子轴与轴承的配合间隙大于 0.10mm 时，可对转子轴或轴承进行镀铬修复或更换轴承。

旁通阀、进油阀等磨损后，可用细研磨剂对阀座进行研磨，并更换钢球。若阀座磨痕较深，则可先铣座口，后研磨，再换用加大的钢球。若弹簧弹力降低、扭转或折断，则应更新弹簧。

维修后的细滤器各项性能指标应在专用的试验台上进行试验，试验技术数据应符合原厂家的规定。

就车检验离心式细滤器工作是否正常也是行之有效的检修方法。当发动机的机油压力高于 0.15MPa（油压较低时机油不能进入细滤器）时，使其运转 10s 以上，然后立即熄火，在熄火后的 2 ~ 3min 内，若在发动机旁边听到细滤器转子转动的“嗡嗡”声，则说明细滤器工作正常。若响声持续时间太短（如不到 1min），则重新检修，必要时更换新件。

9.5 润滑系统常见故障的诊断

9.5.1 机油消耗过多

当发动机运转时，机油从两个方面消耗掉，即外部泄漏和内部烧机油。

1. 外部泄漏

诊断机油消耗过多的故障时，应首先从检查外部是否有泄漏部位开始。可能发生外部泄漏的部位有油底壳、气缸盖、正时机构盖、气缸盖罩密封衬垫、曲轴及凸轮轴前后油封、油管及机油滤清器接头、机油泵衬垫等。

2. 内部烧机油

当机油进入燃烧室燃烧时，排气管通常冒蓝烟。机油可能进入燃烧室燃烧的路径有三个，即活塞环向上泵油、气门与气门导管间隙向下渗油、曲轴箱通风系统堵塞返油。

首先，检查最容易操作的曲轴箱通风系统是否堵塞。若 PCV 阀堵塞或卡死在关闭位置，则大量窜气携带着曲轴箱内的油雾经过空气引入管和 PCV 滤清器流向空气滤清器，再进入进气歧管，空气滤清器有蒸气流出，PCV 滤清器和空气滤清器沾上机油。

其次，检查气门与气门导管间隙是否磨损得过大或气门油封是否破损。若气门头部与气门杆圆弧过渡处有过量积炭，则需更换气门油封或气门导管或气门；若起动时排气管冒蓝烟，而随着发动机温度的升高蓝烟减轻或消失，则原因往往是排气门与气门导管间隙太大。

机油消耗过多最常见的原因是活塞、活塞环与气缸壁磨损严重，活塞环泵油严重。若排气管冒蓝烟，机油加注口也冒蓝烟或脉动冒烟，则说明活塞、活塞环与气缸壁磨损严重。

9.5.2　机油压力过高

1. 特征

在发动机运转过程中，机油压力突然增高；机油压力增高后，又突然过低。

2. 原因及诊断

1）先检查机油粘度是否过大。抽出机油尺，用手摸尺上的机油，若过厚，则说明机油粘度过大。

2）用新的机油压力表和传感器与旧机油压力表和旧传感器做对比试验，以检查机油压力表是否失准或传感器是否失效。

3）检查限压阀是否调整不当或失效。

4）拆检机油滤清器，检查机油滤清器滤芯是否堵塞且旁通阀开启是否困难。

5）检查气缸体主油道是否堵塞。

6）检查新装发动机曲轴轴承、连杆轴承间隙是否过小。

9.5.3　机油压力过低

1. 特征

在发动机起动后，机油压力迅速下降至零左右；在发动机运行过程中，机油压力突然过低。

2. 原因及诊断

1）先查看机油尺，检查机油量是否不足和机油粘度是否太低。

2）机油滤清器滤芯堵塞且旁通阀开启困难。

3）机油泵工作失常。

4）机油压力表失准或传感器失效。

5）解体检查曲轴轴承、连杆轴承间隙是否过大。

9.5.4 油位升高

1）汽油进入油底壳，表现为机油压力近期不断降低，且机油似乎变稀，可通过闻气味辨别。

2）冷却液进入油底壳，机油呈混浊乳白色。

水和汽油的混入，往往掩盖机油短缺的现象和产生机油消耗过快的假象。尤其冬季在城市里行驶时，经常起动、停车，虽有机油消耗，但由于水和汽油的稀释，使机油仍保持一定的油位。在高速行驶一定距离后，水和汽油蒸发，油位有了较多降低，会误以为机油消耗过快。

本章小结

润滑系统的主要作用是将机油送到各运动零件表面，减小摩擦、磨损，同时具有冷却、密封、清洁、防锈、缓冲等作用。汽车发动机主要有三种润滑方式：压力润滑、飞溅润滑和润滑脂润滑。典型的润滑系统包括油底壳、机油泵、机油滤清器、机油冷却器、主油道、机油压力表、机油温度表及限压阀、旁通阀等零部件。

油底壳用以储集机油，并具有冷却机油的作用。机油泵有齿轮式和转子式两类。机油泵出油口侧设限压阀，以防止高速下油压过高。机油在被滤清前进入机油泵，杂质可能会导致其早期磨损、卡死等。维修中应检查机油泵的端面间隙、齿顶间隙、齿轮啮合间隙、轴与轴承间隙等，以确定其磨损情况，应视情况进行修理。

离开机油泵的机油全部经过机油滤清器，以滤除各种杂质。机油滤清器内设有旁通阀，以保证滤芯堵塞时机油到达摩擦表面。应按规定定期清洗或更换滤芯，并同时清洗其他零件，并更换易损的垫圈。重新装上机油滤清器时，勿忘先把滤清器内充满机油，切勿漏装密封垫。

注意机油压力的变化，因为它是判断发动机润滑系统技术状况的好坏的依据。使用中要定期清洗油道，按规定的牌号更换机油，清洗或更换滤芯或更换滤清器总成，检查各连接部位是否可靠等。当机油泵工作异常时，应检查原因是泵壳破裂，还是由主动轴与轴孔磨损和变形、齿轮磨损、泵盖磨损和变形等引起的配合间隙变化，修理后要进行性能检验。

汽车在经常起动和停车的情况下运行，很容易形成油泥。曲轴箱强制通风既可减缓油泥的形成和机油变质，又能达到节能、环保的目的。必须定期地对曲轴箱强制通风系统进行检查，清洗或更换 PCV 阀等。

机油消耗过快，主要是由于外部泄漏和烧机油。活塞、气缸磨损严重及气门与气门导管磨损严重或气门油封破损导致的窜机油是机油进入燃烧室燃烧的主要原因。

复习思考题

1. 润滑系统有何作用？
2. 发动机有哪几种润滑方式？
3. 简述机油流动路线。
4. 说明润滑系统主要零部件及各自的作用。

5. 机油泵有哪几种？如何对其进行检验？
6. 机油滤清器中为何要设旁通阀？旁通阀堵塞有何危害？
7. 何为曲轴箱强制通风？有何作用？
8. 如何就车检验离心式细滤器的工作状况？
9. PCV 阀堵塞后有何危害？如何检查 PCV 阀？
10. 油泥是如何形成的？
11. 如果润滑系统密封良好，那么机油消耗过快的原因有哪些？
12. 润滑系统可能泄漏的部位有哪些？
13. 曲轴轴承、连杆轴承间隙对机油压力有何影响？
14. 说明机油压力升高的原因。
15. 引起机油油位升高的原因有哪些？

第10章　发动机的装配、磨合及验收

【学习目标】

1. 掌握发动机装配的工艺和技术要求
2. 理解发动机磨合规范和注意事项
3. 了解发动机大修竣工验收标准

发动机装配、磨合是发动机修理的最后一道工序。它是按照一定的工艺和技术要求，将各零部件及总成装配成完整的发动机总成，并进行磨合的工作过程。发动机的装配、磨合质量，将直接影响发动机修理质量及其正常工作。该过程的好坏对大修发动机使用寿命的影响约占40%。大修后必须按照发动机总成修理竣工技术条件进行验收。

10.1　发动机装配的基本要求

10.1.1　发动机装配前的准备

1）发动机的装配场地应该清洁、防尘，且要求室温保持较为稳定。

2）所有准备装配的零部件及总成必须经过检验和试验。

3）不能互换的零件（如气门、活塞组件、连杆组件、轴承盖等）和有安装方向或定位要求的零件（如活塞组件、气缸垫、连杆组件、轴承盖、正时机构等），需做好装配标记，以防装错。

4）清洁、清点全部待装零件，分类摆放整齐。

5）紧固锁止件、易损零件应全部换新，如开口销、自锁螺母、弹簧垫圈、气缸垫及其他衬垫（不含螺栓、螺母）等。

6）清洁气缸体及机油油道，安装气缸盖螺栓的盲螺孔中不得积存污物，以免旋入气缸盖螺栓时挤压积液，使螺孔周围的气缸体平面向上凸起或开裂。

7）在零件的配合表面和摩擦表面（如轴颈与轴承、活塞组、齿轮、凸轮、螺纹、摇臂头部等）上涂抹机油，做好润滑。

10.1.2　发动机装配过程中需注意的事项

1）备齐装配中所用的工具、量具，并需质量合格，装配中尽量使用专用器具。

2）作业中不得直接用锤子击打零部件，必要时应垫上铜棒等。

3）应确保各密封部位密封良好，防止漏水、漏油、漏气、漏电，对重要密封部位应涂密封胶。安装橡胶自紧油封时，需在外圆和唇口涂上机油，然后用压具压入油封承孔中。装配时，油封不得歪斜，应防止唇口损坏、弹簧出槽。

4）各部位的紧固螺栓和螺母应按规定紧固力矩、拧紧次序和方法拧紧，尤其在拧紧气缸盖螺栓、螺母，轴承盖、飞轮固定螺栓，进、排气歧管螺栓时应特别注意。若螺栓有裂纹或变形，则应立即更换。

5）注意有方位要求和无互换性配合零件上的安装标志或结构特征。

6）严格按照装配工艺进行发动机的装配作业，各部位的配合应符合技术要求。

7）装配中要做到工件不落地，工具、量具不落地，油渍不落地，并使工作台、工件盘、工具、量具保持清洁。

10.2　发动机的装配与调整

由于发动机结构特点、作业技术装备条件的差异，其装配工序不完全一样。这里仅就一般发动机装配工序进行介绍。

10.2.1　安装曲轴

1）将气缸体倒放在工作台上或拆装架上，用压缩空气再进行一次清洁，疏通机油油道，涂装主油道堵头螺塞并将其拧紧。

2）检查和安装各道主轴瓦和止推片，并在轴瓦上涂上干净的机油。当上、下瓦片不通用时，千万不要装错，应将带有油孔和油槽的一片装在气缸体瓦座上，并使两者的油孔对准，以免油眼被堵而破坏润滑。

若止推片安装在第一道主轴颈上，则在安装曲轴之前，应先将正时齿轮和两片止推片装在轴颈上，并注意止推片的安装位置和方向要正确。

3）将曲轴的各主轴颈擦拭干净，并且要轻抬、慢放，然后将其平稳地装入气缸体主轴瓦中。此时应仔细调整曲轴止推片与瓦座的对应位置。

4）按标号装上主轴承盖，并按规定力矩和次序拧紧轴承盖螺栓。每拧紧一道主轴承，转动曲轴1圈或2圈，若有阻滞现象，则应及时查明原因并予以排出。待全部轴承上紧后，用手扳动曲柄臂或飞轮，应能无阻滞地转动。

5）在将曲轴装好后，检查其轴向间隙，若符合技术要求，则用钢丝将螺栓锁止；若不符合规定，则应重新调整。

6）安装油封时，注意其松紧度应适中，切忌过松过紧，圆周各方向接触紧密且不应偏心。

10.2.2　安装（下置）凸轮轴

1）在安装凸轮轴之前，应先将正时齿轮、隔圈、止推凸缘装在凸轮轴上。

2）将凸轮轴涂上机油。

3）把凸轮轴平稳地装入轴承孔内，将凸轮轴正时齿轮与曲轴正时齿轮按记号对正，然后拧紧止推凸缘的固定螺栓，检查凸缘与隔圈的厚度差（即凸轮轴轴向间隙）是否符合要求。

4）检查正时齿轮啮合间隙。检查时，用塞尺在齿轮圆周方向相隔120°的三点进行测量，各点间隙差应不大于0.10mm。

10.2.3 安装活塞连杆组

1. 检查活塞是否偏缸

把气缸体侧放，将不装活塞环的活塞连杆组按装配记号穿过气缸装在曲轴上，并按规定力矩拧紧各道连杆轴承盖螺栓。转动曲轴，用塞尺检查活塞在上、下止点及行程中部三个位置时，活塞头部前、后方与气缸的间隙，应不大于0.10mm，否则说明活塞偏缸。

检查活塞销座端面与连杆小头之间的间隙，不应小于1mm，若不符合要求，则多为气缸中心线偏移所致。

当活塞偏缸时，必须查明原因，予以消除，以免由此导致异常磨损、拉缸、密封性差。引起活塞偏缸的原因有：

1）活塞销座孔或衬套铰偏、连杆弯曲、曲轴轴向位移、气缸镗偏等引起偏缸，使活塞在气缸中运动时始终偏向一个方向。

2）连杆扭曲或连杆轴颈和主轴颈在切向的平行度误差过大引起的偏缸，使活塞在气缸中部偏缸最大。

3）气缸轴线垂直度误差过大或曲轴轴颈与连杆轴颈在法向的平行度误差过大、曲轴连杆轴颈圆度误差过大引起的偏缸，使活塞在上止点或下止点改变偏斜方向。

2. 安装活塞环

检查无偏缸后，拆下活塞连杆，将活塞环装入环槽内。此时，应注意活塞环的断面形状、安装方向和顺序，并使各活塞环开口相互错开。

3. 将活塞连杆组装入气缸

安装活塞连杆组时，应在配合面上涂以机油，并注意缸序及活塞顶部、连杆杆身、连杆盖上的安装方向标志，不得错装。

安装活塞连杆组时，一般应由两人配合作业。一人在气缸体的上端将活塞连杆组的安装方向对正后，装入配对的气缸中，摆正活塞环的开口位置后，用一只手将专用活塞环箍压紧在活塞环上，另一只手用锤子木柄端部轻击活塞顶部，若活塞向气缸内移动而不感到卡滞，则说明活塞环未卡在缸沿上，直到活塞顶与缸沿平齐。与此同时，另一人在气缸下端配合作业，当连杆大头露出气缸下端时用手托住，使其对准处于下止点位置的连杆轴颈。继续轻击活塞顶部，直至连杆轴瓦与连杆轴颈贴合为止，扣上连杆盖，按规定次序和力矩拧紧连杆螺栓。每装好一道活塞连杆，都要用手前后晃动连杆大端，应有极轻微的移动，并且转动曲轴时应无阻滞现象，否则应认真查找原因，排除故障后方可继续安装。

在将活塞连杆组安装好后，用扭力扳手检查曲轴转动的阻力矩是否小于标准值，同时检查各缸活塞顶面在上止点位置时是否低于气缸体上平面（一般汽油机的活塞顶距气缸体上平面不低于0.20mm，并且不高于0.05mm）。另外，螺栓和螺母有锁止要求的应全部锁止。

10.2.4 安装正时齿轮室盖及曲轴带轮

按正时记号装齐全部的正时齿轮和传动齿轮后，将已装好油封的正时齿轮室盖装上，装好曲轴带轮，再均匀对称地将正时齿轮室盖螺栓拧紧。对于链传动或同步带传动，应在装好曲轴和凸轮轴的正时链轮或同步带轮并对准正时记号后，再安装链条或同步带及其张紧装置。

10.2.5 安装机油泵、油底壳和集滤器

安装油底壳时，应认真装好密封垫，涂上密封胶，按标准力矩均匀拧紧油底壳联接螺钉。安装机油泵时还要特别注意传动轴端的槽口方向。

10.2.6 安装气门组和气缸盖

1）将气门油封压装在气门导管上，注意油封一定要到位。

2）装好气门弹簧和弹簧座后，在气门杆上涂上机油，按顺序记号分别装入气门导管。注意气门应对号安装；当气门弹簧是不等距弹簧时，螺距大的一端应朝向弹簧座。

3）用气门弹簧装卸钳压紧弹簧，装入锁销或锁夹。

4）安装气缸盖时，先将气缸盖螺栓旋进到气缸体内的螺纹孔底，然后放好稍涂机油的气缸垫（注意其安装方向），使气缸垫和气缸体上的孔全部对齐。

5）平稳地装上气缸盖，装好弹簧垫圈，按要求的次序和力矩拧紧气缸盖螺栓。

6）安装挺柱、推杆、摇臂组零件。

10.2.7 安装顶置凸轮轴

对挺柱直接驱动式凸轮轴，应先将传动件（挺柱）装入，再装凸轮轴；对摇臂驱动式顶置凸轮轴，应先装凸轮轴，再装摇臂组。

装好凸轮轴后，将凸轮轴正时齿轮或正时链轮或正时带轮与曲轴正时齿轮或正时链轮或正时带轮按标记置于正确位置，装入正时链条或同步带，然后安装张紧轮及导链罩。

10.2.8 安装飞轮、飞轮壳和离合器

在装飞轮壳之前，应拧紧主油道堵头螺钉，检视定位销有无磨损现象。安装时应对孔装入，用专用仪具检查离合器后端轴承孔与曲轴中心线的同轴度误差。其值在0.125～0.200mm范围内时，可移动飞轮壳进行调整，直到误差小于0.125mm。当误差较大时，可用镶套法修理，并按规定的力矩拧紧固定螺栓。

安装离合器：先将飞轮、离合器压盘、中间压盘（双片式）工作面及离合器从动盘摩擦片擦拭干净，以变速一轴为导杆，套上从动盘、中间压盘和离合器盖及压盘总成，然后均匀地拧紧螺栓，将离合器盖对准安装记号固定在飞轮上，最后将变速器第一轴抽出。

10.2.9 其他

1）调整气门间隙，安装气门室罩。

2）安装分电器传动轴、分电器、高压线、火花塞等，调整点火系统。

3）安装柴油机的喷油泵并调整喷油正时。

4）装上衬垫，安装进、排气歧管，按规定力矩拧紧固定螺栓。

5）安装水泵、节温器、风扇、冷却液温度传感器等。

6）安装细滤器、粗滤器、发电机、空气压缩机、风扇传动带、曲轴箱通风装置、起动机等附件，并调整风扇传动带的张紧度。

7）将发动机总成固定于试验台架上，加注机油、冷却液，并进行最后的全面测试。

10.3 发动机的磨合

10.3.1 概述

大修的发动机装配后必须在磨合台架上进行磨合，以提高配合零件的表面质量，减少初期阶段的磨损量，延长发动机的使用寿命，检查和消除修理、装配时的某些缺陷。

磨合要分三阶段进行，即冷磨合、无负荷热磨合和有负荷热磨合。冷磨合是依靠外部动力带动发动机运转所进行的磨合。热磨合是发动机自行运转的磨合。

影响发动机磨合质量的重要因素是各阶段磨合转速、磨合载荷及磨合时间。不同的发动机，通过合理选择各磨合阶段的转速、载荷及时间，可达到高质量快速磨合的目的。

大修的发动机，在磨合工序完成后还要测定发动机的最大功率、最大转矩和最低燃油消耗率，以鉴定发动机大修后的性能是否到达标准。

发动机装车出厂后，还要经过一段汽车走合期，才能投入正常工作。

10.3.2 冷磨合规范

冷磨合时，将发动机固定在冷磨合台架上，与可改变转速的动力装置（拖动装置）相连接。发动机冷磨合规范见表10-1。

1）冷磨合应选用低粘度的机油，且需加足。若机油较稠，则可加入15%（体积分数）的煤油或轻柴油。

2）冷磨合转速。发动机冷磨合起始转速一般为400～600r/min（额定转速的20%～25%），然后以200～400r/min的级差，分四级逐级增加转速，终止转速为1200～1400r/min（额定转速的40%～55%）。若冷磨合起始转速过高，则摩擦副温度过高，将加剧磨合时的磨损；若起始转速过低，则将导致机油供给不足，同样加大磨合时的磨损量。

表10-1 发动机冷磨合规范

发动额定转速/（r/min）	冷磨合转速/（r/min）	时间/min	总时间/h
≤3200	400～600	30	2
	600～800	30	
	800～1000	30	
	1000～1200	30	
>3200	700	30	2
	900	30	
	1200	30	
	1400	30	

3）传统上，冷磨合时，侧置气门式发动机不装气缸盖，顶置气门式发动机装气缸盖而不装火花塞或喷油器（柴油机），单靠活塞连杆组产生的载荷磨合，时间长，效率低。而实践证明，装好气缸盖，堵死火花塞（或喷油器）孔，借助气缸的压缩压力增加冷磨载荷是极为有益的。

4）装上冷却系统、燃料系统等部分附件。冷却液一般不循环（拆除水泵传动带），冷却液温度控制在 70℃左右。若冷却液温度达到 90℃，则应及时使用风扇冷却。

5）磨合时间可根据发动机零件表面质量、装配情况、磨合载荷等制订，一般每级转速下磨合 30min，总时间为 1.5～2h。

6）在整个冷磨过程中，都要注意观察机油压力表所示压力是否正常及各机件工作情况是否良好，若发现不正常现象或有异响，则应立即停机，待检查排除后再进行磨合。

7）冷磨后，应将发动机再分解，检查主要摩擦副（如活塞、活塞环与气缸壁、各轴颈与轴承）的磨合情况是否正常。若发现这些主要机件有缺陷，则需重新更换、修磨，装复后应重新进行冷磨。

8）冷磨后的发动机应重新调整气门间隙，更换机油和机油细滤器滤芯，按规定标准全部清洗、装复后，准备进行热磨合。

10.3.3　热磨合规范

发动机冷磨合后，装上全部附件在磨合台架上进行热磨合试验。它是在冷磨合的基础上，使零件表面载荷再增加一些的进一步磨合。在热磨合过程中进行发动机油、电、水路等的必要检查和调整，发现、排除发动机的故障，检查发动机是否达到了应有的性能，以保证发动机正常使用。

1）发动机冷却液温度应保持在 75～85℃之间。

2）无负荷热磨合：空载下以规定的转速 1200～1400r/min（额定转速的 40%～55%）运转 1h。

3）有负荷热磨合

① 磨合转速与载荷。起始转速为 1200～1400r/min（额定转速的 40%～55%），分四级调速逐渐增加转速，终了转速一般取额定转速的 80%；起始加载取额定功率的 20%，分四级加载，磨合终了前的载荷取额定功率的 80%，应与四级调速相组合。

② 磨合时间。磨合时间多以每级磨合中的转速变化或机油温度来判断。当每级载荷不变时，随着磨合时间的延续、零件工作表面质量的改善、摩擦损失的减小，发动机转速会有明显的升高，表明这一级磨合已达到了磨合要求，可以转入高一级转速、负载的磨合。也可用机油的温度变化评价每级磨合时间，当机油温度从升温转入温度稳定状态时，就可以转入高一级磨合。总磨合时间为 2～2.5h。

4）热磨合时用稀薄的车用机油。

5）在热磨过程中检查下述内容，必要时进行调整。

① 注意观察有无漏油、漏水、漏气、漏电现象。

② 查看电流表、机油压力表和冷却液温度表的读数是否正常。

③ 调整点火装置和燃料系统的工作。怠速应稳定在规定的转速范围内，各种转速下运转均应平稳。

④ 检查各缸工作是否良好，测听发动机内是否有不正常的响声。

⑤ 测量气缸压力是否正常。

6）热磨后的拆检项目

① 检查活塞组与气缸壁是否磨合正常，有无拉缸现象。

② 检查各螺母、螺栓的锁止情况。

③ 拆下主轴承盖和连杆轴承盖各一只，检查轴承、轴颈的磨合情况。

④ 重新调整气门间隙。

⑤ 更换机油和细滤器滤芯。

⑥ 加装限速装置。

在拆检中若发现缺陷，则应修复。若重新更换曲轴轴承、活塞、活塞环、活塞销或修磨气缸和活塞等，则应再次进行冷磨合、热磨合。

热磨合试验后，气缸盖螺栓应按规定力矩再拧紧一次。铸铁气缸盖螺栓在发动机温度正常时拧紧，铝合金气缸盖螺栓则在发动机冷却后拧紧。

10.4 发动机大修竣工验收标准

大修的发动机经装合、冷磨与热磨后，在测功机上测出发动机外特性和负荷特性，且在热状态下（冷却液温度为75~85℃时）进行竣工验收。合格的发动机应完全满足下列条件：

1）装备齐全，无漏水、漏油、漏气、漏电现象。

2）气缸压力应符合各种发动机的规定要求。各缸压力与平均压力值差：汽油机不超过5%，柴油机不超过8%。

3）机油压力应符合各种机型的规定要求。加注的机油量、牌号以及润滑脂应符合原厂规定。

4）怠速时，以海平面为准，进气歧管真空度应为57~70kPa。其波动范围：六缸发动机不超过3.5kPa，四缸发动机不超过5kPa。

5）怠速运转均匀稳定，怠速符合原厂要求，转速波动不大于50r/min。

6）起动性能：热起动时，发动机在正常工作温度下5s内能起动；冷起动时，柴油机在5℃，汽油机在-5℃的环境下，起动顺利，允许连续起动不多于3次，每次起动不多于5s。

7）发动机在各种转速下均应运转均匀，无断火或过热现象，改变转速时应过渡圆滑。

8）发动机突然加速或减速时，不得有突爆声，不得有断火、回火、放炮现象。

9）发动机排放应符合规定。

10）发动机在正常工况下，不允许有异响，如活塞、活塞环和活塞销的金属敲击声，曲轴或连杆轴承的碰撞声响，正时齿轮、机油泵齿轮和气门脚等处的显著声响，气缸衬垫漏气声等。允许有轻微而均匀的正时齿轮、机油泵齿轮和气门脚的响声。

11）发动机最大功率和最大转距不应低于原厂规定的90%，最低燃油消耗率不得高于原厂规定值。

12）柴油机停机装置应灵活有效。

在发动机验收后的使用初期，应限制最大输出功率，需加装限速片或对限速装置做相应调整，并加封铅。

本章小结

发动机装配是按照一定的工艺和技术要求，将各零部件及总成装配成完整的发动机总成的过程。装配前必须认真清洗、清点各零部件及总成并放好，装配中要严格按要求的装配工艺进行，确保各连接、密封、配合处达到技术要求，发动机工作可靠、耐久。

发动机装合后，必须进行磨合。磨合分为冷磨合、无负荷热磨合和有负荷热磨合三个阶段。冷磨合是依靠外部动力带动发动机运转所进行的磨合。热磨合是发动机自行运转的磨合。磨合要按合理的磨合转速、磨合载荷及磨合时间等规范进行，并注意各阶段和结束后检查并调整各系统、零部件的工作状况，若发现问题，则排除后再磨合。

磨合后的发动机要在试验台上测出发动机功率特性、转矩特性和负荷特性，并在热状态下进行竣工验收。各项指标均应达到相应的规定，以保证发动机各项性能指标满足要求。

复习思考题

1. 分别叙述发动机的装配对场所和待装零部件的要求。
2. 简述发动机装配中的注意事项。
3. 简述发动机装配工艺。
4. 发动机装合后需进行哪几个阶段的磨合？
5. 发动机冷磨合时有哪些规范和注意事项？
6. 简述发动机有负荷热磨合规范。发动机热磨合后应做哪些检查、调整和拆检？
7. 发动机大修竣工验收标准对气缸压力、进气歧管真空度、起动性能、最大功率和最大转矩有哪些要求？

参 考 文 献

[1] 于增信. 汽车发动机构造与维修[M]. 北京:中央广播电视大学出版社,2006.

[2] Jack Erjavec. 汽车发动机及其诊断维修[M]. 司利增,等译. 北京:电子工业出版社,2006.

[3] A E 斯卡沃勒尔. 汽车构造原理与维修应用(发动机篇)[M]. 吴友生,孟怡平,等译. 北京:机械工业出版社,2005.

[4] 陈家瑞. 汽车构造:上册[M]. 5 版. 北京:人民交通出版社,2006.

[5] 杨承明. 汽车发动机构造与维修[M]. 杭州:浙江科学技术出版社,2006.

[6] 葛蕴珊. 汽车发动机原理与构造[M]. 北京:中国劳动社会保障出版社,2001.

[7] 斋藤孟. 汽车柴油发动机[M]. 张荣禧,译. 北京:人民交通出版社,1986.

[8] 王建昕,帅石金. 汽车发动机原理[M]. 北京:清华大学出版社,2011.

[9] 汤定国. 汽车发动机构造与维修[M]. 2 版. 北京:人民交通出版社,2005.

[10] GP 企画センター. 汽车构造(发动机)[M]. 董铁有,译. 北京:人民交通出版社,2005.

[11] 细川武志. 汽车构造图册[M]. 巍朗,译. 北京:人民交通出版社,2005.

[12] 舒华,姚国平. 汽车新技术[M]. 2 版. 北京:国防工业出版社,2012.

[13] 肖永清. 汽车故障检修技术[M]. 北京:金盾出版社,2007.

[14] 武华,侯建生. 汽车发动机故障与维修使用全书[M]. 北京:学苑出版社,1996.

[15] 刘仲国,陈学深. 汽车维修工等级考试教材(中级)[M]. 北京:机械工业出版社,2008.

[16] 刘仲国,张永博. 汽车维修工等级考试教材(高级)[M]. 北京:机械工业出版社,2009.